Raul Zelik / Dario N. Azzellini

Kolumbien

Die Autoren

Raul Zelik, Jahrgang 1968, Diplompolitologe und Publizist; verfolgt seit seinem ersten Kolumbien-Aufenthalt 1985 die Entwicklung in dem südamerikanischen Land intensiv. 1988-1990 Arbeit in kolumbianischen Flüchtlingslagern, seitdem immer wieder Recherche-Reisen durch Kolumbien. Seit 1997 auch Roman-Autor („Friß und stirb trotzdem", Edition Nautilus).
Dario N. Azzellini, Jahrgang 1967, ist Diplompolitologe, Arbeit als Autor, Filmemacher und Übersetzer, längere Forschungsaufenthalte in Kolumbien.

Raul Zelik

Kolumbien

Große Geschäfte, staatlicher Terror und Aufstandsbewegung

unter Mitwirkung
und mit Beiträgen von Dario N. Azzellini

ISP · Köln

Dieses Buch wurde vom Kirchlichen Entwicklungsdienst der Evangelischen Kirche in Deutschland durch den ABP mit einem Autorenstipendium gefördert.

Coverphoto: Militärschule in Bogotá. © Dario N. Azzellini

Die Deutsche Bibliothek – CIP-Einheitaufnahme

Kolumbien: große Geschäfte, staatlicher Terror
und Aufstandsbewegung / Raul Zelik.
Mit Beitr. von Dario N. Azzellini –
Orig.-Ausg. – Köln: Neuer ISP-Verl., 1999
ISBN 3-929 008-48-3

ISP

Neuer ISP Verlag GmbH, Dasselstraße 75-77, D-50674 Köln
Der Neue ISP Verlag ist Mitglied der assoziation Linker Verlage (aLiVe).

Originalausgabe Oktober 1999

Lektorat: Tom Beier
Satz: Neuer ISP Verlag GmbH
Umschlaggestaltung: Druckcooperative, Karlsruhe
Gesamtherstellung: Druckcooperative, Karlsruhe

1 2 3 4 5 – 03 02 01 00 99

Inhalt

Gewidmet ist dieses Buch Lucho, der 1988-90 in Barrancabermeja mit mir in der Flüchtlingsherberge der ANUC arbeitete, zwei Mordanschläge überlebte und im Sommer 1999 in Bogotá verhaftet wurde, Omar, dem Maler, von dem ich seit Jahren nichts gehört habe, Nelson, dem Träumer, La Negra, Pato und allen anderen, die die Sehnsucht nach einer anderen Gesellschaft nicht aufgegeben haben.

Besonderer Dank gilt außerdem dem Kollektiv von Radio Patria Libre, das uns freundlicherweise sein Archiv zur Verfügung stellte und diverse Gespräche vermittelte, sowie den zahlreichen KollegInnen, ohne deren Recherchen dieses Buch nicht möglich gewesen wäre.

Kolumbien

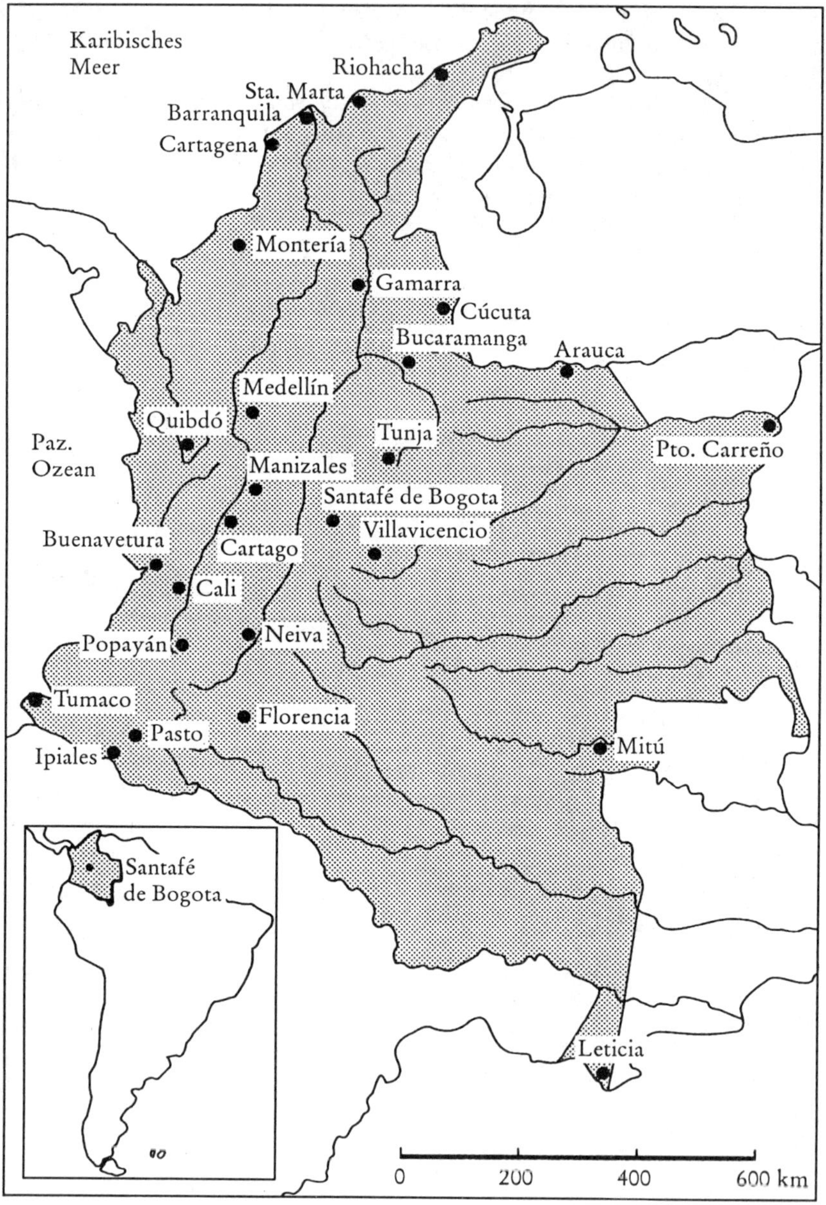
Karibisches Meer
Riohacha
Sta. Marta
Barranquila
Cartagena
Montería
Gamarra
Cúcuta
Bucaramanga
Arauca
Medellín
Quibdó
Tunja
Pto. Carreño
Paz. Ozean
Manizales
Santafé de Bogota
Villavicencio
Buenavetura
Cartago
Cali
Popayán
Neiva
Tumaco
Florencia
Pasto
Ipiales
Mitú
Santafé de Bogota
Leticia
0
200
400
600 km

Einleitung

Wenn das Stichwort ‚Kolumbien' fällt, ist die erste Assoziation bei deutschen LeserInnen immer die gleiche: Sie denken an Kokain, Mafia, Terrorismus und Gewalt. Aus diesem Grund steht der Hinweis, daß Kolumbien auch ganz andere Seiten besitzt, mittlerweise in fast allen Büchern zum Thema am Anfang. Es wird darauf verwiesen, daß Kolumbien ein facettenreiches Land ist, das afrikanische, indigene, europäische und arabische Einflüsse aufgenommen hat und über eine hervorragende Literatur, ein renommiertes Kino und vielfältige Musiktraditionen verfügt. Es wird erwähnt, daß es ein Land mit extrem schöner und gegensätzlicher Natur ist, in dem man von tropischen Regenwäldern und frühlingshaften Kaffeeanbaugebieten bis hin zu hochandinen Gletscherlandschaften, küstennahen Feuchtsavannen und Wüsten alle Klimazonen vorfindet. Und dann fällt manchmal noch eine Bemerkung über die „schönen Frauen von Cali".

Seltener wird darüber gesprochen, daß es sich bei Kolumbien um ein reiches Land handelt. Es ist der weltweit größte Exporteur von Qualitätskaffee und Smaragden, der zweitwichtigste Blumen- und Bananenexporteur, nach Mexiko und Venezuela der drittgrößte lateinamerikanische Erdölproduzent, die Nr. 4 im Kohlehandel und die Nr. 6 unter den Goldproduzenten. Von den enormen Exporteinnahmen profitieren jedoch nur eine verschwindend kleine Minderheit sowie die im Land aktiven transnationalen Unternehmen. Nach gewerkschaftlichen Zahlen leben 55 Prozent der (knapp 40 Millionen) KolumbianerInnen in Armut, 20 Prozent in absolutem Elend, 50 Prozent haben keine Sozialversicherung, 20 Prozent der Erwachsenen sind arbeitslos. 1,8 Millionen Menschen leben von Gelegenheitsarbeiten, eine Million Familien haben kein Dach über dem Kopf, 15 Prozent der Haushalte verfügen über keinen Trinkwasseranschluß. Gleichzeitig befinden sich mehr als 90 Prozent der kolumbianischen Aktienanteile in den Händen von weniger als 0,9 Prozent der Aktionäre. Wenn man diese Zahlen hört, fühlt man sich an den Satz Eduardo Galeanos erinnert, der in den *Offenen Adern Lateinamerikas* einmal feststellte, das größte Problem des Subkontinents sei nicht seine Armut, sondern sein Reichtum.

Charakteristisch für Kolumbien ist auch, daß die kolumbianische Oberschicht seit langem konsequent auf Repression setzt, um die sozialen Widersprüche im Land zu ‚befrieden'. In keinem anderen Land auf dem Kontinent wird in vergleichbarem Maße die eigene Bevölkerung terrorisiert. Nirgends gibt es so viele Massaker an der Zivilbevölkerung, nirgends sind die Spielräume für eine legale Opposition so klein wie hier. In Kolumbien ist es, darin sind sich Menschenrechtler und Linke aller Couleur einig, gefährlicher, eine Gewerkschaft aufzubauen als eine Guerillaorganisation.

Der Jesuitenpater Javier Giraldo, Gründer der kirchlichen Untersuchungskommission *Justicia y Paz* und inzwischen selbst exiliert, bemerkte in seinem Buch *The genocidal democracy*:

„Die Wahrheitskommission in Chile registrierte in den 17 Jahren brutaler Militärdiktatur 2.700 Fälle von politischem Mord und Verschwundenen. Diese Zahl, so schrecklich sie ist, ist weitaus niedriger als die Anzahl von Fällen, die unsere Datenbank *jährlich* registriert hat, seitdem wir unsere Arbeit aufgenommen haben." (Giraldo 1996, S. 24)

Nach Angaben Giraldos sind zwischen 1988 und 1995 6.177 Menschen aus politischen und weitere 10.556 aus wahrscheinlich politischen Gründen ermordet worden. 2.459 Personen wurden zum Opfer ‚sozialer Säuberungen', wie sie Polizei und Paramilitärs gegen Straßenkinder, Drogenabhängige und Prostituierte durchführen, 1.451 Personen verschwanden.

Obwohl diese Verbrechen in den Medien häufig den „Extremisten von rechts und links" in die Schuhe geschoben werden, belegen unabhängige Untersuchungen eindeutig, daß der Großteil der Morde auf das Konto parastaatlicher Gruppen geht. Die keineswegs oppositionelle *Comisión Andina de Juristas* stellte für 1992 fest, daß 50 Prozent der politischen Morde von Armee und Polizei und weitere 33,5 Prozent von paramilitärischen Gruppen verübt wurden (Americas Watch, S. 17). In den letzten Jahren haben sich die Zahlen verschoben. Heute werden die meisten Massaker den offiziell unabhängig agierenden Paramilitärs zugeordnet, die jedoch ebenso wie Polizei und Armee dazu da sind, die Interessen der politischen Eliten zu verteidigen. Ihr Ziel ist seit nun bald 20 Jahren die physische Vernichtung der sozialen Bewegungen und jeder Art von Opposition: Allein das sozialistische Wahlbündnis *Unión Patriótica* verlor zwischen 1985 und 1998 knapp 4.000 AktivistInnen, darunter zwei Präsidentschaftskandidaten, und auch die Gewerkschaftsbewegung steht unter schwerem Druck. Auf dem Land führt der Terror zu immer neuen Flüchtlingsströmen. Von den 9 Millionen BewohnerInnen BäuerInnen befinden sich inzwischen fast zwei Millionen auf der Flucht.

Die Gewalt hat unvorstellbare Ausmaße angenommen. Paramilitärs verstümmeln ihre Opfer bei lebendigem Leib mit der Motorsäge oder erklären ganze Ortschaften pauschal zu „militärischen Angriffszielen". So wurde die nordkolumbianische 400.000-EinwohnerInnenstadt Barrancabermeja seit Mai 1998 gleich mehrmals zum Schauplatz von Massakern, bei denen Soldaten des „Luftabwehrbataillons Nueva Granada" zunächst die Zufahrtswege in die Armenviertel sicherten und dann wenig später Todesschwadrone vorrückten, um die Viertel anhand von Listen zu ‚säubern'.

Von der brutalen Systematik dieses Terrors ist außerhalb der Konfliktgebiete kaum etwas zu erfahren. Kritische Berichterstattung in und um Kolumbien ist eine Randerscheinung. Die einheimischen Fernsehnachrichten und Tageszeitungen, die sich in den Händen von zehn großen Wirtschaftkonglomeraten und Politikerfamilien befinden, verschweigen Menschenrechtsverletzungen oder verdrehen die Fakten, bis schließlich die Sicherheitskräfte selbst als Opfer der Gewalt erscheinen. Ausländische Medien recherchieren hingegen so gut wie nie vor Ort, sondern berufen sich auf kolumbianische Quellen und kommen dabei zu haarsträubenden Einschätzungen. So behauptete beispielsweise der in Buenos Aires ansässige *taz*-Redakteur Ingo Malcher im Juli 1999, daß die Guerilla für den Großteil der Flüchtlingsströme in Kolumbien verantwortlich sei – eine These, die nicht einmal regierungsnahe Organisationen vertreten würden. Wer hingegen im Land selbst versucht, Gegenöffentlichkeit herzustellen, muß um sein Leben fürchten.

Vor diesem Hintergrund haben wir der Entwicklung des schmutzigen Kriegs in Kolumbien seit 1978 in diesem Buch viel Platz eingeräumt (4. Kapitel). Wir wollen aufzeigen, daß der Großteil und vor allem der barbarischste Teil der Gewalttaten direkt vom kolumbianischen Staat und den ökonomischen Eliten zu verantworten ist – also auch von jenen, die so euphemistisch als ‚Zivilgesellschaft' bezeichnet werden. Es gibt eindeutige Beweise dafür, daß der Paramilitarismus 1982/83 aus einem Bündnis von Großgrundbesitzern, Drogenhändlern, Militärs und Managern transnationaler Unternehmen entstand, die damit die damals noch starke soziale Opposition zurückdrängen wollten.

Warum wir die Geschichte des kolumbianischen Konflikts von dieser Seite her aufzäumen und immer wieder auf die Kontinuitäten des schmutzigen Kriegs verweisen, hat auch mit persönlichen Erfahrungen zu tun. Als ich Ende 1985 das erste Mal in Kolumbien war, besetzte die M-19-Guerilla den Justizpalast in Bogotá, um ein öffentliches Meinungstribunal über die Friedenspolitik der Regierung durchzusetzen. Die Armee schoß das Gebäude mit den Geiseln und BesetzerInnen darin einfach in Brand. An die 100 Menschen starben in den Flammen oder „verschwanden" nach der Stürmung des Palastes. 1988, bei meinem zweiten Kolumbien-Aufenthalt, arbeitete ich in einem Flüchtlingslager des Bauernverbandes ANUC im Departement Santander, einem der Konfliktgebiete. Fast täglich kamen BäuerInnen aus der Gegend um San Vicente de Chucurí (das als eines der „Laboratorien" des Paramilitarismus gilt) zu uns. Die meisten von ihnen waren alleinerziehende Frauen mit Kindern, die vor Bombardierungen oder Massakern geflohen waren. Sie erzählten alle das gleiche: Die führenden Männer der Todesschwadrone in der Region waren Armeeoffiziere, ihre Hintermänner Viehzüchter oder hochrangige Politiker. Nach mehreren Anschlägen mußte die „Flüchtlingsherberge" im übrigen geschlossen werden.

1990 dann begleitete ich einen führenden Sprecher der politischen Organisation A LUCHAR (die sich später wegen den zahlreichen Mordanschlägen ebenfalls auflöste) und mußte miterleben, wie wir einem Entführungsversuch des Geheimdienstes nur haarscharf entkamen. Wir saßen in einem Kino, als auf einmal Zivilagenten auf meinen Begleiter zusteuerten und ihn als „den Richtigen" enttarnten. Nur durch einen Zufall konnten wir das Gebäude heil verlassen. Andere hatten weniger Glück.

Der schmutzige Krieg ist in Kolumbien immer präsent – so sehr, daß ich, als ich einmal auf der Straße mit einer Waffe bedroht wurde, sehr erleichtert darüber war, als sich meine Widersacher als Räuber und nicht als Polizisten entpuppten.

Auch aus diesem Grund sind Dario Azzellini und ich einer politischen ‚Neutralität' in der journalistischen Arbeit gegenüber sehr skeptisch. Azzellini (der die Kapitel 4. 1. 6. und 4. 2. über Koka und das Kanalbauprojekt verfaßt hat) und mir ging und geht es natürlich um Objektivität und Aufrichtigkeit mit den Fakten, aber nicht um eine fragwürdige ‚Unparteilichkeit'. Das wird in einem Punkt in diesem Buch sehr klar: Der kolumbianische Konflikt kann nur gelöst werden, wenn es grundlegende soziale Transformationen gibt. Nur wenn die Ursachen von Armut und Marginalisierung beseitigt werden, die zum Entstehen der Guerillas führten, macht „Frieden" einen Sinn. Das heißt, nötig wären nicht nur die Demokratisierung des Landes, ein Ende des schmutzigen Kriegs und die Abschaffung der Nationalen Sicherheitsdoktrin, sondern auch soziale Transformationen: eine grundlegende Landreform, eine Vervielfachung der Sozialausgaben und eine Umverteilung der Reichtümer. Dies sind Forderungen, wo sich die Positionen von Gewerkschaften, sozialen Bewegungen und Guerillas treffen. Man muß kein Pessimist sein, um es für ausgesprochen unwahrscheinlich zu halten, daß die kolumbianischen Eliten solchen Reformen zustimmen werden. Von daher sind die Mitte 1998 aufgenommenen Gespräche zwischen Regierung, Guerilla und Teilen der Gesellschaft (die wir im 7. Kapitel ausführlich darstellen) ohne allzu große Erwartungen zu sehen.

Einen zweiten inhaltlichen Schwerpunkt bildet für uns die Darstellung der kolumbianischen Guerillaorganisationen, die in den internationalen Medien ein ausgesprochen negatives Image besitzen. FARC und ELN gelten zwar als die stärksten Guerillas auf dem amerikanischen Kontinent, doch gleichzeitig wird ihnen vorgeworfen, ihre politischen Ziele aus den Augen verloren zu haben, die Bevölkerung nicht zu repräsentieren und als eine Art Räuberbande zu agieren. Diese Ansicht wird von erstaunlich vielen Menschen, auch Lateinamerika-KennerInnen, ungeprüft wiedergegeben, was umso merkwürdiger ist, als es kaum fundierte Analysen der Geschichte und Politik von FARC und ELN gibt. Es scheint, als ob ausgerechnet jene Guerillas, die sich der Integration ins politische Establishment widersetzt haben, stellvertretend für alle lateinamerikanischen Befreiungsbewegungen abgestraft werden sollen.

Dieses Buch soll einen Beitrag dazu leisten, diese Leerstelle zu füllen. Dafür haben wir in den vergangenen Jahren ein Dutzend Rechercheréisen in die kolumbianischen Konfliktregionen unternommen und zahlreiche Interviews mit städtischen Oppositionellen und Stiftungen, aber auch mit Guerilla-AktivistInnen und einfachen Leuten auf der Straße geführt. Besonderer Dank gilt in diesem Zusammenhang dem Radiosender der ELN, *Radio Patria Libre*, der uns freundlicherweise seine Archive zur Verfügung stellte und trotz widriger Bedingungen viele Gesprächskontakte ermöglichte, die sonst nicht zu haben gewesen wären.

Aus unserer Sicht wäre einiges gewonnen, wenn dieses Buch dazu beitragen könnte, ein realistischeres Bild davon zu vermitteln, worum es in Kolumbien auch geht: um einen extrem militarisierten sozialen Konflikt, um einen international ignorierten Krieg der Besitzenden gegen die Bevölkerungsmehrheit, um eine endlose Geschichte niedergeschlagener Revolten. Und um einen Bürgerkrieg, der sich zu internationalisieren scheint. Seit 1997 nimmt der Druck der USA beständig zu, die heimliche Militärintervention hat längst begonnen. Zu Redaktionsschluß wurde bekannt, daß die US-Luftwaffe im Juli 1999 an Angriffen auf Guerillaeinheiten der FARC teilgenommen hat. Gleichzeitig hat das US-State-Department den argentinischen Präsidenten Menem aufgefordert, auf dem Kontinent die Möglichkeiten einer internationalen Eingreiftruppe für Kolumbien zu sondieren, und die US-Militärhilfe auf 500 Millionen US-Dollar aufgestockt. Man muß nicht gleich ein Anhänger des platten Antiimperialismus der siebziger und achtziger Jahre sein, wenn man diese Entwicklung für alarmierend hält.

1. Einführende Interviews

1. 1. Exportbananen und Todesschwadrone

Ein Gespräch mit Gerardo Nieto, dem ehemaligen Generalsekretär der Bananenarbeitergewerkschaft SINTRAINAGRO

Das in Nordwestkolumbien an der Grenze zu Panama gelegene Urabá gilt als die wichtigste kolumbianische Bananenanbauregion Kolumbiens und war lange eines der Zentren der Gewerkschaftsbewegung. 1986-87 begannen paramilitärische Gruppen mit der Bekämpfung der linken Opposition in der Region. In den Folgejahren verwandelte sich Urabá in den Schauplatz eines blutigen Kriegs.

Auf Gerardo Nieto wurden drei Attentate verübt. Er lebt seit einigen Jahren in Europa im Exil.

Wie sieht die Arbeit auf den Plantagen aus?

Der erste Schritt ist natürlich die Ernte. Die Bananen für den europäischen Markt werden nach 11-12 Wochen geschnitten, die für den nordamerikanischen nach 14. Die Stauden werden auf einem Kabel zu den Verpackungsräumen transportiert, wo man die Blüten abschneidet und die Früchte nach Qualitätskategorien aufteilt. Dann werden die Bananen abgewogen, mit Wasser und Chemikalien behandelt, damit man die Flecken nicht so sieht, und schließlich vorsichtig verpackt.

Wie viele Bananenarbeiter gibt es auf den kolumbianischen Plantagen?

In Urabá, wo der Großteil der Exportbananen produziert wird, sind es etwa 15.000 ArbeiterInnen, davon ein Fünftel Frauen, in Cienaga, Magdalena, weitere 30.000.

Und wie sind die Arbeitsbedingungen?

Bevor wir die Gewerkschaften organisierten, arbeiteten wir in der Regel barfuß und total durchnäßt, weil uns die Plantagenbetreiber keine Arbeitskleidung zur Verfügung stellten. Wir schufteten von 6 Uhr bis 23.30 Uhr, auf manchen Plantagen sogar bis 1 Uhr morgens. Wer zehn Minuten zu spät kam, wurde zwei oder drei Tage suspendiert.

Erst mit den Gewerkschaftskämpfen ab 1986 verbesserte sich die Situation vorübergehend. Der Achtstundentag wurde eingeführt, die Überstunden wurden bezahlt.

Seitdem die Paramilitärs 1992-93 aber die linken Gewerkschaften zerschlugen, ist alles wieder wie beim alten. Die durchschnittliche Arbeitszeit liegt heute bei 11 Stunden, der Durchschnittslohn bei knapp 250.000 Pesos (ca. 150 Dollar). In Ciénaga, wo die gewerkschaftliche Organisierung wegen der Repression immer schon schwierig war, ist der Lohn sogar noch niedriger.

Im Zusammenhang mit der Situation in Urabá wird viel über die Bananenunternehmerverbände Uniban *und* Augura *geredet. Haben Chiquita und andere transnationale Unternehmen keine Plantagen in Kolumbien?*

Doch, die Multis *Chiquita* und *Banadex* unterhalten auch Plantagen in Urabá.

Urabá ist eine der am schwersten vom Paramilitarismus betroffenen Regionen. Welche Rolle spielen die Bananenkonzerne darin?

Die Bananenunternehmer beschlossen 1987, die Gewerkschaften zu zerschlagen und investierten große Summen in den Aufbau von Privattruppen. Man trat in Verbindung mit dem israelischen Söldner Yair Klein, einem ehemaligen Sicherheitsoffizier, der zuvor die Contra in Nicaragua trainiert und schon andere paramilitärische Gruppen im Land ausgebildet hatte. Auf den Fincas La Honduras und La Negra kam es zu schweren Massakern, die jeweils mehr als 40 Menschen das Leben kosteten. Danach begann die Hetzjagd. Seit Anfang der neunziger Jahre haben die Unternehmer Mitglieder der sogenannten *Comandos Populares* als Sicherheitskräfte auf den Plantagen angestellt.

Die Geschichte der Comandos Populares hat viel Verwirrung gestiftet. Diese Gruppen bestehen ja aus Leuten, die bis 1991 selbst einer Guerillaorganisation angehörten, nämlich der maoistischen EPL, die früher großen Einfluß unter den Bananengewerkschaften besaß. Wie kam es zu diesem Wandel?

1991 demobilisierte sich ein Teil des EPL oder richtiger ausgedrückt: Er verkaufte sich faktisch an den Staat. Es gab Absprachen mit dem Establishment, die Demobilisierten vereinbarten einen Sozialpakt auf den Plantagen, und im Gegenzug boten die Regierung Gaviria und die Viehzüchter um dem Paramilitärchef Carlos Castaño den demobilisierten Guerilleros an, sich in verschiedene Sicherheitskräfte einzugliedern.

Es war die Hölle, es kam zu schweren Konflikten zwischen den Demobilisierten und den Anhängern der kommunistischen Partei und anderen linken Gruppen. Einige Ländereien, die den demobilisierten Guerilleros von den Viehzüchtern zur Verfügung gestellt wurden, waren zu diesem Zeitpunkt nämlich von landlosen BäuerInnen besetzt gewesen und wurden nun mit Hilfe der Ex-Guerilleros geräumt.

Man kann also sagen, daß es sich gar nicht um eine Demobilisierung handelte, sondern um einen Seitenwechsel. Viele Guerilleros behielten ihre Waffen und arbeiteten von nun an für den Staat. Im Auftrag der Bananenunternehmen wurde die Region von Linken gesäubert. Man wollte den Teil der Gewerkschaftsbewegung zerschlagen, der sich dem Sozialpakt widersetzte.

Man kann also sagen, daß die Comandos Populares unter Kontrolle von Armee, Bananenunternehmern und den Paramilitärchefs stehen?

Ja, faktisch sind sie kooptiert worden. In manchen Fällen patrouillieren diese Gruppen gemeinsam mit den Paramilitärs von Carlos Castaño. Die Morde in der Finca Santa Cruz in der Nähe von Turbo haben sie z. B. gemeinsam verübt. Daran waren auch bewaffnete Funktionäre der Staatsanwaltschaft beteiligt. Sie schossen während eines Freizeitkicks auf fußballspielende Arbeiter, die als Linke galten. Einem schoben sie sogar eine Handgranate in den Mund.

In den Medien wurde behauptet, daß die Wende der ehemaligen EPL-Guerilleros auch damit zu tun hatte, daß diese von einer anderen Guerilla, nämlich den FARC, angegriffen wurden.

So würde ich das nicht sagen. Unter den Regierungen Gaviria und Samper wurden Teile der sozialen Opposition kooptiert, indem man demobilisierte Guerilleros in die Landpolizei, das *DAS-Rural*, übernahm. Die „Demobilisierten" integrierten sich in die Kriegspläne der Regierung und wurden zu einer Waffe des Establishments. Bis zu dem Zeitpunkt, als ich Urabá verlassen mußte, gab es keine Auseinandersetzungen zwischen den FARC und den *Comandos Populares.* Was es gab, waren rechte Morde gegen aktive GewerkschafterInnen. Aber es ist klar, daß eine Konfrontation unausweichlich wurde.

SINTRAINAGRO wurde von der Repression schwer getroffen. Existiert die Gewerkschaft heute noch?

Armee und Paramilitärs verkündeten auf den Plantagen, daß sie nur noch eine Gewerkschaftsvertretung akzeptieren würden, nämlich die der demobilisierten EPL. So ist es heute auch: Alle anderen sind tot oder mußten die Region verlassen. An der Basis gibt es noch Widerstand, aber der Gewerkschaftsapparat ist unternehmerfreundlich und unterstützt die Regierungspolitik. Sie haben sogar aus Solidarität mit der Armee einen Streik durchgeführt.

Im Ausland genießt die ehemalige Bürgermeisterin von Apartadó Gloria Cuartas großes Ansehen, die von der linken UP-Liste kam, sich dann aber von der Partei löste. Sie fördert die Gründung von neutralen „Friedensgemeinden" in Urabá, die sich gleichermaßen ablehnend gegenüber der Guerilla wie gegenüber Armee und Paramilitärs verhalten. Wie sehen Sie diese Neutralität?

Gloria Cuartas wurde als Konsenskandidatin von vielen Gruppen gemeinsam gewählt. Wenig später begann in der Ortschaft von Pontepiedra das Pilotprojekt einer „Friedensgemeinde". Der Staat blieb militärisch präsent, förderte jedoch kaum soziale Programme. Zahlreiche BewohnerInnen wurden ermordet. Heute üben faktisch die Paramilitärs die Kontrolle über Pontepiedra aus. Damit scheiterte das erste Experiment.

Der zweite Versuch einer „Friedensgemeinde" fand in San José de Apartadó statt, einer kleinen Ortschaft von nicht einmal 1.000 Personen. Das Dorf erklärte, man werde in Anbetracht der Eskalation keiner Konfliktpartei mehr logistische Unterstützung gewähren. Aber auch hier hat der Staat wenig Anstrengungen unternommen, die sozialen Verhältnisse zu verbessern. Noch schlimmer ist allerdings, daß die Gemeinde faktisch belagert wird. Wer San José verläßt, wird registriert, an der Straße befinden sich direkt nebeneinander eine Armeebasis und ein Paramilitärstützpunkt.

Ich glaube, das Problem an dem Konzept ist, daß der kolumbianische Staat nur solche „Friedensgemeinden" akzeptiert, die sich nicht organisieren, also keine sozialen Forderungen formulieren. Entweder die Gemeinde kämpft also für Veränderungen und wird dann auch weiter von Paramilitärs angegriffen oder die Gemeinde erklärt sich „sozial neutral", dann jedoch hat sie bereits Partei ergriffen. Ich finde es gut, Autonomie einzufordern, aber im Konflikt zwischen Reichen und Armen kann es keine Neutralität geben.

Ein weiteres Interview zu der Lage in Urabá befindet sich in Kapitel 6.7.

1. 2. „Eine ganze Stadt auf der Abschußliste"

Interview mit dem exilierten Erdölgewerkschafter César Carillo, USO

Cesar Carillo ist Sekretär der Erdölarbeitergewerkschaft USO und nahm Mitte 1998 an den Friedensgesprächen zwischen der Guerillaorganisation ELN und einigen Persönlichkeiten der kolumbianischen Gesellschaft in Deutschland teil. Der 50-jährige konnte damals nur unter Auflagen aus Kolumbien ausreisen. Wie 16 weitere USO-GewerkschafterInnen war er lange in Haft gewesen und sollte vor einem Sondergerichtshof wegen „Terrorismus" angeklagt werden. Kurze Zeit nach dem Interview mußte Carillo wegen Morddrohungen ins Exil. Das Interview wurde Mitte 1998 während der Gespräche zwischen ELN und „kolumbianischer Gesellschaft" im bayerischen Kloster Himmelspforten geführt.

Woher kommt die Hoffnung, daß eine politische Lösung des Konflikts in Kolumbien möglich ist?

Die verschiedenen Konfliktparteien haben ihr Interesse an einem Dialog erklärt und ihre Ernsthaftigkeit unter Beweis gestellt. Natürlich kommen die großen Probleme erst noch auf uns zu. Ein Krieg, der seit 40 Jahren oder län-

„Freiheit für die inhaftierten Gewerkschafter“ . Die kolumbianische Terrorgesetzgebung richtet sich vor allem gegen GewerkschafterInnen. Dutzende sitzen im Gefängnis.

ger dauert, läßt sich nicht einfach beenden. Aber es existieren hervorragende Voraussetzungen für einen Dialog – eine Chance, die wir nicht ungenutzt lassen dürfen.

Aber die Massaker gehen weiter. In den drei Tagen, als Sie in Deutschland mit der ELN geredet haben, haben Paramilitärs 40 Zivilisten ermordet. Gibt es Spielräume für eine legale Opposition?

Das ist wirklich das größte Problem im Augenblick. Der schmutzige Krieg geht weiter. Paramilitärs patrouillieren sowohl auf dem Land als auch in den Armenvierteln der Städte, schüchtern Leute ein, massakrieren Gewerkschafter, bedrohen ganze Ortschaften wie meine Heimatstadt Barrancabermeja. Und natürlich müssen diese Angriffe gegen die sozialen Bewegungen aufhören, bevor man über Frieden verhandeln kann.

Das in Deutschland vorgestellte Dokument beschäftigt sich mit Menschenrechten, Bodenschätzen und der Einberufung einer Nationalkonvention. Von den sozialen und wirtschaftlichen Problemen Kolumbiens ist nur am Rande die Rede. Sehen Sie als Gewerkschafter nicht die Gefahr, daß Friedensverhandlungen wie in Zentralamerika zu einem bilateralen Abkommen zwi-

schen Guerilla und Regierung führen werden, das die sozialen Verhältnisse im Land unberührt läßt?

Nein, das glaube ich nicht. In dem in Deutschland formulierten Dokument wird ja ein Dialog der Guerilla mit der Gesellschaft und nicht mit der Regierung vereinbart. Auf der Nationalkonvention im Oktober werden alle gesellschaftlichen Sektoren mit der Guerilla zusammentreffen. Dieser Dialog soll schließlich in einer Nationalversammlung münden, in der die Sektoren ihre Probleme darlegen und gemeinsam nach Antworten gesucht wird. Das wichtigste Thema wird dabei das der sozialen Ungleichheiten sein, das heißt es wird um Bildung, Gesundheit, Armut und die schon erwähnte Aggression gegen die Protestbewegungen gehen. Diese sozialen Zustände sind es, die die kolumbianische Wirklichkeit so gewalttätig machen.

Es wird viel vom Dialog mit der Zivilgesellschaft gesprochen. Aber die Hintermänner des Paramilitarismus sind Unternehmer und Viehzüchter. Sie sind für die 300 Massaker im letzten Jahr verantwortlich. Ist das, was so enthusiastisch als „Zivilgesellschaft" bezeichnet wird, nicht genauso für den Krieg verantwortlich wie die Konfliktparteien?

Der Begriff „Zivilgesellschaft" müßte wirklich genauer verwendet werden. Es besteht kein Zweifel, daß die Paramilitärs von Großgrundbesitzern und Industriellen finanziert werden. Auch die Regierung ist direkt involviert, sie hat sich an der Gründung des Paramilitarismus beteiligt und kontrolliert ihn. Sie hat also auch die Pflicht, diese Gruppen aufzulösen. Das wird ein entscheidender Punkt bei den weiteren Gesprächen sein. Wenn sich dort nichts bewegt, kann es keinen Frieden geben.

Sie selbst sind Opfer der Repression. Die Paramilitärs haben Sie unzählige Male mit dem Tode bedroht, die Staatsanwaltschaft strengt einen Terrorismusprozeß gegen Sie und die gesamte Gewerkschaftsführung an. Existieren Meinungs- und Organisationsfreiheit in Kolumbien?

Nein, beides existiert nicht. Es gibt eine brutale Repression gegen soziale, gewerkschaftliche und politische Organisationen. Die USO ist ständig Opfer von Anschlägen, 17 von unseren Führungsmitgliedern waren oder sind im Gefängnis und sollen vor einen Sondergerichtshof gestellt werden – sie kommen vor ein sogenanntes „anonymes Gericht", wo der Angeklagte weder Richter und Staatsanwälte noch Polizeiorgane und Zeugen zu sehen bekommt. Das heißt, man wird von unbekannten Zeugen beschuldigt, von unbekannten Richtern verurteilt und mit unbekannten Aussagen konfrontiert. Mit Rechtsstaatlichkeit hat das nichts zu tun.

Der Grund für diesen Prozeß ist, daß sich die USO der Privatisierung des staatlichen Erdölunternehmens ECOPETROL widersetzt und eine souveräne Energiepolitik gegenüber den Multis fordert. Unser Delikt ist, daß wir uns politisch äußern. Bei dem Prozeß erwarten uns Haftstrafen um die 40 Jahre.

Unser Anwalt Eduardo Umaña Mendoza wurde ermordet, andere Anwälte mußten sich wegen Morddrohungen zurückziehen.

Es heißt, die Paramilitärs hätten die gesamte Erdölmetropole Barrancabermeja zum militärischen Angriffsziel erklärt...

Ja, richtig. Es tauchte ein Dokument der sogenannten *Autodefensas de Santander y Sur de Cesar* auf, in dem die Bevölkerung Barrancabermejas pauschal bedroht wurde. Die Paramilitärs kündigen an, daß sie politische und gewerkschaftliche Aktivität in der Stadt nicht mehr dulden würden. Man muß sich das vorstellen, immerhin handelt es sich um eins der wichtigsten Industriezentren und eine Stadt mit 400.000 Einwohnern, in der jetzt alle umgebracht werden können. Deswegen ist die internationale Öffentlichkeit für uns so wichtig.

Gibt es im Fall Barrancabermejas Beweise für eine direkte Zusammenarbeit von Armee und Paramilitärs?

Auf jeden Fall. Das von Paramilitärs im Mai 1998 verübte Massaker wurde von der Armee vorbereitet und gedeckt. Die Aktion richtete sich gegen ein sehr aktives Arbeiterviertel im Nordosten der Stadt. Eine halbe Stunde vor der Aktion begannen Armeepatrouillen, Häuser zu überfallen und Personen auf der Straße zu durchsuchen. Nachdem sie das Terrain vorbereitet hatten, kamen 50 bis 80 Paramilitärs auf Jeeps und verübten das Massaker. In einer so militarisierten Stadt wie Barrancabermeja ist es absolut unvorstellbar, daß 50 Bewaffnete herumfahren, ohne von der Armee gesehen zu werden. Sie haben 26 Leute entführt und sind an den Armeesperren vorbei aus der Stadt gefahren. Die Komplizenschaft ist offensichtlich.

Kolumbien
Karibische See
Barranquilla
Atlántico
La Guajira
Magdalena
Cesar
San Andrés & Providencia
Sucre
Panama
Norte de Santander
Venezuela
Córdoba
Bolívar
Bucaramanga
Barrancabermeja
Antioquia
Medellín
Santander
Arauca
Chocó
Caldas
Boyacá
Casanare
Pazifik
Risaralda
Cundinamarca
Vichada
Quindío
Bogotá
Tolima
Valle
Cali
Meta
Guainía
Huila
Cauca
Vaupés
Nariño
Caquetá
Putumayo
Ecuador
Amazonas
Brasilien
Peru
Kilometer
0
200

2. Regionen, Bevölkerung, Wirtschaft

Zur Einführung

Auf den 1,134 Millionen Quadratkilometern Kolumbiens leben 40 Millionen Menschen. Das Land ist damit zwar nur der viertgrößte Staat Südamerikas, besitzt aber die nach Brasilien größte Bevölkerung auf dem Subkontinent. Nur Ecuador ist dichter besiedelt. Dabei sind die Unterschiede zwischen den Regionen so groß, daß es eigentlich falsch ist, von *einem* Kolumbien zu reden. In Wirklichkeit gibt es *viele* „Kolumbiens".

Verursacht werden die starken regionalen Eigenheiten vor allem von natürlichen Begebenheiten. Das kolumbianische Territorium ist von drei hohen Kordillerenzügen geprägt, die das Land in Nord-Süd-Richtung durchschneiden, zum Teil über 5.000 Meter hoch sind und ein extrem abwechslungsreiches Klima erzeugen. Von der Wüste Guajiras über die hochalpinen Gletscherregionen Santanders und Huilas bis hin zum tropischen Regenwald weist Kolumbien alle Klimazonen auf. Die natürlichen Hindernisse – Gebirgsketten, tropische Flußläufe, Sümpfe etc. – sind so gewaltig, daß Kolumbien bis Mitte dieses Jahrhunderts praktisch kein funktionierendes Verkehrsnetz besaß. Als Folge davon haben sich auch kulturell und ethnisch klar getrennte Räume herausgebildet.

Verwaltungstechnisch besteht der kolumbianische Staat aus 34 Provinzen, den sogenannten *departamentos,* die sich in acht Subregionen unterteilen lassen:

– Die *Sabana de Bogotá,* die die Hauptstadt, die Hochebene von Cundinamarca und einen Teil Boyacás umfaßt und auf über 2.000 Meter Höhe liegt, ist das politische und ökonomische Zentrum des Landes. In der Region leben an die 10 Millionen Menschen, die meisten von ihnen in der Hauptstadt selbst oder in ihrer unmittelbaren Peripherie. Das Klima ist kühl und von häufigen Niederschlägen geprägt, was Bogotá nicht gerade gastfreundlich erscheinen läßt. Und auch die Stimmung in der Stadt selbst ist abweisend. Die durch Migration aus dem ganzen Land zusammengewürfelte und mehrheitlich in städtischer Armut lebende Bevölkerung gilt als ausgesprochen mißtrauisch. Bogotá ist eine von den meisten KolumbianerInnen nicht besonders geliebte Hauptstadt.

– Als *Llanos Orientales* bezeichnet man die an Amazonien angrenzende Ebene, die sich östlich des andinen Hochlands erstreckt und im Norden bis zur venezolanischen Grenze reicht. Es ist ein ausgedehntes und wenig bevölkertes Gebiet mit savannenartiger Vegetation, das zwar 22 Prozent des Landes umfaßt, in dem aber nicht einmal eine Million Menschen wohnen. Die Llanos, die traditionell von der Viehzucht geprägt waren, haben in den vergangenen 20 Jahren aufgrund von Erdölfunden eine immense ökonomische Bedeutung erlangt. Nach Angaben des Energieministeriums befinden sich hier beachtliche Vorkommen – angeblich die einzige zusammenhängende Ölförderregion, die weltweit seit der Erschließung der Nordseevorkommen entdeckt wurde. Das Klima der Llanos Orientales ist heiß und kann außerhalb der Regenzeit sehr trocken werden. So ist denn auch die Vegetation sehr viel weniger üppig, als man es bei einer in der Äquatorgegend liegenden Region vermuten würde.

– Südlich und östlich der Llanos Orientales geht die Feuchtsavanne ins kolumbianische *Amazonien* über. Ein erheblicher Teil dieses knapp 400.000 Quadratkilometer großen Gebiets ist allerdings längst nicht mehr von geschlossenem Regenwald bedeckt. Viehzucht und agroindustrielle Pflanzungen, darunter auch Koka, haben das bis in die sechziger Jahre unberührte Südostkolumbien grundlegend verändert. Die Bevölkerung der Region hat sich seit 1950 fast verzehnfacht, zählt aber immer noch keine Million.

– Die *südliche andine Region,* die die Provinzen Nariño, Cauca und Huila einschließt, ähnelt stark den Andenstaaten Ecuador, Peru und Bolivien. Sie liegt zum überwiegenden Teil auf über 2.000 Meter Höhe und hat deswegen wie die *Sabana de Bogotá* ein kühles, oft sogar kaltes Klima. Der höchste Gletschergipfel der Region, der zwischen den Provinzen Cauca und Huila gelegene *Nevado del Huila,* erreicht 5.750 Meter. In keinem anderen Landesteil Kolumbiens ist der indigene Einfluß so spürbar wie hier. Die Region gehörte als nördlichster Zipfel zum vorkolonialen Inkareich, was dazu geführt hat, daß sich die Indígenas hier von den UrbewohnerInnen anderer Landesteile kulturell stark unterscheiden.

– Zur *zentralen andinen Region* werden die Kaffeeanbaugebiete in Risaralda, Quindío und Caldas sowie die Provinzen Tolima und Valle del Cauca gezählt. Auch das Herz der Provinz Antioquia läßt sich der Region zuordnen. Überwiegend auf einer Höhe zwischen 1.000 und 2.000 Metern gelegen, ist das Klima mild und für den Kaffeeanbau gut geeignet, auch wenn es tagsüber durchaus 30 Grad heiß werden kann. Die hier gelegenen und jeweils 2,5 bis 3 Millionen EinwohnerInnen zählenden Metropolen Cali (Departement Valle) und Medellín (Dep. Antioquia) sind die zwei größten Städte des Landes nach Bogotá. Insgesamt konzentrieren sich im Dreieck Bogotá-Cali-Medellín drei Viertel der Industriebetriebe und 50 Prozent der Bevölkerung. Zwei Drittel des Bruttoinlandsprodukts werden hier erzeugt. Interessanterweise besteht jedoch ein ausgeprägter Regionalismus. Vor allem zwischen den *caleños,* den BewohnerInnen Calis, und den *paisas,* der Bevölkerung Medellíns, herrscht eine regelrechte Feindschaft. In den Hochzeiten der Koka-Kartelle von Cali und Medellín mündete der ökonomische Konkurrenzkampf zwischen den Drogenhändlerringen in einen regionalistischen Kampf zwischen den Städten.

Die zentralandine Region ist stark von europäischer Einwanderung geprägt, vor allem in der Gegend um Medellín.

– die *karibische Region*, die etwa 12 Prozent des kolumbianischen Territoriums ausmacht, liegt im Norden Kolumbiens. Das Klima ist heiß, und es gibt überraschende Übergänge von den ausgedehnten Wüsten und Trockensavannen zu den Regenwäldern an den Abhängen der Sierra Nevada, die mit 5.775 Metern das höchste Küstengebirge der Welt ist. Obwohl die Karibikküste als erste Region Kolumbiens besiedelt wurde, sind die ehemaligen Kolonialstädte Cartagena und Santa Marta oder die Millionenstadt Barranquilla ökonomisch heute nicht mehr besonders wichtig. Selbst als Hafenstädte wurden sie vom pazifischen Buenaventura längst überrundet. Vor allem in Cartagena spielt der Tourismus eine wesentliche Rolle. In den letzten 15 Jahren haben die an Venezuela angrenzenden Provinzen La Guajira und Cesar wesentlich an Bedeutung gewonnen, in denen sich das größte Tagebau-Kohlevorkommen der Welt befindet: die Mine von Cerrejón.

– der kolumbianische *Nordosten* – das heißt die Provinzen Santander, Norte de Santander, ein Teil Boyacás sowie der Süden des Departements Cesar – wird oft auch als nördliche andine Region bezeichnet. Mit Bucaramanga und der Grenzstadt Cúcuta besitzt die Gegend zwei Städte mit annähernd einer Million EinwohnerInnen. Außerdem konzentriert sich in der Gegend die mafiös organisierte Smaragdförderung (Dep. Boyacá) und ein Großteil der kolumbianischen Erdölverarbeitung (Dep. Santander). In der 400.000 EinwohnerInnenstadt Barrancabermeja (Dep. Santander), in dessen Umgebung es früher ebenfalls bedeutende Ölvorkommen gab, ist die wichtigste Raffinerie Kolumbiens angesiedelt, die auch zu den größten Anlagen dieser Art auf dem Subkontinent gehört. Barrancabermeja ist auch sonst eine interessante und wichtige Stadt. Sie ist ein Schmelztiegel der verschiedenen kulturellen Einflüsse, Gewerkschaftshochburg, sozialer Brennpunkt und seit praktisch zehn Jahren im Bürgerkrieg. Es vergeht kaum ein Tag, an dem in der Stadt kein paramilitärischer Mord verübt wird oder von Feuergefechten zwischen Guerillakommandos und Armee berichtet wird.

Geprägt wird der kolumbianische Nordosten von der an Venezuela angrenzenden *cordillera oriental* und dem Magdalena-Strom, dem größten kolumbianischen Fluß. Neben Smaragden und Erdöl werden in der Region vor allem afrikanisches Palmöl, Kakao, Zucker und etwas Kaffee produziert.

– die Pazifikküste oder *Cuenca Pazífica,* umschließt die westlichen Teile von vier Departements: Nariño, Cauca, Valle del Cauca und Chocó. Kein anderer Landesteil erlebt augenblicklich vergleichbare Umwälzungen. Lange Zeit wurde die von dichten Regenwäldern bedeckte Region kaum beachtet. Die hauptsächlich schwarze und indigene Bevölkerung blieb unter sich, was sich einerseits in politischer und kultureller Eigenständigkeit, andererseits jedoch auch in ökonomischer Marginalisierung ausdrückte. So leidet die Region unter extremer Armut und dem Fehlen jedweder Infrastruktur. Es gibt kaum Krankenhäuser, Straßen oder Schulen. Erst Ende der achtziger Jahre gewann die Gegend an Bedeutung. Im Rahmen der amerikanischen Integration und eines unter Präsident Gaviria abgeschlossenen Freihandelsabkommens zwischen Mexiko, Chile und Kolumbien entdeckte man sie als mögliche Brücke für eine pazifische Integration, die von Feuerland bis nach Alaska reichen soll. Für den an Panamá angrenzenden Teil ist sogar der Milliarden Dollar teure Bau einer interozeanischen Verkehrsverbindung im Gespräch, die eine Alternative zum Panamakanal werden könnte. Ein Augenmerk auf die Region geworfen haben auch Gen-Multis, die sich für den hier vorhandenen Artenreichtum interessieren – die kolumbianische Pazifikküste besitzt die größte Biodiversität der Welt. Desweiteren wissen auch die US-Geheimdienste, die kolumbianische Armee, die Guerilla, der Drogenhandel und die Paramilitärs um die strategische Lage der Region.

Bevölkerungszusammensetzung und Regionalismen

Auch die Bevölkerungsstruktur unterscheidet sich in Kolumbien je nach Region deutlich. Dabei macht die pittoreske Unterteilung in „*Schwarze, Mulatten, Indianer, Mestizen und Weiße*" – wie sie in Reisebüchern gerne vorgenommen wird – freilich wenig Sinn.[1] Ethnisch-kulturelle Identitäten, die im Leben der KolumbianerInnen fraglos eine große Rolle spielen, lassen sich nicht aus Hautfarben ableiten, auch wenn sie sich oft mit ihnen decken. Kulturelle Regionalismen haben mit Migration, sozial oder klimatisch bedingter Abschottung, Austausch mit anderen Gemeinschaften und der ökonomischen Situation zu tun.

Auffällig ist dabei, daß – anders als in den südlichen Nachbarländern Ecuador, Peru und Bolivien – indigene Gemeinschaften in Kolumbien nur noch eine marginale Rolle spielen. Die Urbevölkerung wurde im Rahmen der spanischen Kolonialisierung so stark dezimiert, daß sich heute nur noch 2 Prozent der KolumbianerInnen selbst als Indígenas bezeichnen. Die meisten von ihnen leben in den Südwestprovinzen Huila, Cauca und Nariño nahe der ecuadorianischen Grenzen, in südlich gelegenen Amazonien sowie in der Sierra Nevada und der Sierra de Perijá im Norden des Landes.

Auch die afrokolumbianische Bevölkerung konzentriert sich in wenigen Regionen. Vor allem in den unerschlossenen Teilen der Pazifik- und Karibik-

1 Die Aussagekraft solcher „Volksgruppenzuordnungen" ist die von bloßen Tautologien: Der Begriff „Schwarze" sagt aus , daß „Schwarze" (mehr oder weniger) schwarze Haut haben und Weiße (mehr oder weniger) weiße.

küste gründeten geflohene oder freigelassene Sklaven Widerstandsgemeinden, sogenannte *palenques,* in denen die Bevölkerung eine starke kulturelle und soziale Autonomie bewahrte. Der Preis für diese Unabhängigkeit war jedoch die fortgesetzte Marginalisierung innerhalb der kolumbianischen Gesellschaft. Einem großen Teil der 15 Prozent schwarzen KolumbianerInnen ist der Zugang zu Ausbildung und Gesundheitsversorgung weitgehend versperrt. Obwohl der Rassismus im kolumbianischen Alltag weniger ausgeprägt erscheint als in Europa oder den USA, sind sie von fehlender Infrastruktur weitaus stärker betroffen als andere Bevölkerungsgruppen und in öffentlichen Funktionen so gut wie gar nicht zu finden.

Die Nachkommen der europäischen KolonisatorInnen, etwa 20 Prozent der Bevölkerung, sind wie in den meisten ehemaligen Kolonialstaaten weitgehend identisch mit Mittel- und Oberschicht. Am stärksten merkt man den europäischen Einfluß in Medellín, Cali und Bogotá sowie den Provinzen der zentralandinen Region. Die überwiegende Mehrheit der KolumbianerInnen ist jedoch keiner – oder allen – dieser Bevölkerungsgruppen verbunden. 72 Prozent werden oft als „mestizisch" oder „mulattisch"[2] bezeichnet, d. h. sie sind keiner der genannten Gruppen zuzuordnen.

Obwohl Kolumbien eine Vielzahl kultureller Einflüsse aufgenommen hat, wird das an US-amerikanischen und europäischen Konsum- und Lebensmodellen ausgerichtete Selbstverständnis der Eliten in den Medien ständig als „kolumbianische Nationalidentität" reproduziert. Das Problem besteht dabei darin, daß es für die Massen finanziell völlig unerreichbar ist.

Seit den sechziger und siebziger Jahren versuchen Indígenas, Schwarze und Teile der Linken die indigenen Kulturen als Nationalerbe aufzugreifen, was zu einer spürbaren Renaissance dieser „Communities" geführt hat. Aufgrund des wachsenden Drucks wurden den sogenannten „ethnischen Minderheiten"[3] auch gesonderte Vertretungen in der Verfassunggebenden Versammlung 1991 zugestanden. An der grundsätzlichen Hegemonie des US-amerikanischen Kulturmodells hat dies jedoch nichts geändert.

Das Alltagsbild Kolumbiens unterscheidet sich von dem Panamas oder Venezuelas vor allem darin, daß der medial vorherrschende *american way of life* mit europäischen Einflüssen einhergeht. In Bogotá beispielsweise fällt die Bedeutung britischer Architektur auf. Ganze Viertel, die in der ersten Hälfte des 20. Jahrhunderts entstanden, erinnern an englische Siedlungen. Auch die

2 Die Schwarzenbewegung lehnt die Begriffe „Mestize" und „Mulatte" als rassistisch ab. Das Wort „Mulatte" stammt aus dem Portugiesischen und steht für die Mischung von Pferd und Esel.

3 Der Begriff ist insofern irreführend, als die weißen Eliten (und nicht etwa die nicht dunkelhäutigen Unterschichten) die Minderheit im Land darstellen.

Regionalkultur Antioquias hat wichtige Anleihen bei den europäischen Kulturen gemacht.

Interessant ist desweiteren, daß die Migration je nach Region sehr unterschiedlich ausgefallen ist. So merkt man an der Karibikküste vor allem den Einfluß arabischer ImmigrantInnen und der Nachfahren afrikanischer SklavInnen. Die Beziehungen zu den karibischen Nachbarstaaten, darunter auch Kuba, sind ausgesprochen eng. Überhaupt hat der Lebensstil Barranquillas mehr mit dem von La Habana als mit dem Bogotás gemeinsam. Der Alltagsrhythmus ist laut, schnell, kommunikativ und doch gleichzeitig gelassen. Wer direkt aus der kolumbianischen Hauptstadt in das verwirrende Barranquilla kommt, kann sich kaum vorstellen, daß er sich noch im gleichen Land befindet.

Indigene Kulturen sind für die Andenregion zwischen Popayán, Neiva und Pasto am charakteristischsten. In der Provinz Cauca hat die Paez-Sprache in den letzten Jahren neue Ausbreitung gefunden, viele Indígenas sprechen nur gebrochenes Spanisch. An der Pazifikküste sind schwarze und indigene Gemeinschaften weitgehend unter sich, die Region galt in den vergangenen Jahrhunderten als unzugänglich und wegen des tropisch-feuchten Klimas als ungesund. In den *Llanos Orientales* überwiegt hingegen eine Art Gaucho-Kultur, die für ihren Machismus und die Zithermusik(!) berühmt ist, während sich in Nordostkolumbien karibische, indigene und europäische Einflüsse auf bizarre Weise vermischt haben. Von der eigenen Migrations- und Unterwerfungsgeschichte zeugen nicht nur einzelne Dörfer in der Provinz Santander, in der auffallend viele BewohnerInnen indigene Gesichtszüge und blonde Haare besitzen (was angeblich auf die Vergewaltigungen von Indígena-Frauen durch deutsche Raubkolonisatoren im 17. Jahrhundert zurückzuführen ist), sondern auch der *vallenato* – eine Musikrichtung, die die afrikanischen und indigenen Rhythmusinstrumente *caja* und *guacharaca* mit dem europäischen Akkordeon verbindet.

Der Hintergrund dieser großen regionalen Eigenheiten ist das Fehlen von Kommunikationswegen. Bis in die sechziger Jahre hinein besaß das südamerikanische Land kein Straßennetz. So blieben Bevölkerungsgruppen nicht nur sozial, sondern auch ethnisch getrennt: ausschließlich weiße GroßgundbesitzerInnen und UnternehmerInnen, „mulattische" oder „mestizische" KleinbäuerInnen und ArbeiterInnen, sowie schwarze und indigene Kommunitäten. Dazu kommt ein kleiner, aber an der Atlantikküste auffallender Anteil arabischstämmiger Händler.

Neben dem Lebensrhythmus und den Kommunikationsformen unterscheiden sich auch die sozio-ökonomischen Systeme von Region zu Region stark. Die Integration oder – um es negativer auszudrücken – Einebnung, wie sie die Industrialisierung im Norden hervorbrachte, ist in Kolumbien nicht abgeschlossen.

Indígenas in Südwestkolumbien

Es ist deswegen auch wenig verwunderlich, daß sich viele KolumbianerInnen vor allem als Angehörige ihrer Regionalkultur begreifen und sich sogar Ansätze von Unabhängigkeitsbewegungen entwickelt haben. An der Karibikküste und im Departement Antioquia gab es immer wieder Bestrebungen, einen eigenen Staat zu gründen. Zwar stellen Unabhängigkeitsforderungen wie die der kleinen politischen Bewegung „Antioquia Libre" die Existenz Kolumbiens nicht wirklich in Frage, aber sie sind Ausdruck einer starken konföderalen Tradition. Mitte des 19. Jahrhunderts setzte die regionalistische Strömung eine föderale Verfassung mit derart großen Autonomierechten durch, daß die Macht der Zentralregierung praktisch nur noch auf dem Papier existierte.

Sehr viel bedeutsamer als diese mehr oder weniger folkloristischen Unabhängigkeitsbestrebungen sind die Kämpfe der afrikanischen und indigenen „Communities" zur Verteidigung ihrer immer stärker eingeschränkten Lebensmöglichkeiten. Mit der Verfassungsreform 1991 sind ihnen zwar Landrechte und eine parlamentarische Vertretung zugesichert worden, aber die Konflikte sind die gleichen geblieben. Armee und Paramilitärs haben in den neunziger Jahren massiv Indígenas und Schwarze vertrieben oder die *Communities* zum Koka- und Schlafmohnanbau zu zwingen versucht. So bezahlten die Barone des Cali-Kartells 1993-94 in mehreren Fällen die Armee direkt dafür, widerspenstige Bauern und Indigenas im Departement Valle de Cauca umzubringen. Auch der Konflikt zwischen der Shell-Tochter „Oxy“ und den etwa 5.000 U'was im Nordosten Kolumbiens bzw. der Konflikt um das Wasserkraftwerk Urra im Nordwesten haben gezeigt, wie wenig die neue Verfassung an der realen Situation der Indigenas geändert hat. Drohungen und Vertreibungen gehören weiter zum Alltag.

Stadt-Land-Widersprüche

Widersprüchlich sind jedoch nicht nur die Beziehungen zwischen den verschiedenen Regionalkulturen. Noch problematischer sind die Gegensätze zwischen Stadt und Land. So werden Bogotá, Medellín oder Cali als wirtschaftliche und kulturelle Metropolen auf dem Subkontinent wohl nur von Rio de Janeiro, São Paulo, Buenos Aires oder Mexiko-Stadt übertroffen. 50 Kilometer außerhalb der Großstädte jedoch ist oft von den normalen „zivilisatorischen Errungenschaften“ wie Strom, Trinkwasser und Verkehrswegen kaum etwas zu merken.

Vor allem das Fehlen einer gezielten Strukturpolitik, die auf den Abbau von Bodenschätzen reduzierte Weltmarktintegration und die hohe Landkonzentration haben dazu geführt, daß sich die ländlichen Regionen nicht aus eigener Kraft entwickeln konnten und die Gegensätze immer größer werden. Kleinbauern müssen oft 80 Prozent ihrer Einnahmen für den Transport der Waren zu den nächstgelegenen Märkten bezahlen, weil die Verkehrsverbindungen so schlecht sind. Krankenhäuser und weiterführende Schulen sind – abgesehen davon, daß es sowieso kaum ein öffentliches Gesundheits- und Bildungswesen gibt – Tagesreisen entfernt, der Armutsanteil liegt deutlich höher als in den Städten.

Die Integration in den Weltmarkt haben mit Ausnahme der Kaffeeanbauer (die wegen der mittelständischen Struktur des Sektors eine Sonderrolle einnehmen) nur die agro-industriellen Großbetriebe geschafft, die sich auf Bananen, Zuckerrohr, Blumen, afrikanische Palme und Soja konzentrieren und oft in transnationaler Hand sind.

Zu allem Überfluß hat der im Rahmen der neoliberalen Wirtschaftspolitik forcierte Abbau von Zollgrenzen die Bauern seit 1988 der Konkurrenz ausländischer Agrarimporte unterworfen und damit die Situation noch einmal verschärft. Nach neueren Angaben leben inzwischen über 30 Prozent der Landbevölkerung unter der Elendsgrenze (vgl. Ahumada 1996).

Dies und der paramilitärische Terror haben zu einer massiven Landflucht geführt. Seit den sechziger Jahren hat sich das Verhältnis von Stadt- und Landbevölkerung völlig umgedreht. Während vor 30 Jahren fast 70 Prozent der KolumbianerInnen auf dem Land lebten, sind es heute nur noch 25 Prozent. Allein in den vier größten Städten wohnen mindestens zwölf der knapp

40 Millionen KolumbianerInnen, und eine Umkehrung des Trends zur Verstädterung ist nicht abzusehen.

Es wäre jedoch verkürzt, sich die Landflucht nur als Ergebnis einer verfehlten Strukturpolitik vorzustellen. Dafür kommt sie Viehzüchtern und Großgrundbesitzern viel zu sehr entgegen, die die Kleinbauern zunächst Land urbar machen lassen, um es sich dann auf die eine oder andere Art anzueignen. Wenn die Bauern nicht aus eigenem Antrieb in die Städte abwandern, helfen die Großgrundbesitzer oft mit Gewalt nach. So sind parallel zur Verstädterung die Kolonisierungsgrenzen immer weiter in die Naturlandschaften vorgerückt. Die vertriebenen Kleinbauern, die nicht in die Städte gehen, ziehen auf der Suche nach einer Lebensgrundlage in noch abgeschiedenere Landesteile (z. B. nach Amazonien oder in die Llanos) ab, von wo sie nach einigen Jahren erneut vertrieben werden. So gesehen findet eine permanente Landumverteilung zugunsten der Agraroligarchie statt, die immer noch eine zentrale Machtposition in der kolumbianischen Oberschicht innehat.

Ein Spiegel der Welt – die Metropole Bogotá

Nirgends konzentrieren sich die sozialen Widersprüche Kolumbiens so deutlich wie in der Hauptstadt Bogotá. Die Metropole, die je nach Schätzung zwischen sechs und neun Millionen EinwohnerInnen hat und auf einer kühlen, regenreichen Hochebene in knapp 2.500 Metern liegt, besitzt einen apokalyptischen Zug. Von einem Bergring eingeschlossen wirkt Bogotá fast das ganze Jahr über düster. Obwohl es auch in Cali, Medellín, Barranquilla und Bucaramanga große Armenviertel gibt, erscheint Bogotá unerbittlicher, strenger und erdrückender.

Es gibt praktisch keine städtisch oder staatlich verwalteten öffentlichen Dienste. Auf den Straßen veranstalten Tausende von mehr oder weniger schrottreifen Chevrolet-Kleinbussen Wettrennen um die Kundschaft. Es gibt keine festgelegten Haltestellen, man bremst, wo jemand die Hand hebt. Die Luft ist von schwerem Dieselgeruch erfüllt. Richtung Stadtrand entdeckt man in alle Himmelsrichtungen aus Holz und nackten Hohlziegeln errichtete Siedlungen, die sich dunkel die Hänge hinaufziehen, und die Straßen sind nicht nur mit normalen Schlaglöchern übersät, sondern oft fehlen sogar die Gullideckel, die von armen BogotanerInnen gestohlen und verkauft werden.

So gesehen ist die Stadt ist der Prototyp der neoliberalen Metropole, in der alles möglich ist und alle Angelegenheiten über den Markt bzw. persönliche Beziehungen geregelt werden. Auf bizarre Weise ist die Stadt aber auch ein Spiegel der Weltordnung: Die Bogotaner Elite lebt im Norden der Stadt hinter hohen Mauern in ihren Reichtumsenklaven. Man kopiert den Stil US-amerikanischer Villen oder spanischer Kolonialfincas mit weiträumigen Innenhöfen. Aus Furcht vor Entführungen und Raubüberfällen werden ganze Straßenzüge mit Schranken abgeriegelt und von privaten Sicherheitsdiensten

Die Innenstadt von Bogotá

bewacht. Doch trotz der Vorkehrungen sieht man hier kaum spielende Kinder. Das reiche Kolumbien hat sich wortwörtlich in seine Festung zurückgezogen und vom Rest des Landes abgeschottet.

Die Kaufkraft der BogotanerInnen sinkt entlang der Nord-Süd-Achse. Südlich der 80. Straße – Bogotá ist wie viele ehemalige Kolonialstädte in Planquadrate eingeteilt – beginnt mit *Chapinero* eine Einkaufsgegend, in der die Mittelschicht shoppen geht. Dahinter kommen die Mittelstandsviertel der Jahrhundertmitte und erste Bürogebäude, die sich ungefähr von der 50. bis zur 20. Straße erstrecken. Südlich der 20. Straße hält man sich als Oberschichtsangehöriger kaum noch auf, denn obwohl die koloniale Altstadt, der Präsidentenpalast und das Kongreßgebäude hier liegen, gilt die Gegend als verrucht. Man trifft auf Bettler, mit Klebstoff vollgedröhnte Straßenkinder, Prostituierte und Polizisten, die sich ein Zubrot verdienen wollen. Die Calle del Cartucho, die „Patronenstraße", wo es wegen Prostitution und Drogen immer wieder zu Schießereien kommt, liegt nur einen Steinwurf vom Kongreß entfernt. So stellen die Kolonialhäuser in diesem Teil der Altstadt von Bogotá keine touristische Attraktivität dar. Es handelt sich um eine heruntergekommene Wohngegend.

Wenn man sich – vom Reiseführer gelenkt – mißtrauisch durch Bogotá bewegt, wird man überhaupt nicht bemerken, daß die Bevölkerungsmehrheit südlich der 1. Straße wohnt. Abgesehen von der einen oder anderen Industrieanlage und natürlich den Ausfallstraßen ist der Süden eine regelrechte „no go area". Seit den sechziger Jahren werden hier schwere soziale Konflikte ausgefochten. Landbesetzungen, gewaltsame Räumungen, erneute Landnahmen, Vertreibungen und mühsam erkämpfte Legalisierungen lösten sich gegenseitig ab. Aus diesem Grund schenkt der kolumbianische Staat den südlichen Stadtvierteln in den letzten Jahren großes Interesse. Seitdem Fronten der FARC und diverse Volksmilizen in der Gegend auftauchten, gelten sie als Einfallstor der Guerillabewegungen ins Zentrum der Macht. Sowohl der Geheimdienstapparat als auch die wenigen staatlichen Sozialprogramme konzentrieren hier ihre Aktivitäten.

Doch auch der Süden der Hauptstadt ist sozial ausdifferenziert. Das ungefähr an der 10. Straße Süd gelegene, kommunistisch beeinflußte Viertel *Policarpa Salvarietta*, das lange als militantester Stadtteil Bogotás galt und in dem noch heute auffallend viele Wandbilder zu sehen sind, gehört heute schon fast zu den etablierteren Wohngegenden. Wirkliche Habenichtse landen vor allem in *Ciudad Bolívar,* einem seit Ende der achtziger explosionsartig gewachsenen *barrio* etwa zehn Kilometer südlich des Stadtkerns, in dem eine Million Menschen leben. Was im Norden Bogotás die Angst vor Entführungen ist, ist

Ciudad Bolivar. Elendsviertel, Angriffsziel rechter Todesschwadrone, Hochburg der Guerillamilizen

Blick auf Bogotá. Wer in den Elendsvierteln von Bogotá landet, hat oft zwei Stunden Fahrtweg zum Arbeitsplatz.

im Süden die Gewißheit von Armut, fehlender Gesundheitsversorgung und Repression. Allein die Tatsache, jung zu sein, macht einen hier bereits verdächtig. Als sich die guerillanahen „milicias populares" und „milicias bolivarianas" Anfang der neunziger Jahre in *Ciudad Bolívar* ausbreiteten, verübten die Geheimdienste mehrere Massaker an Jugendlichen, zahlreiche AktivistInnen von Stadtteilinitiativen wurden erschossen. Der Kampf gegen die Armut läuft auf einen Krieg gegen die Verarmten hinaus.

Bogotá ist also eine zerrissene, polarisierte und gleichzeitig diffuse Stadt. Daß sie trostloser als Medellín oder Cali wirkt, mag auch am Wetter liegen, vor allem jedoch am fehlenden sozialen Geflecht. AktivistInnen der Stadtteilbewegungen erklären das mit der Repression und der unterschiedlichen Herkunft der BogotanerInnen. Während in Medellín oder Cali die vom Land zuwandernden Bauern oft aus der gleichen Gegend stammen, leben in Bogotá aus dem ganzen Land zusammengewürfelte Landflüchtige und Vertriebene, die aus ganz unterschiedlichen Motiven in die Hauptstadt gekommen sind. So fehlt eine gemeinsame Grundlage für gegenseitige Solidarität.

Es sind gleichermaßen Regionalismen, Stadt-Land-Gefälle und soziale Widersprüche, die dazu führen, daß in Bogotá oft so wenig begriffen wird, was im Land vorgeht. Wer in den besseren Bezirken der Hauptstadt unterwegs ist, registriert zwar diffus die Gewalttätigkeit der Gesellschaft und eine auffällig starke Militärpräsenz, aber vom Bürgerkrieg direkt wird er oder sie nicht viel merken. Mit entsprechendem Vermögen kann man inmitten der kolumbianischen Apokalypse bestens leben.

Dabei besitzen nicht nur AusländerInnen einen verkürzten Blick. Auch einheimische JournalistInnen und WissenschaftlerInnen verlassen die Ghettos des städtischen Mittelstands oft kaum und erfahren auf diese Weise wenig von der sozialen Realität in „ihrem" Land.[4] Die Mehrheit der BogotanerInnen hat von den Konflikten in den Kolonisierungsregionen, Bananenanbaugebieten oder Erdölzentren keine Ahnung. Das Absurde daran ist, daß diese sich diametral widersprechenden Wirklichkeiten oft nicht weit voneinander entfernt liegen.

Strategische Bedeutung und wirtschaftliche Situation

Die in den letzten Jahren gewachsene Bedeutung Kolumbiens in der Region hat zunächst mit seiner geographischen Lage zu tun. Das Land hat Zugang zu beiden Ozeanen und ist immer wieder im Gespräch, wenn es um alternative Verkehrswege zum Panamakanal geht. Darüber hinaus soll Kolumbien wie schon erwähnt zu einer Brücke für den interamerikanischen Nord-Süd-Handel werden. Der deutlichste Ausdruck dieser Pläne ist der Ausbau des Überseehafens Buenaventura, westlich von Cali, der für die neuen Aufgaben größere Kapazitäten erhalten soll.

Wenn man auf die Landkarte blickt, versteht man die Aktivitäten. Kolumbien kommt auf dem amerikanischen Kontinent die Funktion einer Drehscheibe zu, nur Brasilien hat mehr Nachbarländer. Die geographische Lage bewies sich bereits Anfang der achtziger Jahre als Standortfaktor, als der Kokainhandel zu boomen begann und Kolumbien zum größten Exporteur der Droge aufstieg, obwohl Koka im Land selbst kaum angebaut wurde, sondern als Paste aus den traditionellen Anbaustaaten Peru und Bolivien eingeflogen werden mußte.

Auch was die ökonomischen Daten angeht, gilt Kolumbien als vielversprechend. Der ehemalige US-Staatssekretär für Lateinamerika Bernard Aronson bezeichnete den Andenstaat im Interview mit der Tageszeitung *El Tiempo* einmal als *„das bestgehütete Geheimnis Lateinamerikas"*. Hervorhebenswert ist nicht nur, daß das Land seit 30 Jahren ein konstantes Wirtschaftswachstum aufweist, sondern auch, daß es als einziges lateinamerikanisches Land beim Ausbruch der asiatischen Krise nicht in finanzielle Schieflage geriet.

4 Viele von denjenigen, die sich als „Intellektuelle" mit der sozialen Situation des Landes beschäftigt haben, wurden hingegen umgebracht oder flohen – einige gingen ins Exil, andere (wie z. B. FARC-Kommandant Alonso Cano) schlossen sich der Guerilla an.

Erst 1999 kam es zu einer weitreichenden Bankenkrise und dem ersten Negativwachstum seit Jahrzehnten. Auf dem Subkontinent hat zwischen 1980 und 1994 nur Chile eine höhere Pro-Kopf-Wachstumsrate des Bruttoinlandsprodukts zu verzeichnen gehabt. Mit 1,94 Prozent jährlichem Zuwachs pro Person liegt Kolumbien weit vor Brasilien und Argentinien, die im selben Zeitabschnitt stagnierten, oder Mexiko, wo die Wirtschaft sogar um 0,7 Prozent pro Person jährlich schrumpfte (Sarmiento 1996, S. 59). In den achtziger Jahren, die wegen der Schuldenkrise als „verlorenes Jahrzehnt Lateinamerikas" bezeichnet werden, lag die Gesamtwachstumsrate beständig zwischen einem und 6 Prozent (Zerda 1998, S. 285).

Einige Ökonomen verweisen in diesem Zusammenhang auf die jährlich auf 1,5 Milliarden US-Dollar geschätzten Deviseneinnahmen aus dem Koka-Handel, mit denen mögliche Handelsbilanzdefizite ausgeglichen werden und der Peso seit nun zwei Jahrzehnten stabilisiert wird. Aber allein damit läßt sich die ökonomische Situation Kolumbiens nicht erklären. Schließlich sind die Einnahmen Mexikos aus illegalen Drogengeschäften ähnlich hoch, ohne daß die mexikanische Wirtschaft deshalb ihren Finanzkrisen entkommen wäre. Das Ausmaß der Einnahmen Kolumbiens aus dem Kokainhandel ist kleiner als gemeinhin angenommen. Betrachtet man das Gesamtvolumen des internationalen Drogengeschäfts, sind die geschätzten 1,5 Milliarden US-Dollar, die jährlich ins Land zurückfließen, eine zu vernachlässigende Größe, und selbst für die einheimische Ökonomie ist der Koka-Handel unwichtiger als man denkt. Mit knapp zehn Milliarden US-Dollar sind die legalen Exporterlöse etwa fünf bis sechs Mal so hoch wie die aus dem Drogengeschäft. Kaffee und Erdöl bringen dem Land jeweils knapp zwei Milliarden, Steinkohle 600 Millionen, Smaragde, Bananen und Blumen jeweils mehr als 400 Millionen US-Dollar jährlich ein (Dilger 1996, S. 136), wobei der größte Teil der kolumbianischen Produkte in Richtung USA (32,8 Prozent), Venezuela (9,6 Prozent) und Deutschland (7,5 Prozent) verschifft wird. Vor allem der Energiesektor hat in den letzten zehn Jahren immenses Interesse geweckt. Seit dem Beginn der Erdölförderung in der Provinz Casanare durch British Petroleum hat Erdöl den Kaffee als wichtigstes Exportgut überholt.

Für lateinamerikanische Verhältnisse vergleichsweise niedrig sind daher die Auslandsschulden. Sie lagen Mitte der neunziger Jahre konstant um 20 Milliarden US-Dollar – etwas weniger als ein Drittel des Bruttoinlandsprodukts. Dementsprechend unproblematisch war auch die Inflationsrate, die sich Mitte der neunziger Jahre bei 20 Prozent einpendelte. Zwar haben verschiedene Nachbarländer mit radikal-monetaristischen Sparprogrammen diese Zahl inzwischen unterboten, aber trotzdem gehört der kolumbianische Peso immer noch zu den stabilen Währungen der Region.[5]

5 Diese Situation hat sich 1999 dramatisch verändert. Kolumbien wird von einer schwe-

Zu den vorteilhaften wirtschaftlichen Grundbedingungen gehört schließlich auch, daß das Land über wichtige einheimische Industrien verfügt. Kolumbien ist zwar kein „Schwellenland" wie Brasilien oder Mexiko, aber es steht unvergleichbar viel besser da als die Nachbarstaaten der Andenregion.

Das seit 1995 wachsende ausländische Engagement steht in engem Zusammenhang hiermit. Fachleute kalkulieren, daß das kolumbianische Wirtschaftswachstum mindestes zwei Prozent höher wäre, wenn der bewaffnete Konflikt mit der Guerilla beigelegt werden könnte.

„Wirtschaftliche Öffnung" und wachsende soziale Widersprüche

Für die Bevölkerung hat das wirtschaftliche Potential Kolumbiens allerdings wenig positive Auswirkungen. Oder wie es in Kolumbien heißt: *„Der Wirtschaft geht es gut, dem Land schlecht."*

Tatsächlich haben sich in den letzten zehn Jahren die Eckdaten für die Bevölkerungsmehrheit, aber auch für einheimische Klein- und Mittelindustrien, verschlechtert. Die seit 1988 von den Regierungen Barco, Gaviria, Samper und Pastrana gleichermaßen verfolgte neoliberale Wirtschafts- und Sozialpolitik orientierte sich an den Vorgaben des Internationalen Währungsfonds und zielte auf eine schnelle Integration des Landes in den Weltmarkt ab. Als Konsequenz beschleunigte man den Abbau von Zollgrenzen und setzte einheimische ProduzentInnen internationaler Konkurrenz aus. Mittelständische Unternehmen und vor allem Bauern konnten mit den ausländischen Anbietern in der Regel jedoch nicht mithalten. So führte die von Präsident Gaviria forcierte „wirtschaftliche Öffnung" zu einem rasanten Konzentrationsprozeß in der kolumbianischen Ökonomie und einer gleichzeitigen Festschreibung des Landes auf die Rolle als Lieferant von Rohstoffen, was eine industrielle oder technische Binnenentwicklung geradezu ausschloß.

In der internationalen Konkurrenz behaupten konnten sich nur die im Finanz-, Medien-, Telekommunikations- und Getränkesektor tätigen Groß-Konglomerate. Ihnen ermöglichte die neoliberale Öffnungspolitik eine marginale Präsenz an den internationalen Märkten. Alle anderen Produzenten wurden jedoch geschwächt. So wuchs das kolumbianische Handelsbilanzdefizit zwischen 1991 und 1996 von 772 Mio. US-$ 1991 auf 3,46 Mrd. US-$ an (Sarmiento 1996, S. 9). Der Ökonom Álvaro Zerda kommt zu dem Urteil, daß die angepeilten Ziele des neoliberalen Programms – Entwicklung der Verbrauchsgüterindustrie, gesamtwirtschaftliche Stabilisierung und Reduzierung der Inflation – verfehlt worden seien. Nur der Bausektor und der Dienstleistungsbereich hätten sich entwickelt, was jedoch in keiner Weise

ren Finanz- und Wirtschaftskrise erschüttert, die die Auslandsschulden deutlich steigen ließ und den Peso entwertete. Gleichzeitig brach die inländische Produktion um fast 20 Prozent ein.

dazu beitrug, Kolumbiens traditionelle, noch aus dem Kolonialismus stammende Rolle als Rohstoffexporteur zu überwinden. Der einzige Unterschied zur Kolonialzeit besteht heute darin, daß nicht mehr hauptsächlich Tabak, Zucker und Gold, sondern Erdöl, Kaffee, Steinkohle und Bananen exportiert werden.

Noch verheerender muß eine Bewertung des neoliberalen Projekts ausfallen, wenn man die Lebensbedingungen der Bevölkerungsmehrheit betrachtet. Seit Präsident Barco 1987-88 die kolumbianischen Märkte für das internationale Kapital öffnete, wuchs der Anteil der unter der Armutsgrenze lebenden KolumbianerInnen von 37 auf 45 Prozent an. Der Anteil derjenigen, die sich als StraßenhändlerInnen oder in anderen selbständigen Tätigkeiten des „boomenden dritten Sektors" verdingen müssen, weist ebenfalls eine steigende Tendenz auf. Mit der Krise 1999 ist die offiziell anerkannte Arbeitslosigkeit auf 20 Prozent gestiegen.

Erschwerend hinzu kommt die ungleiche Einkommensverteilung. Die reichsten 10 Prozent der Bevölkerung verdienten 1992 43 Prozent der Gesamteinkommen. Nach einer anderen Statistik liegt das Einkommen des reichsten Fünftels der KolumbianerInnen 20 Mal so hoch wie das der ärmsten 20 Prozent (zum Vergleich: in Venezuela liegt dieser Faktor bei 10, in Hongkong bei 8,7). Und der Trend zur Reichstumskonzentration geht weiter. Der Ökonom Eduardo Sarmiento hat errechnet, daß das Wachstum des Bruttoinlandsprodukts der letzten Jahre nur bei den reichsten 3 Prozent der Bevölkerung zu einem Einkommenswachstum geführt hat.

Da immer weniger KolumbianerInnen über ein eigenes Stück Land verfügen, auf dem sie zumindest die Grundnahrungsmittel selbst anbauen können, stellt die Verarmung ihr physisches Überleben in Frage. Wer keine eigene Parzelle besitzt und in den Großstädten weniger als den festgesetzten Mindestlohn von ca. 160 US-Dollar im Monat verdient, hungert.

Wirtschaftskonglomerate und Medienmonopole

Ein erheblicher Teil des Problems liegt darin begründet, daß die kolumbianische Ökonomie hochkonzentriert ist. Bereits Ende der achtziger Jahre, also noch vor den neoliberalen Reformen, gehörten 50 Aktionären der zehn größten Unternehmen 36,5 Prozent aller an der Börse in Bogotá gehandelten Papiere (Pearce 1992, S. 87). Zu den vier Groß-Konglomeraten *Bavaria-Santo Domingo*, *Luis Carlos Sarmiento Angulo*, *Ardila Lülle* und *Sindicato Antioqueño* gehören mehr als 300 Unternehmen, die unter anderem in den Bereichen Getränkeproduktion, Luftfahrt, Banken- und Investitionswesen, Versicherungen, Kommunikation, Lebensmittel, Autoherstellung, Verpackungen, Metallverarbeitung, Erdölgewinnung, Bauwesen, Handel, Textilien, Zementwerke, Projektfinanzierung und Dienstleistungen tätig sind. Die vier Konzerne machten 1997 17,1 Milliarden Dollar Umsatz (vgl. Nieto Bernal 1997, S. 171-185), das ist fast doppelt so viel wie das Gesamtvolumen des kolumbianischen Exports im gleichen Jahr.

Problematisch ist dieser Zustand nicht nur, weil die Großunternehmen praktisch Preise diktieren können, sondern auch, weil ihre Führer als graue Eminenzen die politischen Entscheidungsprozesse definieren. So galt Julio Mario Santo Domingo, der in New York lebende Chef der Unternehmensgruppe *Bavaria-Santo Domingo,* als einer der wichtigsten Verbündeten des Ex-Präsidenten Ernesto Samper, während der deutschstämmige Carlos Ardila Lülle 1998 zum Königsmacher des Konservativen Andrés Pastrana wurde. Wenn man hierzu noch den Santos-Clan hinzuzählt, der in den vierziger Jahren den Präsidenten stellte, die Tageszeitung *El Tiempo* besitzt und eine der mächtigsten Fraktionen der Liberalen Partei anführt, dann hat man eine Vorstellung davon, wo die politische und ökonomische Macht in Kolumbien konzentriert ist.

Besonders deutlich wird diese Konzentration im Medienwesen, wo sich führende Unternehmensgruppen sowie politische Clans ein ausgedehntes Netz von Zeitungen, Radio- und Fernsehsendern zusammengestellt haben. Wann immer während der Präsidentschaft von Cesar Gaviria und Ernesto Samper in den letzten Jahren Fernsehlizenzen neu vergeben wurden, haben die Großkonzerne die Angelegenheit unter sich ausgemacht. Auch nur ansatzweise kritische Medien wie die im Besitz von Gabriel García Márquez befindlichen Fernsehnachrichten QAP oder der Kanal AM PM, die als einzige über Korruption und staatliche Menschenrechtsverletzungen berichteten, wurden (interessanterweise unter dem als „Sozialdemokraten" angetretenen Präsidenten Samper) ausgebootet. Das Rennen bei der Neuvergabe der Frequenzen machten die Großkonzerne: RCN von Unternehmer Ardila Lülle und Caracol von der Wirtschaftsgruppe Santo Domingo.

Auch sonst lassen sich die Medien leicht zuordnen: Das Nachrichtenprogramm „Hora Cero" gehört zum Unternehmen „D'Artagnan" des Ex-Präsidenten Samper, die alteingesessene Oligarchenfamilie López stützt sich auf „Noticiero de las 7". Der Kanal „24 Horas" repräsentiert immer noch den rechtskonservativen Flügel des 1996 vom Geheimdienst ermordeten konservativen Politikers und mehrfachen Präsidentschaftskandidaten Alvaro Gómez Hurtado[6], während sich „TV Hoy" (ebenso wie die inzwischen ein-

6 Der Fall Gómez zeigt die Komplexität des kolumbianischen Machtgefüges. Nach Angaben der kolumbianischen Justiz beauftragte der Kommandant der militärischen Geheimdiensteinheit „XX.Brigade", Bernardo Ruiz Silva, im Hotel „Los Gansos" in Bucaramanga zwei Soldaten der Gruppe „Cazadores" mit dem Mord an dem ehemaligen Präsidentschaftskandidaten Alvaro Gómez Hurtado, der am 2. November 1996 auch tatsächlich durchgeführt wurde. Der Hintergrund der Aktion war die Weigerung Gómez' an einem Putsch gegen Präsident Samper teilzunehmen. Nach Angabe des Hauptbelastungszeugen habe der ehemalige Verteidigungsminister Fernando Landa-

gestellte Tageszeitung *La Prensa*) in den Händen der Familie des Präsidenten Pastrana befindet. Die Nachrichtensendung „El Noticiero Nacional" gehört genauso wie „7:00 AM Caracol" zur Unternehmensgruppe Bavaria-Santo Domingo. „Uninoticias" gilt als das Steckenpferd von Expräsident Turbay Ayala, und „En Vivo 9:30" ist in Besitz der Journalisten Javier Ayala und Dario Restrepo, die eng mit dem liberalen Parteiapparat verbunden sind.

Ähnlich ist die Situation bei den Tages- und Wochenzeitungen: *El Tiempo,* mit einer Auflage von angeblich 350.000 Exemplaren täglich, gehört, wie schon erwähnt, zum mächtigen Santos-Clan, während der renommierte *El Espectador* , der lange von der Journalistenfamilien Cano geleitet wurde, mittlerweile von Bavaria-Santo Domingo geschluckt wurde. Die Tageszeitung *El Nuevo Siglo* gehört wiederum dem rechtskonservativen Politikerclan Gómez, *La República,* obgleich ein Wirtschaftsblatt, ist das Ziehkind der Familie Ospina, aus deren Reihen der rechtsradikale Präsident Kolumbiens Ospina Pérez stammte, *El País* aus Cali wird von den Lloredas angeführt, aus deren Reihen der rechte Ex-Verteidigungsminister Rodrigo Lloreda stammt. *Vanguardia Liberal* aus Bucaramanga sowie die *El Nuevo Día* aus Ibagué sind Hausblätter des Regionalpolitikers Galvis Galvis. Die wichtigste Wochenzeitung *Semana* ist Eigentum von Felipe López, des Sohnes von Expräsident López Michelsen. Das Konkurrenzblatt *Cromos* ist ein weiteres Sprachrohr der Santo Domingo-Unternehmensgruppe, und *ALÓ* gehört wiederum zum Konsortium *El Tiempo*.

Als einzige Ausnahmen in dieser hochmonopolisierten Medienlandschaft bleiben praktisch nur die kleinen Zeitschriften *Alternativa,* die Dreimonatspublikation des jesuitennahen Bildungsinstituts CINEP, *Cien Dias,* sowie die kommunistische *La Voz,* auf die bereits mehrere Bombenanschläge verübt wurden. Neben einigen Lokalradios existiert das illegale Radio der ELN, *Radio Patria Libre,* das seit 1987 täglich auf Kurzwelle sendet, jedoch wegen Bombardierungen und Störsendungen oft monatelang aussetzen muß. Die einzige kritische Stimme, die relativ leicht zu erreichen ist, ist die in Schweden publizierte Nachrichtenwebsite ANNCOL (http://home3.swipnet.se/~w-34817), die täglich aktualisiert wird.

Die Erdölpolitik

Ein weiteres Merkmal der neoliberalen Wirtschaftspolitik ist der Umgang mit den Energieressourcen. Erdöl und Kohle machen inzwischen 25 Prozent der kolumbianischen Exporte aus. Das staatliche Erdölunternehmen ECOPE-

zábal, der ebenfalls zur Ultrarechten gehört, den Mord an seinem Gesinnungsgenossen Gómez öffentlich machen wollen und sei daraufhin ebenfalls erschossen worden. Auch die Paramilitärs, die diesen zweiten Mord verübten, seien umgebracht worden, um Zeugen zu beseitigen. (siehe *El Tiempo* 31.10.1998)

TROL prognostizierte bereits Ende der achtziger Jahre, also vor der Erschließung der gewaltigen Vorkommen im Departement Casanare, ein Gesamtvolumen von 30 Milliarden Barrel Öl. Mit der Entdeckung des ostkolumbianischen Ölfördergebietes wurde diese Zahl Anfang der neunziger Jahre deutlich nach oben korrigiert. Die Vorkommen im Gebiet der U'wa-Indígenas zwischen den Provinzen Arauca, Norte de Santander und Boyacá sollen noch größer sein.

Doch von diesen Reichtümern profitieren fast ausschließlich die transnationalen Energiekonzerne. 90 Prozent des in diesem Jahrhundert in Kolumbien geförderten Öls haben sich die ausländischen Unternehmen angeeignet. Dabei werden die Reserven von ihnen nicht einmal effizient genutzt. Man kalkuliert, daß mehr als 50 Prozent des Erdgases auf den Ölfeldern einfach verbrannt wird, weil die Multis im Moment kein Interesse an einer Gasvermarktung besitzen. Die Konzessions- und Assoziationsverträge sind für Kolumbien so schlecht, daß das Land für das eigene Öl teilweise ein Vielfaches von dem zahlen muß, was es verdient. So förderte Kolumbien 1990 etwa 400.000 Barrel Öl täglich, von denen etwa 200.000 Barrel für den Eigenverbrauch benötigt wurden. Da das staatliche Unternehmen ECOPETROL nur 80.000 Barrel selbst verarbeitete, mußte Kolumbien von den Multis 120.000 Barrels zu Weltmarktpreisen zukaufen. Während man das Öl in den Konzessionen zu einem Dollar pro Barrel abgab, kaufte man es zu 17 Dollar wieder ein. Die Abkommen liefen so offensichtlich auf Negativgeschäfte hinaus, daß die Regierung die Anfang der neunziger Jahre mit der britischen BP geschlossenen Verträge vorsichtshalber gleich ganz geheim hielt.

Das gleiche gilt auch für die Steinkohle, die im Norden des Landes in der Tagebaumine Cerrejón abgebaut wird – eine der größten offenen Förderstätten der Welt. Der mit dem Energiemulti Exxon geschlossene Assoziationsvertrag weist ebenfalls eine ganze Reihe von Umgereimtheiten auf. So nannte Exxon anfallende Gesamtkosten von 3,2 Milliarden US-Dollar, die zu gleichen Teilen vom kolumbianischen Staat und dem Multi getragen werden sollten. Eine Studie der Universität von Antioquia rechnete jedoch vor, daß vergleichbare Projekte anderswo höchstens 1,5 Milliarden kosteten (Correo del Magdalena, 1999, Política energética, http://www.eln-voces.org). Doch Kolumbien fehlte das technologische Know-how, um ein Gegenprojekt zu konzipieren. Man akzeptierte also den teuren Exxon-Vorschlag und übernahm Investitionensverpflichtungen in Höhe von 1,6 Milliarden Dollar. Da der kolumbianische Staat diese Mittel nicht aufbringen konnte, griff man auf Kredite bei der *Chase Manhattan Bank*, der Bank von Japan und der britischen *Lloyds Bank* zurück, die mit Einnahmen aus dem Kohleexport zurückgezahlt werden sollten. Schließlich lagen die vom kolumbianischen Staat zu tragenden Produktions- und Kreditkosten über den erzielten Exporteinnahmen. Die Investitionen, die im Zusammenhang mit der Mine von Cerrejón getätigt wurden – u. a. wurde eine 150 Kilometer lange Eisenbahnstrecke gebaut – ermöglichen es dem Land nicht, seine strukturelle Unterentwicklung zu überwinden. Die Zugstrecke liegt völlig isoliert und wird nicht für Personenbeförderung genutzt. Auch technologisches Wissen eignet sich das Land im Rahmen des Assoziationsvertrags nicht an. Kolumbien wäre also besser beraten gewesen, die Kohle noch ein paar Jahrzehnte in der Wüste liegen zu lassen und sich stattdessen für eine längerfristige Nutzung der Ressourcen technologisch und strukturell vorzubereiten.

Im Grunde genommen ist das in Kolumbien anerkannt. Fast niemand wagt es, die Ausbeutung der Bodenschätze in ihrer jetzigen Form inhaltlich zu verteidigen, selbst in Regierungskreisen weiß man, daß das Land vom eigenen Reichtum nicht profitiert. Doch der Abbau der Bodenschätze wird weiter beschleunigt. Die kolumbianischen Entscheidungsträger kassieren beim Abschluß von Assoziationsverträgen gewaltige Provisionen und Schmiergelder – ein Geschäft, das auf Kosten der Bevölkerungsmehrheit geht. Vor diesem Hintergrund wird verständlicher, warum die Guerillaorganisationen die Öl- und Kohleförderung mit allen Mitteln zu sabotieren versuchen und seit Jahren Pipelines in die Luft sprengen.

3. Geschichtlicher Überblick

3.1. Spanische Kolonisation, Aufstand der *Comuneros* und Unabhängigkeitskrieg (1500-1820)

Als die Spanier Anfang des 16. Jahrhunderts die Karibikküste zwischen La Guajira und dem Golf von Urabá zu besetzen begannen, war das von ihnen beanspruchte Land keineswegs unbesiedelt. Auf dem Territorium des heutigen Kolumbien lebten zwischen sechs und zehn Millionen Menschen – eine Zahl, die erst Mitte dieses Jahrhunderts wieder erreicht wurde.

Im Gegensatz zu den südlicher gelegenen Andenregionen existierten im heutigen Kolumbien jedoch keine größeren Staaten. Das Inka-Reich endete im Südwesten des Landes in der Nähe der Stadt Popayán, und die hochentwickelten Kulturen der *Taironas* in der Sierra Nevada hatten sich nicht über ihr traditionelles Siedlungsgebiet an der Karibikküste hinaus ausgedehnt. Das spanische Vizekönigreich Nueva Granada, das in etwa dem heutigen Kolumbien und Panama entsprach, bestand aus einer Vielzahl autonomer Gebiete mit völlig unterschiedlichen Lebensformen. In den Tieflandregionen überwogen Nomadenkulturen, im zentralen Hochland Frühformen feudaler Staatsgebilde, die „eine relativ lose Föderation von streng hierarchisch strukturierten ‚Königtümern' " bildeten (Fischer 1996, S. 60) und in denen das Priesteramt erblich war.

Interessanterweise führte gerade das Fehlen eines starken Zentralstaats dazu, daß die indigene Bevölkerung in Kolumbien (im Gegensatz zu der Perus, Ecuadors und Boliviens) fast völlig ausgerottet wurde. Der spanische Kolonialismus zielte in Lateinamerika nämlich darauf ab, sich vorhandene Herrschaftsstrukturen zunutze zu machen. Die Kolonialherren zerschlugen die indigenen Staatskulturen in Zentral- und Südamerika nicht einfach und löschten wie in Nordamerika fast die gesamte Urbevölkerung aus, sondern vernichteten „nur" die Herrscherkasten, um deren Plätze einzunehmen. Diese Politik, auf vorhandene Strukturen aufzubauen, spiegelte sich sogar in der Architektur wider. In der Hauptstadt des Inka-Reichs Cuzco (Peru) wurden die Kolonialbauten auf den Fundamenten der geschleiften Inka-Paläste errichtet. Man okkupierte die alte Hauptstadt sinnbildlich, die religiösen Kultstätten wurden vereinnahmt, und von den unterworfenen Stämmen im Inka-Reich wurde Gefolgschaft für die neuen Machthaber gefordert.

Diese Politik kann man als eine Art „parasitäre Kolonisierung" bezeichnen, weil die *Conquistadores* anders als die nordamerikanischen SiedlerInnen keine eigene Aufbauarbeit leisteten. Die neuen Herren – viele von ihnen „outlaws“ der iberischen Gesellschaft, die man vor die Wahl „Gefängnis in Spanien oder amerikanisches Selbstmordunternehmen“ gestellt hatte – machten weder Land urbar noch legten sie Straßen an. Sie beschränkten sich darauf, existente Feudalstrukturen der Inka- und Aztekenreiche auszunutzen und die hörigen Indigenas in den Gold- und Silberminen auszupressen. Paradoxerweise blockierte genau diese Politik die weitere Entwicklung Spaniens und der kreolischen[1] Oberschicht, denn die Raubpolitik machte eigene ökonomische Initiativen überflüssig. Die Krone und ihre Statthalter konsumierten die mit Zwangsarbeit erarbeiteten Reichtümer und förderten damit die Entwicklung der Manufakturbetriebe in den Niederlanden. Im spanischen Kolonialreich selbst entwickelte sich der Handel hingegen kaum. Entsprechend wurde das Entstehen einer Nationalbourgeoisie behindert, die eine industrielle Entwicklung hätte in Gang setzen können.

In Kolumbien war dieses Kolonisierungsmodell jedoch nur mit Einschränkung möglich. Kreolische Großgrundbesitzer und spanische Kolonialbeamten standen vor dem Problem, daß es in der Region keine zentral organisierten Feudalgesellschaften gab, deren Führung man einfach hätte übernehmen können. Man handelte je nach Region unterschiedlich. Zum einen gab es regelrechte Vernichtungsfeldzüge gegen widerständische Indígena-Stämme, zum anderen faßte man Indígenas in steuer- und fronpflichtigen Dörfern zusammen, den sogenannten *pueblos de indios.* Dabei wurden sie – anders als die afrikanischen SklavInnen – immerhin als Menschen anerkannt, blieben aber unmündig. Ihre Aufgabe war v. a. die Goldgewinnung, denn während Bolivien Silber und die Karibikinseln Zucker exportierten, kam Nueva Granada innerhalb des spanischen Imperiums die Rolle des Goldproduzenten zu. 39 Prozent der Weltproduktion stammte im 17. Jahrhundert aus dem Vizekönigreich Nueva Granada (Dilger 1996, S. 29).

Der Aufstand der Comuneros

Ein erster großer Aufstand gegen die Kolonialherrschaft erschütterte erst 1781 das Königreich. Der Auslöser der Rebellion der *Comuneros*, die in der Kleinstadt Socorro im Nordosten des Landes unter der Parole *„Es lebe der König – Nieder mit der schlechten Regierung“* ihren Anfang nahm, war die Erhöhung der Tabaksteuer durch die Kolonialbeamten in Santa Fé de Bogotá. Die Jeanne d'Arc Kolumbiens, die Marktfrau Manuela Beltrán, soll so energisch gegen die Steuer gewettert haben, daß der Bevölkerungsunmut in dem Dorf in offene Unruhen umschlug. Innerhalb weniger Wochen entwickelte sich eine landesweite Rebellion.

1 Als „kreolisch“ (criollo) bezeichnet man in Kolumbien die in Lateinamerika geborenen Weißen.

Die Volksbewegung der *Comuneros* wies dabei einige Eigenschaften auf, die später wieder für soziale Bewegungen interessant werden sollten. In ihr solidarisierten sich nämlich die unterschiedlichsten Teile der Unterklassen miteinander. Viele Aufständische waren, wie ihr Anführer José Antonio Galán, mittellose Bauern mestizischer Abstammung, aber auch AfrokolumbianerInnen und Indígenas spielten eine wichtige Rolle. Bis zu 20.000 Rebellen machten sich schließlich auf den Weg in Richtung Hauptstadt und wurden nur deswegen niedergeschlagen, weil die kreolische Oligarchie, die den Widerstand gegen die Kolonialsteuern zunächst unterstützt hatte, in Anbetracht der drohenden Revolution auf die Seite der Kolonialverwaltung einschwenkte. Die *Comuneros* wurden brutal niedergemetzelt.[2]

Doch der Verfall der Kolonialmacht Spanien hielt an. Um 1800 spitzte sich die Krise erneut zu. Der kastilische Adel hatte die in Lateinamerika geraubten Gold- und Silberschätze verpraßt oder zur Rückzahlung von Krediten an Bankhäuser wie den deutschen Fugger aufbringen müssen. Da mit dem Import der Edelmetalle keine Entwicklung von Manufaktur-Betrieben einhergegangen war, wurden die Handelsbeziehungen zwischen den Kolonien und Spanien immer unbedeutender. Die kreolische Oberschicht unterhielt weitaus mehr Beziehungen zur Handelsgroßmacht England als zu Kastilien. Da Spanien den europäisch-lateinamerikanischen Handel jedoch zu unterbinden oder monopolisieren suchte, verlegten sich ganze Landstriche an der Karibikküste auf den Schmuggel. Zum wirtschaftlichen Verfall hinzu kam außerdem die Besatzung Spaniens durch napoleonische Truppen und die damit zusammenhängende innereuropäische Schwächung der iberischen Kolonialmächte.

Vor diesem Hintergrund entstand schließlich Anfang des 19. Jahrhunderts der Wunsch der kreolischen Oligarchie nach Unabhängigkeit. Der in Caracas geborene und selbst aus der Oberschicht stammende Pan-Amerikaner Simón Bolívar führte 1810 lateinamerikanische Truppen in den Krieg gegen Spanien. Der General gilt heute in der gesamten Andenregion als Nationalheld. Zwar war Bolívar sicher kein Sozialrevolutionär, aber er repräsentierte die progressivsten Teile des damaligen Bürgertums und vertrat ein auffallend antiimperialistisches Programm. Sein erklärtes Ziel war die Errichtung einer lateinamerikanischen Republik, die den Subkontinent ein für allemal aus kolonialer Umklammerung befreien und gegenüber den neuen Hegemonialmächten England und USA verteidigen sollte.

2 Bemerkenswert ist in diesem Zusammenhang, daß sich ungefähr zeitgleich 3.000 Kilometer weiter südlich der Inka-Führer Tupac Amarú erhob und ebenfalls geschlagen wurde. Als zwei Jahre später Indígenas im Orinoco-Delta (im heutigen Venezuela) vom Aufstand des Inka-Königs erfuhren, schlossen sie sich ihm spontan an. Zwar war Tupac Amarú zu diesem Zeitpunkt bereits tot, doch die Gleichzeitigkeit der Revolten zeigt, daß sich das Kolonialreich 1781-82 in Auflösung befand.

Doch schon bald nach Erlangung der Unabhängigkeit 1819 wurde Bolívar von seinen ehemaligen Verbündeten ausgeschaltet. Großgrundbesitzer, Kaufleute und Klerus hatten kein Interesse an einer Umwälzung der gesellschaftlichen Verhältnisse, wie sie Bolívar zugetraut wurde. Die Kolonialmacht war abgezogen, doch das rassistische Kastensystem und die Ausbeutung der LandarbeiterInnen auf den Haciendas blieb bestehen. Bolívar starb 1830 politisch marginalisiert in der Nähe von Santa Marta an der Karibikküste an Malaria.[3]

3.2. Das Jahrhundert der Bürgerkriege (1820-1902)

Unmittelbar nach der Unabhängigkeit begannen die Bürgerkriege, die Kolumbien über ein Jahrhundert lang erschüttern sollten. *Hundert Jahre Einsamkeit*, der bestechende Roman von Gabriel García Márquez, schildert den endlosen Zyklus von bewaffneten Aufständen. Dabei gab es zweierlei Ursachen: Zum einen handelte es sich um wiederkehrende Revolten gegen die Macht- und Landkonzentration in der jungen Republik, zum anderen aber auch um Hegemonialkämpfe zwischen liberaler und konservativer Partei. Die Liberalen verstanden es allerdings, die soziale Komponente der Revolten durch ihre kritische Rhetorik zu kooptieren, so daß die Bürgerkriege schließlich in der offiziellen Geschichtsschreibung heute als politische Machtkämpfe interpretiert werden.

García Márquez beschreibt in *Hundert Jahre Einsamkeit* weniger die politische Seite dieser Kriege als ihre brutale Eigendynamik. General Aureliano Buendía, einer der tragischen Helden des Romans und von García Márquez eher als Sozialrebell denn als politischer Führer charakterisiert, erhebt sich 17 Mal erfolglos gegen die Regierung und beginnt dabei, seine Persönlichkeitsstruktur den Erfordernissen anzupassen. Den machtstrategischen Interessen wird nach und nach alles untergeordnet, bis der aufständische General letztlich aus Angst vor Attentaten sogar seinen Angehörigen verbietet, ihn zu berühren. Am Ende zieht sich der besiegte General, der das Scheitern der Sozialrevolten repräsentiert, in die selbstgewählte Einsamkeit nach Macondo zurück – das Schicksal aller Männer des Buendía-Clans.

Obwohl es sich um einen Roman handelt, vermittelt *Hundert Jahre Einsamkeit* mehr über die Eigenheiten der kolumbianischen Realität als viele Sachbücher. Es macht deutlich, warum so viele soziale Konflikte in bewaffnete Aufstände mündeten. Die Unfähigkeit der kolumbianischen Oligarchie, auf die Forderungen nach sozialer Gerechtigkeit und Demokratie anders als mit brutaler Repression zu reagieren, und der nicht auszulöschende Freiheitswille einer Bevölkerung, die anders als die indigenen Massen in den südlichen

3 Von Gabriel García Márquez gibt es einen lesenswerten Roman über die letzten Wochen Simón Bolívars: *Der General in seinem Labyrinth.*

Andenstaaten nicht bereits durch Jahrhunderte vorkolonialer Feudalherrschaft „erzogen" worden war, bildeten eine explosive Verbindung.

Verschärft wurde die Situation durch die Hermetik des herrschenden Zweiparteiensystems. Die in den vierziger Jahren des 19. Jahrhunderts entstandenen zwei großen Machtblöcke – Liberale und Konservative – funktionierten wie ein Ausschlußmechanismus der Massen von den politischen Entscheidungsprozessen. Liberale und konservative Partei verwandelten sich in klientelistische Apparate, die den Zugang zur politischen und ökonomischen Macht monopolisierten. Die Hoffnungen, die die sozialrebellischen Bewegungen in „ihre", das heißt die Liberale Partei, setzten, wurden immer wieder enttäuscht. Die Parteieliten schlossen im Verlauf der Bürgerkriege untereinander Abkommen, die die oligarchische Machtverteilung regelten und die soziale Situation der Mehrheit unberührt ließen. Damit verfestigte sich der Eindruck absoluter Transformationsunfähigkeit, der für das politische System Kolumbiens bis heute bestimmend ist.

Die Widersprüche zwischen Liberalen und Konservativen waren eher banal. Sie lassen sich auf drei Grundfragen reduzieren, die überall in Lateinamerika eine große Rolle spielten: säkularer oder katholischer Staat, föderale oder zentralistische (unitaristische) Verfassung, Freihandel oder Protektionismus.

Die Liberalen setzten sich 1853 und 1858 mit ihren Verfassungsentwürfen zunächst durch. Kolumbien wurde, vor allem auf Betreiben der Provinzen Panama und Antioquia, zu einer Konföderation von acht Staaten erklärt. Dies entsprach letztlich den realen Begebenheiten eines infrastrukturell kaum erschlossenen Landes, das eher einem „Proto-Staat" als einer wirklichen Einheit glich. Zwischen den an der Karibikküste gelegenen Hafenstädten Cartagena und Santa Marta bestanden zwar enge Verbindungen zu den Karibikinseln, doch es gab nur einen einzigen funktionierenden Verkehrsweg ins Landesinnere. Reisende in die Hauptstadt mußten den Magdalena-Strom bis Honda (Dep. Cundinamarca) hinauffahren und von dort eine Tagesreise nach Bogotá antreten. Noch isolierter von Rest-Kolumbien waren die kolumbianischen Amazonas-Provinzen, deren Hauptstadt Leticia sich bis heute stärker zum brasilianischen Manaos und peruanischen Iquitos als Richtung Bogotá orientiert.

Das Problem des Föderalismus war jedoch, daß er die Desintegration Kolumbiens noch verstärkte. Im Prinzip waren natürlich alle Nationalstaatsgründungen, egal ob in Europa oder Lateinamerika, mehr oder weniger artifiziell. Kein Staat ist „naturgegeben". Die Staatsgründungen des 19. Jahrhunderts waren überall der Notwendigkeit geschuldet, dem jungen Kapitalismus einen juristisch-geographischen Raum zuzuordnen, in dem Handels- und Tauschbeziehungen einheitlichen Regelungen unterworfen waren. Die extrem föderalen Verfassungen von 1853-58 stellten die Einheit Kolumbiens jedoch so grundsätzlich in Frage, daß diese Funktion kaum wahrgenommen wurde.

Nach einiger Zeit wandten sich daher auch viele Liberale vom Föderalismus ab und unterstützten den konservativen Politiker Rafael Nuñez Nuñez, der 1884 zum zweiten Mal Präsident wurde. Unter seiner Regierung, die mit der erklärten Absicht antrat, Föderalismus und Freihandel zurückzudrängen, kam es zu einer grundlegenden Neustrukturierung. Die Zentralregierung wurde gestärkt und zum Schutz einheimischer Großgrundbesitzer auf protektionistische Maßnahmen gesetzt.

Doch schon bald nutzten die Konservativen Nuñez' Präsidentschaft, um ihre politische Macht zu festigen und ein autoritäres Regime zu installieren, in dem die zuvor errungenen Bürgerrechte weitgehend wieder abgeschafft wurden. Der Katholizismus wurde erneut zur Staatsreligion, die Kirche für die republikanischen Landenteignungen entschädigt und das Bündnis mit dem unitaristischen Flügel der Liberalen Partei aufgekündigt. Die Repression gegen die Opposition nahm in den Folgejahren derartige Ausmaße an, daß es 1895 und 1899 zu neuen liberalen Aufständen kam. Die zweite Rebellion mündete in den bis dahin schwersten Bürgerkrieg Kolumbiens, den fast drei Jahre dauernden *guerra de los mil días* („Krieg der 1.000 Tage"), der schließlich 1902 mit einem Patt endete und 100.000 Tote forderte – eine gewaltige Zahl, wenn man die geringe Bevölkerungszahl jener Jahre berücksichtigt (vgl. Uribe 1993).

Die Abtrennung Panamas war eine unmittelbare Folge des Bürgerkriegs. Kolumbien war durch den Krieg so geschwächt worden, daß es der von den USA forcierten Separation nichts mehr entgegenzusetzen hatte. US-amerikanisches Kapital hatte Ende des Jahrhunderts einen interozeanischen Kanal durch die Provinz an der zentralamerikanischen Landenge bauen lassen und damit eine zunehmende Orientierung in Richtung Norden bewirkt. 1903 trennte sich die Provinz dann unter dem Druck der US-amerikanischen Kanalherren vom Mutterland ab und wurde faktisch zur Kolonie – ein Zustand, der bis heute anhält.[4]

4 Bis zur Jahrtausendwende kontrollieren die US-Truppen die im Herzen Panamás gelegene Kanalzone, und auch das tief in Geldwäsche und Drogengeschäfte verwickelte einheimische Finanzwesen ist in Händen von US-Kapital. Auf den Straßen Panamás existiert das offizielle Zahlungsmittel des Landes, der *Balbao,* nicht mehr. Alle Geschäfte werden in Dollar abgewickelt. Omar Torrijos, ein linksnationalistischer Offizier, der sich als Präsident in den siebziger Jahren gegen den halbkolonialen Status Panamás zur Wehr gesetzt und Washington die Rückgabe des Kanals abgetrotzt hatte, kam 1981 bei einem Flugzeugabsturz ums Leben. Hinter dem Anschlag stand vermutlich sein Nachfolger, der in der US-amerikanische Eliteschule Fort Brenning ausgebildete General Noriega, der bei der Finanzierung der nicaraguanischen Contra eine Schlüsselrolle spielte. Die US-Regierung nutzte den Handlager Noriega und seine

Der Hintergrund des „Kriegs der Tausend Tage" war keineswegs vorrangig der Kampf zwischen Liberalen und Konservativen um verschiedene politische Modelle oder administrative Macht. Zentrales Motiv des Bürgerkriegs war wieder einmal die Landfrage und die Verteilung der Einnahmen aus dem Kaffee-Geschäft. Mit dem Ende des 19. Jahrhunderts in Europa und Nordamerika einsetzenden Kaffeeboom war es zu einer unerwarteten Prosperität der Anbauregion zwischen Medellín und Cali gekommen. Der Kaffee löste Tabak und Zucker innerhalb kürzester Zeit als wichtigstes Exportprodukt ab. Die Großgrundbesitzer waren daraufhin bemüht, sich das für den Anbau geeignete Land in den gemäßigten Mittellagen knapp unter 2.000 Meter Höhe durch gewalttätige Vertreibung anzueignen. Der Bürgerkrieg war in diesem Zusammenhang sowohl Ausdruck der schwelenden Landkonflikte, wie er Möglichkeiten zu einer Art verdeckten Landreform von oben bot.

Interessanterweise gruppierte sich der Widerstand gegen den Großgrundbesitz dabei erneut um die Liberale Partei, in der es gewisse sozialistische Bestrebungen gab und die in den Augen vieler Kleinbauern die Forderungen nach Bodenreform, Meinungsfreiheit und sozialer Gerechtigkeit quasi naturgegeben zu repräsentieren schien. Selbst die Politik der Parteiführung, die sozialen Inhalte ihres Programms[5] bei Verhandlungen immer wieder zugunsten einer Teilhabe an der politischen Macht preiszugeben, konnte diese Bindung zwischen den Unterschichten und dem Parteiapparat nicht bleibend in Frage stellen.

So überlagerte auch 1899-1902 der liberal-konservative Parteienkonflikt den sozialen Kern des Krieges. Erst Mitte des 20. Jahrhunderts wurde dieses Phänomen, das in Kolumbien selbst auch als „vertikale Spaltung der Gesellschaft" bezeichnet wird (die Trennlinie verläuft nicht entlang sozialer Widersprüche, sondern zwischen Parteilagern, die in ihrer sozialen Zusammensetzung weitgehend identisch sind), zunehmend hinterfragt.

Die „Stagnationsspirale" aus parteipolitisch überlagerten Bürgerkriegen, Kompromissen zwischen den Eliten und blockierter Transformation hat die politische Landschaft Kolumbiens bleibend geprägt. Obwohl der *bipartidismo,* wie die undurchlässige Zweiparteiendiktatur genannt wird, im Alltag eine prägende Rolle spielt, ist die kolumbianische Bevölkerung gegenüber

Drogengeschäfte ein Jahrzehnt lang zur Aufstandsbekämpfung in der Region, bis sie ihn 1991 fallen ließ. US-Truppen überfielen das Land, nahmen den panamenischen General fest und entführten ihn in klarer Verletzung des Völkerrechts in die USA – wobei sich niemand mehr daran zu erinnern schien, daß Noriega einst nur mit US-amerikanischer Unterstützung an die Macht gekommen war.

5 Unter ‚Programm' darf kein fest umrissenes Parteiprogramm verstanden werden. Politische und soziale Forderungen wurden sowohl von der Liberalen Partei als auch von den Aufständischen immer wieder neu festgelegt oder einfach durch einzelne Anführer repräsentiert.

parlamentarischen Parteien noch skeptischer als sonst auf dem Kontinent. Man kommt zwar in Kolumbien in keinerlei Hinsicht um die großen Parteien herum – selbst Stellen als LehrerIn oder einfache Verwaltungsangestellte werden über die Parteiapparate vergeben –, aber dies hindert die Bevölkerung nicht, Konservativen und Liberalen mit absoluter Gleichgültigkeit zu begegnen. So liegt auch die Wahlbeteiligung oft unter 30 Prozent (!).

3.3. Konservative Republik, niedergeschlagene Revolten und halbherzige Modernisierung (1902-1948)

Mit dem „Krieg der 1.000 Tage" konsolidierten die Konservativen trotz eines politischen Kompromisses ihre Macht und gingen gegen weitere liberale Errungenschaften vor. Unter Präsident Rafael Reyes (1905-1909) wurde die Todesstrafe für politische Vergehen wieder eingeführt, womit zu diesem Zeitpunkt vor allem Separationsbestrebungen gemeint waren. Durch eine Neugliederung der Provinzen versuchte Reyes außerdem, die föderalistischen Tendenzen auch strukturell zu schwächen. Auf dem Höhepunkt seiner Macht strebte er ein autoritäres Präsidialsystem an, wie es der mexikanische Diktator Porfirio Díaz durchgesetzt hatte: Die Amtszeit des Präsidenten sollte auf zehn Jahre verlängert und seine Vollmachten drastisch erweitert werden.

Auch wenn sich Rafael Reyes mit dieser Forderung nicht durchsetzen konnte, blieb es bei der autoritären Grundausrichtung der Regierungspolitik. Die Konservativen kontrollierten den Staatsapparat und banden die liberale Opposition nur so weit ein, daß der Ausbruch eines neuen Bürgerkriegs vermieden wurde.

Um 1910 setzte ein erstaunliches Wirtschaftswachstum ein, das vor allem auf Deviseneinnahmen aus den Kaffee-Exporten, protektionistische Wirtschaftsmaßnahmen und (etwas später) Kompensationszahlungen aus den USA zurückzuführen war. Als Ausgleich für die Separation Panamas verpflichtete sich Washington nämlich, Kolumbien mit insgesamt 25 Millionen US-$ zu entschädigen. Darüber hinaus wurden weitere 175 Millionen US-$ als Darlehen zugesagt (König 1996, S. 122).

Auf dieser Grundlage entwickelten sich erste Industrien. In der Provinz Antioquia wuchs vor allem die Textilbranche, im Magdalena Medio investierte *Tropical Oil* in die Erdölförderung, und an der Karibikküste ließ der US-Konzern *United Fruit* Bananenplantagen anlegen. Außerdem finanzierten verschiedene Konsortien den Bau erster Eisenbahnlinien.

Mit der Industrialisierung gingen intensive soziale Kämpfe einher, über deren Geschichte auch in Kolumbien lange Zeit relativ wenig bekannt war. So wurden die zwanziger Jahre zur Geburtsstunde starker und selbstbewußter sozialer Bewegungen, in denen sich die Unterschichten zum ersten Mal als eigenständige Kraft jenseits der liberalen Partei formierten. Handwerker und Arbeiter in den zentralandinen Regionen organisierten erste Gewerkschaften, Indígenas erhoben unter Führung Quintin Lames Autonomieforderungen, es entstanden die ersten Ansätze einer Frauenbewegung, und auf den Bananenplantagen radikalisierten sich die Landarbeiter. Das Erstaunliche dabei war, daß sich die diffusen und über das ganze Land verteilten Gruppierungen unter dem Dach einer einzigen Partei, des *Partido Socialista Revolucionario* (Revolutionär-Sozialistische Partei) zusammenschlossen.

Die PSR war nicht nur deswegen interessant, weil sie der erste geglückte Versuch war, die vertikale Spaltung der kolumbianischen Gesellschaft in Liberale und Konservative zu überwinden, sondern auch weil sie sich klar vom Parteikommunismus späterer Jahre unterschied. In vieler Hinsicht nahm die PSR als „Bewegungspartei" Erkenntnisse vorweg, die erst Jahrzehnte später (in den lateinamerikanischen Diskussionen der achtziger Jahre um neue plurale Linksparteien wie die brasilianische PT oder die peruanische *Izquierda Unida)* wieder eine Rolle spielen sollten.

Die PSR funktionierte als ein Bündnis von Bewegungen, das auf Dezentralität aufbaute und zwar charakteristische Führungspersönlichkeiten besaß, aber auf autoritäre Hierarchien weitgehend verzichtete. Damit ignorierten die *revolutionären Sozialisten* den von Moskau vorgegebenen und in den lateinamerikanischen KP's bis 1988 blind reproduzierten Führungsanspruch von Partei und Proletariat sowie die schematische Trennung zwischen der Arbeiter- und anderen sozialen Bewegungen. Was später von der lateinamerikanischen Linken als Fehler begriffen wurde, nämlich die Übernahme eines in industrialisierten Staaten entwickelten Organisationskonzepts und des in der UdSSR entstandenen autoritären Avantgardismus, gab es in der PSR nie. Doch seltsamerweise blieb die Geschichte dieser dynamischen Bewegungspartei lange verschüttet – weder die kommunistische Linke noch die Rechten hatten ein Interesse, die Erinnerung an die PSR wach zu halten. Erst die Sozialwissenschaftlerin María Tila Uribe, Tochter des historischen PSR-Führers Tomás Uribe und Großnichte des liberalen Bürgerkrieggenerals Uribe Uribe, grub sie in mühevoller Kleinarbeit Jahrzehnte später wieder aus *(Los Años Escondidos*, Bogotá 1994).

Den Anfang bei den neu entstehenden Bewegungen hatten 1919 die Handwerker gemacht, danach folgten Arbeitskämpfe der Textilarbeiterinnen, Eisenbahner und Erdölarbeiter, und schließlich 1927 – als Höhepunkt der Protestwelle – der große Streik auf den Plantagen der *United Fruit Company* bei Cienaga (Dep. Magdalena).

Begleitet wurden die Arbeitskämpfe von Aufständen auf dem Land. Im Sog der europäischen Revolutionen erklärten sich Dörfer und Kleinstädte kurzerhand zur „Kommune". Noch heute sind die *Bolcheviqui de Líbano* und *San Vicente de Chucurí* (Dep. Tolima und Santander) in der kolumbianischen Öffentlichkeit ein Begriff. Diese Aufstandsbewegungen entwickelten nämlich eine erstaunliche historische Kontinuität. Zahlreiche Nachfahren der Kommuneführer von 1928 waren in den sechziger Jahren am Aufbau von Guerillaorganisationen beteiligt. Im manchen Familien gibt es eine vier oder fünf Generationen weit reichende Aufstandstradition – kein Wunder, daß es oft Politik der Paramilitärs ist, ganze Familien auszulöschen.

Ihren blutigen Höhepunkt und ihr faktisches Ende erreichten die sozialrevolutionären Bewegungen der zwanziger Jahre auf den Bananenplantagen der *United Fruit Company*. In der Nacht zum 6. Dezember 1928 massakrierte die Armee dort mehrere Hundert vor dem Bahnhof versammelte Streikende und ihre Familien. Man hatte den Arbeitern die Ankunft einer Verhandlungsdelegation versprochen. Statt zu Gesprächen mit Regierung und US-Konzern kam es jedoch zu gezielten Maschinengewehrsalven in die Menge. Das Gemetzel soll so viele Tote gefordert haben, daß die Armee die Leichen hinterher einfach ins Meer warf.

Nach der Niederschlagung des Streiks begann im ganzen Land eine massive Repressionswelle. Viele Anführer der PSR wurden umgebracht oder zu langen Haftstrafen verurteilt. Von den Verhaftungen und dem militärischen Druck stark geschwächt, begannen sich die Bewegungen zurückzuziehen. Die PSR wurde aufgelöst und von der moskautreuen Linken 1930 in den *Partido Comunista Colombiano* (PCC), die Kommunistische Partei Kolumbiens, überführt. Ein sozialrevolutionärer Kurs wie der der PSR, die weder eine Unterordnung unter die strategischen Interessen der UdSSR noch das europäische Avantgardekonzept akzeptiert hatte, war der Komintern in Lateinamerika schon lange ein Dorn im Auge gewesen. Man warf den Linken um die PSR-Führer Tomas Uribe Márquez und María Cano „Putschismus“ vor, das übliche Argument gegen DissidentInnen.

Zwei Jahre nach dem Massaker auf den Bananenplantagen gewann die Liberale Partei die Wahlen. Vor allem Präsident Alonso López Pumarejo, der 1934 das Amt übernahm und als fortschrittlicher Liberaler galt, leitete unter dem Druck von Gewerkschaften und Bauernbewegung ein Reformprogramm ein, das eine nach innen gerichtete Entwicklungspolitik fördern sollte. Vorgesehen war eine Landreform, die Einführung von Schutzzöllen, die Durchsetzung der allgemeinen Schulpflicht und die Verabschiedung von Arbeitsgesetzen, mit denen die eingeleitete Industrialisierung unterfüttert werden sollte.

Doch schon bald rückten die Liberalen wieder von der Reformlinie ab. Der Druck der Handels- und Agraroligarchie auch in den eigenen Reihen wurde zu groß, als die Landreform die traditionelle Macht der Hacienda-Besitzer in Frage zu stellen begann. Der entscheidende Punkt der Reform bestand in einer Regelung, wonach das neu bestellte Land in die Hände der Kleinbauern überging, wenn sie nicht in den ersten 24 Stunden nach Landnahme geräumt wurden (Molano 1994, S. 27). Vor der Agrarreform hatten

Grundbesitzer, die sich in den Kolonisierungsgebieten Landtitel gesichert hatten, Kleinbauern zu Zahlungen verpflichten können, wenn diese ein Stück Wald urbar machten. Das Hacienda-System wurde also unterhöhlt und somit auch die Position der Agraroligarchie. 1936 stoppte Lopez die Reformen, unter seinem Nachfolger Eduardo Santos kann es zu ihrer teilweisen Rücknahme.

Erst 1948 wartete mit dem Linkspopulisten Jorge Eliecer Gaitán wieder ein Präsidentschaftskandidat mit sozialreformerischen Inhalten auf. Gaitán hatte sich als Anwalt einen Namen gemacht und gegen den massiven Widerstand der politischen Eliten das Massaker an den Bananenarbeitern von Cienaga 1928 ans Licht der Öffentlichkeit gebracht. Um seine politische Unabhängigkeit verteidigen zu können, hatte Gaitán mit der UNIR (Nationalunion der revolutionären Linken) zunächst eine eigene Linkspartei gegründet, die schnell zum Hoffnungsträger der armen Bevölkerungsmehrheit wurde und die liberale Partei unter Zugzwang setzte. Zum ersten Mal seit langem wurde einem Politiker zugetraut, mit den Versprechen sozialer Veränderungen ernst zu machen, und so schien Gaitáns Wahlsieg trotz des Widerstands der diversiven Partei-Eliten unausweichlich zu sein. Die Oligarchie zog die Notbremse: Am 9. April 1948 wurde Jorge Eliecer Gaitán in Bogtá erschossen.

3.4. *Violencia* und *Nationale Front* – Festschreibung der alten Machtverhältnisse und neue Opposition (1948-64)

Noch in den ersten Stunden nach dem Tod des populären Linkspolitikers brach in Bogotá ein Volksaufstand aus. Die wütende Bevölkerung überfiel Regierungsgebäude, Polizeiwachen und den Sitz der größten Tageszeitung *El Tiempo*. Plünderungen und Brandschatzungen erschütterten die gesamte Stadt, Armee und Polizei glitt die Situation völlig aus den Händen. Nur weil den Aufständischen eine politische Organisation fehlte, die das Machtvakuum zu besetzen zu verstand, mündete der sogenannte *Bogotazo* nicht in eine Revolution. Als sich die aufständischen Massen orientierungslos nach Hause zurückzogen, kehrte die konservative Regierung wieder in die Machtpositionen zurück.

Auf die Revolte folgte ein brutales Gemetzel, das im Land nur als *la violencia,* die Gewalt, bezeichnet wird. Eric Hobsbawm nannte diesen Krieg einmal „*die größte bewaffnete Bauernmobilisierung der neueren Geschichte in der westlichen Hemisphäre, wahrscheinlich mit Ausnahme einiger Momente der mexikanischen Revolution*" (zit. nach Pizarro 1991, S. 39). Unter dem rechtskonservativen Präsidenten Laureano Gómez 1950-53, dessen Sohn Alvaro Gómez Hurtado sich 35 Jahre später ebenfalls als Vertreter der kolumbianischen Ultrarechten profilieren sollte, veranstalteten Polizei und sogenannte *pájaros* – von der Regierung finanzierte Banden – unzählige Blutbäder. Dörfer mit liberaler oder gar kommunistischer Stimmenmehrheit wurden überfallen und die Bevölkerung ermordet oder vertrieben, Gewerkschafter und KP-Mitglieder umgebracht, auch Liberale aus dem Staatsapparat verdrängt. Zur Selbstverteidigung gegen das staatlich gedeckte Morden bildeten sich im ganzen Land Guerillas – fast alle entweder unter dem Einfluß der liberalen oder der kommunistischen Partei.

Dabei ging es jenseits politischer Konfliktlinien oft erneut um die Erweiterung des Grundbesitzes. Besonders in den Kaffeeanbaugebieten standen Strafexpeditionen gegen die Bevölkerung „roter" Dörfer – wobei rot sowohl die Farbe der Liberalen als auch der Kommunisten war – auf der Tagesordnung. Doch nicht nur Polizei und *pájaros* nutzten den Krieg zur persönlichen Bereicherung. Auch die Guerillatruppen unter liberaler Führung veranstalteten Raubzüge, Plünderungen und Strafexpeditionen gegen die Zivilbevölkerung. Die Zersetzung in den liberalen Guerillas war schließlich so groß, daß ein Teil der Aufständischen unter Führung des heutigen FARC-Kommandanten Pedro Marín, alias „Manuel Marulanda", den Dunstkreis der liberalen Partei verließ und sich den kommunistischen Guerillas anschloß (Molano 1994). Das historische Bündnis von gegen die soziale Ungerechtigkeit kämpfenden BäuerInnen und der liberalen Partei zerbrach endgültig.

Der Bürgerkrieg kostete 250.000 Menschen das Leben (von damals etwa 10 Millionen KolumbianerInnen) und wurde 1953, als die staatliche Ordnung zu zerfallen drohte, durch einen Militärputsch mehr oder weniger beendet. Der Militärdiktator General Rojas Pinilla ging offiziell zwar auch gegen die herrschenden Parteien vor, wurde aber von der Oligarchie zunächst unterstützt.

Der Putsch bedeutete für Kolumbien einen außerordentlichen Einschnitt, denn mit Ausnahme Costa Ricas und Chiles hat es in keinem lateinamerikanischen Land so wenig Militärputsche gegeben wie in Kolumbien. Zwar ist die Armee des Andenstaates kaum demokratischer gesinnt als etwa die Guatemalas oder Boliviens, doch existierte seit jeher eine Arbeitsteilung zwischen politischer Klasse und Militärs, die den Streitkräften auch ohne Machtergreifung weitreichende politische und ökonomische Teilhabe an der Macht garantierte.

Erst in der Ausnahmesituation des außer Kontrolle geratenen Bürgerkriegs wurde die Armee gerufen, die Ordnung wieder herzustellen. Tatsächlich gelang es der Regierung Rojas Pinilla auch, die Kriegshandlungen zum Abflauen zu bringen.

Es kam zur Demobilisierung der unter Führung der liberalen Partei agierenden Guerillas. Nur die radikalen, meist kommunistischen Gruppen zeigten sich mißtrauisch, behielten ihre Waffen und existierten als Bauernselbstverteidigungen fort.[6] Der weitere Verlauf des ersten großen „Friedensprozesses" sollte ihnen Recht geben, denn ein Großteil der demobilisierten Guerillaführer wurde kurze Zeit später erschossen. Diese Erfahrung begründet bis heute das tiefe Mißtrauen der kolumbianischen Aufständischen bei Verhandlungen.

Bereits nach vier Jahren Militärdiktatur griffen die traditionellen Parteien wieder nach der Macht. Nach einem Generalstreik Ende 1957 verlor Rojas Pinilla die Unterstützung der Armee und wurde zum Rücktritt gezwungen. Liberale und konservative Parteiführung unterzeichneten das Abkommen der sogenannten *Nationalen Front*, das die politischen Geschicke des Landes bis 1974 festlegen sollte. In dem Papier wurde vereinbart, das Präsidentenamt alle vier Jahre wechselnd zu besetzen und die Regierungsposten paritätisch zu verteilen. Faktisch verwandelten sich die beiden Parteien in Staatsparteien, Wahlen wurden zur Farce, politische Legitimationsmechanismen außer Kraft gesetzt.

Mit der Neustrukturierung des politischen Systems gelang es, die Gewaltausbrüche zwischen den Parteianhängern zu unterbinden und gleichzeitig die oligarchische Macht zu konsolidieren. Die politischen Parteien wurden noch stärker als bisher zu klientelistischen Apparaten, über die der Zugang zu den öffentlichen Fleischtöpfen geregelt wird. So muß sich auch heute noch jede/r, die oder der in Kolumbien eine Stelle im Staats- und Verwaltungsdienst sucht, liberale oder konservative KandidatInnen im Wahlkampf unterstützen und somit freundschaftliche Beziehungen zu Vertretern des Establishments aufbauen. In diesem System, das in Kolumbien selbst auch als *Kazikensystem* bezeichnet wird, werden PolitikerInnen zu regelrechten Regional-Häuptlingen (= Kaziken), die ihre persönliche Gefolgschaft ökonomisch an sich gebunden haben. Auf niedrigster Ebene funktioniert dies mit Stimmenkauf (d. h. WählkämpferInnen bezahlen für die richtige Stimmabgabe), auf höherer Ebene über die Verteilung von Aufträgen und Posten. Ein auch für die Eliten selbst unerfreuliches Resultat des Kazikensystems jedoch ist, daß die großen Parteien in Hunderte von politisch unberechenbaren Seilschaften und Listen zerfallen. Der Verlauf von Entscheidungsprozessen ist für AußenseiterInnen völlig undurchschaubar und wird von der Bevölkerung mit absoluter Gleichgültigkeit gestraft. Zwar funktionierte kolumbianische Machtpolitik schon vor der *Frente Nacional* auf der Grundlage des Kliente-

6 Die Tatsache, daß die Paramilitärs heute unter dem Namen *Autodefensas Campesinas de Cordoba y Urabá* (Bauernselbstverteidigungen von Córdoba und Urabá) firmieren, ist mit Sicherheit kein Zufall. Es gehört zur Politik des Paramilitarismus, bestehende Begriffe aufzugreifen und zu diskreditieren. Vor diesem Hintergrund ist wichtig, die Begriffe auseinanderzuhalten: Die *Selbstverteidigungen* der fünfziger Jahre waren Organisationen der Kleinbauern gegen den Großgrundbesitz, die *Selbstverteidigungen* heute sind hingegen Organisationen der großen Viehzüchter gegen Landlose, Kleinbauern und Linke.

lismus, doch das liberal-konservative Abkommen von 1958 institutionalisierte das Modell einer „doppelten Staatspartei" praktisch.

Camilo Torres und die *Vereinigte Front des Volkes*

Es ist nicht weiter verwunderlich, daß der politische Ausschlußmechanismus der *Nationalen Front* schon bald auf Widerstand stieß. Anfang der sechziger Jahre entstand in Abgrenzung zum liberal-konservativen Machtkartell die *Vereinigte Front des Volkes (Frente Unido del Pueblo),* an deren Spitze der charismatische Universitätspfarrer und Soziologe Camilo Torres Restrepo stand. Torres, der selbst aus einer großbürgerlichen Familie stammte und mit dem späteren Präsidenten Lleras Restrepo (1966-70) verwandt war, sollte sich in den Folgejahren in eine Symbolfigur auf dem ganzen Kontinent verwandeln. Er wurde zum ersten namhaften Repräsentanten der Kirche, der für ein „revolutionäres Christentum" Partei ergriff und den bewaffneten Kampf als notwendiges Mittel betrachtete.

Erstaunlicherweise entdeckte der 1929 geborene Pfarrer die Politik erst spät, nämlich erst mit 33 Jahren. Zwar hatte Torres zuvor schon Kontakt zur französisch-belgischen Arbeiterkirche gehabt, die ein „Priestertum auf Seiten des Volkes" propagierte, aber erst unter dem Eindruck der Repression gegen die Studentenproteste 1962 politisierte er sich. Torres geriet in Konflikt mit der Universitätsleitung und verabschiedete sich innerhalb kürzester Zeit von seinen eher karitativen Vorstellungen von sozialer Veränderung. Seine soziologische Beschäftigung mit der Landfrage und der Agrarreform führten dann dazu, daß er auch außerhalb der Universitäten aktiv wurde.

Der Universitätspfarrer wurde zum wichtigsten Sprachrohr und Organisator der Massenbewegung. In der von ihm mitinitiierten *Frente Unido del Pueblo* kamen (ganz ähnlich wie in der PSR der zwanziger Jahre) alle diejenigen zusammen, die von der politischen, ökonomischen und sozialen Macht ausgeschlossen waren. Das Bündnis mobilisierte GewerkschafterInnen, BäuerInnen, StudentInnen, VorstadtbewohnerInnen und Hausfrauen, ohne auf die Dogmen der sowjetnahen Linken zurückzugreifen.

In Anbetracht der Verhältnisse im Land begann Torres, die Inhalte der Befreiungstheologie (die zu diesem Zeitpunkt noch gar nicht mit diesem Namen existierte) in bisher nicht dagewesener Radikalität zu interpretieren. Er formulierte, daß es zu den moralischen Pflichten der ChristInnen gehöre, eine gewalttätige Ordnung nicht nur verbal abzulehnen, sondern mit allen notwendigen Mitteln zu bekämpfen. Wenn wie im Fall Kolumbiens die Oligarchie jede politische Veränderung mit Gewalt verhindere, sei der bewaffnete Kampf, so Torres, *„der einzige Weg, der noch übrig bleibt"* (vgl. Umaña 1994).

Aufgrund dieser Überzeugung, aber auch wegen der Morddrohungen gegen seine Person, schloß sich der ehemalige Universitätspfarrer Ende 1965 der ELN an, der ein Jahr zuvor gegründeten Guerillaorganisation pro-kubanischer Ausrichtung. Der bis heute in Kolumbien umstrittene Schritt Torres' von der Massenbewegung in die Illegalität, der dem ehemaligen Pfarrer am 15. Februar 1966 das Leben kostete, war keine prinzipielle Abwendung von der legalen Arbeit. Torres war überzeugt, daß seine persönliche Situation diesen Schritt notwendig machte. Dennoch wird der ELN bis heute angelastet, den charismatischsten Führer der Opposition als Soldaten verheizt zu haben – ein Vorwurf, gegen den sich die Organisation immer gewehrt hat (Medina 1996). Milton Hernández, Lateinamerikasprecher der ELN und Historiker, bekräftigt, daß Torres bereits seit Sommer 1965 ELN-Mitglied war und aus freien Stücken in die Berge ging – und nicht etwa, weil er gezwungen worden wäre (Hernández 1998, S. 106-119).

In den Folgemonaten zerfiel zwar die anti-oligarchische Massenbewegung, die Torres geführt hatte, aber sein Eintritt in die Guerilla rief einen neuen Bruch innerhalb der katholischen Kirche hervor, und zwar nicht nur in Kolumbien. In allen lateinamerikanischen, ja sogar in europäischen Kirchen entbrannten stürmische Diskussionen über die moralische Verpflichtung zum Widerstand, der viele BasischristInnen in Konflikt mit der Kirchenobrigkeit brachte. Der soziale Konflikt erfaßt die katholische Kirche selbst und mündete schließlich 1968 in der berühmten Bischofskonferenz von Medellín, auf der sogar ein Teil der Amtskirche auf oppositionelle Positionen einschwenkte (vgl. *Lateinamerika Nachrichten* 12/1998).

Für Kolumbien hingegen wurden die Jahre von Torres' Aktivität zu einer Art historischer Wende. Der liberale-konservative Parteienkampf, der das Land über ein Jahrhundert lang dominiert hatte, konnte die sozialen Widersprüche nicht mehr länger überdecken: Der Gegensatz zwischen Besitzenden und Besitzlosen schob sich in den Vordergrund der bewaffneten Konflikte.

3.5. Das Entstehen der Guerillas (1964-1974)

Die Existenz der *Frente Unido del Pueblo* war nicht der einzige Ausdruck des von der kubanischen Revolution auch in Kolumbien aufgeheizten politischen Klimas. Parallel zur Massenbewegung entstanden 1964-66 unabhängig voneinander auch die ersten Guerilla-Organisationen neuen Typs. Es waren die an der Kommunistischen Partei orientierten *Revolutionären Streitkräfte Kolumbiens-Volksheer* (FARC-EP) und das von den Theorien Che Guevaras beeinflußte *Nationale Befreiungsheer* (ELN).

Die FARC-EP konnten dabei auf eine 20 Jahre lange Vorgeschichte verweisen, die sie zur ältesten Guerilla des Kontinents machen. Ihre Wurzeln liegen noch in jenen Guerillas und Bauernselbstverteidigungen des Bürgerkriegs 1948-53, die mit der KP zusammengearbeitet und sich 1953 der Demobilisierung verweigert hatten. Nach dem Ende der *violencia* verlegten sich diese Gruppen auf politisch-organisatorische Arbeit in dem 200 Kilometer südwestlich von Bogotá gelegenen Grenzgebiet der Departements Huila, Cauca, Valle, Tolima und Cundinamarca und bauten dort eine Art lokaler Selbstverwaltung auf, die von der Regierung in denunziatorischer Weise als *Unabhängige Republiken* bezeichnet wurden (Molano 1994). In Wirklichkeit beschränkte sich die Politik dieser Bauernrepubliken auf eine eng umrissene soziale und ökonomische Selbstverwaltung weniger, vom Zentralstaat praktisch ignorierter Dorfgemeinschaften. Doch schon durch diese kleine Autonomie fühlte sich die Zentralregierung in Frage gestellt. Die lokale Selbstorganisation galt als Speerspitze der Bauernbewegung und wurde in Anbetracht der explosiven Lage auf dem Subkontinent auch in Washington als Bedrohung empfunden. Unter Anleitung von US-Beratern gingen 16.000 kolumbianische Soldaten schließlich gegen die 42 (!) bewaffneten Bauern von Marquetalia vor, zerstörten die autonome Gemeinde und vertrieben die Gruppe von den Nordhängen des Gletschers *Nevado del Huila* (Dilger 1996, S. 46; Molina 1994).

Als Antwort auf die Kriegserklärung schlossen sich 1966 diverse Bauernselbstverteidigungen zu den *Fuerzas Armadas Revolucionarias de Colombia-Ejército del Pueblo* (im weiteren nur noch FARC) zusammen.[7] Die Organisation unterschied sich von den anderen lateinamerikanischen Guerillas deutlich. Die FARC entstanden nicht wie die M-26 auf Kuba mit dem Ziel einer militärischen Machtübernahme, sondern waren vor allem als Selbstschutzorganisation gedacht, die GewerkschafterInnen und AktivistInnen der Bauernorganisationen für den Fall einer Repressionswelle den Rückzug sichern sollten. Politisch orientierten sie sich an Moskau und nicht an der „abenteurlichen Linie“ – so die offizielle kommunistische Sprachregelung – der GuevaristInnen. Das heißt, man verstand sich als militärischer Arm der kommunistischen Partei, deren Strategie vor allem auf eine geostrategische Stärkung der Sowjetunion ausgerichtet war. Die lateinamerikanischen KommunistInnen besaßen demnach die Aufgabe, die Hegemonie der USA in der westlichen Hemisphäre zu unterminieren, indem sie mit dem liberalen Bürgertum und nationalistischen Militärs Regierungen der nationalen Einheit bildeten. Diese Politik der bürgerlich-parteikommunistischen Aussöhnung führte nicht nur zu teilweise skurrilen Bündnissen, sondern ermöglichte auch einer ganzen Generation von lateinamerikanischen Mittelschichtsjugendlichen ein Studium im Ausland. Bis 1990 vergaben die realsozialistischen Regierungen Zehntausende von Stipendien, mit denen man die Mittelschichten der lateinamerikanischen Länder politisch an sich binden wollte.

7 Das Gründungsjahr ist umstritten. Die FARC verweisen oft auf das Jahr 1964, in dem sich auch die ELN formierte. Eduardo Pizarro (1991) nennt hingegen die Jahreszahl 1966, die als gesicherter gelten kann.

Von den Vorstellungen Che Guevaras einer revolutionären, den Aufstand vorbereitenden Guerilla war das Konzept der FARC Lichtjahre entfernt. Zwar befürwortete die kolumbianische KP als eine der wenigen kommunistischen Parteien auf dem Kontinent überhaupt den bewaffneten Kampf, aber anders als die GuevaristInnen setzte man weiterhin stark auf politische und parlamentarische Arbeit.

Ganz anders das *Ejército de Liberación Nacional,* das 1964 entstand und hauptsächlich von der kubanischen Revolution inspiriert war. Die ELN berief sich auf die Thesen Che Guevaras, der in seinen Schriften zum Guerillakrieg behauptet hatte, daß auf dem Kontinent die Bedingungen für die Revolution reif seien. Man müsse den Volksaufstand nur wie auf Kuba durch den Aufbau eines bewaffneten „Fokus“[8] (Brandherdes) provozieren, dann sei der Umsturz unumgänglich. Die GuevaristInnen warfen ihre ganze Entschlossenheit in die Waagschale.

Als Ausdruck dieser Strömung konstituierte sich 1963 um den aus Calarcá (Dep. Quindío) stammenden Studenten Fabio Vázquez Castaño eine erste 16-köpfige Gruppe, um in der Provinz Santander (250 Kilometer nördlich Bogotás) mit den Vorbereitungen zur Gründung eines kolumbianischen Guerilla-Fokus zu beginnen (Hernández 1998, S. 58-68). Man machte sich mit dem Terrain vertraut, organisierte die Logistik und knüpfte Kontakte zu den Veteranen der *violencia,* vor allem den aus der Region stammenden Guerilleros Rafael Rangels.[9] Zur Vorbereitung waren zudem einige Studenten aus der Gruppe zur militärischen Ausbildung nach Kuba geschickt worden. Obwohl die Reise zum Desaster wurde – einer der Kolumbianer soll in der US-Botschaft in Habana um Asyl ersucht haben – konstituierte sich bald eine erste bewaffnete Gruppe, die jeweils zur Hälfte aus Bauern und Studenten bestand. Sechs Monate nach der Gründung trat die ELN im Januar 1965 ans Licht der Öffentlichkeit und besetzte zum Entsetzen der kolumbianischen Eliten die Stadt Simacota.

Schon bald wurde deutlich, daß es der ELN trotz ihrer fokistischen Theorie ebenfalls gelang, sich in der Tradition der Bauernrevolten zu verankern. In der für das Projekt ausgewählten Kernregion in Nordostkolumbien gab es eine lange Tradition von Kämpfen: Der Aufstand der Comuneros 1781 war hier ausgebrochen, die Revolte der *Bolcheviqui* 1929 hatte in der Region, genauer gesagt in *San Vicente de Chucurí,* eines ihrer Zentren gehabt, in den

8 Die Bezeichnung der Theorien Guevaras als Fokismus (spanisch: *foco – foquismo)* leitet sich aus diesem Begriff ab.

9 Rangel hatte 1948 den Volksaufstand in Barrancabermeja geleitet, während dem sich die Erdölstadt zur Kommune erklärte. 1950 zog sich Rangel in die Berge zurück und gründete dort liberal beeinflußte Guerillagruppen, die im Gebiet zwischen dem Magdalena-Strom und der venezolanischen Grenze aktiv waren. (siehe auch Hernández 1998, S. 56)

fünfziger Jahre existierten starke liberale Guerillas, und die nicht weit entfernte Erdölstadt Barrancabermeja galt seit jeher als Zentrum der kolumbianischen Gewerkschaftsbewegung.

1964-65 traten eine ganze Reihe Veteranen der liberalen Guerillas bzw. nahe Verwandte von diesen der Organisation bei. Die Verankerung in den Bauernaufständen, die für die ELN und noch deutlicher für die FARC charakteristisch war, sollte später ein entscheidender Grund dafür werden, daß beide Organisationen trotz schwerer Krisen nicht zerschlagen wurden.

Der linke Spaltpilz

Obwohl es durchaus Parallelen zwischen beiden Organisationen gab, war das Verhältnis zwischen FARC und ELN zunächst belastet. Man attackierte sich gegenseitig als „Reformisten“ und „kleinbürgerliche Abenteurer“ – wobei beide Vorwürfe einen wahren Kern enthielten. Es sollte über 20 Jahre dauern, bis die beiden Guerillas zu einer echten Kooperation zusammenfanden.

Zunächst jedoch spaltete man sich munter weiter. 1967 entstand mit dem *Ejército Popular de Liberación*, der *Volksbefreiungsarmee* (EPL) eine dritte Guerillaorganisation. Der Gründung war der chinesisch-sowjetische Bruch in den frühen sechziger Jahren vorhergegangen. Die Pekinger KP lehnte die von Moskau proklamierte „friedliche Koexistenz“ zwischen den Blöcken ab und predigte die Verschärfung des antiimperialistischen Kampfs, was in vielen Ländern der Dritten Welt auf Zustimmung traf. Zudem schien der Maoismus theoretische Lösungen für Gesellschaften mit einer kleinen Arbeiterklasse und großer Bauernbevölkerung zu bieten. Mao Tse-tung ging davon aus, daß der Klassenkampf in Ländern der Dritten Welt vor allem ein antikolonialer Befreiungskampf sein müsse, da die Bourgeoisien dort nicht mehr als Anhängsel der imperialistischen Metropolen seien. Als wichtigstes Kampfmittel bezeichnete Mao – *„die Macht kommt aus den Gewehrläufen“* – den ländlichen Guerillakrieg, mit dem man die Städte allmählich einkreisen könne. Anders als Guevara, der auf einen schnellen Massenaufstand setzte (daher auch der Begriff *Insurrektionalismus)*, sprachen die MaoistInnen, die in China 20 Jahre lang Guerillakampf geführt hatten, von der Notwendigkeit des „verlängerten Volkskriegs“.

In den lateinamerikanischen KP's entfaltete sich der Streit zwischen Moskau oder Peking eine gewaltige Sprengkraft, wobei man den dahinterstehenden Hegemonialkampf zwischen den beiden realsozialistischen Großmächten kaum wahrnahm. Für die lateinamerikanischen KommunistInnen ging es vielmehr um die strategische Entscheidung, ob man politische Reformen vorantreiben oder aber (ähnlich wie die GuevaristInnen) der Oligarchie den offenen Krieg erklären wollte. Vor diesem Hintergrund spaltete sich 1966 auch die kolumbianische KP. Der maoistische Flügel verwandelte sich in die PCC-ML, aus der schließlich die Guerilla EPL hervorging. Die neue Organisation faßte vor allem im Norden des Landes schnell Fuß und war in den siebziger Jahren überraschend erfolgreich.

Damit existierten Ende der sechziger Jahre drei Guerilla-Organisationen, die ihre Hauptaktionsfelder in unterschiedlichen Regionen hatten, aber alle den Anspruch besaßen, ihre Aktivitäten auf das ganze Land auszuweiten. Keine von ihnen dürfte mehr als 200 KämpferInnen gezählt haben und doch war ihre Ausstrahlung gewaltig. FARC, ELN und EPL verwandelten sich in politische Orientierungspole, an denen sich alle sozialen Bewegungen, Organisationen und politischen Parteien der Linken abarbeiteten. Manche betrieben politische Organisationsarbeit für die Guerilla, andere sympathisierten nur oder grenzten sich sogar deutlich ab, aber alle wurden von der Existenz der bewaffneten Gruppen beeinflußt. Die politische Landschaft hatte sich durch ihr Entstehen radikalisiert und verschoben.

Dabei waren die drei Guerillas von einem gewaltigen Dogmatismus beherrscht und besaßen offensichtliche Schwächen: Den FARC fehlte so etwas wie ein Wille zu Revolution, die ELN entwickelte eine erschreckende Ignoranz gegenüber den nicht-bewaffneten Kämpfen in den Städten, und die EPL schließlich charakterisierte sich vor allem durch einen quasireligiösen Personenkult.

Zudem trieb das Sektierertum weiter Blüten. Anfang der siebziger Jahre brachte es allein das maoistische Spektrum auf 18 Parteien und bewaffnete Gruppen. In den Städten existierten mindestens ebenso viele linkssozialistische und trotzkistische Zirkel, deren Anhängerschaft sich vor allem aus den Mittelschichten rekrutierten, und Teile des Linksliberalismus schufen eine Art zersplitterter kolumbianischer Sozialdemokratie.

Während die Zahl der Organisationen anstieg, stagnierte die Linke. Keine der Guerillas verwandelte sich in eine ernstzunehmende Bedrohung des Regimes. Trotzdem kam es 1970 zu einer erstaunlichen Krise der regierenden *Frente Nacional*. Ein breites Bündnis von Oppositionsgruppen hatte sich unter dem Namen *ANAPO (Alianza Nacional Popular)* zusammengefunden, um die liberal-konservative Wahlfarce zu unterlaufen. Der Spitzenkandidat des nationalistischen Mitte-Links-Bündnisses war ausgerechnet General Rojas Pinilla, der 17 Jahre zuvor geputscht hatte und 1957 durch einen Generalstreik gestürzt worden war.

Trotzdem war die Unzufriedenheit mit dem Zweiparteiensystem so groß, daß sich die ANAPO im Wahlkampf 1970 als Alternative profilieren und die Wahlen gewinnen konnte. Nur ein recht offensichtlicher Wahlbetrug verhinderte das Ende der liberal-konservativen *Nationalen Front* und brachte den Vater des heutigen Staatspräsidenten Andrés Pastrana, den Konservativen Misael Pastrana, an die Macht. Zwar wendete die Oligarchie damit einen Sieg der Opposition ab, aber die Krise des Zweiparteiensystems wurde weiter verschärft. Als Antwort auf den neuerlichen Betrug an der Bevölkerung gründeten ANAPO-AktivistInnen und FARC-Mitglieder, die ihre Organisation für zu dogmatisch hielten, eine weitere Guerilla-Organisation, die *Bewegung 19. April* (M-19).

Die M-19 verfolgte eine Art lateinamerikanischen Linksnationalismus im Stil der nicaraguanischen SandinistInnen und unterhielt enge Beziehungen zum panamischen Staatspräsidenten Omar Torrijos. Die Ablehnung der marxistisch-leninistischen Positionen durch die M-19 hatte viel mit der Politik der anderen Guerillaorganisationen zu tun. Während sich die FARC an Moskau und die MaoistInnen an Peking, Tirana oder Pjöngjang orientierten, strebte die M-19 nach einer Revolution lateinamerikanischen Typs. *„Die Revolution muß eine Rumba sein“*, lautete einer der populärsten Sätze des 1983 verschollenen M-19 Gründers Jaima Bateman Cayón.

Die Organisation erregte bald internationales Aufsehen, weil sie sich anders als die bäuerlichen FARC, ELN und EPL zunächst auf spektakuläre Schläge in den Städten konzentrierte. In einer ihrer ersten Aktionen raubte die M-19 1978 5.000 Gewehre aus der größten Kaserne Bogotás durch einen unterirdischen Tunnel. Zwei Jahre später erlangte die Organisation durch die Besetzung der Dominikanischen Botschaft 1980 auch internationale Berühmtheit (vgl. Rosemberg Pabon 1985). In den Großstädten machte sich die M-19 vor allem durch die Entführung von Milchtransportern in die Armenviertel und die dortige Umverteilung der Lebensmittel einen Namen. Im Vergleich zu den traditionalistischeren FARC, ELN und EPL war die M-19 eine kreative und in den Medien präsente Organisation. Ihr Geschick, Aktionen in politische Botschaften zu verwandeln, machte sie in den achtziger Jahren zu einem Hoffnungsträger der städtischen Opposition. Die negativen Seiten ihres Populismus – die starke Fixierung auf Führungspersönlichkeiten und das Fehlen eines politischen Programms – waren zwar schon damals angelegt, wurden aber erst später offensichtlich.

3.6. Die Zuspitzung der politischen und sozialen Krise (1974-82)

1974 war die *Nationale Front* nach 16 Jahren Alleinherrschaft am Ende. Doch obwohl der Wahlbetrug von 1970 noch in aller Munde und die Unzufriedenheit der Bevölkerung unübersehbar war, schien die Guerilla nicht in der Lage, die Machtfrage zu stellen. Doch das war kein spezifisch kolumbianisches Problem – überall auf dem Kontinent waren die guevaristischen Gruppen auf dem Rückzug.

In Kolumbien betraf die Krise vor allem die ELN, die 1973 bei Añorí (Dep. Antioquia) eingekreist und fast völlig aufgerieben worden war. An die 200 Guerilleros kamen in der mehrere Monate andauernden Großoperation ums Leben, nur wenige Dutzend KämpferInnen überlebten (Hernández 1998, S. 223-256). FARC und EPL erlitten zwar keine größeren Rückschläge, aber auch sie stagnierten.

„Die Frau am 1. Mai – Presente“ – Gewerkschaft Sintracol. Die feministische Bewegung war in Kolumbien nie sehr stark. Frauenorganisierung spielt jedoch in den sozialen Bewegungen eine gewisse Rolle.

Währenddessen nahmen die sozialen Unruhen zu. Mit Alfonso López Michelsen – der wie die Pastranas, Lleras und Gómez aus einem der alten Politikerclans stammte (López Pumarejo war 1934–38 Präsident gewesen) – wurde 1974 ein Politiker Präsident, der sich in den Jahren zuvor als Gegner der Nationalen Front profiliert hatte. López' *Revolutionär-Liberale Bewegung* knüpfte zumindest verbal an sozialistische Positionen an.

Der neue Präsident hatte zunächst Glück. Das Land erlebte als Folge der gestiegenen Weltmarktpreise einen neuen Kaffeeboom, und so konnten auch die Sozialausgaben erhöht werden, ohne einen Zusammenstoß mit der Oligarchie befürchten zu müssen. Doch schon bald entpuppte sich López Michelsen als ein würdiger Nachfolger der Präsidenten der *Nationalen Front.* Die Reformversprechen blieben weitgehend unerfüllt, und der mehr oder weniger spontan zustande gekommene Generalstreik 1977, der den Beginn einer neuen Massenbewegung darstellte, wurde mit brutaler Repression niedergeschlagen. 18 Personen wurden von den Sicherheitskräften während des Streiks ermordet. Als López 1978 vom Rechtsliberalen Turbay Ayala abgelöst wurde, hatte sich die politische und soziale Krise trotz einiger zögerlicher Reformen weiter verschärft. López Michelsen wurde persönliche Bereicherung im großen Stil nachgesagt, von den Grundproblemen des Landes konnte er trotz eines beachtlichen Wirtschaftswachstums kein einziges lösen.

Mit Julio Cesar Turbay Ayala, dessen Gefolgschaft sich vor allem an der Karibikküste konzentrierte, setzte die Oberschicht auf eine radikale Wende in der Innenpolitik. Die Repression gegen die Oppositionsbewegungen und die Guerilla wurde verschärft. Polizei und Geheimdienste begannen mit der Praxis des „*Verschwindenlassens*", die in Argentinien traurige Berühmtheit erlangt hatte und sich in den siebziger Jahren weltweit als Mittel der Aufstandsbekämpfung ausbreitete. Oppositionelle, gegen die die Beweise vor Gericht nicht für eine Verurteilung gereicht hätten oder die ein für allemal aus dem Weg geschafft werden sollten, wurden verschleppt, gefoltert und ermordet. Die Leichen tauchten manchmal auf Müllhalden wieder auf und waren meist fürchterlich verstümmelt. Unter Turbay Ayala wurde diese Praxis, die zu einer allgemeinen Verunsicherung beiträgt und deswegen eine größere psychologische Breitenwirkung besitzt als der einfache politische Mord, zur systematischen Polizeipraxis.

Turbay war auch verantwortlich für die Einführung des sogenannten „Sicherheitsstatuts", das sich an der US-amerikanischen *Doktrin der Nationalen Sicherheit* orientierte und eine Unterwerfung der gesamten Staatsaktivitäten unter sicherheitspolitische Maximen beinhaltete. Man übernahm die in den USA und Westeuropa entwickelte Terrorismusgesetzgebung, die die Verurteilung politischer Gesinnung und gewerkschaftlicher oder sozialer Aktivitäten ermöglichte, bildete einen aus Militärs und Politikern zusammengesetzten *Nationalen Sicherheitsrat* und ermöglichte den US-Beratern direktere Interventionsmöglichkeiten. Als Folge der neuen Sicherheitspolitik stieg die Zahl der politischen Gefangenen explosionsartig an, was zwar die soziale Opposition schwächte, aber zu einem um so größeren Wachstum der Guerilla führte.

Mit der Besetzung der Dominikanischen Botschaft 1980 – eine Aktion, die die peruanische MRTA im Dezember 1996 in Lima zu kopieren versuchte –, forderte die M-19 die Regierung Turbay Ayala zum offenen Machtkampf heraus. Nachdem der Präsident zunächst alle Verhandlungen abgelehnt hatte, konnte das Kommando schließlich nach Kuba ausfliegen, die M-19 erhielt eine Lösegeldzahlung in Millionenhöhe. Kurze Zeit später verkündete die M-19 dann im südlich gelegenen Urwald-Departement Caquetá den offenen Krieg gegen die Regierung Turbay. Angeblich 5.000 Guerilleros gehörten damals zum *Bloque Sur* der Organisation, die breite Unterstützung in der Bauernbevölkerung besaß. Die Akzeptanz war so groß, daß nur der Massenmord der Armee in der Region den offenen Volksaufstand verhindern konnte. Im Departement Caquetá wurden Dörfer bombardiert, systematisch Massaker verübt, und Tausende von Bauern gefoltert.

Doch auch auf dem Land trat das gewünschte Ergebnis – die Einschüchterung der Opposition – nicht ein. Zwar wurde ein Aufstand verhindert, doch die Schlagkraft der Guerilla nahm weiter zu.

Unter dem Eindruck der nicaraguanischen Revolution und der Volksaufstände in El Salvador 1980-81 und Guatemala 1982-83 strebte nun auch die kolumbianische Guerilla nach der Macht. Mit Florencia (Dep. Caquetá) besetzte die M-19 erstmals eine Provinzhauptstadt, und auch in den Armenvierteln Calis und Medellíns kam es immer häufiger zu Propaganda-Aktionen der Guerilla. Das größte Problem der bewaffneten Linken bestand darin, daß sich die damals sieben Guerilla-Organisationen (zu denen sich mindestens ein weiteres halbes Dutzend kleiner bewaffneter Gruppen in den Regionen gesellte) weiterhin völlig uneins waren.

Der Zerfallsprozeß der politischen Ordnung hatte jedoch nicht nur mit Protestbewegungen und Guerilla zu tun. Auch die interne Krise des Systems wurde immer offensichtlicher. Mitte der siebziger Jahre war mit dem Marihuana-Boom eine neue aufstrebende Bourgeoisie entstanden, deren mafiöse Strukturen den politischen Apparat sowie Polizei, Justiz und Armee durchdrangen. Beschleunigt wurde der Trend, als um 1980 in den USA selbst zahlreiche Marihuana-Pflanzungen angelegt wurden und Kokain Marihuana als wichtigstes illegales Exportprodukt Kolumbiens abzulösen begann. Koka ersetzte das „Santa Marta Gold" jedoch nicht einfach. Es bot viel größere finanzielle Möglichkeiten als Marihuana und führte damit zu schweren Verwerfungen innerhalb der Machteliten.

Schließlich kam es in dieser Zeit auch noch zu einer gewaltigen Finanzkrise. Jaime Michelsen, ein naher Verwandter des Ex-Präsidenten López Michelsen hatte mit ungesicherten Krediten versucht, sein *„Grupo Grancolombiano"* ins größte Wirtschafts- und Finanzkonglomerat des Landes zu verwandeln. 1981 wurde gegen ihn wegen Unregelmäßigkeiten bei Börsengeschäften ein Haftbefehl erlassen, wobei die Strafverfolgung Michelsens auch damit zu tun hatte, daß Teile der liberalen und konservativen Elite den Erfolgszug des López-Michelsen Clans stoppen wollten.

Am Ende der Amtszeit von Turbay Ayala 1982 hatte sich die Krise also weiter entfaltet.

3.7. Die Jahre der sozialen Bewegungen und der Beginn des schmutzigen Kriegs (1982-90)

Die Explosivität der Situation Anfang der achtziger Jahre zeigte sich nicht nur im Erstarken der M-19, sondern auch in der Gründung sozialer Organisationen. Die radikale Mehrheit des Bauernverbandes *Asociación Nacional de Usuarios Campesinos* (ANUC) formierte sich neu, die linke Gewerkschaftsarbeit gewann an Einfluß, in zahlreichen Vierteln entstanden Stadtteilkomitees zur Durchsetzung von Trinkwasser- und Stromanschlüssen, und christliche Basisgemeinden stellten die Allmacht der Amtskirche in Frage. In weiten Teilen der Gesellschaft setzte sich Optimismus durch, daß auch in Kolumbien Veränderungen möglich seien.

Der Nachfolger Turbay Ayalas, der Konservative Belisario Betancur, der sich selbst einmal „als Linker unter den Rechten" bezeichnet hatte, eröffnete eine 1982 eine neue, widersprüchliche Etappe. Einerseits wich Betancur (ähnlich wie Andrés Pastrana 16 Jahre später) mit seinen Versprechen von demokratischer Dezentralisierung und Friedensverhandlungen dem sozialen Druck von unten. Gleichzeitig hatte die einflußreiche Elite den Sieg des Kandidaten Betancur aber auch genau deswegen nicht verhindert, weil er dazu geeignet schien, den sozialen Bewegungen das Wasser abzugraben. Nachdem Turbay Ayala mit seiner Strategie des offenen Kriegs gescheitert war, setzte man nun auf eine Politik der Beschwichtigung.

Zunächst brachte Betancur tatsächlich erstaunliche Reformen auf den Weg. 1982 erließ seine Regierung eine weitreichende Amnestie für die politischen Gefangenen und suchte den Kontakt zu den Guerilla-Organisationen. Außenpolitisch profilierte sich seine Regierung als Befürworterin des Dialogs in Zentralamerika und begab sich durch die Beteiligung an der Contadora-Gruppe[10] in offenen Widerspruch zu den USA. Die von Venezuela, Mexiko, Costa Rica und Kolumbien getragene Kommission hatte sich zum Ziel gesetzt, Verhandlungslösungen für die zentralamerikanischen Bürgerkriege, vor allem für den Konflikt in Nicaragua, zu finden. Damit trat die Contadora-Gruppe der Embargo-Politik Ronald Reagans zumindest punktuell entgegen.

Die kolumbianischen Guerillas setzten ihre Aktionen zwar unter Betancur fort, aber zumindest die drei wichtigsten, nämlich FARC, EPL und M-19, gingen auf die Gesprächsangebote Betancurs ein und unterzeichneten bereits 1984 ein Waffenstillstandsabkommen mit der Regierung. Der Vertrag öffnete den klandestinen Organisationen beträchtliche Spielräume und ermöglichte die Entstehung mehrerer linker Organisationen. So gründeten legalisierte FARC-Mitglieder 1985 gemeinsam mit sozialistischen Gruppen und der KP das Bündnis *Unión Patriótica (UP)*, das mit dem Spitzenkandidaten Jaime Pardo Leal bei den Wahlen im darauffolgenden Jahr zur drittstärksten Kraft wurde. Auch die hinter der EPL stehende maoistische KP-ML baute ein politisches Bündnis auf, die *Frente Popular*, die vor allem im Nordwesten unter den Bananenpflückern Urabás große Unterstützung besaß. Im Umfeld der M-19 bildeten sich hingegen mehrere regionale Gruppen, die man am ehesten als sozialdemokratisch bezeichnen kann.

Es kam zu einer Annäherung zwischen Guerilla und städtischer Bevölkerung. Die bis dahin heimlichen Sympathien verwandelten sich in öffentliche

10 Die Gruppe war nach der karibischen Insel Contadora benannt, auf der die beteiligten Regierungen ihre Initiative zum ersten Mal bekannt gaben.

Zustimmung. Die M-19 schlug einige ihrer mit Betancur vereinbarten „Friedenscamps“ gar in den Großstädten auf. So patrouillierten in Armenvierteln Medellíns und Calis auf einmal ganz legal bewaffnete Guerilleros der M-19. Und selbst diejenigen, die wie die ELN den Waffenstillstand abgelehnt hatten, weil sie ihn für ein Manöver der Regierung zur Schwächung der sozialen Bewegungen hielten, nutzten die neuen Möglichkeiten aus. Die radikalsten Teile der Linken – BasisgewerkschafterInnen, TrotzkistInnen, ELN-SympathisantInnen, BasischristInnen, radikale BäuerInnen und einzelne Feministinnen – gründeten 1984 die politische Bewegung *¡A Luchar!*, die sich ausdrücklich als Zwischenglied zwischen sozialer Bewegung und politischer Organisation begriff.

Die soziale Dynamik der achtziger Jahre war beeindruckend. Überall kam es nun zu Einigungsprozessen. Die Indígena-Bewegung hatte sich bereits 1982 mit der *Organización Nacional Indígena de Colombia* (ONIC) einen Dachverband aufgebaut. Drei Jahre später folgten die Stadtteilkomitees, die mit Hunderten von sogenannten Zivilstreiks *(paros cívicos)* Viertel, Städte und ganze Regionen lahmgelegt hatten und schlossen sich landesweit zur *Coordinara Nacional de Movimientos Cívicos* zusammen. Und auch in der Arbeiterbewegung mehrten sich die Stimmen, die die Gründung einer neuen Einheitsgewerkschaft forderten.

Doch der kolumbianische Staat beantwortete die für ihn bedrohliche Entwicklung mit einer Repression, deren außerordentliche Brutalität den Begriff „Friedensprozeß“ als unfaßbaren Hohn erscheinen ließ. Der Jesuitenpfarrer Javier Giraldo von der Kommission *Justicia y Paz* kommt im Rückblick zu einer sehr skeptischen Einschätzung des Friedensprozesses und der Amnestie durch Betancur:

„Fast sofort wurde klar, wie gefahrlich es war, auf den Schutz dieses Gesetzes (des Amnestiegesetzes, Anm.d. A.) zu vertrauen. Zahlreiche amnestierte Guerilleros wurden umgebracht, oft nur wenige Stunden, nachdem sie ihren Status legalisiert hatten. Die Union Patriotica (UP), ist im November 1985 aus dem Friedensprozeß unter Betancur hervorgegangen. Seitdem ist alle 53 Stunden ein Anhänger oder ein Mitglied der UP ermordet worden. In den ersten vier Jahren ihrer Existenz war diese Verfolgung mit einem Mord alle 39 Stunden sogar noch intensiver und erreichte während der Wahlkämpfe ihren Höhepunkt: ein Mord alle 26 Stunden.“ (Giraldo 1996, S. 69)

Hinter den Anschlägen stand eine para-staatliche Struktur, die parallel zu den Friedensverhandlungen aufgebaut wurde und deren Konzept den Washingtoner Leitfäden für *„Konflikte niedriger Intensität“* (so die offizielle Sprachregelung des State Departments) entsprach. Konkret beteiligten sich am Entstehen des Paramilitarismus vor allem die Armee-Geheimdienste *B-2* und *Charly Solano-BINCI*, die Kokainhändler des Medellín-Kartells um

Pablo Escobar und Fabio Ochoa sowie Viehzüchter und Regionalpolitiker aus dem ganzen Land.

Das unmittelbare Interesse von Koka-Baronen und Viehzüchtern konzentrierte sich zunächst darauf, um die von der Guerilla erhobenen Revolutionssteuern herumzukommen und die damit zusammenhängenden Entführungen zu unterbinden. So agierten die ersten in Antioquia auftauchenden Gruppen noch unter dem Namen *Muerte a Secuestradores – Tod den Entführern.* Doch schon bald wurde die Strategie ausgeweitet. Man begriff in der Armeespitze, daß außerlegale bewaffnete Gruppen eine Schlüsselrolle zur Isolierung der Guerilla spielen könnten. Die von Mao formulierte Strategie, wonach sich Aufständische wie „ein Fisch im Wasser" zu bewegen haben, beantwortete man mit der Trockenlegung der Gewässer. Wie zuvor in Zentralamerika begann ein regelrechter Krieg gegen die Zivilbevölkerung der Konfliktgebiete, an dem die Sicherheitskräfte nicht nur zufällig beteiligt waren. 1983 stellte der kolumbianische Generalstaatsanwalt fest, daß von 163 wegen ihrer Verbindungen zu den Todesschwadronen untersuchten Personen 59 den Streitkräften oder der Polizei angehörten (Giraldo 1996, S. 84).

Auf die Entwicklung der Paramilitärs wird im folgenden Kapitel ausführlicher eingegangen, doch schon hier sei festgehalten, daß der Terror der Todesschwadrone die legale Opposition ab 1984 im wahrsten Sinne auszulöschen begann. In den Konfliktgebieten, Armenvierteln und vor allem den Zentren der Gewerkschaftsbewegung – dem Plantagengebiet von Urabá und der Erdölregion im Magdalena Medio – kam es praktisch täglich zu selektiven Morden und seit 1987 dann auch immer wieder zu wahllosen Massakern, bei denen bis zu 50 Personen auf einmal erschossen wurden.

Vor diesem Hintergrund war es nur eine Frage der Zeit, bis der Friedensprozeß zwischen der Regierung Betancur und FARC, EPL und M-19 scheiterte. Nach der Ermordung der Gebrüder Rojas, zweier wichtiger EPL-Führer, sowie ständigen Angriffen der Armee auf die Camps der Guerilla im Südwesten des Landes, erklärten M-19 und EPL im Sommer 1985 den Waffenstillstand nach nur einem Jahr für beendet. Sie schlossen sich den zu diesem Zeitpunkt aktiven Guerillagruppen ELN, MIR-Patria Libre[11], Quintin Lame[12] und PRT[13] an und gründeten im Mai den ersten Dachverband der kolumbianischen Aufständischen – die *Coodinadora Nacional Guerrillera.*

11 Das *Movimiento de Izquierda Revolucionaria-Patria Libre* war eine kleine undogmatisch maoistische Guerilla, die vor allem in Nordkolumbien einen gewissen Einfluß besaß. 1987 fusionierte sie mit der ELN zur UCELN, um sich fünf Jahre später wieder von der ELN zu trennen. Die aus dieser Spaltung hervorgegangene politische Gruppierung *Corriente de Renovación Socialista* existiert heute praktisch nur auf dem Papier.

12 Die *Bewegung Quintin Lame* entstand Anfang der achtziger als rein indigenes Projekt. Die Organisation war eine Art Miliz der Indigena-Gemeinden im Südwesten Ko-

Es blieb nicht bei symbolischen Einigungsprozessen. Im November 1985 besetzte ein Kommando der M-19 den im Zentrum Bogotás gelegenen Justizpalast, direkt gegenüber vom Regierungssitz Betancurs. Die M-19 wollte dem Präsidenten dort wegen der Nichteinhaltung des Waffenstillstandsabkommens den Prozeß machen. Es war ein erneuter Paukenschlag der so medienwirksam auftretenden Guerilla-Organisation. Doch diesmal hatte sich die M-19 verkalkuliert. Weder die Armeespitze noch die Regierung Betancur besaßen besonderes Interesse, die als Geiseln genommenen Richter des Obersten Verfassungsgerichtshofes zu retten – dafür waren zu viele Fälle gegen hochrangige Politiker und Militärs selbst anhängig. Die Armee suchte die Eskalation und sabotierte jede Verhandlungslösung. Als der Palast schließlich nach zwei Tagen von Panzern in Brand geschossen wurde, starben nicht nur die Angehörigen des Kommandos und zahlreiche Justizangestellte in den Flammen, sondern auch das Zentralarchiv der kolumbianischen Justiz wurde vernichtet. Die Generäle hatten sozusagen zwei Fliegen mit einer Klappe erledigt.

Die M-19 erholte sich von dieser verheerenden Niederlage nicht mehr. Obwohl sie wenige Monate später mit regulären Einheiten in die Vororte Calis vordrang, begann ein rasanter Zerfallsprozeß der populärsten kolumbianischen Guerilla, der sie innerhalb von drei Jahren in die Bedeutungslosigkeit stürzte.

Die legale Opposition blieb noch eine Zeitlang im Aufwind. Viele Linke waren weiter vom nahenden Volksaufstand überzeugt. Als auf den gescheiterten Betancur 1986 der Rechtsliberale Virgilio Barco Vargas folgte, der als Mann der alten Eliten eine neoliberale Wirtschaftspolitik einleitete und die Verarmung der Bevölkerungsmehrheit beschleunigte, schien sich die Konfrontation endgültig zuzuspitzen. Tatsächlich gewannen die linken Organisationen *A Luchar* und UP trotz der Repression weiter an Anhängerschaft. Auch bei der Gründung des Gewerkschaftsdachverbandes CUT 1987 konnte die Linke wichtige Positionen erobern, und als im Herbst 87 der Spitzenkandidat der UP, Jaime Pardo Leal, von Paramilitärs erschossen wurde, kam es in Bogotá zu einer Demonstration von mehr als 100.000 Menschen, die schließlich unter dem Leittransparent der *Guerillakoordination Simón Bolívar* (CGSB) liefen – einem Zusammenschluß, dem nun alle Guerillaorganisationen einschließlich der FARC angehörten.

Das Klima wurde immer angespannter. Ständig kam es zu Massenkongressen, im Mai 1988 beteiligten sich 120.000 Bauern im kolumbianischen Nord-

lumbiens. 1992 demobilisierte sich die Gruppe.

13 Der *Partido Revolucionario de Trabajadores* war zwar offiziell Teil der Guerillakoordination, aber besaß keinerlei Bedeutung. Ein Witz in Kolumbien lautete, die Organisation bestehe aus zwei befreundeten Ehepaaren.

osten trotz extremer Militarisierung an Protestmärschen, und wenig später mobilisierten Gewerkschaften und politische Organisationen zu einem Generalstreik am 27. Oktober. Die radikale Linke hoffte, den aufständischen Funken vom Land in die Städte, vor allem aber nach Bogotá tragen zu können, wo nach wie vor politische Apathie vorherrschte.

Doch der erhoffte Volksaufstand blieb aus. Der Generalstreik am 27. Oktober 1988 beschränkte sich erneut auf die alten Konfliktgebiete und einige Armenviertel Bogotas, Medellins und Calis. In den Folgemonaten brachen die sozialen Bewegungen und politischen Organisationen zusammen. Schon Ende 1990 gab es praktisch keine legale Opposition mehr. Nur die Gewerkschaften des Energiesektors (vor allem in der Erdölindustrie) und der Telecom stellten sich dem Auflösungstrend entgegen. Die politische Linke (*A Luchar, Frente Popular* und *UP)* verschwand in der Versenkung und hörte 1992 praktisch ganz auf zu existieren, und auch die meisten Gewerkschaften und Bauernverbände verwandelten sich in Scheinorganisationen.

In der kolumbianischen Linken wurde lange diskutiert, worauf die Krise der Massenbewegung zurückzuführen sei. Manche KritikerInnen äußerten, daß die Guerilla-Organisationen die soziale und politische Opposition geschwächt hätten, weil sie eine eigenständige Entwicklung der Bewegungen unterbanden und Streiks und Proteste instrumentalisierten. Die Kritik ist nicht ganz falsch, läßt sich aber auch andersherum formulieren: Wie viele konkrete Verbesserungen der Lebensverhältnisse – Wasser- und Stromanschlüsse, Landtitel, Tarifverträge – wurden durch den persönlichen Einsatz von Untergrund-AktivistInnen erzwungen, die Bewegungen organisierten oder Druck auf Unternehmen und Regierung ausübten?

Der Zerfall der sozialen Bewegungen läßt sich wahrscheinlich mit etwas viel Einfacherem erklären: mit Angst. Als sich zeigte, daß ein Sturz der Regierung nicht zum Greifen nah war, gaben viele AktivistInnen auf. Man konnte dem paramilitärischen Terror nicht ununterbrochen standhalten. Zudem waren Ende der achtziger Jahre bereits Tausende tot.

In dieser Situation forcierte die Regierung Barco die Umsetzung des neoliberalen Programms. Sie griff die Arbeitsschutzgesetze an, reduzierte Sozialabgaben, öffnete das Land dem Zugriff multinationaler Unternehmen und begann die Gewerkschaften mit neuen Sicherheitsgesetzen zu kriminalisieren. Die Oberschicht wollte die radikale Umstrukturierung der Gesellschaft. Doch bevor auf diese Bemühungen eingegangen wird, soll im folgenden Kapitel zunächst noch einmal den Wurzeln der kolumbianischen Gewaltverhältnisse nachgegangen werden.

4. Ursachen der Gewalt

„San Vicente de Chucurí (Santander)
Es war der 21. Februar 1990. Einige Bauern waren nach Barrancabermeja gekommen, nachdem sie aus einem von der Luftwaffe bombardierten Gebiet hatten fliehen müssen. Ich war an diesem Tag in Barranca und beschloß, gemeinsam mit einigen Mitgliedern des örtlichen Menschenrechtskomitees, in die Gegend zu fahren, in der sich nach Angaben einiger Bauern noch zahlreiche Verletzte und unidentifizierte Leichen befanden.

Der Anblick war unfaßbar. Als wir den Hügel Cerro de la Aurora erreichten, bemerkten wir neben der Straße getrocknete Blutlachen und von Bomben und Maschinengewehrsalven aufgerissene Krater. Die Geschichten, die uns die Bauern erzählten, waren entsetzlich: Die Soldaten hatten einen Jungen vor ihren Augen weggezerrt. Obwohl die Zeugen sofort in ein Bauernhaus gedrängt wurden, sahen sie einen Armeehelikopter landen, mit dem der Jungen weggebracht wurde.

Die Entdeckung eines frischen Erdhaufens eine Woche später in einem nahgelegenen Weiler alarmierte die Bauern. Dort fanden sie, was vom Körper des Jungen übriggeblieben war. Man hatte ihn in kleine Stücke zerschnitten, und die Bauern brauchten zwei Plastiktüten, um seine Rest wegzuschaffen.

In der Nähe waren außerdem zwei Taubstumme – wahrscheinlich hatten sie die Bomben nicht gehört und waren deswegen nicht geflohen – in ihrer bescheidenen Hütte brutal gefoltert und ermordet worden. Als wir eintraten, sahen wir einen frischen Blutfleck zwischen den wenigen durcheinandergeworfen Habseligkeiten.

Eine Bauersfrau beeindruckte mich mit ihrer Stärke und Beobachtungsgabe ganz besonders. ‚Pater', sagte sie, ‚ich habe 50 Jahre in diesen Bergen gelebt und ich kann auch von weitem den Geruch eines toten Tieres von dem eines Menschen unterscheiden.' Wir gingen 60 Meter mit ihr mit … und der Todesgeruch wurde immer intensiver. Als ein paar Strahlen der frühen Nachmittagssonne durch die Baumwipfel drangen, sahen wir Provisionspakete auf dem Boden verteilt, ein Hinweis für ein erst vor kurzem geräumtes Armeecamp. Plötzlich waren wir mit einem makabren Spektakel konfrontiert. Ein Mann lag mit ausgebreitetem Armen und Beinen auf dem Boden, sein verstümmelter Körper sah aus, als ob er gekreuzigt worden wäre. Wir blieben stumm stehen und hielten unseren Atem an, weil jeder von uns mit seinen Gefühlen zu kämpfen hatte. Ich konnte nur an das ‚Requiem aeternam' und die

Verse von Hiob 19 denken, die die christliche Tradition über die Jahrhunderte und über Millionen von Särgen hinweg bewahrt hat: ‚Aber ich weiß, mein Erlöser lebt, und er wird am Ende auf die Erde treten. Selbst wenn meine Haut an mir zerfetzt und mein Fleisch geschunden sein wird, so werde ich doch Gott schauen. Ich werde ihn mit eigenen Augen sehen, ich und niemand anders. Wie mein Herz in meiner Brust schmerzt.'

Die Haut war von seinem Schädel abgezogen worden und hatte mehrere Einschüsse. An seinen Händen hingegen war noch genug Haut, um zu sehen, daß sie mit Feuer verbrannt worden waren. In der Nähe fanden wir Asche. Seine Füße waren mit Stricken festgebunden, und wir vermuteten, daß sie ihn zu diesem Punkt geschliffen hatten. Die Bauersfrau, die uns hergeführt hatte, wies uns noch auf etwas anderes hin. Das seien nicht die schwielenbedeckten Hände und Füße eines Bauern, sagte sie. Sie hatte recht. Am selben Abend kam eine Untersuchungskommission der Staatsanwaltschaft und ordnete die Verbrennung des Leichnams an, nachdem sie Fingerabdrücke genommen hatten.

Zwei Jahre später erfuhr ich, daß die Identität des Mannes festgestellt worden sei. Es war Juan Fernando Porras, ein Doktor, den Mitglieder des Armeegeheimdienstes B-2 einige Tage zuvor in Bucaramanga festgenommen hatten. Er war der Kollaboration mit der Guerilla beschuldigt worden. Zeugen, die in den gleichen Zellen der 5. Armeebrigade festgehalten worden waren, erzählten später, daß sie Porras dort unter schwerer Bewachung gesehen hätten."
Der Vorsitzende der Untersuchungskommission *Justicia y Paz*, Javier Giraldo (1996, S. 40-42)

Alltägliche Gewalt

Kolumbien ist mit 77,5 Toten pro 100.000 Menschen jährlich mit Abstand das Land mit der höchsten Mordrate der Welt. In Brasilien und Panama, die in der Statistik auf Platz 2 und 3 liegen, war die Rate in den Jahren 1986-92 nicht einmal ein Drittel so hoch (Ziss 1996, S. 214-15). Und auch sonst ist das Panorama furchteinflößend: Gewaltverbrechen in Verbindung mit Raub stehen vor allem in den Großstädten auf der Tagesordnung. In Medellín kann man für 20-30 Dollar 17-Jährige als Auftragskiller mieten, die Bandenkriege allein in der zweitgrößten kolumbianischen Stadt forderten Anfang der neunziger Jahre Hunderte, wahrscheinlich sogar Tausende von Toten.

In Anbetracht dieses extremen Gewaltniveaus hat sich an den kolumbianischen Universitäten eine ganz eigene Wissenschaftssparte entwickelt: die sogenannte *Violontologie*. Die aus der ganzen Welt anreisenden „Gewaltforscher" bringen ganz erstaunliche Erklärungsmodelle zu Tage. Einige erklären den Hang zur Gewalttätigkeit mit der bäuerlichen Kultur, in der die Verbindung von Alkohol und Machete seit eh und je zu gewalttätigen Auseinandersetzungen geführt habe. Der Wiesbadener Sozialwissenschaftler Roland Ziss fügt weitere Erklärungsmodelle hinzu: Die geringe Tradition des Gemeinwohls – der Kolumbianer habe nicht gelernt, sich der Gemeinschaft unterzuordnen – die Gewaltverherrlichung in den Medien und die Unfähigkeit der Justiz, die nicht effektiv genug strafe. Als Gegenmaßnahmen schlägt Ziss unter anderem vor, das Rechtswesen effizienter zu gestalten und die Ordnungskräfte zu modernisieren, womit er ausdrücklich die technologische Aufrüstung und Fortbildung der Sicherheitskräfte meint. (Ziss 1996)

Der Zynismus, der aus solchen Ideen spricht, läßt jedem, der schon einmal in kolumbianischen Kriegsgebieten war, die Galle hochsteigen.

Zwar ist richtig, daß nur ein geringer Teil – man schätzt etwa 15 Prozent – der Gewalttaten in Kolumbien politisch motiviert sind (Opfer der Kriegshandlungen machen gar nur 5 Prozent aus). Aber dennoch läßt sich die Mordrate nicht getrennt von den politischen Verhältnissen betrachten. Auch anderswo in Lateinamerika gibt es Alkohol, Macheten und Männer, gilt die Justiz als ineffizient oder korrupt, und laufen im Kino gewaltverherrlichende Filme, ohne daß deswegen vergleichbare Zustände herrschen würden. Die Situation in Kolumbien ist eng verknüpft mit den sozialen Widersprüchen und der spezifischen Form von Repression und Herrschaftssicherung, wie sie die kolumbianische Oberschicht seit langem ausübt. Die Gewalt von oben besitzt eine Schrittmacherfunktion, sie hebt moralische Grenzen auf und beschleunigt die soziale Verrohung.

Das beste Beispiel dafür ist die seit Mitte der achtziger Jahre um sich greifende Praxis „sozialer Säuberungen". Diese Morde, die sich vor allem gegen Diebe, Straßenkinder und Homosexuelle richten, gehen in der Regel auf das Konto von Polizisten in Zivil, Geheimdienstagenten und Paramilitärs.[1] Oft sind sie der erste Schritt, wenn paramilitärische Gruppen in einer Region neu Fuß zu fassen versuchen und „Legitimität" gewinnen wollen. Man tötet zuerst die „Lumpen", um die niemand trauert, um die Bevölkerung an die Morde zu gewöhnen.

Zum systematischen Einsatz außerlegaler Exekutionen durch die Sicherheitskräfte kommt erschwerend der Siegeszug des Drogenhandels. Lukrative Geschäfte verlocken immer zu einer gewalttätigen Aneignung von Märkten und Profiten – und das natürlich doppelt, wenn sie, wie der Drogenhandel, von vornherein in der Illegalität abgewickelt werden. So hat die Existenz der Kartelle die soziale Kultur Medellíns, Calis und der Kokaanbaugebiete nach-

1 Im August 1998 berichteten beispielsweise Straßenkinder in der bis dahin als ruhig geltenden Stadt Manizales gegenüber dem *El Espectador* von ständigen Morddrohungen der Polizei. Der Polizeikommandant der Provinz Caldas, Coronel Jorge Armando Martínez wies die Vorwürfe in einem Interview mit dem *El Espectador* zwar zurück, aber die Straßenkinder blieben bei ihren Anschuldigungen.

haltig verändert. Man kann dort alles haben, wenn man es nur brutal genug durchsetzt.

Natürlich gibt es im kolumbianischen Labyrinth auch andere Protagonisten der Gewalt – Familienväter, betrunkene Männer, Kriminelle, Guerilleros, einfache Jugendliche –, aber nur drei Akteure, die Folter, Massaker und andere schwere Kriegsverbrechen systematisch zur Einschüchterung einsetzen und damit alle moralischen Schranken beseitigt haben: Armee, Paramilitärs und Drogenmafia und dies, wie auf den folgenden Seiten gezeigt werden soll, oft in Tateinheit. Nur Paramilitärs verstümmeln ihre Opfer bei lebendigem Leib mit der Motorsäge oder überfallen wie im Mai 1998 in Barrancabermeja (Dep. Santander) gemeinsam mit der Armee ein ganzes Stadtviertel und morden anhand von Todeslisten.

4.1. Eine staatliche Strategie des Terrors?

4.1.1. Von den „*pájaros*" zur Nationalen Sicherheitsdoktrin

Die Paramilitärs – aus Zivilisten bestehende bewaffnete Gruppen, die auf der Seite der Armee gegen eine Aufstandsbewegung kämpfen – sind alles andere als eine kolumbianische Erfindung. Die Strategie, Zivilisten als „Dorfschützer" in den Dienst des Staates zu stellen und damit die Zivilbevölkerung in den bewaffneten Konflikt zwischen Guerilla und Armee zu involvieren, kam in den achtziger Jahren in Guatemala genauso zur Anwendung wie in der Türkei, den Philippinen oder El Salvador. Dennoch gibt es in Kolumbien Besonderheiten.

Die heutigen Paramilitärs hatten mit den sogenannten „pájaros" („Vögeln") während des Bürgerkriegs in den fünfziger Jahren historische Vorläufer. Diese Gruppen rekrutierten sich aus gewöhnlichen Banditen, die von der konservativen Partei mitfinanziert und von der Polizei gedeckt wurden. Vor allem die Regierung Laureano Gómez (1950-53) warb solche Privatarmeen an, um die Macht der Konservativen im Land auszuweiten. Das Regime erfand die *pájaro*-Banden also nicht, sondern kooptierte sie, um sie im eigenen Sinne zu instrumentalisieren. Die Banden führten politisch getarnte Raubzüge in jenen Ortschaften durch, die als Bastionen des Kleinbauernwiderstands und der linken Opposition galten. Die daraus folgende Massenflucht nutzte den Hacienda-Besitzern, die sich fruchtbares Kaffee-Land aneignen konnten, der Regierung, die der Opposition die soziale Basis entzog, und den Banditen selbst, die ihr Raubgut behalten durften.

Offiziell wurden die *pájaros* zwar genauso wie die Paramilitärs heute vom Staatsapparat verfolgt, ihre Kooperation mit den Sicherheitsorganen war jedoch kein Geheimnis. Ein Zeitzeuge des Bürgerkriegs berichtet über die Situation im Departement Tolima 1949 (zit. nach Molano 1994, S. 56-57):

„Lamparilla kam mit Pájaro Azul (blauer Vogel; blau ist die Farbe der Konservativen, Anm.d.V.) nach Betania, begleitet von ein paar mies aussehenden und gut bewaffneten Typen. Sie waren betrunken, (...) schossen herum und ließen die Konservative Partei und Laureano hochleben. Es waren wohl 20 oder 30. Die Leute begannen nach der Polizei und dem Gouverneur (...) zu fragen, und dieser ließ Lamparilla und Pájaro Azul denn auch wirklich festnehmen. Aber zwei Stunden später ließ der Bürgermeister von El Dovio sie wieder frei, und die Typen machten weiter wie vorher. Als sie aufbrachen, nahmen sie die sechs Polizisten mit, die im Gefängnis gewesen waren, und besetzten gemeinsam mit ihnen El Dovio. (...) 300 bewaffnete Reiter, die mehr als 100 Menschen ermordeten. Man bekam nie heraus, wie viele Liberale umkamen. Sie verbrannten und plünderten die Geschäfte, doch die Polizei schritt nirgends ein, sie gehorchten alle den Befehlen Lamparillas. Nach einigen Tagen fielen auch La Tulia und El Naranjal. Die Liste der Toten wurde immer länger, und auch die Namen der Banditen. Lamparilla, der Liberaler gewesen war und zu unserem schlimmsten Feind wurde, war der erste, von dem man hörte. Dann folgten Pájaro Azul und der Vampir, Pájaro Verde und die 25, die 69 und die 32. Jeder hatte sein Nummernschild, wie die Autos, und auf diesen vermerkten sie ihre Spezialität."

Nach dem Militärputsch 1953 verloren die *pájaros* an Bedeutung. Die Armee übte ihre Repressionsaufgaben wieder direkt aus. Doch in Anbetracht der wachsenden politischen Instabilität in Lateinamerika forcierte die US-Regierung schon in den sechziger Jahren die Gründung neuer zivil-militärischer Gruppen. Unter dem Eindruck der kubanischen Revolution und erstarkender Guerillabewegungen in der Dritten Welt entwickelte der Pentagon eine umfassende Strategie für den Kontinent, die neben Entwicklungsprogrammen (der „Amerikanischen Allianz für den Fortschritt") vor allem eine stärkere Anbindung der lateinamerikanischen Armeen ans US-Militär und die Militarisierung der Gesellschaft beinhaltete. Man sah die Notwendigkeit, die Bevölkerung direkt in den Kampf gegen den Kommunismus miteinzubinden. In Kolumbien lief dies auf die Gründung von sogenannten „Nationalmilizen" hinaus, die unter Führung der Armee standen und *„zur militärischen Organisierung der zivilen Bevölkerung beitragen sollten, damit diese sich selbst gegen die Aktionen der Guerilla schützen und Kampfoperationen unterstützen kann"*, wie es in einer 1969 vom Gesetzgeber verabschiedeten Resolution hieß. (zit. nach Giraldo 1996, S. 80) Die dem Aufbau der Nationalmilizen zugrundeliegenden Gesetzesdekrete wurden zwar 25 Jahre später vom Obersten Gerichtshof Kolumbiens für verfassungswidrig erklärt, doch zu diesem Zeitpunkt hatten sie ihre Funktion längst erfüllt. So gelang der Armee die vernichtende Einkreisung der ELN 1973 bei Añorí beispielsweise nur, weil sie ein zivil-militärisches Spitzelnetz in der Region aufgebaut hatte.

Mit dem Amtsantritt von Präsident Turbay Ayala 1978 ging man noch einen Schritt weiter. Die in den USA entwickelte *Nationale Sicherheitsdoktrin* wurde nun umfassend umgesetzt. Man führte das Dekret 1923 ein, besser bekannt als das *Nationale Sicherheitsstatut,* das später durch weitere „Anti-Terror-Gesetze" ergänzt wurde (Colectivo 15 de febrero 1990, S. 20). Die Zahl der politischen Gefangenen nahm explosionsartig zu, gleichzeitig begannen die Sicherheitskräfte auf Praktiken des schmutzigen Krieges zurückzugreifen, wie sie im Cono Sur (Argentinien, Chile und Uruguay) erprobt worden waren. Die Polizei systematisierte den Einsatz der Folter und schuf sich mit der berüchtigten *Triple A,* der *Amerikanischen Antikommunistischen Aktion,* eine klandestine Parallelstruktur, die vor allem dazu da war, Oppositionelle verschwinden zu lassen. Man umging damit nicht nur langwierige Gerichtsprozesse, sondern schuf vor allem ein Klima von Verunsicherung und Willkür. Linke oder demokratische Oppositionelle erhielten Morddrohungen, gegen regierungskritische Zeitungen und den Sitz der kommunistischen Partei wurden Sprengstoffanschläge verübt (Giraldo 1996, S. 82).

Der Aufbau verdeckter Parallelstrukturen durch die Sicherheitsorgane war unmittelbare Voraussetzung für das Entstehen des Paramilitarismus. Erst die scheinbare Abkoppelung von Polizei und „obskuren Kräften" ermöglichte die neue Form der Repression, mit der nun grausamste Verbrechen gegen die Oppositionen durchgeführt werden konnten, ohne daß das Ansehen des Staates deswegen Schaden nahm. Daß die Verantwortlichen der kolumbianischen *Triple A* aus den Geheimdiensten stammten, wurde schon Ende der siebziger Jahre bekannt. Zwei Deserteure der rechten Terrorgruppe deckten auf, daß Offiziere des Geheimdienstbataillons *Charly Solano-BINCI* die *Triple A* mit aufgebaut hatten. Doch obwohl man Verfahren gegen die verantwortlichen Agenten einleitete, wurden die betreffenden Personen in den darauffolgenden Jahren bis in die Armeespitze befördert (Giraldo 1996, S. 82). Die Erklärung dafür ist einfach: Die Gründung der Gruppe war kein Zufall, sondern staatliche Politik.

Tatsächlich war das Entstehen parastaatlicher Terrororganisationen wie der *Triple A* nicht auf Kolumbien beschränkt. In den siebziger Jahren entstanden derartige Gruppen gleichzeitig in Italien, Spanien *(Triple A, Bataillon Vasco-Español),* der Türkei und den meisten lateinamerikanischen Staaten. Bekannt ist seit den Skandalen um die italienische P2-Loge und das westeuropäische Gladio-Netz auch, daß US-amerikanische Militärberater an diesen Geheimdienstaktivitäten beteiligt waren. Der schmutzige Krieg, wie er unter Präsident Turbay Ayala in Kolumbien mit voller Heftigkeit ausbrach, stand in Verbindung mit Diskussionen in den westlichen Militärakademien. Das Ziel dieser Strategie bestand nicht nur darin, die Repression zu verschärfen, sondern auch autoritäre Lösungen für konfliktive Staaten zu legitimieren. In Anbetracht des „Terrors von Rechts und Links", so die offizielle Sprachregelung, schien die Aufrüstung der Sicherheitsorgane unvermeidbar. Sogar Militärputsche ließen sich damit – wie 1980 in der Türkei – rechtfertigen.[2]

4.1.2. Die Gründung des MAS und das Entstehen des Paramilitarismus im Magdalena Medio

Nach dem Desaster in Vietnam wurde in den USA Mitte der siebziger Jahre zudem heftig darüber debattiert, wie man in der Zukunft Konflikten in der Dritten Welt begegnen könne. Auf keinen Fall wollte man wie in Südostasien erneut direkt in einen Krieg involviert werden. So setzte sich schließlich bei den Militärstrategen des Pentagon der Begriff *low-intensity warfare* durch (Klare 1988, S. 49-79). Das Konzept sah vor, daß sich die USA darauf beschränken sollten, Verbündete im Kampf gegen linke Aufständische (oder „marxistische" Regierungen wie in Angola oder Afghanistan) mit Waffenhilfe, Militärberatern oder punktuell einzusetzenden *special forces* zu unterstützen.

Bei den Bürgerkriegen in Zentralamerika von 1975 bis 1990 kam dieses Konzept bereits zur Geltung. Die USA butterten Milliardenbeträge in die Region. Was das militärische Vorgehen betraf, wertete man vor allem drei Punkte auf: Spionagearbeit, psychologische Kriegsführung und zivil-militärische Aktivitäten. Den Militärspitzen El Salvadors und Guatemalas wurde eingebläut, daß man den Kampf gegen die Guerilla nur dann gewinnen könne, wenn man erstens besser über die Bewegungen der Aufständischen informiert sei und zweitens ein Mindestmaß an gesellschaftlicher Akzeptanz gewinne.

In der Folgezeit unternahm man daher große Anstrengungen in der sogenannten „psychologischen Kriegsführung". Man verbesserte die eigene Mediendarstellung, lancierte Falschmeldungen über den Gegner und versuchte, der Armee mit Impfkampagnen und anderen „zivilmilitärischen Aktivitäten" ein besseres Image zu verpassen (Klare 1988, S. 59-60). Gleichzeitig baute man ein umfangreiches Spionagenetz auf.

In Guatemala und noch deutlicher dann in Kolumbien wurden die paramilitärischen Gruppen zu einem Stützpfeiler der „Kriegführung niedriger Intensität". Diese Gruppen erfüllten die Funktion als Informationszuträger, erleichterten in ihrer Aufgabe als Bindeglied zwischen Armee und Bevölkerung PR-Kampagnen der Militärs und trugen damit den Konflikt in die Gesell-

2 In den Jahren vor dem Militärputsch in der Türkei wurden zahlreiche Anschläge von Angehörigen der Sicherheitsorgane selbst verübt. Teilweise versuchte man die Anschläge der Linken in die Schuhe zu schieben, teilweise bekannten sich rechte Gruppen mit Phantasie-Namen zu den Anschlägen. Das Ziel dieser in Italien auch als „Strategie der Spannung" bezeichneten Politik war es, Verwirrung zu stiften und ein den Militärs zugeneigtes Klima zu schaffen.

schaft hinein. Die Guerilla, die sich wie ein Fisch im Wasser bewegen wollte, war auf einmal mit einem Teil der Bevölkerung als Gegner konfrontiert.

Umso weiter die Spaltung innerhalb der Bevölkerung vorangetrieben wurde, desto einfacher konnte sich die Armee als unparteiische „dritte Kraft" präsentieren, die die scheinbar faire Rechtsstaatlichkeit verteidigte.[3] Relevant wurde dies v. a. deshalb, weil die paramilitärischen Gruppen verdeckte Operationen gegen die Opposition durchführten. Die Aufstandsbekämpfung wurde unter Ägide des Staates „entstaatlicht". Der Paramilitarismus war also nicht bloß ein unbeabsichtigtes Nebenprodukt der *low-intensity warfare*.

Drogenmafia und Armee gemeinsam gegen die Linke

Die kolumbianischen Paramilitärs gehen in ihrer heutigen Gestalt auf das Jahr 1981 zurück. Am 3. Dezember jenen Jahres wurden über der Millionenstadt Cali – damals eine Hochburg der M-19-Guerilla – Flugblätter abgeworfen, in denen das Entstehen einer Gruppe mit dem ominösen Namen „Tod den Kidnappern", *Muerte a Secuestradores (MAS),* bekannt gegeben wurde. Es wurde verkündet, 223 Mafia-Chefs hätten eine 2.230 Mann starke Privatarmee gegründet, die gnadenlos jede Person exekutieren würde, die in Verbindung mit Entführungen stünde.

Die Aktion ging auf eine Initiative von Fabio Ochoa, einem der führenden Capos des Medellín-Kartells, zurück, dessen Tochter kurz zuvor von der M-19 entführt worden war. Doch die vom Medellín-Kartell gegründeten Privattruppen arbeiteten offensichtlich von Anfang an mit staatlichen Stellen zusammen (Lessmann 1997, S. 227). Bereits im Mai 1982 wurden Verbindungen zwischen MAS und dem Geheimdienstbataillon *Charly Solano-BINCI* aktenkundig. Ein Medelliner Jugendlicher war vom Militärgeheimdienst verhaftet und zunächst in einer Armeekaserne verhört worden. Weil die Militärs fürchteten, die Staatsanwaltschaft könne bei einer bevorstehenden Inspektion den Verhafteten finden und die Foltermale entdecken, verlegten sie ihren Gefangenen in ein Privathaus. Wie durch ein Wunder überlebte der Jugendliche und identifizierte einige Zeit später zufällig den Ort seiner Folterungen. Es war das Haus des Drogenbarons und MAS-Gründers Fabio Ochoa (Giraldo 1996, S. 83).

Im gleichen Jahr weitete die MAS ihr Aktionsfeld aus. Die Gruppe beschränkte sich nicht mehr auf selektive Schläge gegen die M-19, sondern gründete Einheiten in den ländlichen Konfliktregionen – ein deutliches Anzeichen dafür, daß die Strategie der Privattruppe zunehmend von der Armee

3 Ein ähnlicher Prozeß findet heute auch in Chiapas (Mexiko) statt, wo der Aufbau von Paramilitärs zur Konfrontation zwischen EZLN-SympathisantInnen und PRI-naher Bevölkerung geführt hat. Der Konflikt verläuft nicht mehr nur zwischen Zapatistas und Armee, sondern zwischen einzelnen Dörfern.

bestimmt wurde, die besorgt über das Anwachsen von Bauernbewegung und Guerilla im Süden des Landes war. Vor allem die Provinz Caquetá verwandelte sich in ein Zentrum des schmutzigen Krieges. Tausende von ZivilistInnen wurden hier Anfang der achtziger Jahre ermordet oder gefoltert, doch obwohl die Verbrechen oft direkt von Soldaten verübt wurden, zog die kolumbianische Justiz die Sicherheitsorgane nie zur Rechenschaft. Die Existenz des MAS ermöglichte der Armee, von der eigenen Verantwortung abzulenken.

Zum Versuchslabor für die Weiterentwicklung des Paramilitarismus erkor man jedoch nicht den Caquetá, sondern eine dichter besiedelte Region aus. Man fing an, den Mittleren Magdalena, ein 300 Kilometer langes feucht-tropisches Gebiet am Magdalena-Strom, in eine Art Militärrepublik zu verwandeln.

Die Wahl fiel nicht zufällig auf die Region, die Teile der Departements Cundinamarca, Boyacá, Antioquia, Bolívar, Santander und Cesar umfaßt. Die Gegend, in der sich afrokolumbianische und mestizische Kulturen miteinander vermischt haben, besitzt große ökonomische und strategische Bedeutung. Hier befinden sich wichtige Erdölvorkommen, die größte Raffinerie des Landes sowie fruchtbares Weideland. Zudem ist die Region verkehrstechnisch wichtig. Der Magdalena war bis weit in dieses Jahrhundert hinein die wichtigste Verkehrsverbindung zwischen der Karibikküste und dem zentralandinen Hochland um Bogotá.

Zur Besorgnis der Regierung befand sich der Magdalena Medio Anfang der achtziger Jahre fest in linker Hand. Im südlichen Teil der Region zwischen Puerto Berrío (Dep. Antioquia) und La Dorada (Dep. Cundinamarca) stellten linke Bündnisse unter Einfluß der KP in vielen Gemeinden die Ratsmehrheit. Die Bauernbewegung war stark und die Präsenz der FARC nicht zu übersehen, die von den Viehzüchtern hohe Revolutionssteuern kassierte. Im nördlichen Teil der Region war die Situation aus Sicht der Regierung sogar noch kritischer. Die Erdölmetropole Barrancabermeja galt seit Jahrzehnten als wichtigste Gewerkschaftsbastion Kolumbiens. Die Ölarbeiter hatten sich mit ihrer Forderung nach Nationalisierung der Bodenschätze schon in den dreißiger Jahren nicht auf Tarifangelegenheiten beschränken lassen. 1948 riefen sie die „Kommune von Barrancabermeja“ aus und verteidigten diese tagelang gegen die Armee. 1951 dann erzwang die Ölarbeitergewerkschaft USOgegen den massiven Widerstand der politischen Eliten die Gründung des staatlichen Erdölunternehmens ECOPETROL und widersetzte sich auch in der Folgezeit der Erdölpolitik der Regierung. Erschwerend kam außerdem hinzu, daß die ELN, die zweite große Guerilla des Landes, aus der Bergregion östlich Barrancabermejas stammte und in der ganzen Gegend hochpopulär war. Die Bevölkerung des Mittleren Magdalena galt in jeder Hinsicht als unberechenbar.

Das paramilitärische Pilotprojekt ging von der Annahme aus, daß man – wenn man die Guerillabewegungen selbst nicht besiegen kann – das soziale Netz verändern muß, aus dem diese hervorgehen. Das Ziel der Paramilitärs war also kein rechter Umsturz, sondern, wie der Medelliner Soziologe Manuel Alberto Alonso schreibt, *„das normale Funktionieren (der Gesellschaft, Anm. d. V.) zu garantieren, solange der Staat dazu nicht in der Lage ist."* (Alonso 1997, S. 146). Konkret lief dies auf die Verfolgung von sozialen und politischen FührerInnen der Opposition, die Verdrängung der sozialen Bewegungen und die Vertreibung der mit der Guerilla sympathisierenden Bevölkerung hinaus, die durch ein neues soziales Geflecht ersetzt werden sollte.

In diesem Sinne versammelte sich Mitte 1982 in Puerto Boyacá, 150 Kilometer nördlich von Bogotá, eine illustre Runde, die den Besitz der Viehzüchter und Erdölmultis in der Region besser als bisher schützen wollte. *„Die Gruppe konstituierte sich unter dem Militärbürgermeister Oscar Echandía auf einem Treffen, an dem ... Vertreter der Texas Petroleum Company (in Deutschland früher Texaco und heute DEA, Anm. d. V.), Mitglieder des Viehzüchterkomitees, Politiker, Armeeangehörige, Händler und andere besondere Gäste teilnahmen."* (zit. nach Alonso 1996, S. 147)[4].

Man begann bei dem Dorf San Juan Bosco de la Verde auf einem von der *Texaco* zur Verfügung gestellten Gelände (Colectivo 15 de febrero 1990, S. 20) mit dem militärischen Training der neuen Gruppen. Federführend war dabei eine Armee-Einheit unter Führung des Generals Farouk Yanine Díaz, eines arabischstämmigen Offiziers, der in den kommenden Jahren eine Schlüsselrolle im Paramilitarismus spielen sollte. Unter seinem Befehl weitete sich der Aktionsradius der paramilitärischen Gruppen in der Region innerhalb kürzester Zeit aus. Bereits 1984 waren die wichtigsten Städte am Mittleren Magdalena (mit Ausnahme Barrancabermejas) unter paramilitärischer Kontrolle. Dieser Erfolg erklärt sich durch eine geschickte Kombination von einer ungeheuer brutalen Repression, systematischen Vertreibungen und sozialer Re-Organisierung. Die Paramilitärs sorgten mit ihren Aktionen gegen AktivistInnen der Opposition (darunter auch AnhängerInnen des fortschrittlichen Liberalen Luís Carlos Galán, der 1989 von Paramilitärs ermordet wurde) für massive Fluchtbewegungen und siedelten ehemalige Armeeangehörige auf dem durch Vertreibungen freigewordenen Land neu an. Parallel dazu förderte man die Verbreitung evangelistischer Sekten, zwang die Bauern, sich in die Zivilpatrouillen zu integrieren, und baute korporativistische Organisationen[5] auf. So wurde 1984 der *Verband der Bauern und Viehzüchter des Mitt-*

4 Ursprünglich Carlos Medina Gallego *„Autodefensas, paramilitares y narcotráfico en Colombia"*.

5 Mit „Korporativismus" ist jene, oft faschistische Ideologie gemeint, die von klassenübergreifenden Sozialpaktmodellen unter Führung des Staates (und letztlich einer He-

leren Magdalena (ACGEDAM) gegründet, der den Aufbau sozialer Einrichtungen wie Schulen, Gesundheitsposten und Gemeinschaftsläden vorantrieb. Antikommunistische Gruppen betrieben massive Propaganda in der Region, und die Liberale Partei übernahm die Posten, die die KP hatte aufgeben müssen. Alberto Alonso (1996, S. 149) spricht in diesem Zusammenhang von *„einem gewalttätigen Wiederaufbau der traditionellen Herrschaftsmechanismen."*

Daß dies in dieser Geschwindigkeit möglich war, hatte auch mit der Politik der Guerilla selbst zu tun. Die in der Gegend um Puerto Boyacá aktive Einheit der FARC besaß einen denkbar schlechten Ruf. Sie galt als autoritär, besteuerte nicht nur große, sondern auch mittlere Bauern und war zudem auch noch mit Korruptionsvorwürfen konfrontiert. Dazu kam, daß die FARC zu diesem Zeitpunkt durch eine Abspaltung der Organisation in Südwestkolumbien völlig in Anspruch genommen war und sich mit den Vorwürfen gegen die in der Region aktiven Front zu spät auseinandersetzte. 1984 wurde Puerto Boyacá damit zur „antisubversiven Hauptstadt Kolumbiens" geworden – wie ein Straßenschild am Ortseingang stolz feststellt.

4.1.3 Ausbreitung des Paramilitarismus

Auch in den Folgejahren beteiligten sich hochrangige Militärs, Politiker und Persönlichkeiten aus der Wirtschaft an der Ausbreitung des Paramilitarismus. Der Kommandant der XIV. Armeebrigade mit Sitz in Puerto Berrío, General Herrera Luna, gab 1990 in einem Interview mit der Tageszeitung *El Colombiano* ganz offen zu, daß die „Bauernselbstverteidigungen" des Mittleren Magdalena von seiner Einheit ausgebildet und mit Waffen ausgestattet worden seien. Der ehemalige Armeeoffiziere Luís Meneses erklärte 1989 zudem eidesstattlich, er sei als Militärangehöriger bei den Paramilitars des Magdalena Medio eingeführt und seitdem dafür zuständig gewesen, Koordinationsaufgaben mit den Streitkräften und den militärischen Nachrichtendiensten wahrzunehmen. Er versicherte ebenfalls, daß die „Selbstverteidigungsgruppen" auf Anordnung des Oberkommandos der Armee aufgestellt worden seien und einen integralen Bestandteil der Aufstandsbekämpfung darstellten. 1987 hätte die Führungsgremien der Nachrichtendienste der Armee beschlossen, die Paramilitäraktivitäten landesweit zu koordinieren (amnesty 1994, S. 83).

Auch die Beteiligung des Viehzüchterverbandes ACDEGAM und hochrangiger Politiker wurde öffentlich eingestanden. Das Gemeinderatsmitglied von Puerto Boyacá, Diego Viafara Salinas, der selbst am Aufbau der paramilitärischen Gruppen beteiligt war, beschrieb 1988 gegenüber den Ermittlungsbehörden detailliert, wie der Regionalpolitiker der Liberalen Partei,

gemonie des Kapitals) ausgehen. Der Begriff hat mit „Kooperativenwirtschaft", also Solidarzusammenschlüssen von BäuerInnen oder ArbeiterInnen, nichts zu tun.

Pablo Guarin (seinerseits ein enger Vertrauter des damaligen Innenministers Jaime Castro), gemeinsam mit dem Bataillon Barbula den Aufbau der paramilitärischen Strukturen vorangetrieben habe.

Dabei arbeitete man erneut eng mit der Mafia zusammen. Ab 1985 seien die Drogenbarone Gonzalo Rodríguez Gacha, Fabio Ochoa, Fidel Castaño (der Bruder des heutigen Paramilitär-Kommandanten Carlos Castaño) und Pablo Escobar sowie der Diamantenzar Victor Carranza an Paramilitarismus in der Region beteiligt gewesen, so Viafara Salinas (Alonso 1996).

Für die Kooperation gab es unterschiedliche Motivationen. Während es den Viehzüchtern um die Aneignung von Kleinbauernland und der Vermeidung von Revolutionssteuern ging, besaßen die Drogenhändler Escobar, Gacha und Ochoa vor allem das Interesse, sich in der de facto unabhängigen „Paramilitärrepublik" einen rechtsfreien Raum zu sichern. So erklärte Alonso de Jesus Baquero, alias „Vladimir", einer der führenden Paramilitärs der Region, Mitte der neunziger Jahre vor der Staatsanwalt, daß das Medellín-Kartell zahlreiche Koka-Laboratorien in der Gegend unterhalten habe, die von den Paramilitärs beschützt worden seien (siehe Interview *La Semana* in: *Arranca* Nr. 13 Beilage).

Bemerkenswerterweise geschah dies mit Kenntnis oder sogar aktiver Unterstützung ausländischer Militärberater. Auf dem Luftwaffenstützpunkt von La Dorada unweit von Puerto Boyacá gab es seit langem eine US-Präsenz. 1989 wurde außerdem bekannt, daß sich ehemalige israelische und britische Geheimdienstagenten als Ausbilder der Todesschwadrone im Land aufhielten. Eine Gruppe um den israelischen Söldner Yair Klein flog auf, die die Paramilitärs in verschiedenen Kriegs- und Terrortechniken trainiert hatte. Den Aussagen von Alonso de Jesus Baquero zufolge unterrichteten die Söldner *„uns in englischen und deutschen Taktiken, die darin bestehen, daß man den Gegner mit der Wurzel auslöscht"*. (*La Semana* in: *Arranca* Nr. 13). Dies lief auf Undercover-Aktionen gegen die AktivistInnen der legalen Opposition und ziviler Guerilla-SympathisantInnen hinaus.

1987 begannen die Paramilitärs ihren Aktionsradius über den Magdalena Medio hinaus auszuweiten. Sie konzentrierten sich dabei zunächst auf das wichtigste Bananenanbaugebiet des Landes, die an der Grenze zu Panama gelegene Region Urabá, deren Agrarproduktion jährlich mehr als 400 Millionen US-Dollar Deviseneinnahmen bringt. Die dort ansässige vor allem afrokolumbianische Bevölkerung galt in den achtziger Jahren neben den Erdölarbeitern als gewerkschaftlich bestorganisierte Gruppe. Die Gewerkschaft SINTRAINAGRO legte die Plantagen zum Teil wochenlang lahm, und die Guerillaorganisationen FARC und EPL besaßen großen sozialen Rückhalt unter den Pflückern, ArbeiterInnen und KleinbäuerInnen der Region. Um ihren Widerstand zu brechen, verübten Armee und Paramilitärs in der Region zahlreiche selektive Morde gegen Gewerkschafts-AktivistInnen. 1988 starben bei dem ersten großen Massaker auf der Finca La Honduras mehr als 40 Personen.

Die paramilitärische Offensive zielte nicht nur darauf ab, die Gewerkschaften zu zerschlagen, die den Plantagenbesitzern des Unternehmerverbandes *Augura* so manche schlaflose Nacht bereiteten. Sie hatte auch mit dem Erwerb von Ländereien durch die Drahtzieher des Paramilitarismus zu tun. Nach Aussagen des Militärbürgermeisters von Puerto Boyacá, Oscar Echandía, hatten die Hintermänner des Paramilitarismus im Magdalena Medio, der Viehzüchter Henry Pérez und die Barone des Medellín-Kartells in Urabá Land gekauft: „*... Sie organisierten auf Befehl von Pablo Escobar und Gonzalo Rodríguez Gacha eine ‚Säuberung' Urabás. Daraufhin begannen die Massaker... Luis Rubio koordinierte als Bürgermeister von Puerto Boyacá den Transport der bezahlten Killer nach Urabá.*" (zit. nach Giraldo 1996, S. 95)

Kolumbien wurde damit von einer paramilitärischen Achse durchschnitten, die vom Mittleren Magdalena im Zentrum des Landes bis nach Urabá im äußersten Nordwesten reichte. Die Schlüsselfiguren bei diesem Projekt waren die Gebrüder Fidel und Carlos Castaño Gil, die heute die Oberkommandanten des Paramilitarismus sind.[6]

Mit der Ausweitung des Aktionsradius' gab es auch eine qualitative Veränderung des Paramilitarismus. Während die Paramilitärs in den Vorjahren vor allem selektive Morde an linken KandidatInnen und sozialen AktivistInnen verübt hatten, begann die Zeit der großen Massaker. Die erste große Aktion diesen Typs ereignete sich im Jahr 1987. Dem schon erwähnten General Farouk Yanine Díaz mißfiel, daß einige Händler der Region mit der Guerilla Geschäfte machten, und setzte die Paramilitärs von Vladimir (Alonso de Jesus Baquero) auf sie an. Vladimir erklärte als Kronzeuge gegenüber der Staatsanwaltschaft (zit. nach Varios 1999, S. 11):[7]

6 Ungeklärt ist, ob Fidel Castaño noch lebt. Nach Verhängung eines Haftbefehls meldeten die Paramilitärs seinen Tod. In der Linken wird diese Version allerdings stark angezweifelt. Es gibt Spekulationen, wonach sich Fidel Castaño in Europa, möglicherweise in Paris, aufhalten soll. Unabhängig vom Wahrheitsgehalt dieser Version steht fest, daß es auch in Europa eine paramilitärische Drogen-Connection gibt. Der Castaño-Clan gehörte 1990 zu den großen Konkurrenten Pablo Escobars und verdient einen Teil seines Geldes mit Kokain. Nach offiziellen Angaben der US-Regierung werden um die 70 Prozent des kolumbianischen Kokains in den Karibikhäfen Urabás verschifft. Diese wiederum befinden sich unter Kontrolle der Castaños und befreundeter Offiziere der XVII. Brigade.

7 Die Glaubwürdigkeit von Kronzeugen läßt sich natürlich immer anzweifeln, doch in diesem Fall sprechen alle Argumente für den Zeugen. Während der Kronzeugenstatus normalerweise dazu dient, sich einer Strafe mit staatlicher Hilfe zu entziehen, gilt für Vladimir eher das Gegenteil. Der Ex-Paramilitär war zum Zeitpunkt seiner Aussage bereits rechtskräftig verurteilt. Durch die schweren Anschuldigungen, die er gegen die

„Der General Yanine Díaz trat in Kontakt mit (dem Viehzüchter, Anm. d. V.) Henry Pérez... Danach rief Henry Pérez mich an und sagte mir, daß uns die Händler, die 19 von Cimitarra, auf der Nase herumtanzten... Wenige Tage später war ich in der Militärschule 01, wo einige Leute für eine Militäroperation in der Nähe von San Fernando bei Cimitarra instruiert wurden. Cargalarga (der Verantwortliche des Massakers) erzählte mir, wie sie die Händler umgebracht hatten: ‚Mann, wir haben eine verdammte Schlachterei veranstaltet... Wir haben sie von der Schule 01 bis nach Palo de Mango in Puerto Sambito gebracht und dort getötet, in Stücke geschnitten und in den Fluß geworfen'. Als ‚picalesco' bezeichnet man, wenn eine Person systematisch zerlegt wird. Man schneidet ihnen die Hände, den Kopf und Füße ab, reißt ihnen Eingeweide heraus und wirft sie getrennt in den Fluß. Das macht man, damit die Körper nicht wieder auftauchen. Die Leute wurden immer an dieser Stelle umgebracht, denn die Strömung kommt frontal von vorne und wird Richtung Antioquia umgeleitet. Das ist wie eine Mühle... und dient dazu, daß es keine Spuren gibt."

Im März des folgenden Jahres kam es zu den bereits erwähnten Massakern auf den Bananenplantagen von La Honduras und La Negra (beide Urabá). Sechs Monate später folgte dann der Überfall auf die Minenstadt Segovia (Dep. Antioquia), die als „Sympathisantennest" der ELN galt. Man begann die Bevölkerung „aufsässiger" Regionen kollektiv zu bestrafen.

„Ich war Kommandant der Zone von Puerto Berrío... und die Coroneles Navas (Rubio), Chef der Sektion B-2 der XIV.Brigade, und Londono, Kommandant des Bataillons Bomboná, fingen an, Druck auf uns auszuüben. Die Militärs wollten, daß wir eine schnelle Aktion in Segovia und Remedios machten... Als (der liberale Politiker, Anm. d. A.) Cesar García Pérez die Wahlen in Segovia gegen die UP verlor... trat er in Verbindung mit Fidel Castaño, um die UP aus Segovia zu vertreiben. Damals machte ich mit Henry Pérez folgenden Plan aus: Zuerst sollte ich Spionage-Arbeit in Segovia leisten und dann das Massaker durchführen." (Vladimir zit. nach Varios 1999, S. 11)

Im November 1988 drangen die Paramilitärs mit Unterstützung des Bataillons Bomboná in die Minenstadt ein, schossen wahllos auf Passanten und warfen Handgranaten in Kneipen und Billardsalons.[8]

Armee, Unternehmerverbände und hochrangige Politiker erhob, setzte er zudem sein Leben aufs Spiel. Mehr als ein Gefangener ist bereits in Haft umgekommen, nachdem er Militärs belastete. Es gibt also keinen vernünftigen Grund, warum Vladimir seine Aussagen erfunden haben sollte.

8 Ich erinnere mich gut an die Ereignisse, weil ich damals erst seit zwei Tagen im Land war. In der Tageszeitung *El Tiempo* und den Nachrichtensendern *Caracol* und *RCN* wurde die Meldung verbreitet, die Guerilla habe das Massaker begangen. Nach und nach kam jedoch die Wahrheit ans Licht. Neben dem liberalen Politiker García Pérez, der beste Verbindungen zum Innenministerium besaß, und dem Bataillon Bomboná

Ebenfalls 1988 verlegten sich die Paramilitärs in einigen Regionen auf die Durchführung regelmäßiger Patrouillengängen, womit sie zu einer echten territorialen Kontrolle von Gebieten übergingen. Ihr Augenmerk richtete sich vor allem auf die Gegend von Carmen und San Vicente de Chucurí in der Provinz Santander, ein Stück nordöstlich von Puerto Boyacá und unweit der Erdölmetropole Barrancabermeja. Auch hier spielte General Farouk Yanine Díaz eine Schlüsselrolle. Für den General, der sich bis heute als „Befrieder des Mittleren Magdalena" feiern läßt, handelte es sich um ein prestigeträchtiges Projekt. Immerhin war 1964 in der Gegend die ELN gegründet worden, und die Sympathien für die Guerilla waren nach wie vor groß.

Die Bevölkerung wurde zunächst mit Bombardierungen und Massakern mürbe gemacht (vgl. das Testimonio von Javier Giraldo am Anfang des Kapitels). Allein um San Vicente de Chucurí errichtete die Armee 80 Militärstützpunkte, ein Großteil der Bauern zwang man zur Kooperation, andere zur Flucht. In vielen Dörfern ergab sich Ende der achtziger Jahre die erdrückende Situation, daß sich Angehörige und Freunde nun als zwangsrekrutierte Mitglieder der Zivilpatrouillen einerseits und als Guerilleros andererseits feindlich gegenüberstanden.

Den Paramilitärs gelang es zwar weder in Urabá noch im Mittleren Magdalena, die Guerilla völlig zu verdrängen, doch sie zerschlugen das Gefüge der sozialen Opposition. Bauernverband, Gewerkschaften, Dorfversammlungen oder auch einfach nur Gemeinderäte verschwanden oder gerieten unter rechte Kontrolle. Die Durchsetzung des Paramilitarismus verlief dabei keineswegs konfliktfrei. Trotz des Terrors, der in vielen Fällen die Grenze zum Pathologischen weit überschritt, gab und gibt es Widerstand. Die Bauernmobilisierungen in Santander im Sommer 1998 bewiesen, daß die Paramilitärs auch nach 15 Jahren die Bevölkerung nicht völlig eingeschüchtert haben. So wird von BäuerInnen berichtet, die sich gezwungenermaßen an den Patrouillengängen der Paramilitärs beteiligen und dennoch weiter heimlich mit der Guerilla kollaborieren.[9]

steckte das US-Goldunternehmen *Frontine Goldmines* hinter dem Verbrechen. Zufällig war zu diesem Zeitpunkt auch eine kleine Bundestagsdelegation mit Ellen Olms in Kolumbien, die damals noch bei den Grünen aktiv war. Die Abgeordnete flog mit dem Hubschrauber nach Segovia und kehrte nach einem Tag völlig verstört wieder. Das Verbrechen übertraf jede Vorstellungskraft. In der gleichen Woche begleitete ich Olms zu einem Termin beim Oberkommando der Armee, das natürlich jede Verantwortung leugnete. Alle schlechten Vorurteile über den Zynismus hochrangiger Offiziere wurden bestätigt.

9 Die in der Gegend aktive ELN-Front *Capitán Parmenio* erklärte in einem Interview, sie habe ihre Politik 1990 völlig umstellen müssen. Die Guerilla habe zunächst noch versucht, die paramilitärischen Strukturen und ihre Mitglieder frontal zu bekämpfen, damit jedoch nur schwere Zerwürfnisse innerhalb der Bevölkerung provoziert.

Die Unterstützung der Paramilitärs blieb also prekär: Sie fußte nicht auf politischer Überzeugung und funktionierenden organisatorischen Strukturen, sondern auf Angst und Geldzahlungen ans Fußvolk. Die Versuche der Ultrarechten 1989-90 mit der *„Bewegung zur nationalen Erneuerung"* (MORENA) eine eigene politische Partei aufzubauen, scheiterten kläglich. Auch die Bedeutung rechtsradikaler Organisationen wie der Vereinigung *Tradición, Familia, Propiedad (Tradition, Familie, Eigentum),* die eine gewisse Rolle im Paramilitarismus spielte, war gering. Den Paramilitärs gelang es nicht, ein eigenständiges politisches Profil zu gewinnen. Sie vertreten weiterhin nichts anderes als die Interessen der Eliten und verteidigen die bestehenden Besitzverhältnisse. Dieser Mangel an politischem Gewicht ist auch der Grund, warum die Paramiltärs heute mit massiver Rückendeckung der Medien *El Tiempo, La Semana* und *Cambio 16* darum bemüht sind, als eigenständige Konfliktpartei anerkannt zu werden (vgl. Kapitel 4.1.5.)

Widersprüche innerhalb der Paramilitärs und des kolumbianischen Staates

In gewisser Hinsicht ist es erstaunlich, daß die Paramilitärs überhaupt einen derartigen Siegeszug erlebten, denn ihre Strukturen wurden immer wieder von schweren internen Konflikten erschüttert – vor allem im Zusammenhang mit dem sogenannten „Drogenkrieg" zwischen 1988 und 1993. Mit Unterstützung der USA eröffnete die Regierung von Virgilio Barco damals eine massive Kampagne gegen die Koka-Barone Pablo Escobar und Carlos Rodríguez Gacha. Im Verlauf des Konflikts, in dem es vorrangig um die Kontrolle des Drogenhandels ging (das Handelsvolumen nahm durch die Auseinandersetzungen nicht ab), überwarfen sich die verschiedenen hinter dem Paramilitarismus stehenden Fraktionen. Während der Schwiegersohn von Pablo Escobar und Sicherheitschef des Medellín-Kartells, Carlos Rodríguez Gacha die Paramilitärs nun auch dazu einsetzte, seine Laboratorien gegen staatliche Polizeieinheiten zu schützen, lehnte sein Verbündeter im Mittleren Magdalena, der Viehzüchter Henry Pérez, ein Vorgehen gegen den Staat ab. *„Er*

Schließlich wurden die Bauern von der Armee zur Beteiligung an den Zivilpatrouillen gezwungen und hatten daher nur die Wahl mitzumachen oder aus der Region zu verschwinden. Da die Guerilla offensichtlich nicht in der Lage war, die eigene soziale Basis gegen die Armee zu schützen, verlegte sie sich darauf, mit dem Paramilitarismus teilweise zu koexistieren. Man bewegte sich nur noch in kleinen Einheiten von drei bis fünf Personen im Gebiet, ging nur im Dunkeln zu den Bauernhäusern und „klandestinisierte" die Basis. Die UnterstützerInnen der Guerilla durften voneinander nichts wissen. Desweiteren vereinbarte die Guerilla mit ihren SympathisantInnen, daß diese der Armee die Bewegungen der Guerilla meldeten. Die einzige Bedingung lautete, daß man den Guerilleros einen gewissen Vorsprung ließ, um sich abzusetzen. Dieses Vorgehen ermöglichte es den Aufständischen, sich zumindest im Gebiet zu halten.

sagte , daß die Paramilitärs nicht in den Krieg des Medellín-Kartells gegen die Regierung hineingezogen werden dürften. Ihre Aufgabe sei es, die Guerilla zu bekämpfen und das Land der Viehzüchter zu verteidigen. Deswegen erklärten Pablo Escobar und Carlos Rodríguez Henry Pérez zu ihrem Feind und ordneten schließlich seinen Tod an", erklärte der führende Paramilitär Vladimir (*La Semana*, zit. nach *Arranca* Nr. 13, Beilage).

Bei den folgenden Auseinandersetzungen kamen sowohl Carlos Rodríguez Gacha vom Medellín-Kartell als auch sein Gegenspieler, der staatstreue Henry Pérez, ums Leben. Es mag paradox erscheinen, doch für den kolumbianischen Staat war dieses Zerwürfnis im Paramilitarismus durchaus vonnutzen. Mit den Morden verschwanden nämlich auch potentielle Zeugen, die unangenehme Enthüllungen hätten machen können. Befürchtungen, von ehemaligen Alliierten verraten und hintergangen zu werden, sind in Kolumbien eher Regel als Ausnahme. Vladimir zufolge hatte beispielsweise der Viehzüchter Henry Pérez schon Mitte der achtziger Jahre aus Angst davor, der Staatsapparat könne ihn eines Tages fallen lassen, heimlich kompromittierende Gespräche mit den Armeegenerälen mitgezeichnet und die Kassetten versteckt, um die Militärspitze im Notfall erpressen zu können.

Auch wenn die Kassetten von Henry Pérez nie gefunden wurden und viele Zeugen heute tot sind, kam die Verantwortung der Militärs am schmutzigen Krieg Ende der achtziger Jahre schnell als Tageslicht. So mußte General Farouk Yanine Díaz, der 1969 an der US-Militärschule *School of Americas* ausgebildet worden war und als Vorzeigeoffizier der Armee galt, 1992 aufgrund der Vorwürfe von Menschenrechtsorganisationen auf die Beförderung zum Heeresoberkommandanten verzichten. Er trat in den Ruhestand und ging als Dozent an die *Interamerikanische Schule für Verteidigungsfragen* mit Sitz in Washington, wobei es bis heute ein Geheimnis ist, was der General dort unterrichtete. Wahrscheinlich wäre über den Fall nie wieder ein Wort verloren worden, wenn nicht Anfang einige Zeit später mehrere Paramilitärs, unter ihnen auch Alonso de Jesus Baquero alias „Vladimir", von der kolumbianischen Ziviljustiz wegen der Ermordung von mehr als 100 Personen zu langjährigen Haftstrafen verurteilt worden wären. Vladimir, der nicht einsah, warum er als Zivilist verurteilt wurde, während sein Chef als Militärangehöriger frei herumlaufen durfte, machte weitreichende Aussagen gegen den hochdekorierten General in Washington, die zu einem Haftbefehl gegen Yanine führten. Vladimir, der als Lieblingsschüler seiner internationalen Ausbilder gegolten hatte, erklärte, daß die Armee über alle wichtigen Aktionen der Paramilitärs informiert gewesen sei oder sie direkt angeordnet habe. Dies stimmt auch mit den bereits zitierten Aussagen von Ex-Offizier Luís Meneses überein, wonach die Armeegeheimdienste 1987 die Führung des Paramilitarismus übernommen hätten.

Straßenblockade von LehrerInnen gegen den schmutzigen Krieg in Südwestkolumbien

Vor einem Zivilgericht wäre eine Verurteilung des Generals Yanine Díaz wohl unumgänglich gewesen, doch zwischen Armee und der Regierung Samper einigte man sich 1997 auf ein anderes Procedere. Der „Kriegsheld" vom Magdalena Medio kehrte, wie von der Staatsanwaltschaft verlangt, nach Kolumbien zurück und stellte sich der Anklage. Doch kaum war er im Land, zog die Militärjustiz den Fall an sich und sprach Yanine kurze Zeit später von allen Anschuldigungen frei, ohne einen einzigen Belastungszeugen gehört zu haben. Die US-amerikanische Regierung, die sich sonst gerne auf Menschenrechte beruft, wenn es den strategischen Interessen in der Welt dienlich ist, wurde in dem Fall aus unschwer zu erratenden Gründen nicht aktiv. Yanine Díaz blieb eine der grauen Eminenzen der kolumbianischen Armee.

Der Fall bewies jedoch nicht nur die Komplizenschaft des Sicherheitsapparates im schmutzigen Krieg, er zeigte auch, daß es in Kolumbien durchaus zu Konflikten zwischen den Staatsgewalten kommen kann. Trotz aller staatlich zu verantwortenden Verbrechen handelt es sich bei Kolumbien eben nicht um eine offene Militärdiktatur, in der alle Behörden gleichgeschaltet sind. Einzelne Abteilungen der kolumbianischen Justiz, in der es im übrigen eine ganze Reihe aktiver LinksgewerkschafterInnen gibt, decken immer wieder Menschenrechtsverbrechen und Korruptionsfälle auf und gehen dabei ein hohes persönliches Risiko ein.[10] Das wohl brutalste Massaker an Justizangestellten wurde 1989 in La Rochela (Dep. Santander) im Mittleren Magdalena verübt. Eine Gruppe unter Führung von „Vladimir“ ermordete dort eine ganze Kommission von Staatsanwälten und Untersuchungsrichtern. Der Verantwortliche selbst erklärte die Hintergründe der Morde folgendermaßen:

„Der Politiker Tiberio Villarreal ließ uns die Information zukommen, daß mehrere Juristen in der Nähe von Barrancabermeja unterwegs seien, und er empfahl uns, sie zu überfallen, um ihnen ihre Unterlagen abzunehmen. Henry Pérez befürchtete, daß sie einige kleinere Laboratorien entdecken könnten, die wir beschützten, und gab Gonzalo Rodriguez Bescheid. Der wiederum befahl uns, die Richter zu töten und sie auf der Straße liegenzulassen, damit ‚keine anderen mehr kommen‘.

(...) Wir bezahlten einigen Polizisten in El Centro ein bißchen Geld, damit sie die Kommission nicht eskortierten. Danach kam mir der Einfall, uns als 23. Front der FARC auszugeben. Als wir die Wagen anhielten, identifizierte ich mich als ‚Kommandant‘ Vladimir. Ich befahl, auf die Richter zu schießen, ihre Fahrzeuge in die Luft zu jagen und auf die Reste ‚Paramilitärs raus‘ zu schreiben, damit alle glauben, es sei ein Angriff der Guerilla gewesen.“ (Interview *La Semana*, zit. nach *Arranca* Nr.13 Beilage)

Verwirrung als Programm

Die Erklärungen Vladimirs weisen auf ein weiteres Kennzeichen des Paramilitarismus hin. Sie zeigen, was für eine zentrale Rolle die gezielte Desinformation in seiner Strategie spielt. Der Versuch, die FARC als Verantwortliche für die Morde an der Untersuchungskommission erscheinen zu lassen, war kein Einzelfall, wie das bereits erwähnte Massaker in Segovia im November 1988 zeigt. In beiden (und noch vielen anderen) Fällen präsentierten die Titelseiten von *El Tiempo* und anderer Tageszeitungen mehrere Tage lang die Fotos mit „den Opfern der Guerilla“, obwohl vor Ort kein Zweifel über die Urheberschaft der Verbrechen bestand.

Desinformation und die Mobilisierung der Öffentlichkeit gehört zu jenen Punkten, die von Militärstrategien so zynisch „psychologische Kriegsführung“ genannt werden. Offensichtlich ist es eines der wichtigsten Ziele des Paramilitarismus, Konflikte undurchschaubar zu machen. Damit wird nicht nur die Gegenseite in Verruf gebracht, sondern vor allem auf eine Entpoliti-

10 In der Regel sind UntersuchungsrichterInnen und StaatsanwältInnen eher Opfer von paramilitärischen Anschlägen als von solchen der Guerilla. Deshalb ist Skepsis angebracht, wenn Nachrichtenagenturen ungeprüft die Aufständischen für Morde an StaatsanwältInnen verantwortlich machen. Die Guerilla entführt gelegentlich Justizangestellte, aber Anschläge sind sehr selten.

sierung der Öffentlichkeit hingearbeitet, die sich auf den „neutralen" Standpunkt – *„beide Seiten sind gleich schlecht"* – zurückziehen soll.

In dieser Hinsicht ist der kolumbianische Paramilitarismus der achtziger Jahre als voller Erfolg zu werten. Eingeschüchtert von der um sich greifenden Gewalt fordert die Bevölkerung heute immer öfter eine Konfliktlösung ohne soziale Veränderungen. Im Gegensatz zu der Situation von 1988 heißt das Motto nicht mehr „soziale Gerechtigkeit jetzt", sondern *„Frieden, egal wie"*. Das jedoch wäre genau das Ergebnis, auf das der Paramilitarismus seit jeher hingearbeitet hat: Den existierenden Status quo zu sichern und einen drohenden Umsturz zu verhindern.

Mehr noch als ein Phänomen weit verbreiteter, scheinbar diffuser Gewalt war und ist der Paramilitarismus also eine geschickt mit psychologischen und medialen Momenten arbeitende Form der internen Kriegsführung. Daß der einzelne Paramilitär hiervon nichts weiß, ändert daran nichts. Die verschiedenen Gruppen handeln zeitweise autonom und vielleicht gelegentlich in Widerspruch zueinander. Sie können (genauso wie im übrigen auch Armee und Polizei) ein Eigenleben entwickeln. Dennoch sind sie Bestandteil einer klar durchdachten Militärstrategie, die – wie im folgenden gezeigt werden soll – nur von den Kolumbianern entwickelt wurde.

4.1.4. Die internationale Seite des Paramilitarismus

Ausländische Militärberater spielten beim Aufbau der paramilitärischen Gruppen von Anfang an eine Schlüsselrolle. Von den israelischen Söldnern um Yair Klein ist bereits im vorangegangen Kapitel kurz die Rede gewesen. Die Mission Kleins, der 1988 auch die nicaraguanische Contra in Honduras trainierte und nach Meldungen des *El Espectador* zehn Jahre später beim Sturm auf die Hauptstadt von Sierra Leone in Westafrika als Militärberater wieder auftauchte, war 1986 vom Bananen-Unternehmerverband *Union de Bananeros de Antioqueros (Uniban)* eingefädelt worden. Den Recherchen der kolumbianischen Staatsanwaltschaft zufolge kontaktierte *Uniban* einen gewissen Ytzhak Maerot Shoshani, der als Vertreter einer israelischen Rüstungsfirma dem kolumbianischen Verteidigungsministerium Waffen verkaufte. Maerot Shoshani wiederum trat in Verbindung mit Yair Klein, der offensichtlich mit staatlicher Unterstützung nach Kolumbien einreiste – sein Grenzübertritt wurde am Flughafen nicht registriert. In Puerto Boyacá (Dep. Boyacá) unterrichtete Klein unter anderem die Paramilitärs, die im März 1988 die Massaker auf den Bananenplantagen von La Honduras und La Negra verübten. Der Kontakt Kleins in Bogotá wiederum war der Mayor Isauro Hernández Hernández von der Geheimdiensteinheit XX. Brigade und Aktivist der rechtsradikalen *Tradición Familia y Propiedad (TFP).* Dem Kronzeugen der Staatsanwalt zufolge, erhielten die Söldner um Klein für ihre Arbeit

800.000 US-Dollar, die von *Tradición Familia y Propiedad, Uniban* und einigen Drogenhändlern bezahlt wurden.

Weitere Spuren führen zur *School of Americas* nach Fort Benning. Auf der US-Militärschule in Georgia waren nicht nur der Schlächter von El Salvador Major D'Aubuisson und die Diktatoren Argentiniens, Panamas und Boliviens Roberto Viola, Manuel Noriega und Hugo Banzer ausgebildet worden[11], auch General Farouk Yanine Díaz wurde dort unterrichtet . Die demokratischen Kongreßabgeordneten Joseph Kennedy und Esteban Torres legten Mitte 1998 Zahlen vor, wonach 124 der 247 wegen Menschenrechtsverletzungen belasteten kolumbianischen Offiziere auf der „*School of Americas*" trainiert worden seien. In den spanischsprachigen Feldhandbüchern, mit denen die US-Army die lateinamerikanischen Offiziere ausbildete, wurden Anweisungen gegeben, wie bei Geheimdienstaktivitäten mit „*Einschüchterung, Kopfgeldern für getötete Feinde, Schlägen, willkürlichen Verhaftungen, Exekutionen und einem Wahrheitsserum*" gearbeitet werden könne (Untersuchungskommission des US-Verteidigungsministeriums; zit. nach Dana Priest *Washington Post/Guardian Weekly* 29.9. 1996).

Die Belege waren so eindeutig, daß selbst die US-Regierung 1996 zugeben mußte, daß in Fort Benning illegale Praktiken unterrichtet worden waren. Die Clinton-Administration nutzte dies, um ein medienwirksames Bekenntnis zu Demokratie und Menschenrechten abzugeben. Die US-Politik gegenüber Lateinamerika habe sich grundsätzlich geändert, hieß es. Doch warum sollte sich die Politik nicht auch den Notwendigkeiten anpassen? Die sozialen und politischen Bewegungen, die in den sechziger und siebziger Jahren die US-Hegemonie auf dem Subkontinent bedroht hatten, sind besiegt, die Erinnerung an sie weitgehend ausgelöscht. Als letzte Bedrohung sind Kolumbien und Mexiko zurückgeblieben, und dort wird nach wie vor die paramilitärische Karte gespielt.

Im Sommer 1998 wurden weitere Details über die Rolle der US-Regierung bekannt. Die *Washington Post* entlarvte den kolumbianischen Geheimdienstkoordinator Iván Ramírez, der als enger Vertrauter des Paramilitärkommandanten (und mutmaßlichen Drogenhändlers) Carlos Castaño Gil gilt, als Gehaltsempfänger des CIA. Ramírez, der 1983 in Washington Geheimdienstkurse besucht hatte und 1986-88 das Kommando über die XX. Brigade (einer Geheimdiensteinheit der kolumbianischen Armee) innehatte, wurde 1992 – unmittelbar nachdem US-Berater Vorschläge für eine Restruk-

11 Wobei man fairerweise anmerken muß, daß praktisch alle hochrangigen lateinamerikanischen Offiziere einmal die US-Militärschule durchlaufen haben. So gibt es auch Absolventen der Akademie, die als linksnationalistische Militärs in Konflikt mit dem Pentagon gerieten: Panamas Omar Torrijos und Perus Juan Velasco Alvarado beispielsweise.

turierung der kolumbianischen Geheimdienstarbeit entwickelt hatten – zum Chef der Armeegeheimdienste ernannt.

Zu den Anschuldigungen der *Washington Post,* die führende Rolle Ramírez' im schmutzigen Krieg sei lange bekannt gewesen, hieß es im US-Verteidigungsministerium lapidar, man *„habe gewußt, daß Ramírez ein bad guy gewesen sei, aber mit wem sonst hätte man zusammen arbeiten sollen?"* (Douglas Farah/Laura Brooks in: *Washington Post* 12.8. 1998)

Die Kooperation hatte eine einfache Erklärung. Ramírez hegte als Verbündeter der Brüder Castaño Gil eine offene Feindschaft mit der Medelliner Mafia. Die Castaños hatten sich um 1990 während des Konflikts zwischen den Kartellen von Cali und Medellín von Pablo Escobar losgesagt, die PEPEs gegründet *(Perseguidos por Pablo Escobar – von Pablo Escobar Verfolgte)* und sich dem Cali-Kartell zugewandt. Als Gegner Escobars wurde General Ramírez zu einer nützlichen Waffe der USA im Kampf gegen das Medellín-Kartell.

Auf Druck internationaler Menschenrechtsorganisationen entzog die US-Regierung dem General im Sommer im August 1998 schließlich in mit großer Geste das Visum für die Vereinigten Staaten. Auch den Kommandanten der 5. Brigade Fernando Millán und der 17. Brigade Rito Alejo Del Río, die von der *Washington Post* als Menschenrechtsverbrecher benannt worden waren, drohte man mit dieser Maßnahme. Fernando Millán, für dessen Abberufung im Sommer 1998 10.000 BäuerInnen protestierten, hatte im Departement Santander CONVIVIR-Gruppen (legale Paramilitärs) aufgebaut, die in den Vororten von Bucaramanga standrechtliche Erschießungen verübten, und sich als Drahtzieher des Paramilitarismus in der ganzen Region einen Namen gemacht. General Rito Alejo Del Río war hingegen von seinem ehemaligen Offizierskollegen Carlos Alfonso Velásquez[12] der Verantwortung an den Morden auf den Bananenplantagen Urabás beschuldigt worden. Als Chef der 17. Brigade habe Alejo Del Río, so Velásquez, gemeinsam mit den Brüdern Fidel und Carlos Castaño Gil für die Zerstörung der linken Gewerkschaftsbewegung in der Region gesorgt.

Zwei Monate später waren die umstrittenen Generäle jedoch nicht nur immer noch im Dienst, sie waren sogar für Schlüsseloperationen der Armee verantwortlich. Auch von einem Visumsentzug von Seiten der USA war nicht mehr die Rede. General Millán kommandierte die Aktionen im Süden Bolívars, wo die ELN vertrieben werden sollte, General Rito Alejo Del Río

12 Paradoxerweise wurde jedoch nicht Alejo del Rio, sondern Alfonso Velásquez abberufen. Die Nestbeschmutzung erschien der kolumbianischen Armee ein schlimmeres Delikt zu sein, als die Planung und Durchführung von Massakern an der Zivilbevölkerung.

die Operationen im Departement Tolima, wo die Armee den Paramilitärs bei einer Offensive der FARC zur Seite stand.

Weder die Menschenrechtsverletzungen noch der im November 1998 folgende Drogenskandal – nachdem eine kolumbianische Armeemaschine mehrere Hundert Kilo Kokain und Heroin auf einen US-Luftwaffenstützpunkt in Florida geschmuggelt hatte, mußte der Luftwaffenkommandant Sandoval nach nur drei Monaten Amtszeit zurücktreten – trübten das Verhältnis der USA zur kolumbianischen Armee. Stattdessen erklärte die Clinton-Regierung, daß sie die anstehenden Verhandlungen zwischen der Pastrana-Regierung und den FARC-Guerillas mit Besorgnis beobachten würde, und kündigte die Aufstockung der Militärhilfe an. In den folgenden Monaten verstärkten die US-Militärs ihre Geheimdiensttätigkeiten auf Seiten der kolumbianischen Armee.

Doch nicht nur Washington ist an der Militarisierung Kolumbiens beteiligt. Auch europäische Regierungen sind indirekt in den schmutzigen Krieg involviert.

So wurde im Frühjahr 1999 bekannt, daß die französische Polizeieinheit RAID kolumbianische Spezialtruppen der GAULA in Antiguerilla-Taktiken unterweisen werde *(El Tiempo,* 22.3. 1999). Die Kurse sollten in den Counterinsurgency-Camps *Escuela de Lanceros* in *Tolemaida*[13], *Escuela de Fuerzas Especiales Rurales* in Guaviare sowie in der *Escuela de Comandos* (ohne Ort, aber vermutlich in Bogotá) stattfinden. Als Erklärung wurde die hohe Zahl von Entführungen durch die Guerilla auf den kolumbianischen Überlandstraßen angeführt. Doch mit der GAULA wird der Bock zum Gärtner gemacht. Der Anti-Entführungspolizei werden selbst Entführungen zur Last gelegt. So übergab die GAULA Ende 1998 in Medellín ein von ihr verhaftetes ELN-Mitglied mit dem Decknamen Esteban an die Paramilitärs von Carlos Castaño, die den Guerillero kurz vor Sylvester 1998 hinrichteten.[14]

13 Die Militärschule von Tolemaida ist eine der zentralen Schaltstellen des kolumbianischen Paramilitarismus. In der Schule hatte unter anderem „Vladimir" Militäreinheiten im Anti-Guerillakampf unterrichtet. (*La Semana*, zit. nach *Arranca* Nr. 13 Beilage)

14 Der Fall wurde bekannt, weil Carlos Castaño die Geisel Esteban verwendete, um in Kontakt mit der ELN-Spitze zu kommen. Die Funkgespräche zwischen Castaño und ELN-Kommandant Antonio García wurden vom Armeegeheimdienst mitgezeichnet und dann von verschiedenen kolumbianischen Medien als Beweis für eine „Annäherung zwischen Guerilla und Paramilitärs" veröffentlicht. Esteban wurde hingerichtet, obwohl Castaño die Übergabe des Guerilleros an das Internationale Rote Kreuz versprochen hatte. Zudem lancierte man das Gerücht, der Guerillero, der für die ELN in Medellín in der Logistik aktiv war, sei ein Mitglied der Führungsspitze der Guerilla gewesen.

Desweiteren sind einige multinationale Betriebe sowie eine Reihe internationaler Sicherheitsunternehmen in den schmutzigen Krieg involviert. Als erster Fall wurde die Beteiligung der Erdölkonzerns *Texaco* beim Aufbau paramilitärischer Gruppen in der Region um Puerto Boyacá ab 1983 bekannt. Die (1998 mit dem Robert F. Kennedy-Preis) ausgezeichnete Menschenrechtlerin Gloria Inés Flórez erklärte in einem Interview, daß der Erdölmulti den Paramilitärs Geld und Ländereien zur Verfügung gestellt habe (Zelik, Interview vom März 1990). Andere Vorwürfe richteten sich gegen die *Frontine Goldmine*, die nach Angaben von Menschenrechtsorganisationen das Massaker in der Minenstadt Segovia im November 1988 mitzuverantworten hat.

Anfang der neunziger Jahre erhob dann die Gewerkschaftsbewegung Anschuldigungen gegen den Schweizer Multi Nestlé sowie gegen Coca-Cola. So wies die Zentrale der Ernährungsgewerkschaft SINALTRAINAL in Bogotá darauf hin, daß während der Tarifverhandlungen bei Nestlé immer wieder GewerkschafterInnen erschossen worden seien (Zelik, Interview vom August 1992). Solche Morde sind in Kolumbien keine Seltenheit. Für viele Unternehmer scheint es opportun, die Gewerkschaftsbewegung mit allen möglichen Mitteln zu bekämpfen. Da sich Armee und Polizei kooperativ zeigen und eine Strafverfolgung so gut wie ausgeschlossen ist, nützen auch transnationale Betriebe die Möglichkeit, unangenehme Gegner aus dem Weg zu räumen. Ein direkter Nachweis von Mordaufträgen ist allerdings nur selten möglich.

In den vergangenen Jahren am schwersten belastet wurden jedoch solche Unternehmen, die an der Ausbeutung von Erdöl und Gold beteiligt sind. Als im Juli 1998 etwa 10.000 BäuerInnen aus dem Süden der Provinz Bolívar aus Protest gegen paramilitärische Massaker in die Erdölmetropole Barrancabermeja marschierten und dort Schulen und Universitäten besetzten, richtete sich eine der Hauptforderungen der BäuerInnen gegen den US-Goldmulti *Corona Goldfields*. Die BäuerInnen berichteten, daß die Paramilitärs u. a. im Auftrag des Multis in die Dörfer am Fuß der Serranía San Lucas vorgedrungen seien, Häuser verbrannt und ganze Familien massakriert hätten.

Der Fall macht erneut das militärische und ökonomische Interessengeflecht deutlich, das sich hinter dem Paramilitarismus verbirgt. Die verkehrstechnisch kaum erschlossene *Serranía San Lucas*, ein etwa 50 Kilometer westlich des Magdalena-Stroms gelegener Kordillerenausläufer, ist eine der letzten Bergwaldregionen Nordkolumbiens und verfügt über geschätzte 70 Prozent der kolumbianischen Goldvorkommen. Gleichzeitig gilt das Gebiet, das erst in den letzten 15 Jahren von Nicht-Indígenas besiedelt wurde und in dem etwa 800.000 Menschen leben, als eine der Hochburgen der ELN, die dort mit mehreren großen Einheiten präsent ist.

Offensichtlich setzten sich im Verlauf des Jahres 1997 verschiedene Gruppen die Vertreibung der Guerilla zum Ziel. Von Anfang 1998 an drangen immer wieder große paramilitärische Gruppen in die Ortschaften um die Serranía herum ein. Wenig später verkündete Paramilitärkommandant Carlos Castaño Gil großspurig, man werde die ELN *„bis Weihnachten aus der Gegend vertrieben haben"*. In Wirklichkeit richteten sich die Aktionen der Paramilitärs gegen die BäuerInnen der Region, doch in der Presse wurden die Ereignisse, die mehrere Fluchtwellen auslösten, als „Kampf zwischen Guerilla und Paramilitärs um die territoriale Kontrolle" verkauft. Aktiv beteiligt an der Operation war wieder einmal die Armee selbst. So wurde bei gefallenen Soldaten Armbinden der paramilitärischen *Autodefensas Unidas de Colombia* gefunden, BäuerInnen berichteten zudem, daß sie zahlreiche Soldaten unter den Paramilitärs wiedererkannt hätten.

Der Versuch, die Kontrolle über die Serranía San Lucas zurückzugewinnen, hatte nicht nur mit dem strategischen Interesse der Regierung zu tun, ein Rückzugsgebiet der Guerilla zu erobern, sondern auch mit den schon erwähnten Edelholz- und Goldvorkommen. Nur ein Teil des Edelmetalls in der Serranía wird von unabhängigen Schürfern ausgebeutet, den größeren Anteil übernehmen kapitalstarke Konzerne wie *Corona Goldfields*, die mit ihren Schürfmethoden ein ökologisches und soziales Desaster anrichten.

Für die Goldgewinnung werden nämlich die Flußtäler mit gigantischen, auf abenteuerliche Weise in den Wald geschafften Schaufelrädern ausgegraben und umgewälzt. Das Erdreich wird gesiebt, und den goldhaltigen Mineralverbindungen hochgiftiges Quecksilber beigesetzt, das Flüsse und Trinkwasser verseucht. Wer die Täler der Serranía von Norden heraufsteigt, trifft deshalb immer wieder auf verlassene Indígena-Gehöfte, die wegen des Goldabbaus aufgegeben werden mußten.

Auch die Arbeitsbedingungen der Goldschürfer sind katastrophal. Die Arbeiter, die für die Unternehmen das Erdreich durchwühlen, schuften vier bis sechs Monate, oft 14 Stunden am Tag. Sie schlafen auf engstem Raum in Plastikplanenverschlägen, haben keine Gesundheitsversorgung oder Sozialversicherung, sind in den abgelegenen Tälern völlig auf sich allein gestellt. Viele von ihnen sind drogenabhängig.

Das Problem für Unternehmen wie die *Corona Goldfields* besteht darin, daß die Guerillaorganisationen den Goldanbau besteuern und gewissen Auflagen unterwerfen. So kassiert die ELN in der Region beispielsweise nicht nur Steuern von den Großunternehmen, sondern hat auch einen Mindestlohn festgesetzt, bestimmte Methoden der Goldgewinnung untersagt und einige Täler zu Schutzreservaten erklärt. Für die Goldmultis bedeutet dies eine spürbare Beeinträchtigung.[15]

15 Die Bauernproteste gegen die Aktivitäten der *Corona Goldfields* verhallten jedoch ungehört. Als im August 1998 einige Hundert Bauern bis nach Bogotá vordrangen, die Kathedrale in der Innenstadt besetzten und vor der US-Botschaft Mahnwachen durchführten, antwortete man ihnen mit Gleichgültigkeit und repressiven Maßnahmen. Die

Noch offensichtlicher sind die Verbindungen zwischen Paramilitärs und transnationalen Unternehmen in der Erdölindustrie. So führt die *Occidental*, ein von *Shell* und dem staatlichen kolumbianischen Erdölunternehmen ECOPETROL gegründetes Konsortium seit 1992 einen Landkonflikt mit den U'wa-Indígenas in Nordostkolumbien. Der in den Departements Arauca, Norte de Santander, Santander, Boyacá und Casanare ansässige Stamm gehört zu den letzten autonomen Gemeinden des Landes. Die U'was, für die die Ölförderung gleichbedeutend mit dem spirituellen Tod ihres Landes ist, verweigerten dem profitträchtigen Projekt von Anfang an ihre Zustimmung. Doch obwohl die Indígenas auch vor dem Verfassungsgericht Recht bekamen, übten die kolumbianische Regierung und *Occidental-Shell* weiter Druck aus. Im April 1997 erklärte der Chef von *Occidental Columbia,* Stephen Newton, in einem Interview mit der Tageszeitung *El Tiempo,* daß das U'wa-Territorium „*das Zuhause des Pfarrers Pérez*" sei (zit. nach U'wa-Homepage 1998). Der spanischer Pfarrer Manuel Pérez war zu diesem Zeitpunkt oberster politischer Verantwortlicher der ELN. Mit der Behauptung, die U'was seien Kollaborateure der Guerilla, gab der Ölmanager die Indígenas praktisch zum Abschuß frei. Tatsächlich wurde der Sprecher der U'was Berito KuwarU'wa im Juni 1997 von bewaffneten Vermummten angegriffen und mißhandelt. Die *pistoleros* wollten den U'wa-Sprecher zur Unterschrift einer gegenseitigen Vereinbarung zwingen, doch Berito KuwarU'wa, ein Analphabet, weigerte sich, ein Papier zu unterzeichneten, das er nicht verstand.

In den Folgemonaten kam es zu einer Eskalation der Auseinandersetzung. Die ELN führte eine Serie bewaffneter Aktion gegen das Ölkonsortium durch, in den USA gründete sich ein Support-Netzwerk, 3.000 Menschen demonstrierten in Bogotá gegen die Ölförderpläne, und die 5.000 U'was drohten gar mit kollektivem Selbstmord. Doch erst als Berito KuwarU'wa mit den internationalen „Bartolomeo de las Casas"- und „Goldman Enviromental"-Preisen ausgezeichnet wurde, lenkte die *Occidental* vorübergehend ein (U'wa Support Homepage 4.7. 1998).

Schwerwiegend ist auch der Fall der *British Petroleum*, die seit Anfang der neunziger Jahre die Ölvorkommen bei Cusiana in der Provinz Casanare ausbeutet und dabei auf die massive Unterstützung der britischen Regierungen Major und Blair zählen konnte und kann. Die Paramilitärs tauchten just in je-

Kirchenleitung der Diözese von Bogotá ließ die BesetzerInnen räumen, die Pastrana-Regierung stellte sich taub, und die US-Botschaft wies die Vorwürfe lapidar zurück. Erst nachdem die ELN den ehemaligen Parlamentspräsidenten Espinosa Lince entführte und von der Regierung verlangte, auf die Vorwürfe der BäuerInnen einzugehen, kam es zu einigen Lippenbekenntnissen, die jedoch konsequenzlos blieben. Unmittelbar nach den Protesten verübten Armee und Paramilitärs in Tateinheit neue Massaker in der Serranía San Lucas.

nem Moment in der Gegend um Cusiana auf, als die BP mit ihren Explorationen begann.

Die Aktionen der Todesschwadrone richteten sich vor allem gegen Ölgewerkschafter und die Bevölkerung der anliegenden Dörfer. Der britische Europaabgeordnete Richard Howitt legte Ende 1996 in der Tageszeitung *The Observer* eine ganze Liste mit Vorwürfen gegen den Erdölmulti vor. Howitt verwies auf Berichte von Einheimischen, wonach die Gewässer im Waldgebiet von La Tablona durch die Ölgewinnung verseucht worden seien. Außerdem habe die BP Fotos, Videos und andere Informationen von streikenden Arbeitern an die kolumbianische Armee weitergegeben, obwohl die von ihr verübten Menschenrechtsverletzungen kein Geheimnis seien. (EnviroNews Service, 2.12. 1996)

Im Oktober 1998 veröffentlichte ein gemeinsames Recherche-Team der kolumbianischen Tageszeitung *El Espectador* und des Londoner *Guardian* dann weitere Details über die Aktivitäten der BP. Offensichtlich beauftragte der Erdölmulti 1996 die kolumbianische Tochter des britischen Sicherheitsunternehmens *Defence Systems Limited* mit dem Schutz der Erdölanlagen. Die Hauptsorge von BP und DSL galt der Ölpipeline Cusiana- Coveñas, einer Röhrenleitung, die von Ostkolumbien bis an die Karibikküste verlegt werden sollte, weil die Kapazitäten der bestehenden Pipeline Caño Limón-Coveñas für das Vorkommen nicht ausreichend waren. Während das Teilstück in den von Paramilitärs kontrollierten Gebieten in den Departements Boyacá und Córdoba als sicher galt, erklärte der Ölmulti einen 115 Kilometer langen Abschnitt bei Segovia im Nordosten Antioquias zum Sicherheitsproblem, weil dort mehrere ELN-Fronten aktiv seien.

Um das Problem in den Griff zu bekommen, schlug der paraguayische Sicherheitsexperte Oscar Ricardo Zayas Marini dem britischen Militärexperten Roger Brown von *Defence Systems Colombia* im Juni 1996 unter anderem ein Seminar zum Thema „psychologische Operationen und Spionage“ vor. Zu diesem Zweck sollten der ehemalige Militärattaché Israels in Kolumbien, Asaf Nadel, sowie zwei weitere Fachleute eingeflogen werden.

Bemerkenswert ist nicht nur, daß die Überlegungen von Brown und Zayas Marini darauf abzielten, Kriegswaffen, darunter „*Helikopter, spezielle Anti-Guerilla-Waffen, fliegende Spionage-Roboter (drones) und andere hochtechnologische Kriegsmaterialien*“ (*El Espectador,* 25.10. 1998) zum Schutz der Pipeline einzusetzen, sondern auch die Person Zayas Marinis selbst. Der Paraguayer war wegen Verbindungen zum Drogenhandel bereits dreimal aus Kolumbien ausgewiesen worden und wurde mit Haftbefehl gesucht. Dennoch konnte Zayas im August 1997 im Präsidentenpalast und mehreren Ministerien vorsprechen und dort seinen Plan zur psychologischen Kriegsführung gegen die Menschenrechtsorganisationen der Region Segovia (Antioquia) unterbreiten. Zayas äußerte die Ansicht, die Menschenrechtsorganisationen vor Ort seien nichts anderes als der politische Arm der Guerilla.

Es blieb nicht bei verbalen Angriffen. 1996-97 kam es über die *Defence Systems Colombia* auch zu Geschäften zwischen BP und kolumbianischer Armee. Nach eigenen Angaben schenkte das Erdölunternehmen der XIV. Brigade 60 Nachtsichtgeräte, deren Übergabe vom US-State Department auf Initiative von BP autorisiert worden war. Die Zusammenarbeit war möglich, obwohl der XIV. Brigade schwere Menschenrechtsverletzungen vorgeworfen wurden. Zwei Coronels der Einheit waren wegen des Massaker von 1988 rechtskräftig verurteilt, weitere Angehörige der Brigade wurden des Mordes an sechs Aktivisten des Menschenrechtskomitees von Segovia beschuldigt. Doch die BP brauchte die Kooperation der Armee für den Pipelinebau. Bewacht von der XIV. Brigade verlegte das von BP getragene Konsortium *Ocensa* die Ölleitung Cusiana-Coveñas unterirdisch durch das Gebiet von Segovia. Aus Furcht vor Guerillaangriffen wurden die Bauarbeiten in Form eines „wandernden Militärforts" (EnviroNews Service, 2.12. 1996) durchgeführt. Zwar ist nirgends belegt, ob die „psychologischen Operationen", von denen Zayas und Brown gesprochen hatten, während der Bauarbeiten wirklich zur Anwendung kamen, doch fest steht, daß nach Jahren relativer Ruhe der paramilitärische Terror in die Region um Segovia zurückkehrte. So wurden bis August 1997 sämtliche Mitglieder des örtlichen Menschenrechtskomitees ermordet. Der Pfarrer der Gemeinde nannte vor der Presse die erschreckende Zahl von insgesamt 140 Opfern des Paramilitarismus während des Pipelinebaus, und das in einer Stadt, die kaum 50.000 EinwohnerInnen zählt.

In den Unterlagen von BP und *Defence Systems* Colombia findet sich über diese Verbrechen nichts. Die Berichte des von BP beauftragten Sicherheitsexperten Roger Brown erwähnen unter dem Stichpunkt ‚Sicherheitssituation' einzig und allein die Aktivitäten der ELN, die vorübergehend einen Mitarbeiter des Pipeline-Konsortiums entführt hatte.

Daß BP und das Sicherheitsunternehmen am Krieg beteiligt sind, legen auch andere Papiere nahe. So ermittelt die kolumbianische Staatsanwaltschaft seit einigen Monaten gegen die *Defence Systems* Colombia wegen der Zahlung von 310.000 US-$ an die XVI. Brigade in Yopal (Dep. Casanare). Offensichtlich bezahlte der Erdölmulti die Armee für Patrouillengänge, Geheimdiensttätigkeiten und Straßenkontrollen in der Nähe der Erdölfelder.

Zwar hat *British Petroleum* die Zusammenarbeit mit Roger Brown inzwischen aufgekündigt, und der Sprecher des Ölmultis John O'Reilly zog sich gegenüber dem britischen *Guardian* darauf zurück, mit „psychologischen Operationen" sei der Dialog mit den anliegenden Gemeinden gemeint gewesen, doch das britisch-kolumbianische Recherche-Team von *El Espectador* und *The Guardian* zitiert Quellen von *Defence Systems Limited*, die von weitergehenden Aktivitäten sprechen. So soll *Defence Systems Colombia* in der Nähe der BP-Anlagen ein Spionagenetz aufgebaut haben, um mögliche Saboteure aufzuspüren. Das jedoch wäre unter den kolumbianischen Bedingungen faktisch nichts anderes als der Aufbau einer paramilitärischen Gruppe.

Der Hintergrund von DSC und DSL läßt derartige Behauptungen durchaus plausibel erscheinen. Die DSL entstand 1981 unter der Regierung Thatcher aus einer engen Zusammenarbeit zwischen Londoner Wirtschaftsgrößen und ehemaligen Agenten des berüchtigten britischen Geheimdienstes SAS, der sich durch seine Nordirland-Aktivitäten einen zweifelhaften Namen gemacht hat. DSC wirbt selbst mit den jahrelangen Erfahrungen der Mitarbeiter im Anti-Terrorkampf.

Zudem heuerte BP im Sommer 1996 aufgrund schwerer Sicherheitsmängel eine weitere Gruppe ehemaliger SAS-Agenten an, um kolumbianische Polizisten im Anti-Guerillakampf zu trainieren. Um dies zu vertuschen, trugen die SAS-Agenten nach Informationen der *Weekly Mail & Guardian* kolumbianische Uniformen, und reisten *under cover* ein und aus. Die einheimischen Polizisten erhielten von der BP eine monatliche Zulage von 245 US-$.

Interessant ist auch, daß die BP-Privatterminals, über die das ausländische Personal des Multis nach Kolumbien einreist, vom Konsortium *Laurel and Honor* verwaltet werden, das wiederum unter Führung des ehemaligen Geheimdienstoffiziers Bill Nixon steht. Auch Nixon ist durch seine Aktivitäten in Nordirland bekannt geworden. Es scheint, als habe im Bereich sogenannter „Sicherheitsdienste“ der halbe britische Geheimdienst ein neues Zuhause gefunden. Daß die betreffenden Regierungen von diesem Engagement nichts wissen, ist kaum anzunehmen. Die Kolumbien-Expertin von *Amnesty International* in London, Susan Lee, bekräftigte, daß die israelische Botschaft die Einreise *„israelischer und britischer Söldner ins Land, die dort paramilitärische Gruppen unter Kontrolle der XIV. Brigade trainierten“*, unterstützt habe. (EnviroNews Service, 2.12. 1996) In Großbritannien kritisierten linke Abgeordnete 1997 den Premierminister Tony Blair darüber hinaus wegen der Berufung des für die Kolumbienaktivitäten mitverantwortlichen BP-Chefs Lord Simon of Highbury zum Staatssekretär.

4.1.5. Der Paramilitarismus auf der Suche nach politischer Anerkennung

Wenn man heute die kolumbianischen Zeitungen aufschlägt, wird einem der Eindruck vermittelt, der Paramilitarismus habe sich gegenüber dem Staat verselbständigt und sei von diesem nicht mehr zu kontrollieren. Folglich könne die Regierung in Bogotá für die Massaker auch nicht zur Verantwortung gezogen werden.

Daß sich die öffentliche Meinung in dieser Hinsicht so grundlegend verändert hat, ist das Ergebnis langer Anstrengungen der kolumbianischen Regierung, rechter Medien und Carlos Castaños selbst. Der erste Schritt in diese Richtung wurde 1991 unternommen, als Carlos Castaño die Führung der Paramilitärs in Urabá und Córdoba von seinem Bruder Fidel übernahm, der als einer der mächtigsten Drogenhändler Kolumbiens galt und damit das Ansehen der Paramilitärs (die damals noch unter dem Namen *Los Tangueros* firmierten – benannt nach der Fincas der Castaños *Las Tangas)* schwer beschädigt hatte.

Die Paramilitärs auf der Suche nach einer eigenen sozialen Basis

Eine wichtige Grundlage für den Neuanfang stellte die noch unter Fidel Castaño eingefädelte Kooptation ehemaliger Guerilleros der EPL dar. Im August 1990 versprachen Viehzüchter der Region, darunter auch Fidel Castaño, ihre Todesschwadrone aufzulösen, falls sich die in Urabá und Córdoba aktive maoistische EPL demobilisiere. Sie beschleunigten damit den Zerfall der maoistischen Guerilla, die sich bis zuletzt an Albanien orientiert hatte und 1989-90 nach dem Zusammenbruch des Ostblocks in völlige Orientierungslosigkeit gestürzt war. Der Großteil der extrem autoritär strukturierten Organisation sagte sich vom bewaffneten Kampf los und verhandelte unter Führung von Bernardo Gutierrez, der Nr. 2 der EPL, mit der Regierung Gaviria über die Demobilisierung (siehe auch Interview 6.7.).

Innerhalb kürzester Seite wurden aus EPL-Guerilleros treue Verbündete der Ultrarechten. Es ist in der kolumbianischen Linken im Nachhinein viel darüber spekuliert worden, ob Gutierrez und andere Kader, die 1990 den Bruch der EPL vorantrieben, als Armeeagenten tätig waren. Doch selbst, wenn sich diese (keineswegs unwahrscheinliche) These eines Tages bestätigen sollte, kann sie den rasanten Zerfall der Guerillaorganisation nicht zufriedenstellend erklären. Begreiflich wird die Entwicklung von der maoistischen Guerilla zur paramilitärischen Söldnertruppe wohl nur, wenn man weiß, wie gebetsmühlenartig in der EPL ideologische Weisungen an der Basis wiedergekäut wurden. Eine Organisation, die sich bis 1990 an der Politik Tiranas orientierte, muß wohl schon aus prinzipiellen Gründen suspekt sein.

Fast 2.000 Guerilleros demobilisierten sich schließlich, von denen sich viele den Paramilitärs zur Verfügung stellten oder sich direkt vom Staat beschäftigen ließen. Die Gebrüder Castaño – anstatt wie versprochen die Waffen niederzulegen – bauten ihre Strukturen aus und intensivierten ihre Aktionen gegen die verbleibende Linke.

Tatkräftig unterstützt wurden sie dabei von Präsident Cesar Gaviria Trujillo (1990-94). Gaviria, der trotz schwerster staatlicher Menschenrechtsvergehen während seiner Amtszeit auf Veranlassung der Clinton-Administration 1995 zum Chef der *Organisation Amerikanischer Staaten* (OAS) aufsteigen sollte, veranlaßte, daß weitere Ex-Guerilleros in die staatlichen Polizeieinheit *DAS-Rural* aufgenommen wurden. Andere Demobilisierte erhielten von der (von den Castaños gegründeten Stiftung) FUNPAZCOR Landtitel, Geld und Vieh oder wurden von privaten Sicherheitsdiensten der Plantagenbesitzer eingestellt.

Die Hintermänner des Paramilitarismus banden damit nicht nur ehemalige Guerilleros wirtschaftlich an sich, sondern sie bauten sich auch erstmals eine echte soziale Basis auf, die über die Strukturen der Linken in der Region zudem bestens informiert war.

Schon kurze Zeit später begannen die demobilisierten EPL-AktivistInnen ehemalige KampfgenossInnen in den Gewerkschaften und SympathisantInnen von UP und KP zu denunzieren. Als Erwiderung darauf griffen die FARC die rechts gewendeten ehemaligen Verbündeten an, was die EPL-Demobilisierten ihrerseits zusammenschweißte und noch stärker in die Arme des Paramilitarismus trieb. Diese blutigen Auseinandersetzungen, in denen sich FARC und UP einerseits und Armee, Unternehmerverband *Uniban*, die neubewaffneten Ex-Guerilleros der EPL und ihre politische Partei *Esperanza, Paz y Libertad* andererseits gegenüberstanden, kosteten allein im Jahr 1995 mehr als 1.000 Menschen in Urabá das Leben.[16]

Doch obwohl es in Urabá und Córdoba heute eine „soziale Authenzität" des Paramilitarismus gibt, bedeutet dies noch lange nicht, daß sich dieser von den staatlichen Sicherheitsorganen gelöst hätte. In der Region bewegen sich (wie in allen Konfliktgebieten) Paramiltärs und Armee Seite an Seite. Ein Beispiel hierfür ist u. a. das Massaker von Chigorodó (Dep. Antioquia), wo Paramilitärs 1995 18 Personen, darunter zwei Kinder, in einer Kneipe ermordeten. Die Staatsanwaltschaft ermittelte, daß Soldaten des Infanterie-Bataillons Voltígeros und Ex-Guerilleros des EPL die Tat begangen hätten. Einer der Beteiligten, José Luís Conrado Pérez alias „Carevieja" war drei Monate vor dem Massaker auf einem von der Zeitschrift *Cambio 16* veröffentlichten Foto zu sehen gewesen – uniformiert, bis an die Zähne bewaffnet und ins Gespräch mit dem damaligen Heereskommandanten Manuel José Bonnet vertieft.

Die Schlüsselperson der Armee in der Region war der bereits erwähnte General Rito Alejo del Rio, der während der achtziger Jahre im Magdalena Medio stationiert gewesen war. Daß er bei seinen Aktivitäten keineswegs isoliert in der kolumbianischen Gesellschaft war, läßt sich auch daran ersehen,

16 Je nach Gesprächspartner wird die Rolle der FARC in Urabá sehr unterschiedlich dargestellt. Es gibt glaubwürdige Berichte, wonach Milizen der Guerillaorganisation im Rahmen der Auseinandersetzung 1993-95 Massaker an EPL-Mitgliedern begangen haben. Zwar haben meine Interviewpartner Gerardo Nieto und Juan Perea diese Vorwürfe relativiert (oder sogar zurückgewiesen), aber unabhängige Untersuchungen lassen kaum einen Zweifel zu, daß die FARC in der Region schwere Kriegsverbrechen zu verantworten haben. Daß sich die Gegenseite noch weitaus barbarischer verhalten hat, steht außer Zweifel, ändert aber nichts an der Tatsache.

daß Alejo del Rio vom *El Tiempo*-Kolumnisten Plinio Apuleyo Mendoza ohne jede Ironie den Namen „der Friedensstifter von Urabá“ verliehen bekam.

Vereinheitlichung der Paramilitärs

Auf der Grundlage ihres Erfolgs in Urabá waren Castaño und seine Leute ab 1992 bemüht, das politische Profil weiter zu schärfen. Die Gruppen nannten sich von nun an *Autodefensas Campesinas de Córdoba y Urabá (Bauernselbstverteidigungen von Córdoba und Urabá).* Mit dem Namen machte man der Linken einen Begriff streitig: Aus sogenannten Bauernselbstverteidigungen hatten sich in den sechziger Jahren die FARC entwickelt. 1994 gingen die Paramilitärs noch einen Schritt weiter. Sie gründeten – offiziell illegal – die *Vereinigten Selbstverteidigungen Kolumbiens (AUC),* kopierten die Organisationsstruktur der FARC in Blöcke und begannen mit Hilfe der Medien *El Tiempo, La Semana* und *Cambio 16* regelmäßig Kommuniques zu veröffentlichen, die in ihrer Aufmachung an Dokumente der Guerilla erinnern sollten. Das Ungeheuerliche daran war nicht, daß die Hintermänner des Paramilitarismus nun eine politische Organisation aufbauten, sondern daß Massaker und Folterungen unter einen politischen Deckmantel versteckt werden sollten. Die Kommuniqués erwecken den Eindruck, als ob es sich bei einem Massaker an 50 Bauern um ganz normale Politik handele. Der Überfall einer Guerillaeinheit auf Armeetruppen oder die Sabotageaktion an einer Ölpipeline wurde damit auf eine gleiche Stufe gestellt wie ein Kettensägenmassaker, bei dem Menschen zu Tode gefoltert wurden. Zudem schufen sich die AUC – um als politische Kraft auch ansprechbar zu sein – ein gemeinsames Oberkommando, von dem interessanterweise aber eigentlich nur Carlos Castaño in der Öffentlichkeit bekannt ist.

Paradoxerweise bewahrt sich der Paramilitarismus trotz dieser Vereinheitlichung weiterhin sein diffuses Gesicht. Während er mancherorts als Todesschwadron auftritt und an die alte *Triple A* erinnert, agiert er anderswo als eine aus Bauern zusammengesetzte Zivilpatrouille unter Führung der Armee. In Urabá, wo sich die Bevölkerungsstruktur durch Vertreibungen und Landvergaben verändert hat, können die Paramilitärs sogar eine soziale Basis vorweisen, die auch aus ökonomischen Gründen mit der Strategie des Terrors einverstanden ist. Andernorts sind die Paramilitärs seit der Einführung der Sicherheitskooperativen CONVIVIR 1992 sogar legal. Die Regierung verabschiedete damals eine rechtliche Grundlage für den Aufbau paramilitärischer Gruppen unter dem Kommando der Armee. Zwar dürfen diese „legalen“ Paramilitärs keine Gewehre und andere Kriegswaffen tragen, aber de facto halten sie sich nicht an die Verbote.

In Medellín bedient sich der Armeeapparat jugendlicher *Sicarios,* also bezahlter Killer, die ursprünglich aus den Jugendbanden der Armenviertel stammen und zuvor für das Medellín-Kartell arbeiteten. Noch verwirrender, aber vielleicht auch etwas hoffnungsvoller ist die Lage in der Provinz Santander, wo die Bevölkerung in den paramilitärischen Apparat zwangsintegriert wurden, aber dennoch teilweise weiter mit der Guerilla kollaboriert. Ähnliches gilt wahrscheinlich auch für Teil von Córdoba und Urabá.

Der Facettenreichtum und die verwirrenden Bezeichnungen, mit denen der Paramilitarismus auftritt – man nennt sich *„Vereinigte Bauernselbstverteidigungen"*, aber auch immer noch *„Tod den Kommunisten"*, *„Milizen"* oder sogar *„Vampire von XY"* – sind nicht nur Zufallsprodukte. Der Paramilitarismus besitzt zwar eine Eigendynamik und wird nicht in jeder Hinsicht zentral gesteuert, aber ebenso folgt er einer psychologischen Strategie. Es ist durchaus beabsichtigt, gleichzeitig einzuschüchtern, zu verwirren, abzulenken und trotzdem um Zustimmung für ein politisches Projekt der nationalen Aussöhnung zu werben.

Daß heute so viele einflußreiche Gruppen versuchen, die Paramilitärs als eigenständige politische Kraft neben Regierung und Guerilla zu etablieren, hängt v. a. damit zusammen, daß Regierung und Armee von dem Vorwurf der Menschenrechtsverletzungen entlastet werden und in den Augen der Öffentlichkeit zu „neutralen" Mittlern avancieren wollen. Eine Verhandlungslösung, wie sie von Teilen der kolumbianischen Oligarchie durchaus gewünscht wird, müßte umso weniger soziale Veränderungen nach sich ziehen, desto mehr Drohungen von Rechts ausgeübt werden.

Im Verlauf des Jahres 1998 sind diese Anstrengungen verstärkt worden. Immer wieder wurde von Bischöfen, PolitikerInnen, JournalistInnen und Carlos Castaño selbst der Vorschlag lanciert, die Paramilitärs in die Verhandlungen mit der Guerilla miteinzubeziehen. Tatsächlich gelang es Castaño unmittelbar, nachdem sich im Juli 1998 Persönlichkeiten des öffentlichen Lebens Kolumbiens in Deutschland mit der ELN getroffen hatten, erneut in die Offensive zu gehen. Castaño lud Mitglieder des Vorbereitungskomitees von Mainz ins paramilitärische Hauptquartier im Nudo de Paramillo ein. Auf dem Treffen, an dem sich auch der Präsident der Erdölarbeitergewerkschaft Hernando Hernández beteiligte, erklärte Castaño, daß man *„Massaker in der Zukunft so weit wie möglich vermeiden"* wolle. Darüber hinaus verkündete er publikumswirksam, in Teilen der Erdölpolitik mit der Gewerkschaft USO übereinzustimmen, und zog offiziell die Morddrohungen gegen Hernández zurück.

Auch als im Oktober 1998 in San Francisco (Dep. Antioquia) ein Abkommen zur Vorbereitung einer „Nationalkonvention" unterzeichnet wurde, suchten die Paramilitärs die Initiative. Sie besetzten die benachbarte Kleinstadt San Carlos, entführten 500 Personen und ermordeten mehr als 40 – wobei man offensichtlich darum bemüht war, die Aktion als einen Angriff gegen den Staat erscheinen zu lassen. Das Überfallkommando gab Schüsse auf die

Polizeikaserne ab und sprühte Parolen gegen die Regierung Pastrana an die Wände. Die von Einschüssen übersäte Mauer der Polizeikaserne wurde in den folgenden Tagen zum wichtigsten Beweis für die Hilflosigkeit der Regierung gegenüber den Paramilitärs. In der Presse hieß es, die Konfrontation habe eine neue Qualität erreicht, die *Autodefensas* würden nicht nur anfangen, sich regierungsfeindlich zu äußern, sie würden auch erstmals direkt gegen Sicherheitsorgane vorgehen. Augenzeugen aus San Carlos berichteten hingegen, daß die Armee kurz vor dem Überfall die Zufahrtswege zur Stadt abgeriegelt habe und sich die Todesschwadrone keinerlei Gefechte mit der Polizei geliefert hätten. Die Schüsse seien in die Luft oder auf die berühmte Mauer abgegeben worden.

Mit Hilfe der Zeitungen *La Semana* und *El Tiempo* führte Carlos Castaño im November 1998 einen weiteren medienwirksamen Coup durch. Er benutzte einen gefangenen Guerillero, der ihm von der staatlichen Anti-Entführungseinheit GAULA übergeben worden war, um in direkten Kontakt mit der ELN-Führung zu treten. Er drohte seine Geisel sowie mehrere Angehörige des Guerilleros zu erschießen. Auf ähnliche Weise hatten die Paramilitärs schon 1996-97 versucht, die FARC zu erpressen. Diesmal diente das Unterfangen dazu, um sich in die Funkverbindungen der ELN einzuschalten und der Guerilla – nach einigen wüsten Beschimpfungen – Friedensgespräche anzubieten. *El Tiempo* und *La Semana* verwendeten die Funkprotokolle hinterher, um von direkten Kontakten zwischen Guerilla und Paramilitärs zu sprechen.

Vor allem von Seiten der beteiligten Medien war das Manöver hinterhältig: Die Zeitungen präsentierten sich als Friedensvermittler zwischen den Kriegsparteien, verfolgten dabei jedoch v. a. das Ziel, Castaño politisch aufzuwerten. *El Tiempo* und *La Semana* wissen sehr gut, daß die Guerilla derartigen Gesprächen aus prinzipiellen Gründen auf keinen Fall zustimmen wird. FARC und ELN haben sogar angekündigt, jeden Kontakt zur Regierung abzubrechen, sobald diese die Paramilitärs politisch anerkennt. Mit einer Aufwertung der Paramilitärs zur eigenständigen Konfliktpartei könnte sich der kolumbianische Staat nämlich endgültig als unbeteiligtes Opfer zwischen Rechts- und Linksextremisten präsentieren, würde von der eigenen Verantwortung am schmutzigen Krieg freigesprochen werden und könnte (als Opfer der Extreme) die Aufrüstung des Militärapparates rechtfertigen. Zudem ist wahrscheinlich, daß bei einer Gleichsetzung der Gewalt von „Rechts und Links" die von Armee und Paramilitärs begangenen schweren Kriegsverbrechen[17] (wie in Chile oder Argentinien) amnestiert werden würden. Aus die-

17 Die Menschenrechtsorganisationen unterscheiden in Menschenrechtsverletzungen und *„Crimenes de lesa humanidad"*, also Verbrechen gegen die Menschlichkeit, die unter internationales Recht fallen und nicht amnestierbar sind.

sem Grund hat selbst der kolumbianische Staatsanwalt Adolfo Gómez, der wahrlich nicht als Freund der Linken gilt, die mögliche politische Anerkennung der Paramilitärs in einem Zeitungsinterview als Fehler bezeichnet.

Nach Berichten aus den Kriegsgebieten ist die Armee heute sogar stärker als früher in paramilitärische Aktivitäten verstrickt. Zahlreiche Soldaten sind in Personalunion für beide Verbände tätig. Obwohl mindestens 98 Prozent der Kriegsverbrechen in Kolumbien ungesühnt bleiben, wurden allein im Verlauf von 1998 elf Offiziere wegen Verbindungen zum Paramilitarismus verhaftet. Als beispielsweise im Juli 1997 die Ortschaft Mapiripán (Dep. Meta) von Todesschwadronen überfallen wurde und mehr als 30 Personen ermordet wurden – viele von ihnen, indem man ihnen in der städtischen Schlachterei den Hals aufschnitt und sie verbluten ließ – bat der Zivilrichter des Dorfs die nahegelegene Armeegarnison per Funk um Hilfe. Doch die Militärs ignorierten den Notruf. Gegen den verantwortlichen Offizier Coronel Lino Sánchez Parada von der IV. Heeresdivision erließ die Staatsanwaltschaft im Frühjahr 1999 wegen paramilitärischer Aktivitäten einen Haftbefehl (*Vanguardia Liberal,* 1.4.1999), auch der mitverantwortliche General Uscátegui wurde festgenommen. Ein weiterer hochrangiger Offizier aus Medellín setzte sich im Juni 1999 aus Furcht vor einer Strafverfolgung zu den Paramilitärs ab. Desweiteren sprach ein Internationales Meinungstribunal im Mai 1999 Armee und Polizei in Barrancabermeja an der Beteiligung an einem in der Stadt verübten Massaker für schuldig.

Es ist falsch, diese Ereignisse – wie viele JournalistInnen es tun – als Verselbständigung der Armee-Hardliner zu interpretieren. Ein erheblicher Teil der politischen Eliten Kolumbiens ist ebenfalls in den schmutzigen Krieg involviert. Die Regierung hat zu keinem Zeitpunkt ernsthafte Anstrengungen zur Zerschlagung der Todesschwadrone unternommen. Augenzeugen, die sich längere Zeit in der Nähe Carlos Castaños aufgehalten haben, berichteten, daß der Paramilitär-Kommandant fast täglich Anrufe von prominenten Persönlichkeiten des Landes erhalte und viele Entscheidungen nur in Rücksprache mit diesen treffe. Am ehesten könnte man die Paramilitärs also als nichtoffiziellen Teil des kolumbianischen Staates bezeichnen oder – wie es die FARC ausdrücken – als *„uneheliches Kind des Staates"*.

Daß es zwischen den verschiedenen Fraktionen, die hinter dem Paramilitarismus stehen, immer wieder Konflikte gibt, hat u. a. damit zu tun, daß die paramilitärischen Gruppen aus finanziellen Gründen eng mit mafiösen Strukturen verwoben sind. Der Unterhalt einer Privatarmee verschlingt Unsummen, die sich mit illegalen Geschäften natürlich am einfachsten verdienen lassen. So bezog (wie der Iran-Contragate-Skandal aufzeigte) schon die nicaraguanische Contra in den achtziger Jahren einen beträchtlichen Teil ihrer Finanzen aus dem von der US-Regierung tolerierten Kokainhandel.

In Kolumbien hat diese Verbindung von staatlichen und mafiösen Interessen immer wieder zu Verwerfungen geführt. Der Krieg gegen das Medellín-Kartell war offensichtlich der Tatsache geschuldet, daß die Männer um Pablo Escobar aus Sicht der traditionellen Eliten eine zu große wirtschaftliche und politische Autonomie gewonnen hatten. Kaum war das Cali-Kartell zerschlagen, übernahmen die Koka-Barone aus Cali ihre Rolle. Das südkolumbianische Kartell spielte bei den Massakern von Trujillo 1988 und 1994, Cali 1992 und Riofrío 1993 (alle Dep. Valle de Cauca) eine Schlüsselrolle. Eine zentrale Person beim Aufbau der Paramilitärs war auch der Diamantenzar Victor Carranzas, der den Smaragdhandel in der Provinz Boyacá kontrolliert, die Todesschwadrone im Zentrum und Süden des Landes anführt und wegen illegaler Geschäfte ebenfalls inhaftiert wurde.

Die einzigen Capos, die jeden Konflikt mit der Staatsmacht bisher erfolgreich vermeiden konnten, sind die Gebrüder Castaño. Dabei ist keineswegs undenkbar, daß die Regierung auch sie und ihre Clique eines Tages fallen lassen könnte. Die aus einer Viehzüchterfamilie der Provinz Córdoba stammenden Castaños, die gerne darauf verweisen, daß sie „natürliche" Feinde der Guerilla sind, weil ihr Vater bei einer Guerillaentführung umgebracht worden sei, haben es geschafft, sich im Krieg gegen die Opposition unentbehrlich zu machen. Anders als die Kartellchefs werden sie von der Öffentlichkeit nicht unbedingt als Drogenhändler wahrgenommen, sondern als Kämpfer gegen die Subversion. Zudem haben sich die Castaños gegenüber den traditionellen Eliten in den letzten 15 Jahren gleichermaßen hörig wie unabhängig genug gezeigt, um sich im instabilen Machtgefüge behaupten zu können. Solange sie nicht den Eindruck erwecken, sich unabhängig machen zu wollen, werden sie auf die Partnerschaft der Staatsmacht zählen können. Und selbst wenn die Castaños eines Tages stürzen würden, wäre das noch lange nicht das Ende der Paramilitärs. Solange die Armee den internen Konflikt nicht mit regulären Mitteln unter Kontrolle bekommt, wird der schmutzige Krieg weitergehen – möglicherweise mit neuen Verbündeten, aber stets mit der gleichen Strategie. Die Armee ist direkt genug am Geschehen beteiligt, um ein Funktionieren des Paramilitarismus auch nach Castaño gewährleisten zu können.

Währenddessen können die Anführer des Paramilitarismus Geld verdienen. Der schmutzige Krieg ist nämlich durchaus auch ein lukratives Unterfangen. Die undurchschaubare Situation ermöglicht es ihnen, unauffällig illegale Drogengeschäfte abzuwickeln, sich Ländereien anzueignen und an Bodenspekulation zu verdienen. Entweder Paramilitärs rauben direkt das Land vertriebener Bauern oder aber sie kaufen es billig in den Konfliktgebieten ein, setzen ihre Friedhofsordnung durch und profitieren dann von der Wiederherstellung eines investitionsfreundlichen Klimas.

4.1.6. Ökonomische Interessen und Gewalt am Beispiel des Kanalbauprojekts (Dario Azzellini)

Ein gutes Beispiel für die Verquickung paramilitärischer Gewalt mit ökonomischen Interessen bietet das neuaufgelegte Projekt einer interozeanischen Verbindung durch Urabá. Die Region in Nordwestkolumbien ist geradezu prädestiniert für ein solches Projekt, das eine Alternative zum Panamakanal darstellen würde: Urabá verfügt über einen Zugang zu Atlantik und Pazifik und ist gleichzeitig die Verbindung zwischen Süd- und Zentralamerika. Um günstige Bedingungen für die Durchführung des umstrittenen Großprojektes zu schaffen, sind Paramilitärs hier bereits seit Jahren aktiv. Dabei profitieren ihre Anführer auch wirtschaftlich massiv von der Situation, indem sie sich Ländereien in den strategisch günstig gelegenen Gebieten aneignen. Die Familie Castaño ist beispielsweise Eigentümer von 1,2 Millionen Hektar Land in der Gemeinde Valencia, etwa 30 km von dem seit 1997 im Bau befindlichen Wasserkraftwerk Urrá entfernt (das Teil der wirtschaftlichen Erschließung der Großregion ist). In enger Zusammenarbeit mit den Paramilitärs profitieren auch Drogenbarone von der Vertreibung und Enteignung der Kleinbauern. Etwa 4-6 Millionen Hektar fruchtbarstes Land sollen sie in Besitz genommen haben (Kolumbien-Monatsbericht Nov. 1997). Sollte es tatsächlich zum Bau der geplanten interozeanischen Verbindung kommen, liegt dieses Land entlang der Route.

„Kolumbien wäre der Mittelpunkt der Welt“ titelte die kolumbianische Tageszeitung *El Espectador* am 24. Mai 1996, nachdem der damalige Präsident Ernesto Samper die alte Idee einer interozeanischen Verbindung durch kolumbianisches Territorium wieder aufleben ließ. Dabei ist Kolumbien nicht das einzige lateinamerikanische Land, in dem ein entsprechendes Vorhaben verfolgt wird. In Südmexiko, Nicaragua, und Honduras/El Salvador steht der Bau leistungsstarker interozeanischer Transportwege ebenfalls zur Diskussion. Dabei handelt es sich meist nicht um weitere Wasserstraßen für den Schiffsverkehr, sondern um sogenannte „trockene Kanäle“, also moderne Eisenbahntrassen und Autobahnen, die jeweils Häfen der Pazifikküste mit Häfen auf der Atlantikseite verbinden sollen. Nach den Vorstellungen der internationalen und nationalen Investoren, in deren Auftrag Planungskommissionen in den verschiedenen Ländern tätig sind, soll es nach der Jahrtausendwende, wenn die Kontrolle der (heute von den USA beanspruchten) panamesischen Kanalzone in die Hände der Regierung Panamas übergeht, nicht mehr lange dauern, bis für den internationalen Warentransport auch andere Optionen zur Verfügung stehen.

Der Panamakanal war immer nur eine von mehreren möglichen Varianten für die Verbindung der beiden großen Weltmeere. Schon die spanischen Eroberer wiesen auf Möglichkeiten zur Verbindungen von Atlantik und Pazifik hin. Vor 200 Jahren dann popularisierte der deutsche Naturforscher und Lateinamerikareisende Alexander von Humboldt verschiedene Varianten zwischen dem nördlichen Kolumbien und dem Süden Mexikos. Erst nach der Eröffnung des Panamakanals 1914 verzichteten die Nachbarstaaten in Mittelamerika vorläufig auf eigene Projekte, die sich kaum mehr gelohnt hätten. Doch nach dem Zweiten Weltkrieg gab der US-Kongreß eine Studie in Auftrag, um Alternativen zum Panamakanal auszuloten. Anlaß hierfür waren militärstrategische Gesichtspunkte und die beschränkte Kapazität, die der mit mehreren Schleusen arbeitende Panamakanal bot. Als sich herausstellte, daß die USA aufgrund politischer Widerstände nicht ewig über die Kanalzone in Panama verfügen würden, rief die US-Regierung die *Atlantic Pacific Interoceanic Canal Study Commission* ins Leben, die 1970 schließlich 25 verschiedene Routen in Lateinamerika präsentierte, mehrere davon in Kolumbien. Konkret in Angriff genommen wurde aber keine, obwohl der damalige US-Präsident Lyndon B. Johnson die Notwendigkeit eines Kanals bis zum Jahr 1990 unterstrich und die sogenannte „Atrato-Truandó"-Route, benannt nach den gleichnamigen Flüssen, in Kolumbien favorisierte (Mendoza 1996, S. 18-19).

Inzwischen jedoch scheinen sich die Bedingungen verändert zu haben. Der technisch veraltete Panamakanal ist für die wachsenden Warenströme zum Nadelöhr und Hindernis geworden. Schiffe mit mehr als 60.000 Tonnen können ihn gar nicht passieren, üblich sind heute jedoch bis zu 250.000 Tonnen fassende Schiffe. Auch kleinere Frachter stauen sich an den Schleusen des Kanals und müssen tagelange Wartezeiten in Kauf nehmen. Darüber hinaus haben sich die geopolitischen Verhältnisse gewandelt. Die ostasiatischen Wirtschaftsmächte, Japan, Taiwan, Südkorea und nicht zuletzt China, drängen verstärkt auf die Märkte Lateinamerikas. Zentralamerika bekommt als geographische Schnittstelle zwischen Nord- und Südamerika, aber auch zwischen Ostasien und Europa eine wichtigere Bedeutung, nicht nur als Transportknotenpunkt, sondern auch als Produktionsstandort. Und obwohl die sozialen Widersprüche heute tiefer auseinanderklaffen als noch in den sechziger, siebziger und achtziger Jahren ist heute, zumindest oberflächlich, die politische Stabilität gewährt. Scheinbar gute Bedingungen also für die geplanten interozeanischen Verkehrsprojekte, von denen sich die zentralamerikanischen Regierungen auch Investitionen in der Maquila-Industrie erhoffen.

Dennoch bezeichneten viele Kommentatoren 1996 die Initiative des damaligen Präsidenten Samper, den „Atrato-Truandó"-Kanal in Angriff zu nehmen, als „Nebelschwade", um das Interesse von den Skandalen um den Präsidenten abzulenken. Ex-Bauminister Humberto Salcedo Collante äußerte gar: *„So wie die Dinge stehen, wäre es nicht verwunderlich, wenn der Präsident nächste Woche eine Expedition auf den Mars vorschlagen würde."* Doch die kolumbianische Regierung begann tatsächlich, verschiedene Möglichkeiten interozeanischer Verbindungen untersuchen zu lassen. Die Logik der Projekte folgte dabei dem neoliberalen Wirtschaftsmodell. Da Kolumbien nicht über das notwendige Kapital verfügte, um selbst Bauherr zu werden, war eine gemischte private und öffentliche Finanzierung vorgesehen. Es wurde versucht, ausländische Konzerne und Investoren für das Projekt zu gewinnen.

Angesichts der Vielzahl interozeanischer Projekte in Zentralamerika sollten den Investoren möglichst günstige Anlagebedingungen geboten werden. Ökologische Bedenken und Sozialstandards blieben dabei als erstes auf der Strecke – kein Wunder, schließlich ging es um Milliardensummen. Die Ingenieursvereinigung *Asociación de Ingenieros del Valle* schätzte in einer Studie den jährlichen Gewinn eines Kanals auf 1,314 Milliarden US-$, die *Sociedad Geográfica de Colombia* gar auf 1,878 Milliarden US-$ (Periódico 1997).

Während die kolumbianischen Oligarchie das Vorhaben im großen und ganzen einhellig begrüßte, herrschte Uneinigkeit, wie die interozeanische Verbindung aussehen sollte. Die Debatte kreiste um die alternativen Vorschläge eines „trockenen Kanals" und einer Wasserverbindung. Beide sahen den Bau zweier Riesenhäfen vor, eines im Golf von Urabá am Atlantik und eines zweiten an der Pazifikküste. Der „trockene Kanal" sollte aus einer etwa 180 km langen Eisenbahnverbindung bestehen, zwischen 2,5 und 3 Milliarden US-Dollar kosten und eine Bauzeit von drei bis vier Jahren erfordern. Der „Atrato-Truandó"-Kanal, das Wasserstraßenprojekt, besaß eine ähnliche Trasse: Er würde den Flüssen Atrato und Truandó bis zu den Hügeln vor der Pazifikküste folgen, wo umfangreiche Grabungen notwendig wären. Von dort aus wollte man zum Curiche-Flusses durchstoßen, der in den Pazifik mündet. Einer Regierungsstudie zufolge ist der Höhenunterschied zwischen den Meeresspiegeln nicht sehr groß, der Kanal könnte daher ohne Schleusen auskommen, was einen erheblichen Vorteil gegenüber Panama bedeuten würde. Er wäre, nach einer Regierungsstudie, insgesamt 172 Kilometer lang, 26 Meter tief, auf dem Grund zwischen 165 und 420 Metern breit und für Schiffe bis zu 250.000 Tonnen durchfahrbar. Bis zu 65.000 Passagen pro Jahr wären möglich (Mendoza 1996, S. 44).

Das größte Hindernis für den Bau des Kanals wären die 200 Meter hohen Hügel an der Westküste. Man debattierte deshalb allen Ernstes den Einsatz nuklearer Sprengsätze, um den Kostenaufwand zu minimieren (Mendoza 1996, S. 55) – und dies in einer Region mit der weltweit höchsten Biodiversität. Die Äußerungen des Ex-Verkehrsminister Juan Gómez Martinez, *„das Land dürfe nicht durch den Gedanken an die Umweltauswirkungen des Projektes gelähmt werden"*, sind durchaus repräsentativ für die Fortschrittsgläubigkeit der kolumbianischen Oligarchie.

In den vergangenen Jahren ist es jedoch wegen der hohen Kosten und der politischen Situation im Land stiller um das Projekt geworden. Stattdessen versucht man, die bisher nahezu unberührte Region an der kolumbianischen

Pazifikküste auf ‚konventionelle' Weise zu erschließen. Die Panamericana-Straße ist bis nach Puerto Libre nahezu fertiggestellt, hinzu kommen Wasserkraftwerke und große Projekte zur Ausbeutung von Rohstoffen und genetischen Ressourcen. In der Region Chocó lagern Gold, Platin, Silber, Bauxit, Mangan, radioaktives Kobalt, Zinn, Chrom, Nickel, Kupfer, Erdöl, Edelhölzer, und es gibt große Fischbestände. Mit gutem Grund verkünden Geschäftsleute: *„Wir wollen aus dieser Region ein gigantisches Unternehmen machen."* (Kolumbien-Monatsbericht 1997, S. 4)

In den letzten Jahren verübten Paramilitärs daher zahlreiche Überfälle auf Ansiedlungen der Grenzregion und ermordeten zahlreiche BäuerInnen mit dem Argument, sie seien SympathisantInnen der Guerilla. Die Paramilitärs arbeiten eng mit der Armee zusammen, die wiederum auch durch die sogenannten CONVIVIR (als „Ländliche Sicherheitsgenossenschaften" legalisierte paramilitärische Gruppen) unterstützt wird.

Die im Schußfeld der Paramilitärs stehende Bevölkerung der Region an zwischen den Ozeanen lebt vorwiegend von den Agrarprodukten der Region, die als eine der ärmsten und zurückgebliebensten des Landes gilt. 70 Prozent der Bevölkerung haben keinen Zugang zu medizinischer Versorgung, die durchschnittliche Lebenserwartung beträgt nur 55 Jahre. Am schlimmsten ist die Situation im Departement Chocó, deren BewohnerInnen (90 Prozent Afro-KolombianerInnen, 5 Prozent Indígenas der Kuna, Embera, Wounan, Noanamá und Katía sowie 5 Prozent Weiße und MestizInnen) zu Hunderten an heilbaren Krankheiten sterben. Besonders betroffen sind die indianischen Gemeinschaften, in denen seit Ende 1997 die Malaria wieder im Vormarsch ist. Waren es 1997 noch ca. 140 Indianer, die an der Krankheit verstarben, schnellte die Zahl der Todesopfer in den ersten drei Monaten des Jahres 1998 bereits auf 357 hoch. Die Fälle der Erkrankungen erreichten mit 6.000 ebenfalls eine Rekordmarke (*El Colombiano,* 3. 4 1998).

Der nunmehr schwerste Angriff auf die Lebensbedingungen der Bevölkerung begann jedoch Ende 1996, als Paramilitärs die Gemeinde Riosucio besetzten und in den ersten drei Wochen mehr als 70 Personen ermordeten. Die Paramilitärs verkündeten: „Jetzt ist der Fortschritt da, ihr wißt schon, der Kanal" und zwangen, unterstützt durch Bombardements der kolumbianischen Luftwaffe, über 30.000 der insgesamt 38.000 Einwohner des Bezirks zur Flucht (Exodo 1999). Seitdem ist vor allem der nördliche und mittlere Teil der Provinz Chocó, wo es vorher keine Präsenz von Paramilitärs gab, zu einem wesentlichen Zentrum des Terrors geworden. Im Juni 1998 wurde z. B. das Dorf Bartolo im Landkreis Murindó von Paramilitärs überfallen und vollständig niedergebrannt. Von den 120 BewohnerInnen des im Urwald an der Grenze zwischen Antioquia und Chocó am Lauf des Atrato-Flusses gelegenen Dorfes wurden 41 ermordet. Etwa 700 BewohnerInnen der Gegend, mehrheitlich IndianerInnen, flohen (*El Colombiano,* 11.06. 1998). Das Ziel der Paramilitärs war die „absolute Kontrolle über strategisch wichtige Gebiete und ihre Einwohner", um die Investionsbedingungen zu verbessern.

Santiago Palacios, von der afrokolumbianischen Bauernorganisation ACIA (Vereinte Bauernassoziation von Atrato) aus dem Chocó bestätigt den Zusammenhang: „Die wichtigste Zone für paramilitärische Aktionen und Megaprojekte war die Gemeinde Riosucio. Dort ist der Kanal vorgesehen (...) Wir gehen davon aus, daß die Massaker, Morde und die verstärkten paramilitärischen Aktivitäten mit den Entwicklungsplänen der Regierung zusammenhängen. Die Einheimischen sind für diese Pläne ein Hindernis." (Kolumbien-Rundbrief Dez. 1998)

Ob sich das kolumbianische Projekt letztlich doch noch gegen die in Mexiko, Honduras/El Salvador und Nicaragua geplanten interozeanischen Verbindungen durchsetzen wird, ist kaum abzusehen. Den Ausschlag werden die politischen und wirtschaftlichen Rahmenbedingungen sowie die natürlichen Voraussetzungen geben. Aus diesem Grund ist die kolumbianische Oligarchie nach wie vor stark daran interessiert, die Region zwischen den Ozeanen zur Ruhe zu bringen – auch wenn es eine Friedhofsruhe ist. Die besten Chancen scheint im Augenblick jedoch (nicht nur aus geographischen Gründen) Nicaragua zu besitzen. Für die Bevölkerung im kolumbianischen Nordwesten wäre dies eher von Vorteil. Sie hätte von Großprojekten v. a. Negatives zu erwarten.

4. 2. Drogenhandel und aufstrebende Bourgeoisie (Dario Azzellini)

Kokain gilt heute als Inbegriff des Bösen. Kokain und seine Derivate (wie Crack) sollen sowohl in den Erzeugerländern als auch in den Konsumentenstaaten die Ursache gesellschaftlichen Verfalls sein, und jeder, der mit Erzeugung, Verarbeitung und Handel in Verbindung steht, wird in einer kriminellen Halbwelt verortet. Glaubt man der Propaganda der Staaten, in denen das Endprodukt Kokain hauptsächlich konsumiert wird, so ließe sich das Problem beseitigen, indem der Anbau in den Erzeugerländern unterbunden wird. Dieser Argumentation folgend haben die USA, als hauptbetroffener Endabnehmer, moralisch das Recht, wenn nicht gar die Pflicht, entsprechend in den Erzeugerländern zu intervenieren. Auf diese Weise sind Drogen nach dem Zusammenbruch des „realsozialistischen" Blocks zum neuen „Hauptfeind der Menschheit" hochstilisiert worden. Und obwohl bis heute keine Beweise vorgelegt werden konnten, wird stets propagandistisch an der Verbindung Drogen und Guerilla gestrickt.

Wie bei den meisten Produkten, die auf den Markt geworfen werden, stehen am Anfang und am Ende der Wertschöpfungskette der transnationalen Handelsware Kokain (und aller anderen Drogen) kleine und mittlere Produzenten und Händler, während die vermeintlichen Kartelle eher postfordistischen Unternehmen ähneln als „Mafiabanden". Gleichzeitig ist das Drogengeschäft – wie andere illegale Wirtschaftszweige – nicht die Kehrseite des Kapitalismus, sondern integraler Bestandteil eines Systems, das darauf beruht, alles zur Ware zu machen, was sich vermarkten läßt. Vor allem aus diesen beiden Elementen erklärt sich das totale Scheitern des von den USA geführten „Drogenkrieges".

Koka ist nicht Kokain – Der Weg von der Heilpflanze zur In-Droge

Die Kokapflanze (Erythroxulum coca) stammt aus dem Amazonasgebiet und wird seit Jahrtausenden in Peru, Bolivien, Brasilien und Kolumbien angebaut, wobei Anbau und Konsum in Kolumbien nicht so verbreitet und verwurzelt sind, wie in den historischen Kokaländern Peru und Bolivien. Die Blätter des ein bis vier Meter hohen Strauchs werden traditionell von indianischen Gemeinschaften bei religiösen Ritualen eingesetzt, sie dienen als Medizin für verschiedene Leiden oder um den Hunger zu vertreiben und das Durchhaltevermögen zu stärken (Kokablätter stellen ein leichtes Aufputschmittel dar). Schätzungen gehen davon aus, daß – vor allem in Peru und Bolivien – noch an die 10.000 Tonnen Kokablätter jährlich als Medikament eingesetzt oder gekaut werden (Lee 1989, S. 10-11).

Kokain ist ein mit einem chemischen Prozeß aus Koka gewonnenes Alkaloid, es wurde erstmals 1855 in einem deutschen Labor als eigene Substanz herausgetrennt. Die stimulierende Wirkung der Kokablätter stieß auch in Europa und den USA auf Interesse, ab 1863 wurden Kokablätter in Wein eingeweicht und als Getränk vermarktet, das reißenden Absatz fand. 1885 entstand mit einer ähnlichen Rezeptur Coca-Cola, wobei allerdings der Wein durch Bestandteile eines Erfrischungsgetränks ersetzt wurde. In Coca-Cola sind bis heute Kokablätter enthalten, doch die Coca-Cola Company trennt das Alkaloid Kokain vorher heraus (Wilson 1995, S. 5).

Gegen Ende des 19. Jahrhunderts war Kokain – das auch in Europa und den USA zunehmend die Kokablätter ablöste – als Medikament gegen Herzrythmusstörungen, Heuschnupfen und Depressionen weit verbreitet. Zur Kostenersparnis wurde die Verarbeitung der Kokablätter in die Anbauländer verlegt und bereits 1891 produzierten die meisten Pharmaunternehmen ihr Kokain direkt in Peru oder Bolivien. *„Damit war Kokain schon vor einem Jahrhundert eine transnationale Ware sowohl in seiner Herstellung wie in seinem Konsum."* (Wilson 1995, S. 7)

Kokablätter und Kokain wurden zu Beginn dieses Jahrhunderts immer populärer, bis die USA 1915 beides als Droge deklarierten, gleichsetzten und verboten. Der Preis des Kokains stieg schlagartig und ein umfassendes Netz von illegalen Händlern bildete sich. Bereits kurze Zeit danach begannen die USA eine „Antidrogenpolitik" in den Herkunftsländern des Kokain zu fordern.

Der rasante Aufstieg des Kokains setzte aber erst in der zweiten Hälfte der siebziger Jahre ein. Die Meinungen über den Grund gehen auseinander, doch wird allgemein angenommen, daß Kokain, ein Aufputschmittel, als „Leistungsdroge" gut in die durch Individualismus und allgemeinen Wettbewerb geprägte neoliberale Gesellschaft paßt. Hinzu kommt das elitäre Image, das der Droge, die immer wieder mit Filmstars, Sportlern und Musikern in Verbindung gebracht wird, anhaftet, und ihr Ruf, eine ungefährliche bzw. harmlose Droge zu sein.

Mit dem Auftauchen von Crack ab Mitte der achtziger Jahre konnten Absatz und Gewinnspanne (für die Händler in den Konsumentenstaaten) vergrößert werden. Crack wird aus pulverförmigem Kokain durch Vermischung mit Sodiumbikarbonat und Erhitzung hergestellt und in Form kleiner „Steine" („rocks") verkauft. Die Menge des Kokains konnte so vervielfacht und in kleineren und billigeren Dosen angeboten werden, was einkommensschwächere Käuferkreise erschloß. Die USA gelten als das größte Drogenkonsumland der Erde, sechs Prozent der Weltbevölkerung konsumieren 60 Prozent der weltweiten illegalen Drogen (Lawn 28.2. 1990 nach Wilson 1995, S. 9).[18] Laut Zahlen des *National Institute on Drugabuse* (NIDA) waren in den USA noch 1974 etwa 6,5 Millionen Personen Kokainkonsumenten, 1977 sollen es bereits 11,5 Millionen gewesen sein. Seit Anfang der achtziger Jahre pendelte sich die Anzahl der Kokain- oder Crackkonsumenten zwischen 35 und 40 Millionen ein (NIDA 1985 nach Wilson 1995, S. 9-10). Die Zahlen erscheinen jedoch stark aufgebläht, um die Gefahr durch Drogen möglichst bedrohlich darzustellen.

Die transnationale Handelsware Kokain – Vom Anbau zum Verkauf

Kokain stellt eine typisch transnationale Handelsware dar, deren Zyklus sich grob in fünf Etappen aufteilen läßt: Kokaanbau, Herstellung der Kokapaste, Veredelung der Paste zu Kokain, Export in die Konsumentenmärkte und Vertrieb in den Importmärkten. Als der Kokainhandel Anfang der achtziger Jahre zu florieren begann, wurde Kolumbien aus verschiedenen Gründen schnell zum Hauptexporteur der Droge, obwohl im Land selbst kaum Koka angebaut wurde und die Kokapaste aus Peru und Bolivien eingeflogen werden mußte. In Kolumbien hatte sich bereits in den siebziger Jahren eine neue aufstrebende Bourgeoisie durch den Marihuana-Boom gebildet, die Erfahrungen mit illegalen Märkten gesammelt und Strukturen geschaffen hatte. Das Wissen und die Handelswege wurden, nachdem die USA zum Hauptmarihuanaproduzenten aufstiegen und der kolumbianische Marihuana-Markt

18 Die Zahlen sind sicher mit Vorsicht zu genießen, da unklar ist, mit welchen Mechanismen und Maßstäben die Anzahl von Konsumenten illegaler Drogen und die Menge illegaler Drogen geschätzt wurde. Doch sie zeigen in jedem Fall eine Tendenz auf.

verfiel, für den Kokainhandel ausgenutzt. Hinzu kam die geostrategisch günstige Lage des Landes (Zugang zu zwei Ozeanen, Brücke nach Zentralamerika, viele Nachbarländer). Als dritter maßgeblicher Grund für die Begünstigung Kolumbiens als Hauptsitz des Kokaingeschäfts kann jedoch die „geduldete Illegalität" betrachtet werden (Lessmann 1996, S. 205), d. h. die weit verbreitete Korruption und die große Diskrepanz zwischen der juristischen Lage und der Realität, also den de facto gesellschaftlich geltenden Regeln. Dies wurde in idealer Weise durch die Existenz großer Gebiete, in denen der Staat keinerlei offizielle Präsenz zeigte, ergänzt.

Der weltweite Kokaanbau konzentriert sich nach offiziellen Schätzungen zu 98 Prozent in Peru, Bolivien und Kolumbien (kleine Mengen wurden auch in Brasilien, Ecuador, Panama und Venezuela ausgemacht). Für die Kokainproduktion werden drei verschiedene Arten Koka angebaut, als beste Sorte gilt jene, die in Bolivien und Peru wächst, sie liefert die höchsten Ernteerträge und den höchsten Kokainanteil. Der größte Teil des in Kolumbien angebauten Koka ist hingegen von niedrigerer Qualität (CIA 1999). Insgesamt läßt sich im vergangenen Jahrzehnt eine relative Stabilisierung der weltweiten Anbaufläche sowie eine Verschiebung der Anbaugebiete feststellen.[19] Während Kolumbien schon immer Exportführer war, spielte der Anbau dort keine besondere Rolle. Erst in den letzten Jahren ist aufgrund drastischer Verringerungen in Peru ein starker Anstieg der Kokaanbauflächen in Kolumbien zu verzeichnen: um 18 Prozent im Jahr 1997 und um 28 Prozent im Jahr 1998. Aufgrund der niedrigeren Qualität des kolumbianischen Koka resultiert daraus aber dennoch weniger Kokain als in Peru.

Laut offizieller Angaben des US-State-Departments und der Drogenbekämpfungspolizei Kolumbiens betrug 1999 die Kokaanbaufläche in Peru etwa 51.000 Hektar, in Bolivien um die 60.000 Hektar und in Kolumbien 102.000 Hektar (Kolumbien-Monatsbericht, März 1999).[20] Hinzu kommen in Kolumbien 20.000 Hektar Schlafmohn und 5.000 Hektar Marihuana (Ferrer 1995). Der Schlafmohnanbau (zur Produktion von Heroin für den US-amerikanischen Markt) befindet sich in Kolumbien seit Anfang der neunziger Jahre ebenfalls im rapiden Anstieg. Mit einer geschätzten Produktion von über 20 Tonnen Heroin jährlich hat sich Kolumbien zum weltweit viertgrößten Heroinproduzenten nach Burma, Afghanistan und Laos gemausert (Balance 1995).

19 Nach offiziellen Zahlen ist sogar ein leichter Rückgang zu verzeichnen. Aufgrund der verbesserten Methoden zur Raffinierung und verbesserter Pflanzenqualität steht dem dennoch eine leichte Erhöhung der potentiellen Kokanettoproduktion gegenüber (Kolumbien-Monatsbericht März 1999).

20 Ferrer 1995 nennt wiederum 300.000 Hektar für Peru, 60.000 für Bolivien und 40.000 für Kolumbien. Die Angaben unterscheiden sich von Quelle zu Quelle sehr stark, und eine Überprüfung der Angaben ist aus offensichtlichen Gründen kaum möglich.

Während die Schätzungen bezüglich des Marihuana- und Schlafmohnanbaus in Kolumbien durchaus Vergleichszahlen entsprechen (Uribe 1997, S. 49 u. S. 110), lassen die Schätzungen der Fläche der Kokapflanzungen Zweifel aufkommen. Denn als 1995 das US-State-Department auf der Grundlage seiner auf Luftaufnahmen beruhenden Kalkulationen für Kolumbien noch von 53.000 Hektar Kokapflanzungen ausging, nannten Schätzungen der Bauernorganisationen, die auf spezifische Marktkenntnisse zurückgehen, ganz andere Zahlen: *„In Wahrheit erstreckten sich jedoch allein die Kokapflanzungen inzwischen auf über 80.000 bis 100.000 Hektar Land, erklärten Sprecher von Bauern aus den Verwaltungsbezirken Putumayo, Caqueta und Guaviare auf einem Seminar des Instituts für politische Studien und internationale Beziehungen' der staatlichen Universität in Bogota."* (Ferrer 1995)

Die größte Zunahme der Anbaugebiete wird in den Departements Putumayo und Caquetá ausgemacht, auch Norte de Santander und Bolívar gehören zu den neuen Anbaugebieten, während der Kokaanbau in Guaviare zurückging (CIA 1999). Weitere Anbaugebiete sind die Departements Amazonas, Meta, Nariño, Cauca, Huila und Vaupés. Auch der Anbau von Marihuana soll nach Angaben des Instituts *Observatoire géopolitique des drogues* wieder zugenommen haben (OGD 1997).

Die Zunahme des Drogenanbaus in Kolumbien hat dazu geführt, daß bäuerliche Familien zunehmend vom Anbau illegaler Drogengrundstoffe leben. 304.000 Familien sollen es laut kolumbianischen Angaben 1994 bereits gewesen sein. (*El Tiempo,* 23.7. 1994). In den meisten Fällen sind es Kleinbauern, die Koka anbauen und die getrockneten Blätter oder die Kokapaste an Zwischenhändler verkaufen. Die Ausbreitung des Anbaus wurde in einigen Regionen von Drogenhändlern mit Krediten gefördert (Lessmann 1996, S. 191). In jüngster sollen Drogenunternehmer auch Teile des Anbaus unter eigener Regie betreiben.

Der massiv angestiegene Anbau von Drogengrundstoffen ist auch eine Folge der Liberalisierung der Märkte: Die Agrarüberproduktion der Industrieländer überschwemmt zu Billigpreisen die Märkte der Länder des Südens und zerstört oftmals die nicht mehr konkurrenzfähige, kleinbäuerliche Landwirtschaft. Die meisten Bauern verlegen sich auf den illegalen Anbau von Drogengrundstoffen, weil der Anbau anderer Agrarprodukte aufgrund der niedrigen Preise kaum reicht, um ihren Lebensunterhalt zu bestreiten. Daher sind auch staatliche Umstellungsprogramme, die eine einmalige Zahlung an die Bauern vorsehen, ungeeignet, um den Anbau einzudämmen. Denn bei der Kokapflanze sind die Kapitalinvestitionen niedriger und die Erträge höher. Die Kokapflanze gilt allgemein als sehr robust, d. h. sie bedarf faktisch kaum der Pflege und kann auch ohne Dünger oder spezielle landwirtschaftliche Maschinen angebaut werden. Die Pflanze kann zehn Monate nach der Aussaat zum ersten Mal geerntet werden und bringt danach etwa 20 Jahre lang drei bis sechs Ernten jährlich. Hinzu kommt, daß der Transport anderer landwirtschaftlicher Erzeugnisse zu den Verbrauchermärkten wesentlich kostspieliger und umständlicher ist (Wilson 1995, S. 11).

Nach der Ernte werden die Blätter entweder in der Sonne getrocknet oder *„in Art eines Gärungsprozesses immer wieder angefeuchtet und unter Zuhilfenahme von Decken mit den Füßen trocken gestampft. Zur Extraktion des Alkaloides Kokain werden die getrockneten Kokablätter mit Wasser und Schwefelsäure in großen Holz- oder Zementbehältern ‚eingeweicht' und nach ca. 12-24 Stunden, in denen die sog. pisacocas (Kokatreter') die breiige Masse stampfen, Kerosin, Calciumkarbonat (Kalk), Natriumcarbonat u. a. lösende Chemikalien beigemischt; so entsteht an der Wasseroberfläche die gelbliche bis weißliche sog. rohe Kokapaste"* (Ambos 1993, S. 14). Dieser Prozeß ist zwar sehr arbeitsintensiv, verlangt aber keine besonderen Geräte oder Laborausrüstung, sondern nur Kenntnis über die chemischen Substanzen und ihr Mischungsverhältnis. Anfang der achtziger Jahre versuchten daher die Zwischenhändler, diese Informationen geheimzuhalten, doch die Informationen sickerten bald durch, so daß heute viele Kokabauern auch die Paste selbst herstellen (Wilson 1995, S. 12).

Die Kokapaste wird von Zwischenhändlern aufgekauft und in die Kokainlabors zur Herstellung des Kokains transportiert. Die Labors befinden sich in schwer zugänglichen Gebieten, um sie so besser vor staatlicher Verfolgung zu schützen. Solche Labors gibt es zwar auch in Bolivien und Peru, die meisten stehen jedoch in Kolumbien. Ebenso waren, zumindest bis Mitte der neunziger Jahre, auch die Labors in den anderen Andenstaaten durch Kolumbianer kontrolliert. Aus der Kokapaste *„wird in einem Reinigungsprozeß (Raffinierung) unter Beimischung von Äther, Aceton, Ammoniak, Pottasche u. a. und unter der Verwendung von Filtern eine Veredelung zu der grauen bis bräunlichen Kokainbase (...) erreicht. Durch weiteres Filtrieren, etwa zu dem noch leicht verklumpenden Rocks-Kokain, kann eine Alkaloidreinheit von 70-85 Prozent erreicht werden. (...) Aus der Base entsteht unter Beimischung von Salzsäure, eventuell Äther und Azeton, das weiße, feinflockige Kokainhydrochlorid (...) mit einem Reinheitsgrad von 95-99 Prozent "* (Ambos 1993, S. 14f). Für ein Kilogramm Kokain braucht man je nach Qualität in Kolumbien ca. 550 kg, in Peru ca. 300 kg und in Bolivien ca. 250 kg Kokablätter (Ambos 1993, S. 15-16).

Was den Drogentransport in die Abnehmerländer betrifft, konnten die KolumbianerInnen durch geschickte Zusammenarbeit ihre Vormachtstellung auf dem Drogenmarkt ausbauen und lange Zeit halten. Dies geschah durch die Bildung dessen, was als „Kartelle" bekannt ist, tatsächlich handelt es sich aber eher um *„Vereinigungen unabhängiger Exporteure, geschaffen, um die ökonomischen Risiken in diesem Zweig zu vermindern"* (Wilson 1995, S. 12). Im Laufe der Jahre wurden hier ausgefeilte Mechanismen und Routen entwickelt. Beim Transport werden Luft-, See- und Landweg kombiniert. Der Vertrieb der Drogen in den Zielländern befindet sich hingegen nur zum kleinen Teil (im Bereich des Großhandels) in den Händen kolumbianischer Händler, während das Gros dieses Marktes – auf dem letztendlich der Großteil der Gewinne realisiert wird – in den Händen anderer Organisationen, meist „einheimischer", ist.

Ökologische Konsequenzen

Bei den ökologischen Konsequenzen des Drogenanbaus sind die direkten Konsequenzen des Anbaus und der Raffinierung und die Folgen des Antidrogenkampfes zu unterscheiden.

Um einen möglichst hohen Ertrag zu erzielen, kommt es vor allem bei dem im großen Rahmen organisierten Drogenanbau zum massiven Einsatz von Fungiziden, Herbiziden, Pestiziden und Kunstdüngern. Verheerend wirken sich auch die Drogenmonokulturen aus, besonders im Schlafmohnanbau. Denn während die Kokapflanze in warmen Gebieten bis 1.800 Metern Höhe angebaut werden kann, führen die Schlafmohnplantagen über dieser Höhe zur Entwaldung und Austrocknung der Böden, da der Wasserbedarf sehr hoch ist (OGD 1993a, S. 239). Vertreter der ELN wiesen z. B. darauf hin, daß auf der venezolanischen Seite der Serranía del Perijá der Schlafmohnanbau bereits nahezu 20.000 Hektar Wald vernichtet habe (Uribe 1997, S. 114).

In der Weiterverarbeitung der Drogengrundstoffe liegt eine weitere Ursache massiver ökologischer Schäden. So verseucht die Produktion der Kokapaste die Flüsse mit Benzin, Äther, Azeton und anderen Chemikalien.

Die größten Umweltschäden werden jedoch durch die Drogenbekämpfungsmaßnahmen, besonders durch Herbizid- und Pestizideinsatze gegen Drogenpflanzungen verursacht. Die aus der Luft erfolgende Besprühung stellt einen Schwerpunkt der kolumbianischen Antidrogenmaßnahmen dar. Im Einklang mit der US-Regierung konzentrieren sie sich auf das schwächste Glied des Drogenkreislaufs, die Koka- bzw. Schlafmohnbauern.[21] Von der probeweisen Besprühung aus der Luft während der Turbay-Regierung (1978-82) ging Kolumbien unter Betancur (1982-86) zur massiven Besprühung von Drogenanbaugebieten aus der Luft mit Paraquat, Glyfosat (Round-up) und Garlon-4 über. Angesichts der mageren Resultate wurden die Besprühungen unter Präsident Barco 1989 jedoch eingestellt und erst im Januar 1992 unter Präsident Gaviria für den Glyfosateinsatz gegen Schlafmohnfeldern wieder erlaubt. Zwei Jahre später wurden auf Druck der USA

21 Am entgegengesetzten Ende der Drogenkette geschieht das gleiche: 70 Prozent der in den USA im Kampf gegen Drogen eingesetzten Gelder gehen in die Verstärkung von Polizeiaktionen zur Verhaftung von Kleindealern (Wilson 1995, S. 17).

auch die Einsätze gegen Kokapflanzungen wieder aufgenommen. (Tokatlian 1997, S.488ff)

Kolumbien ist weltweit das einzige Land, in dem Drogenpflanzungen aus der Luft mit den Herbiziden Glyfosat, Tebuthiuron (Spike) und Exazinon (Velpar) besprüht werden.[22] Das Verfahren bringt schwerwiegende gesundheitliche Konsequenzen für die Bevölkerung mit sich. Vor allem Exazinon schädigt die menschliche Gesundheit in irreversibler Weise, es verursacht Krebs, Störungen des Nervensystems und der Sehfähigkeit und ist daher in den USA verboten (IPS 22.11. 1994; IPS 11.1. 1995). Im Gebiet der Sierra Nevada von Santa Marta, das vor Jahren intensiv aus der Luft besprüht wurde, sind unter den Kindern der örtlichen Siedler und Indígenas zahlreiche Mißbildungen zu beobachten (Correo 103). Ebenso führt das vom Chemiekonzern Monsanto unter dem Markennamen Round-up vertriebene Herbizid Glyfosat zu schweren gesundheitlichen Schädigungen bei der betroffenen Bevölkerung und zur umfassenden Vernichtung jeglichen Anbaus. *„In dem Gebiet des mittleren Flußabschnittes des Caguán zogen Besprühungen mit Round-up die Kautschuk-, Kakao-, Fruchtbaum- und Nahrungsmittelpflanzungen, Grasanbau, Wasserquellen, Seen und Sümpfe in Mitleidenschaft."* (Kolumbien-Monatsbericht März 1999). Dies ist möglicherweise aber durchaus beabsichtigt, denn Besprühungen sind (wie in Vietnam) auch zunehmend Teil militärischer Aufstandsbekämpfung.

Doch das reicht der US-Regierung noch nicht. Seit Ende der Amtsperiode von Samper Mitte ‘98 fordern die USA den Einsatz von granulatförmigen Herbiziden wie Imazapyr, Tebuthiuron und Hexazinona, die alle schwerwiegende Vergiftungen des Grundwassers mit sich bringen. Im Falle von Tebuthiuron hat sich selbst die sonst nicht gerade zimperliche Dow Chemical gegen einen Einsatz in Kolumbien ausgesprochen: *„Tebuthiuron ist gegen keinerlei Anbau in Kolumbien ratsam, und wir wünschen uns, daß das Produkt auch nicht in der Vernichtung von Koka zur Anwendung kommt"* (Ledebur 1998, S. 3).

Offiziell werden diese Stoffe bisher zwar nicht eingesetzt, doch in Wirklichkeit sind diese alles vernichtenden Chemikalien seit mindestens zwei Jahren im Einsatz. Bereits im Mai 1997 zitierte die Tageszeitung *El Espectador* Bewohner aus der Provinz Caquetá: *„Als sich das Granulat mit dem Boden vermischt hat, hat es ihn vergiftet. Alle sind an Durchfall erkrankt und die Blätter verwelkten (...) die Hühner und Schweine haben sich gekrümmt und gewunden, sind auf den Rücken gefallen und gestorben"* (*El Espectador* 2.5. 1997). In vier Proben, die Substanzen enthielten, die Ende Juli 1998 aus Flug-

22 Glyfosat (Round-up) wird zur Vernichtung von Koka, Marihuana und Schlafmohn eingesetzt, Tebuthiuron (Spike) und Exazinon (Velpar) ausschließlich gegen Kokapflanzungen.

zeugen im Departement Putumayo versprüht worden waren, fand das Laboratorium der Umweltfakultät der Universität Los Andes Imazapyr. Das verstößt eindeutig gegen die Umwelt- und Gesundheitsnormen, sowie die gesetzlichen Regelungen zu Herbizideinsätzen. Imazapyr (Arsenal 100 SL und 240 SL) ist hochätzend und bewirkt irreversible Schädigungen der Augen und der Haut. Das sehr starke und nicht-selektive Breitbandherbizid wird über den Boden aufgenommen und stellt daher auch eine große Gefahr für Gewässer dar. Die kolumbianische Ombudsstelle stellte fest, daß durch die Imazapyrbesprühungen *„große Flächen von natürlicher Vegetation in der Nähe von landwirtschaftlich genutzten und bewohnten Gebieten zerstört worden sind. In der Nähe des Weilers Santa Rosa wurden Ende Juli 1998 bei der Laguna del Quemado hunderte von Hektaren von Primärwald zerstört. Das Ökosystem um diesen See ist sehr speziell, denn es ist ein Laichplatz und ein wichtiges Reproduktionsgebiet von Fischen, ein (...) Nistplatz von Vögeln, Säugetieren und anderen entlang den Zuflüssen zum Putumayo selten gewordenen Tierarten. Es konnte festgestellt werden, daß im Umkreis von mehreren Kilometern rund um diese Lagune keinerlei Drogen angebaut werden“* (Kolumbien-Monatsbericht März 1999).

Die Besprühung von Drogenpflanzungen führt lediglich zu einer Verlagerung und Verschärfung der ökologischen Folgeschäden. Die Bauern wandern nämlich in entlegenere Gebiete ab, um der Drogenbekämpfung zu entgehen. Die nicht mehr für den Mohnanbau genutzten Flächen dienen Grundbesitzern als Viehweiden, was wiederum die negativen Folgen der Entwaldung weiter steigert. *„Auf diese Weise schließt sich der Teufelskreis. Man kann sagen, daß oberhalb von 3.000 Metern die Umweltschäden bereits nicht mehr rückgängig zu machen sind.“* (OGD 1993a, S. 239)

Einer jüngst veröffentlichten Untersuchung zufolge wurden in Kolumbien durch Besprühungen bereits 150.000 Hektar tropische Wälder zerstört. Bliebe es bei der massiven Besprühung, würden sich bis zum Jahr 2015 siebzig Prozent dieser Fläche in sterile Böden verwandeln. (Ledebur 1998, S. 3). Mit den Besprühungen können die offiziellen Stellen jedoch der Öffentlichkeit „Erfolge“ präsentieren, obwohl diese tatsächlich keinerlei Folgen für auf den Anbau haben. Aufgrund der starken Korruption, die auch die Antidrogenpolizei erfaßt, werden ohnehin meist nur die kleinen Kokaparzellen der BäuerInnen besprüht, die in der Nähe der Agrargrenze liegen, während die großen Felder der Händler in unzugänglichen Gebieten unberührt bleiben.[23] Dies hat seit Ende 1994 zu mehreren Protesten der betroffenen BäuerInnen

23 Kleinbauern haben in der Regel zwei bis drei Hektar Anbaufläche, die es ihnen, mit dem Einsatz der gesamten Familie und weiterem Subsistenzanbau, gerade erlaubt zu überleben – oft jedoch auch nur mit Schulden. Um aus dem Kokaanbau Kapital zu ziehen, muß die Anbaufläche mindestens 20 Hektar betragen (Posada 1995, S. 69f).

geführt. Während der größten Mobilisierung Mitte 1996 nahmen landesweit über 200.000 KokabäuerInnen an Protesten teil (siehe Kapitel 5.6). Die BäuerInnen sehen durch die Besprühungen aus der Luft ihre Lebensgrundlage zerstört, da die staatlichen Substitutionsprogramme – wenn sie überhaupt implementiert werden – meist kein Auskommen für eine ganze Familie garantieren können.

Wenn es sich bei den Drogenpflanzungen um Felder von KleinbäuerInnen handelt, wird der Lebensmittelanbau für den Eigenbedarf ebenfalls zerstört. Da den BäuerInnen auch keine ökonomische Alternative angeboten wird, ist die Folge entweder die Vertreibung der Bevölkerung und das Anwachsen der Elendsviertel in Dörfern und Städten oder die Verlegung des Anbaus in immer schwerer zugängliche Urwaldgebiete sowie die Atomisierung der Anbauflächen, was insgesamt zu einer schnelleren Vernichtung großer Urwaldflächen führt. Auf den zurückbleibenden herbizidverbrannten ehemaligen Agrarflächen wächst nichts mehr. Die Bauern haben kaum eine andere Möglichkeit, als weiterzuziehen und erneut Drogen anzubauen, da sie oftmals bei den Händlern Schulden aufgenommen haben, um mit dem Anbau beginnen zu können.

Große Kartelle oder postfordistische Unternehmen?

Für gewöhnlich werden die illegalen Strukturen der Drogenhändler als „Kartelle", also große, weitverzweigte Organisationen, dargestellt. Dieser Begriff (der hier auch verwendet wird) beschreibt das Phänomen allerdings nur unzureichend. Die Existenz großer Kartelle, die transnational hierarchisch organisiert sind, ist schon allein aus Sicherheitsgründen unwahrscheinlich. Darauf, daß es kein hierarchisch funktionierendes Kartell mit obersten, alles kontrollierenden Bossen an der Spitze gibt, hatte selbst der frühere kolumbianische Generalstaatsanwalt Gustavo Greyff wiederholt hingewiesen. Die illegalen Strukturen der Drogenhändler entsprechen wohl eher Organisationsmustern, wie sie auch von postfordistischen, transnationalen Konzernen bekannt sind (d. h. auf der Basis von *just in time, outsourcing*, Subunternehmertum usw.). Entsprechend arbeitete auch das „Cali-Kartell" als modernes dezentralisiertes Unternehmen transnational, war mit modernsten Geräten und Techniken ausgestattet, unternahm Marktanalysen, entwickelte neue Verkaufsstrategien und neue Produkte sowie Produktionsabläufe etc. (*El Tiempo* 23.5. 1994).

Um den kolumbianischen Drogenmarkt zu beschreiben, scheint der vom italienischen Soziologen Pino Arlacchi (der z. Zt. Den Spitzenposten in der Drogenbekämpfung der UNO bekleidet) entwickelte Begriff des illegalen Marktes am besten geeignet. Demnach existieren auf dem Drogenmarkt ebenso wie auf Märkten legaler Produkte, *„Käufer und Verkäufer, Groß- und Kleinhändler, Makler, Importeure und Verteiler, Preise, Bilanzen und Profite und – was selten vorkommt – Verluste"* (Krauthausen 1991a, S. 145). So wie andere Geschäfte ist auch der Drogenhandel primär auf die Profitmaximierung ausgerichtet. Dabei teilt sich, ähnlich wie bei anderen Wirtschaftszweigen, das Geschäft in Wettbewerbssektoren (Kokabauern, kleinere Aufkäufer der Kokapaste, Groß- und Kleinhändler des Endprodukts) und einen oligopolistischen Sektor, der sich im wesentlichen in den Händen einer begrenzten Anzahl von kolumbianischen Exporteuren befindet. (Krauthausen 1991a, S. 145)

Die Strukturen des oligopolistischen Sektors stellen den Motor des gesamten Geschäfts dar. Die Personen, die diese Strukturen ausfüllen, sind allerdings – wie in der legalen Wirtschaft – frei austauschbar, daher führt ihre Verhaftung auch nicht zum Verschwinden des Drogengeschäfts. So berichtete ein FBI-Agent über den Kokainhandel Medellíns, die Managementhierarchie sei meist fließend gewesen, Positionen wie Organisationszugehörigkeit wechselnd und auch eigenständige Nebengeschäfte wären vorgekommen. Teilweise schließen sich sogar mehrere Drogenunternehmen zusammen, um gemeinsame Großinvestitionen – wie z. B. in Großlabors mit Kosten von 20 Mio. Dollar – vorzunehmen. Die Vertriebsstrukturen der Oligopole werden auch unabhängigen Produzenten zur Verfügung gestellt. (Lessmann 1997, S. 214)

„Infiltrierte Agenten der DEA im ‚Cali-Kartell‘ haben feststellen können, daß an der Spitze des zellenartig organisierten Konglomerats ein ‚Rat der Unternehmer‘ steht. Jeder einzelne von ihnen ist von diversen Beratern und Delegierten umgeben, welche sich jedoch untereinander nicht kennen. Dieser ‚Rat‘ kümmert sich um legale Investitionen des Clans, koordiniert die Geldwäsche, die Einrichtung von Laboratorien und den Vertrieb der Drogen (…). Außer den Gebrüdern Rodriguez Orejuela sind alle anderen Unternehmer Akademiker: Anwälte, Ökonomen, Betriebswirte, welche sich gerne mit jungen Universitätsabsolventen umgeben, die neue Ideen in das Unternehmen einbringen könnten.“ (*El Espectador* 13.3.1994)

Doch die Illegalität des Produkts, das daraus folgende Fehlen juristischer Sicherheiten im Geschäftsverkehr und die ebenfalls aus der Illegalität resultierenden hohen Gewinnspannen unterscheiden Kokain (bzw. Drogen im Allgemeinen) von anderen Produkten. Gewalt erscheint daher aus unternehmerischer Sicht als ein notwendiges Mittel zur Regulierung des Handel. Da die kolumbianischen Drogenhändler die Neuordnung der Märkte stets zu ihrem Vorteil entscheiden konnten, setzten sie sich auf dem Kokainmarkt weltweit gegen Konkurrenten aus anderen Ländern durch. Hinzu kommen aber auch günstige Bedingungen wie etwa die starke Migration von KolumbianerInnen in die USA, die den Rückgriff auf gewachsene Sozialstrukturen für die Organisierung des Geschäfts ermöglichte (Krauthausen 1991a, S. 145).

Zur Sicherung der eigenen Straffreiheit sind umfassende Maßnahmen notwendig. Gewalt ist dabei nicht einmal das favorisierte Vorgehen, da sie Aufmerksamkeit erregt.[24] Die meisten Strukturen bauen ihre Führung auf Verwandschaftsverhältnissen oder langjährigen Freundschaften auf, um sich eine entsprechende Vertrauensbasis zu sichern. Zu den weiteren Maßnahmen zum Schutz vor Strafverfolgung gehören auch die Sicherung von Loyalität in der Bevölkerung durch „soziale Maßnahmen", die Bestechung von Behörden, Justiz und Repressionsorganen sowie die Infiltration der verschiedenen Machtebenen.

Bekannt sind beispielsweise die „Wohltaten" des Kokainunternehmers Pablo Escobar, der im Laufe der achtziger Jahre Hunderte von Häusern in Armenvierteln Medellíns, ein Wasserversorgungsnetz und einen Fußballplatz bauen ließ. Dies geschah weniger aus sozialem Interesse, als vielmehr mit der Absicht, sich eine sichere Basis innerhalb der Bevölkerung zu erkaufen. So konnte sich Pablo Escobar auch während der intensivsten Verfolgung durch die kolumbianischen Behörden in Medellín aufhalten, ohne denunziert zu werden. Letztendlich war jedoch auch dieser „Rückhalt" im wesentlichen auf die Angst der Bevölkerung vor den Todesschwadronen der Drogenhändler zurückzuführen. Zu der Erlangung einer Legitimität innerhalb der Bevölkerung durch die Wahrnehmung parastaatlicher Aufgaben – so wie es in vielen von der Guerilla kontrollierten Gebiete der Fall ist – kam es im Fall der Drogenhändler kaum. Nur in der Smaragdabbauregion nordwestlich von Bogotá wird vermutet, daß verschiedene Clans von Smaragdschmugglern um den „Zar" Victor Carranza, die ebenfalls in das Kokaingeschäft involviert sind, sich mit Gewalt zu einer gesellschaftlichen Regulierungsinstanz entwickeln konnten.[25] In den ländlichen Gebieten des Departements Córdobas an der Atlantikküste oder im Magdalena Medio in Zentralkolumbien beruht die große Macht der Kokainunternehmer aber kaum auf dem Rückhalt unter der Bevölkerung. *„Zwar konnten die dort agierenden paramilitärischen Gruppen, die ab Mitte der achtziger Jahre massiv von den Kokainunternehmern finanziert wurden, anfangs mit der Akzeptanz vor allem der Grundbesitzerschicht rechnen, die die ‚bewaffnete Selbstverteidigung' für ein legitimes Mittel hielt, den Entführungs- und Erpressungsstrategien der Guerillabewegungen entgegenzutreten. (...) Die Drogenhändler waren diese Allianz dabei nicht nur als frischgebackene und reaktionäre Großgrundbesitzer eingegangen, sondern gleichfalls aus dem Interesse heraus, über einen Gewaltapparat zu verfügen,*

24 Dementsprechend „scheiterten" auch die Kokainunternehmer des „Medellín-Kartells", die die Gewalt als Mittel überstrapazierten und ihre strukturellen Grenzen zu spät erkannten.

25 Die Verwicklung der Smaragdhändler in Drogengeschäfte war derart groß, daß das kolumbianische Bergbauministerium im September 1995 allen 32 Smaragdexporteuren die Lizenz entzog. Von den 32 Unternehmen arbeiteten tatsächlich nur elf im Smaragdhandel, und das, obwohl Kolumbien der weltweit größte Produzent von Smaragden ist (Exporterlös 1994: 473 Millionen Dollar). (Ferrer 11.9. 1995).

der ihnen ermöglichte, in den nur dünn besiedelten Regionen sowohl sich selbst als auch ihre Investitionen auf dem Kokainmarkt zu schützen. Die nicht nur von seinen Befürwortern immer wieder behauptete Akzeptanz des paramilitärischen Projekts ist äußerst zweifelhaft: Sehr früh schon entpuppte sich die Allianz zwischen Militärs, Grundbesitzern und Drogenhändlern als eine regelrechte Terrorherrschaft über die Bevölkerung." (Krauthausen 1991a, S. 148f)

Nach der Zerschlagung des „Medellín-Kartells" (in Folge des Todes Pablo Escobars) im Dezember 1993 und des „Cali-Kartells" 1995 fächerte sich die Struktur des Kokainbusiness in Kolumbien weiter auf. Es traten zwar auch wieder neue „Kartelle" auf, etwa das „Cartel del Valle", doch bei genauer Betrachtung entspricht die heutige Struktur des Kokainbusiness in Kolumbien einem dichten Netz von 2.000-3.000 kleinen und 40 mittleren Organisationen, (OGD 1997) die insgesamt über mindestens 700 geheime Landebahnen verfügen sollen (dpa 10.4. 1995). Von vielen wird die „Zerschlagung" des „Cali-Kartells" als ein mit der kolumbianischen Regierung vereinbarter Rückzug interpretiert, nachdem das „Cali-Kartell" eine wesentliche Rolle beim Krieg gegen das „Medellín-Kartell" gespielt und sein Exportnetz in die USA in Verhandlungen teilweise an mexikanische Narcos abgegeben hatte. Tatsächlich gelten die mexikanischen Drogenhändler mittlerweile als die mächtigsten des amerikanischen Kontinents. Die kolumbianischen Narcos haben hingegen einen Großteil ihrer illegalen Gelder in legalen Unternehmen reingewaschen und treten heute diskreter als früher in Erscheinung. Sie behielten aber ihre Vormachtstellung in Produktion, Raffinierung und Handel.

Drogengelder in der kolumbianischen Ökonomie und die „Gegenlandreform"

Das Drogengeschäft gehört neben dem Waffen- und dem Ölgeschäft zu den bedeutenden Weltwirtschaftszweigen. Die enorme Einträglichkeit ist allerdings vorwiegend in der Drogenverbotspolitik begründet, durch die der Risikogewinnanteil im illegalen Drogengeschäft auf 95-99 Prozent steigt. Davon bleiben nur etwa 10-15 Prozent in den südlichen Erzeugerländern (Kolumbien Monatsberichte 11/1992).

Eine genaue Aussage, wieviel Drogengelder in die kolumbianische Ökonomie einfließen, ist zwar kaum zu treffen, doch die Tatsache, daß allein im Laufe des Jahres 1993 Bankkonten und Anlagen von Drogenunternehmern aus Medellín mit einem Gesamtwert von 1,4 Milliarden Dollar eingefroren wurden (Menzel 1997, S. 135), gibt eine Vorstellung über die Größenordnung. Die verschiedenen Schätzungen schwanken zwischen 1,5 und sieben Milliarden Dollar Deviseneinnahmen jährlich (Lessmann 1996, S. 203), was angesichts des Volumens der Gesamtökonomie einen wesentlich kleineren Anteil am BIP ausmacht (zwischen drei und 14 Prozent) als etwa in Bolivien oder Peru. Die meisten Schätzungen gehen von etwa 6 Prozent des BIP und einem ebenso hohem Arbeitsplatzanteil aus (Krauthausen 1991b, S. 114).

Trotz der Ungenauigkeit solcher Zahlen ist davon auszugehen, daß Drogen – entgegen weitverbreiteter Vorstellungen – nicht das wichtigste kolumbianische Exportprodukt darstellen. Dennoch wurden über die Jahre hinweg zweistellige Milliardensummen akkumuliert und größtenteils in Ländereien, Immobilien, Luxuskonsumgüter und Dienstleistungen investiert. Das Vermögen der Drogenbourgeoisie soll bereits Anfang der 90er Jahre mehr als 30 Prozent des gesamten kolumbianischen Reichtums inner- und außerhalb der Landesgrenzen ausgemacht haben (Krauthausen 1991b, S. 113).

Ein beachtlicher Teil der nicht direkt angelegten Einnahmen fließt zur Bereinigung in illegale Importe. *„Der Durchschnitt 1988 ist alarmierend. 30 Prozent der Importe sind nicht registriert. Ein gewichtiger Teil des Güterverkehrs spielt sich außerhalb der Normen ab“* (Arrieta 1990, S. 72). Der Drogenhandel ist damit auch integraler Bestandteil des kolumbianischen Wirtschafts- und Machtgeflechts und in jedem Fall von Bedeutung für die kolumbianische Volkswirtschaft. *„Strittig ist hingegen, wie dieser Einfluß zu bewerten ist. Einige Autoren stellen positive makroökonomische Effekte heraus, insbesondere das durch den illegalen Rückfluß entstandene Devisenpolster, das die in Lateinamerika typischen Probleme der Zahlungsunfähigkeit, des Währungsverfalls, der Kapitalflucht und der Hyperinflation verhindere bzw. vermindere und so zum kleinen kolumbianischen Wirtschaftswunder beitrage. Andere beklagen den negativen Effekt auf die legale Wirtschaft, insbesondere die Gefahr der sog. holländischen Krankheit‘“*[26] (Ambos 1993, S. 55). Darüber hinaus seien Drogengelder verantwortlich für inflationäre Tendenzen und konjunkturelle Schwankungen.

Die beträchtlichen Schwankungen stellen tatsächlich ein weiteres Problem dar. Anfang der neunziger Jahre führten beispielsweise die Verhandlungen der kolumbianischen Justiz mit den Drogenbossen und die drastischen Strafminderungen dazu, daß viele Drogenhändler Teile ihres Kapitals nach Kolumbien zurückzutransferieren begannen. *„Während der Kapitalrückfluß aus dem Drogengeschäft in den achtziger Jahren jährlich zwischen 800 Millionen und 1,2 Milliarden Dollar ausmachte, wie von der OGD befragte Ökonomen an der Andenuniversität in Bogotá berechneten, erhöhte er sich 1991 zusätzlich um 500 bis 600 Millionen Dollar. Aus diesem Grund mußte die kolumbianische Regierung den Peso aufwerten.“* (OGD 1993, S. 241)

Volkswirtschaftlich gesehen werden von einigen Autoren auch die hohen sozialen Kosten als negative Effekte der Drogenökonomie gesehen, die nicht

26 Damit wird das Phänomen der Verbilligung der Handelsgüter durch eine Wertsteigerung des Wechselkurses aufgrund des verstärkten Exports eines Produkts (in diesem Fall Kokain) bezeichnet.

durch die Einnahmen wettgemacht werden. Dabei wird vor allem die Durchdringung vieler Wirtschaftssektoren mit Drogengeldern als Hemmnis für eine Demokratisierung betrachtet (Thoumi 1994, S. 246). Aber auch die Verteidigungskosten und die ökonomischen Kosten des internationalen Imageverlusts seien enorm hoch. (Lessmann 1996, S. 205).

Die massiven Investitionen in Ländereien haben aber auch dramatische soziale Konsequenzen. Die große Finanzkraft der Narcos führte zu einer extremen Landkonzentration, insgesamt sollen sie bereits vier bis sechs Millionen Hektar landwirtschaftlich nutzbarer Flächen, auf denen vorwiegend Viehzucht betrieben wird, in Besitz genommen haben (Kolumbien-Monatsbericht Nov. 1997). Allein die Familien Castaño und Carranza sollen sich durch Morde und Massaker 3-3,5 Millionen Hektar Land, d. h. ein Drittel der besten landwirtschaftlichen Flächen Kolumbiens, angeeignet haben (OGD 1997). Die Vertreibung der Bevölkerung durch die Narcos, bzw. die in ihrem Dienste stehenden Paramilitärs hat solche Ausmaße erreicht, daß bereits von einer „Gegenlandreform" gesprochen wird.

Ähnlich ist die Situation beim Anbau von Schlafmohn. Dieser führte in den Höhenlagen über 1.500 Meter zu einem starken Anstieg der Bodenpreise, so daß sich der Grundbesitz in immer weniger Händen konzentriert. In indianischen Gebieten der Region Cauca, wo der Bodenbesitz kollektiv und unveräußerlich ist, verpachten die Bauern ihre Parzellen an die Drogenhändler. (OGD 1993, S. 238) Durch die Ausweitung des Schlafmohnanbaus wurden in den letzten Jahren vornehmlich in der Pazifik- und in der Andenregion Zehntausende von Indígenas und Schwarzen durch die Armee oder Paramilitärs vertrieben.

Korruption und Gewalt – die Folgen des schnellen Aufstiegs der Drogenbourgeoisie

Die Durchdringung von Politik, Sicherheitsorganen, Wirtschaft und Justiz durch die Narcos hat in Kolumbien Ausmaße erreicht, die es erlauben, von einer „institutionalisierten Korruption" zu sprechen. Dabei ist jedoch wichtig anzumerken, daß Korruption in Kolumbien keineswegs erst durch den Drogenhandel entstanden ist, sondern bereits vor dem Drogenboom in größerem Ausmaß existent war (Krauthausen 1991a, S. 149).

Die Einflußnahme erfolgt einerseits durch die regelrechte Infiltration der Institutionen und Sicherheitsorgane, um Probleme von vornherein zu vermeiden und andererseits durch die Bestechung von Amtsträgern, wenn konkrete Probleme auftauchen. Für das Drogengeschäft hat sich der erste Weg als der bessere erwiesen. Dabei geht es meist nicht darum, jedwedes Vorgehen der Behörden zu unterbinden, sondern vielmehr das Wegschauen zur Regel zu machen und im Vorfeld von den Schritten der Verfolgungsbehörden zu erfahren. Dieses „Frühwarnsystem" zieht sich durch alle Ermittlungsbehörden, die DEA miteingeschlossen, und reicht bis in die höchsten Ränge des Militärs und der Nationalpolizei. Daß sich die Korruption bis in die höchsten Ebenen hinein fortsetzt, fördert die Bereitschaft zur Korruption in den unteren Rängen. Vor die Wahl *plata o plomo* (Silber oder Blei) gestellt, lehnt kaum jemand die Bestechung ab, zudem, wenn er weiß, daß die Drogenhändler im Zweifelsfall auf der nächsthöheren Ebene ihr Ziel erreichen.

Die zunehmende Verwicklung in den Drogenhandel hat schließlich dazu geführt, daß viele Mitarbeiter staatlicher Institutionen und der Sicherheitsorgane selbst aktiv in den Drogenhandel eingestiegen sind und ganze Einheiten von Polizei oder Militär zum verlängerten Arm der Narcos werden. *„Die eklatanteste bislang an die Öffentlichkeit gelangte Vereinnahmung staatlicher Sicherheitsdienste durch die Kokainunternehmer geschah Mitte 1989, als Gonzalo Rodríguez Gacha eine Spezialeinheit der Streitkräfte anheuerte, um in einem Nobelviertel der Hauptstadt während einer vorgetäuschten Wohnungsdurchsuchung vier im Clinch mit dem Capo liegende Smaragdhändler und mutmaßliche Informanten der US-Drogenbehörde DEA ermorden zu lassen.“* (Krauthausen 1991a, S. 151)[27]

Neben der Bestechung der Ermittlungsbehörden ist auch die Einflußnahme auf politische Entscheidungen wichtig für die Narcos. Einige Capos, wie z. B. Pablo Escobar und Carlos Lehder, versuchten, sogar selbst in die Politik einzusteigen, um die Geschicke des Landes mitzubestimmen, doch die Versuche schlugen fehl. Pablo Escobar, 1982 zum stellvertretenden Mitglied des Repräsentantenhauses gewählt, wurde aufgrund der bekanntgewordenen Verstrickungen in den Drogenhandel noch vor Ende seiner Amtszeit 1984 die Immunität entzogen. Kurz danach gründete Carlos Lehder die „Nationale Latino-Bewegung“, eine faschistoid-populistische Organisation, die mit einem platten Antiamerikanismus versuchte, die anstehenden Auslieferungen von Narcos an die USA zu verhindern. Lehder wurde, nachdem er sich selbst ins Rampenlicht katapultiert hatte, verhaftet, an die USA ausgeliefert und zu lebenslänglich und 135 Jahren Haft verurteilt (Krauthausen 1991a, S. 154; Lessmann 1997, S. 227). Angesichts dieser Erfahrungen setzte sich schließlich die unauffälligere Linie der indirekten Einflußnahme auf die Politik durch. Die rasante Bereicherung ermöglichte den Drogenhändlern den Aufstieg in die Bourgeoisie. Sie konnten so an den gesellschaftlichen Ereignissen der politischen und ökonomischen Elite teilnehmen und leicht die benötigten Kontakte knüpfen. Selbst wenn in der traditionellen Bourgeoisie teilweise Vorbehalte gegen die schnell aufgestiegenen Drogenhändler bestanden, so gelang es diesen doch recht leicht, erheblichen Einfluß zu gewinnen.

27 Interessant ist, daß die Medien damals die Nachricht lancierten, die FARC hätten – unter persönlicher Führung von ihrem Kommandant Manuel Marulanda – die Morde begangen.

Anfang der achtziger Jahre wurden auch wesentliche Grundlagen zur Legitimierung der Narcos gelegt. Zum einen legalisierte Präsident Betancur faktisch das illegale Kapital der Drogenhändler durch eine Steueramnestie 1983, zum anderen verlieh er ihnen durch die Aufnahme von Geheimgesprächen eine gesellschaftliche und politische Akzeptanz, auch wenn es letztendlich zu keiner Einigung kam. Als Betancur 1984 in Folge der gescheiterten Gespräche mit der Auslieferung kolumbianischer Drogenhändler an die USA begann, startete das „Medellín-Kartell" eine Terrorwelle gegen den Staat, der bis 1993 Tausende von ZivilistInnen, RichterInnen, PolitikerInnen, JournalistInnen und Polizisten zum Opfer fielen. Die Narcos aus Medellín forderten die Staatsmacht offen heraus und versuchten, der Regierung politische Vorgehensweisen zu diktieren (statt sie weiterhin zu erkaufen). Die Narcos gründeten schließlich *Los Extraditables* (die Auslieferbaren), eine der Guerilla nachempfundene Gruppe, die die Verantwortung für die Anschläge übernahm und Erklärungen veröffentlichte. Der politische Anstrich sollte vermutlich dazu dienen, eine Verhandlungslösung wie mit diversen Guerillagruppen – Verhandlungen, Demobilisierung und Amnestie – zu ermöglichen. 1988 entbrannte zwischen dem „Medellín"- und dem „Cali-Kartell" ein Konflikt um Marktanteile. Nach dem Mord an dem linksliberalen Präsidentschaftskandidaten Luis Carlos Galán im August 1989 eröffnete die mit dem „Cali-Kartell" kooperierende Barco-Regierung, unterstützt von den USA, eine massive Fahndungsoffensive gegen die Narcos des „Medellín-Kartells", da die Gewaltanwendung gewisse strukturelle Grenzen überschritten hatte und den kolumbianischen Staat in Frage zu stellen begann. Die Drogenunternehmer des Medelliner Kartells wiederum erklärten der Regierung daraufhin in einem Schreiben offiziell den Krieg. Am 27. November 1989 explodierte ein Flugzeug der Gesellschaft Avianca mit 107 Insassen in der Luft, und am 6. Dezember kamen bei einem Bombenanschlag auf die Zentrale der Geheimpolizei DAS 79 Menschen ums Leben, weit über 1.000 wurden verletzt. Allein von August 1989 bis Januar 1990 sollen die Narcos für 263 Bombenanschläge, die meisten in Medellín, verantwortlich gewesen sein (Lessmann 1997, S. 208).[28]

28 Problematisch ist dabei allerdings, daß in den meisten Fällen die Urheberschaft für die Anschläge nicht eindeutig ausgemacht werden konnte und es durchaus dem Regierungsinteresse – und dem der USA – entsprach, die Verantwortung grundsätzlich den Narcos zuzuschieben, um so den „Drogenkrieg" rechtfertigen zu können. Das Attentat auf die DAS-Zentrale in Bogotá beispielsweise wurde von vielen kolumbianischen Linken für eine Inszenierung des Polizeichefs Daza Márquez gehalten, der dem Anschlag auf allzu wundersame Weise entkam. Andererseits besaßen jedoch auch die Narcos ein Interesse an dem anonymen und scheinbar unberechenbaren Terror, der sie möglichst gefährlich und unantastbar scheinen lassen sollte.

Der Höhepunkt des Terrors wurde schließlich im Jahr 1990 erreicht, nachdem die Barco-Regierung Anfang Januar ein Angebot führender Kokainunternehmer ausgeschlagen hatte, sie im Gegenzug zur Einstellung ihrer Aktivitäten und Übergabe aller Waffen, Labors, Landebahnen usw. an die Regierung wieder in die kolumbianische Gesellschaft zu integrieren. Innerhalb von etwa sechs Monaten fielen dem „Narcoterrorismus" 1.700 KolumbianerInnen zum Opfer. Darüber hinaus wurden 400 Polizeibeamte getötet, 215 davon in Medellín. Allein in Bogotá explodierten 200 Bomben (Menzel 1997, S. 80; Lessmann 1997, S. 208). Die frontale Konfrontation hielt jedoch nicht lange an und die Kokainunternehmer verlegten sich darauf, hochrangige Persönlichkeiten oder deren Familienangehörige zu entführen, um so ihren Forderungen Nachdruck zu verleihen.

Es kam zu Geheimverhandlungen, und am 19. Juni 1991 „stellte" sich Pablo Escobar. Er zog in ein für ihn erbautes Gefängnis in Envigado nahe Medellín ein. Das luxuriös ausgebaute „Gefängnis" wurde nun zu Escobars Zentrale, von der aus er seine angeschlagenen Strukturen reorganisieren und seine Geschäfte fortführen konnte. Er wählte mehr als 20 seiner 40 Wächter selbst aus, hatte seinen Bruder und eine Leibwache von zwölf Personen als Mithäftlinge, verzögerte die Arbeiten am Sicherheitssystem gegen Ausbrüche, empfing problemlos Besuch und verließ das „Gefängnis" sogar zu einigen Gelegenheiten.[29] Ende August 1992 floh Pablo Escobar, als Truppen vor dem „Gefängnis" aufmarschierten, die ihn verlegen sollten. Bis heute ist unklar, ob US-amerikanische Behörden Escobar in die USA entführen wollten – wie kolumbianische Zeitungen meldeten – oder aber ob eine Flucht provoziert werden sollte, um den Konflikt neu zu entfachen.

Nach der Flucht Pablo Escobars begann eine zweite Welle des Narco-Terrorismus. Im Dezember 1993 wurde Pablo Escobar jedoch schließlich von Sicherheitskräften aufgespürt und extralegal hingerichtet. Das „Medellín-Kartell" war zu diesem Zeitpunkt bereits weitgehend zerschlagen: Dies war im wesentlichen ein Verdienst des „Cali-Kartells", das seinen eigenen „Drogenkrieg" um die Kontrolle des Kokainhandels führte. Vertreter dieses Kartells, darunter die Gebrüder Miguel und Gilberto Rodríguez Orejuela, hatten gemeinsam mit ehemaligen Gefolgsleuten des „Medellín-Kartells" wie den Viehzüchter-Brüdern Castaño die Gruppe „Los Pepes" (Abkürzung für „die durch Pablo Escobar Verfolgten") gegründet, die Dutzende von Mitgliedern

29 Die Tageszeitung *El Espectador* enthüllte später, daß die Regierung die Sicherheitsarbeiten einer israelischen Firma anvertraut hatte, die Verbindungen zu jenen Söldnern um Yair Klein unterhielt, die 1988 und 1989 Paramilitärs ausgebildet hatten (OGD 1993, S. 241f). Dies wäre ein weiteres Indiz dafür, daß der Aufbau der paramilitärischen Gruppen in Kolumbien von obersten Regierungsstellen gedeckt und unterstützt wurde.

des „Medellín-Kartells“ ermordete und maßgeblich an der Niederlage Pablo Escobars beteiligt war. Nach Angaben aus dem Umfeld des „Cali-Kartells“ sollen „Los Pepes“ von der kolumbianischen Regierung mit 2,5 Millionen US-Dollar monatlich finanziert worden sein (OGD 1994). Anhand der Tagebücher des Journalisten und Sprechers des „Cali-Kartells“, Alberto Giraldo (der auch als Verbindungsmann zwischen Samper und dem „Cali-Kartell“ fungierte und im Prozeß 8.000 angeklagt wurde), gilt zumindest als sicher, daß sowohl Präsident Belisario Betancur wie auch sein Nachfolger Virgilio Barco enge Beziehungen zu Gilberto Rodríguez Orejuela unterhielten und sich ebenfalls ihre Wahlkampagnen von ihm finanzieren ließen. Ein in Newsweek zitierter DEA-Agent in Medellín äußerte sogar, daß *„viele von Escobars Problemen mit der kolumbianischen Regierung letztendlich in nicht sichtbarer Weise durch die Brüder Orejuela verursacht wurden“*. Wie tief US-amerikanische Institutionen in den Drogenkrieg verstrickt waren, läßt sich schwer sagen. Einige der Gründungsmitglieder der *Pepes,* wie z. B. der ehemalige Partner Escobars, Rodolfo Ospina Baraya, wurden aber zu Informanten der DEA (OGD 1993b). Außerdem organisierte die CIA Schutz und Straferleichterungen für aussagewillige Mitglieder des „Cali-Kartells“, und die Einheit der CIA für taktische Analyse in Bogotá und die DEA unterstützten die für den Kampf gegen das „Medellín-Kartell“ gegründete 3.000-Mann-starke Spezialeinheit *Bloque de Búsqueda.* Die CIA wie auch die DEA kollaborierten mit dem „Cali-Kartell“ in seinem Kampf gegen das „Medellín-Kartell“.

Nur einen Tag nach dem Tod von Pablo Escobar kündigte der US-Botschafter in Kolumbien an, die Spezialeinheiten, die Escobar zu Fall gebracht hatten, würden nun auf das „Cali-Kartell“ angesetzt werden. Letztendlich aber vermied die kolumbianische Regierung eine direkte Konfrontation mit dem „Cali-Kartell“. Einer der Gründe war wohl, den Industrie- und Finanzboom der wirtschaftlich wichtigen Region in Südwestkolumbien nicht zu gefährden. Dabei ist das „Cali-Kartell“ nicht weniger gewalttätig, als das „Medellín-Kartell“ es war, doch es richtet seine Gewalt nicht direkt gegen den Staat. In den achtziger Jahren fielen Tausende von Bettlern, Kleinkriminellen, Prostituierten, Homosexuellen und Straßenkindern den – auch von der Polizei zumindest weitgehend geduldeten – „sozialen Säuberungen“ der Drogenhändler zum Opfer. Oberst Oscar Pelaez, damals Polizeichef in Cali, wurde anschließend mit dem Einverständnis der DEA sogar zum Chef des Polizeigeheimdienstes (DIJIN) ernannt.

Nach dem Tod Pablo Escobars und der weitgehenden Zerschlagung des „Medellín-Kartells“ konnten die Bosse des „Cali-Kartells“ etwa 70 bis 80 Prozent des Kokainexports in die USA und nach Europa in ihren Händen vereinen. Ein Schritt, der angesichts der Outsourcing-Praxis der „Kartelle“ die Anzahl der Subunternehmer rapide ansteigen ließ. Die Bourgeoisie Calis, die mit den aufsteigenden Drogenbaronen lange Zeit nicht nur geschäftliche, sondern auch soziale Kontakte gepflegt hatte, begann von den vielen neuen aufstrebenden mittleren Narcos Abstand zu nehmen. Sie entsprachen mit ihrem Hang zu extrem verschwenderischem Lebensstil und offener Gewalt eher dem Typus des US-amerikanischen Filmgangsters als dem des Geschäftsmanns und brachen zudem einen unausgesprochenen „Nichtangriffspakt", der in Cali innerhalb der Bourgeoisie bis dato geherrscht hatte. Der finanzielle Einfluß des Drogenhandels auf die Ökonomie, der allein in Cali einen Umfang von 500 Millionen US-Dollar jährlich haben soll, und die Kontrolle des öffentlichen Apparats mittels Korruption blieben allerdings erhalten (OGD 1994).

Die Mitglieder des „Cali-Kartells" waren sich schon vor der Zerschlagung des „Medellín-Kartells" bewußt, daß sich der Antidrogenkrieg gegen sie wenden könnte, und schienen die Nachteile der direkten Konfrontation erkannt zu haben. *„Die meisten Kokainunternehmer werden wohl vorläufig das ‚Modell Cali' nachahmen: die Unterwanderung der Netzwerke der Macht, diskrete Infiltration der Behörden und sowohl gut getarnte als auch gut gestreute, massive Investitionen in die legale Wirtschaft statt der Strategien brachialer Gewaltanwendung"* (Krauthausen 1991a, S. 160).

Bereits im April 1993 trafen sich Vertreter einiger hundert Gruppen des „Cali-Kartells" zweimal auf einer Farm in der Nähe Calis, um weitere Strategien zu diskutieren (OGD 1994). Schließlich boten sie der Regierung bei einer Einigung im Bereich der Haftstrafen die Einstellung ihrer Drogenaktivitäten an. Da der Justiz kaum Mitglieder des „Kartells" bekannt waren, hatten sie ohnehin keine hohen Haftstrafen zu erwarten. Die Narcos konnten sich auch sicher sein, einen Großteil ihres Besitzes zu behalten, da ein Gesetz von 1989 es nicht erlaubte, die vor diesem Datum erworbenen Reichtümer zu konfiszieren. Darüber hinaus war der Spielraum für die Drogenhändler groß, da es für die kolumbianische Regierung üblich war, die Gesetze den konjunkturellen Bedürfnissen anzupassen, um „Erfolge" im Kampf gegen die Drogen präsentieren zu können. Für diese Flexibilität hatten die Narcos gesorgt, indem sie über Jahrzehnte hinweg den Wahlkampf verschiedener Politiker finanzierten, u. a. 1994 den des späteren Präsidenten Samper, der vom „Cali-Kartell" sechs Millionen Dollar erhielt.

Nachdem die führenden Köpfe des „Medellín-Kartells" verhaftet waren, stimmte die kolumbianische Staatsanwaltschaft 1993 den Vorschlägen der Narcos zu und willigte in Verhandlungen mit den Anwälten der Drogenhändler ein. Tatsächlich kam es auch zu weiteren Gesetzesveränderungen zum Vorteil der Narcos des „Cali-Kartells". Am 3. November 1993 verabschiedete der Kongreß eine neue Strafgesetzverordnung, *„ein Bündel sehr flexibler Verfügungen, welche den Weg öffnen zu einer neuen Form der Straffreiheit und der Unterwerfung der Justiz unter die Launen der Drogenkartel-*

le. (...) Es war für niemanden ein Geheimnis, daß die Ausarbeitung der Reform ständig von Anwälten des Kartells von Cali begleitet wurde." (Kolumbien-aktuell 1993) Die neue Strafverordnung erlaubte in bestimmten Fällen die Herabsetzung sechzehnjähriger Haftstrafen zu einem Jahr und dreißigjährige zu fünf Jahren und schloß eine Auslieferung in die USA aus, wenn sich die Narcos selbst den kolumbianischen Behörden stellten. Die tatsächlich verhängten Haftstrafen waren schließlich für Drogenhändler niedriger als bei Verurteilungen wegen unerlaubten Waffenbesitzes. So konnte z. B. der Kokainunternehmer Ivan „der Schreckliche" Urdinola eine siebzehnjährige Haftstrafe auf vier Jahre und sechs Monate herunterhandeln (Menzel 1997, S. 136).

Die meisten Verfahren gegen Narcos gingen schließlich relativ glimpflich für diese aus. So wurden die 1995 mit US-Unterstützung verhafteten Gebrüder Gilberto und Miguel Rodríguez Orejuela – die zugaben, über 27 Tonnen Kokain in die USA geschmuggelt zu haben, und deren Auslieferung die USA wiederholt erfolglos gefordert hatten – im Januar 1997 zu zehn Jahren und sechs Monaten bzw. neun Jahren Haft verurteilt (gegenüber 24 Jahren möglicher Höchststrafe), was in Betracht diverser Vergünstigungen wegen guter Führung etc. eine tatsächliche Haftstrafe von fünf bis sechs Jahren ausmacht. Die von den Strafverfolgern geforderten Geldstrafen von insgesamt 164 Millionen Dollar wurden hingegen auf 12,4 Millionen Dollar herabgesetzt (Bajak 1997). Darüber hinaus führten die Brüder ihre Drogengeschäfte auch aus dem Gefängnis La Picota weiter (Bajak 1997). Dies alles trug auch dazu bei, daß die USA zwei Monate später Kolumbien erneut die Zertifikation verweigerten (Thoumi 1997a, S. 232).

Kaum zwei Jahre später wurde diese Allianz von einer neuen abgelöst. Nach der Übereinkunft von Teilen des „Cali-Kartells" mit der Regierung übernahm das „Cartel del Valle" des Ex-Polizisten Orlando Henao in Koalition mit dem Paramilitärführer Carlos Castaño die Kontrolle über wesentliche Teile des Drogenmarktes und erklärte den Gebrüdern Rodríguez Orejuela[30], die sich mit der Regierung geeinigt und gestellt hatten, den Krieg. Carlos Castaño konnte sich aufgrund seiner zentralen Rolle im Krieg gegen die linke Opposition der Deckung durch Regierung und Militärs sicher sein. Daß mittlerweile ein Kopfgeld von einer Million Dollar auf ihn ausgesetzt wurde, ist mehr als symbolischer Akt zu deuten und dürfte darauf zurückzuführen sein, daß er lokale Allianzen mit Strömungen der Liberalen einging,

30 Im Zusammenhang mit dem im April 1995 gegen die Gebrüder Orejuela erlassenen Haftbefehl wurde auch der liberale Politiker Eduardo Mestre wegen Drogenhandel verhaftet, der lange Jahre Kongreßabgeordneter und Botschafter bei den Vereinten Nationen in Genf gewesen war. Außerdem wurde die Inhaftierung von weiteren neun Kongreßabgeordneten empfohlen (dpa 22.4. 1995).

die gegen Samper standen. Mit dem Kopfgeld auf Castaño konnten diese gegnerischen Strömungen öffentlich diskreditiert werden (OGD 1997).

Die Brutalisierung der Gesellschaft

Die Mordrate Kolumbiens ist die höchste der Welt, etwa 30.000 Menschen – ca. ein Promille der Bevölkerung – sterben jährlich eines gewaltsamen Todes. *„Die enge Verflechtung staatlicher Kräfte mit denen der organisierten Kriminalität und anderer privater Interessensgruppen ist einer der maßgeblichen Faktoren dafür, daß der Kreislauf der Gewalt bislang nicht durchbrochen werden konnte. Seit Mitte der achtziger Jahre, als das Militär in seinem Kampf gegen die kolumbianische Linke ein Bündnis mit den Drogenbaronen einging und ein System paramilitärischer Selbstschutzgruppen etablierte, sind in dem lateinamerikanischen Land Menschenrechtsverletzungen unbeschreiblichen Ausmaßes begangen worden, ohne daß die Täter strafrechtliche Konsequenzen befürchten mußten."* (Amnesty 1994, S. 14) Dies führte auch zu einem großen illegalen Waffenmarkt. Etwa 5.000 Personen, 1.500 davon in Medellín, sollen im gesamten Land davon leben. Da jedoch hochrangige Militärs das Geschäft decken und kräftig daran mitverdienen, blieb es bisher weitgehend unangetastet und Ermittlungen verliefen im Sande. (Osorno 1993, S. 64)

Will man nun auf der Suche nach den Ursachen der Gewalt nicht merkwürdigen kulturalistischen, rassistischen oder biologistischen Ansätzen folgen, die in Kolumbien eine quasi traditionelle „Kultur der Gewalt" ausmachen, so müssen andere Gründe gesucht werden. Der wichtigste ist sicher die aussichtslose soziale Situation vieler KolumbianerInnen. Vor dem schon angesprochenen Hintergrund, daß die Oligarchie seit Jahrzehnten konsequent auf Repression setzt und darüber hinaus Gewalt ein wichtiger Regulationsmechanismus im Drogengeschäft darstellt, haben viele kolumbianische Männer die Gewalt zum Broterwerb gemacht.

Ein ideales Rekrutierungsfeld für Killer (aber auch für andere Jobs innerhalb des Drogengeschäfts) haben die Narcos in den Elendsstadtteilen von Medellín – die 65 Prozent der Millionenstadt ausmachen – gefunden. Nach offiziellen Untersuchungen haben 78 Prozent der dort lebenden Menschen keine Zukunftschancen (Osorno 1993, S. 31). Den meisten Jugendlichen blieb, angesichts der hohen Arbeitslosigkeit und fehlender Regulierungsmechanismen für gesellschaftliche Konflikte, kaum eine andere Perspektive als den Einstieg in Auftragsmorde oder den Drogenhandel. Sie sind oft allein, um ihr Überleben zu sichern, gezwungen, sich in Banden zu organisieren, wobei das Durchschnittsalter der Bandenmitglieder bei 16 Jahren liegt (Osorno 1993, S. 70). Die einzelnen Jugendlichen, teilweise auch ganze Banden, werden von Mittelsmännern der Drogenhändler für „Aufträge" angeheuert. Meist wissen sie selbst nicht, für wen sie gerade arbeiten. Dabei sind die Narcos nicht die einzigen, die Aufträge an die Jugendlichen vergeben, auch

Beerdigungsunternehmen Gamboa. Das Bestattungswesen ist der einzige Bereich der kolumbianischen Wirtschaft, der auch unter Präsident Pastrana beständig wächst.

Geschäftsleute, Ermittlungsbehörden und Geheimdienste tun dies. (Krauthausen 1991a, S. 156f)

Die Gewaltoffensiven der Drogenunternehmer seit Ende der achtziger Jahre erzeugten ein gesellschaftliches Klima der Angst und Ohnmacht. Das desaströse kolumbianische Strafverfolgungs- und Justizsystem verstärkte dieses Gefühl und auch den Rückgriff auf Gewalt. In Medellín werden 96 Prozent aller Morde nicht gerichtlich belangt (Osorno 1993, S. 154), und nur sieben Prozent aller gerichtlichen Verfahren in Kolumbien enden mit einem Urteil. Die Schaffung eines riesigen Marktes für Auftragsmorde hat auch dazu geführt, daß sich Gewalt als Regulationsmechanismus gesellschaftlicher Konflikte und allgemein anerkannte „Arbeit" rapide ausbreitete und auch zunehmend Konflikte privater oder andere Natur mit Waffengewalt „gelöst" werden. In den Elendsvierteln, in denen Ende der achtziger bis Anfang der neunziger Jahre mehrere tausend Morde jährlich verübt wurden, reicht die Lebenserwartung der Jugendlichen oft nicht über 25 Jahre hinaus. Das Angebot an jungen Killern, die sich erst noch zu den lukrativen Jobs hocharbeiten müssen, ist so groß, daß „Preisbrecher" bereit sind, einen einfachen Auftragsmord, der keine problematischen Feindschaften nach sich zieht, für umgerechnet 20-40 DM zu erledigen.

In Medellín hatte sich als Folge der Aufträge der Drogenhändler mit der Zeit eine regelrechte Todesindustrie mit geradezu lehrbuchhaften, postfordistischen Organisationsmustern herausgebildet. Die kolumbianische Regierung geht davon aus, daß etwa 10.000 Personen in diesem Bereich tätig sind, 25 Prozent davon als Vermittler. Nach offiziellen Angaben operierten Anfang der neunziger Jahre in Medellín 300 Jugendbanden und mindestens 5.000 Sicarios – wie die Killer in Kolumbien genannt werden (Osorno 1993, S. 32ff). Ihre Jobs bekommen sie von eigens auf die Vermittlerrolle spezialisierten „Vermittlungsagenturen", von denen es im Stadtgebiet von Medellín zum gleichen Zeitpunkt mindestens 45 gegeben haben soll. Die „Vermittlungsagenturen" bieten den Kunden höchstmögliche Anonymität, ersparen ihnen die direkte Kontaktaufnahme mit den Sicarios und interessieren sich nicht für die Motive. Die billigsten erledigen Morde für 125 bis 800 DM, für etwas kompliziertere Aufträge werden zwischen 2.000 und 25.000 DM verlangt. Diesen Preis übersteigen die angesehensten „Vermittlungsagenturen" um ein Vielfaches.

Faßt man allein die offiziellen Angaben zusammen, wieviel in Kolumbien zwischen 1984 und 1990 für Morde und Terrorakte bezahlt wurde, so kommt man auf die Summe von 120 Millionen DM (Osorno 1993, S. 90). Die Jugendlichen, die die Morde letztendlich durchführen, sind dabei das letzte Glied in der „Outsorcing-Kette" und bekommen ebenso wie die „Produzenten" in der legalen Wirtschaft nur ein Trinkgeld im Vergleich zum Auftragsvolumen. So erhielt beispielsweise der 15jährige Sicario, der am 22. März 1990 den UP-Präsidentschaftskandidaten Bernardo Jaramillo ermordete, nur etwas über 1.500 DM von den insgesamt 825.000 DM, die das Attentat nach offiziellen Angaben kostete.

Die Erfindung der „Narcoguerilla" und der „Antidrogenkrieg"

Anfang der achtziger Jahre wurde vom damaligen US-Botschafter in Bogotá, Lewis Tambs, der Begriff der *Narcoguerilla* geprägt, um eine Zusammenarbeit von Drogenhändlern und Guerillabewegungen zu denunzieren. Damit sollte einerseits die Guerilla diskreditiert und durch ihre vermeintliche Verstrickung in den internationalen Drogenhandel zum internationalen Problem erhoben werden. Andererseits zielte die Kampagne darauf ab, den von Betancur mit einigen Guerillagruppen eingeleiteten Friedensprozeß zu torpedieren. Die Begriff wurde von US-Regierungskreisen und kolumbianischen Sicherheitsorganen aufgenommen und verwandelte sich in das wichtigste Argument für ein militärisches Eingreifen oder die Erhöhung der Waffenhilfe. Mit der Entdeckung von Tranquilandia, dem größten Laborkomplex zur Kokainraffinierung, der je bekannt wurde, wurde der Vorwurf 1984 weiter propagandistisch ausgebaut. Hatte zunächst sogar der damalige Polizeichef, General Gómez Padilla, die Anwesenheit der Guerilla in Tranquilandia dementiert, sprachen die kolumbianische Polizei und Armee, v.a. aber Lewis Tambs, nur wenige Tage später davon, der Laborkomplex sei von den FARC bewacht worden. Der letzte US-Botschafter in Bogotá, Myles Frechette, verwarf den Begriff der Narcoguerilla zwar wieder (Dilger 1996, S. 57), aber auch die Ende 1998 angekündigte Intensivierung der US-Luftspionage in den Guerillagebieten in Südost-Kolumbien wurde erneut mit den ominösen Verbindungen der Guerilla zum Drogenhandel begründet.

Daß außer bloßen Behauptungen niemals Beweise vorgelegt wurden, bis heute kein Mitglied der Guerilla wegen Drogenhandel verurteilt wurde und selbst die Ermittlungen der kolumbianischen Staatsanwaltschaft im Zusammenhang mit Drogengeschäften eher in Richtung politischer Eliten und der Armee deuten, änderte nichts an der *Narcoguerilla*-Propaganda. Die politische Funktionalität des Begriffs war und ist einfach zu groß.

Das erste Mal, daß ein US-amerikanischer Präsident die Drogenbekämpfung als ein nationales Interesse darstellte, war 1971. Richard Nixon bezeichnete damals in einer Mitteilung an den Kongreß Drogen als *„öffentlichen Feind Nummer Eins"* und verlangte *„eine totale Offensive"* (OGD 1993a, S. 204). 1986 folgte Ronald Reagan, der den Drogenkrieg zu einer *„nationalen Angelegenheit"* (sowie zu einem internationalen Thema) machte. 1989 dann brach in der US-amerikanischen Öffentlichkeit eine wahre Drogenhysterie aus. Im September 1989 wurde der Antidrogenkrieg zu einer der vorrangigen Aufgaben des Pentagon deklariert. In dieser gezielt aufgeheizten Stimmung militarisierte die Andeninitiative des US-Präsidenten George Bush durch Einbeziehung der Armeen verschiedener lateinamerikanischer Länder die Drogenbekämpfung endgültig. Die Ausgaben des Pentagon für den Antidrogenkrieg wurden von 380 Millionen Dollar (1989) auf 1,1 Milliarden Dollar (1992) erhöht. (Tokatlian 1997, S. 524f)

Dieser Logik folgend, schufen die USA im Rahmen des *Southern Command* (das vierzehn Stützpunkte in Panama unterhielt) ein Zentrum für Antidrogenoperationen, von dem Hunderte von ausbildungs- und nachrichtendienstlichen Missionen in Lateinamerika durchgeführt wurden. In zehn lateinamerikanischen Ländern wurden in Zusammenarbeit mit der CIA und der DEA sogenannte taktische Analysegruppen gebildet. 1992 erfolgte schließlich die Ausweitung auf Zentralamerika und die Karibik (OGD 1993a, S. 204-205).

Wie die militärische Antidrogenhilfe innerhalb der US-Armee im Sinne der Aufstandsbekämpfung ausgelegt wird, macht eine Aussage des *Deputy Assistant Secretary for Inter-American Affairs* im State Department, Michael Skol deutlich: *„Das ist das ‚kolumbianische Modell'. Wir haben das Militär nicht im aktiven Dienst (...) in Kolumbien im Einsatz – aber wir haben Militärhilfe, die sich als bemerkenswert nützlich dabei erwiesen hat, die kolumbianische Armee und Luftwaffe zu Einsätzen gegen Drogenziele zu bewegen. Und wenn sie dabei auch die FARC angreifen, die Drogenlabors bewacht, hilft das der Polizei, die Labors anzugreifen"* (Lessmann 1997, S. 247).[31] Eine noch direktere Sprache sprechen die Zahlen: Von den im Rahmen der *Andean Strategy* im Laufe des Jahres 1990 Kolumbien zugeflossenen 40,3 Millionen Dollar US-Militärhilfe wurden 38,5 Millionen direkt für Aufstandsbekämpfungsmaßnahmen verwendet (Ambos 1993, S. 155).

In dem 1993 herausgegebenen „U.S. Army Field Manual (FM) 100-5, Operations", in dem die Grundzüge der US-amerikanischen Militärdoktrin festgehalten werden, wird denn auch der Kampf gegen Drogen unter „Nicht-Kriegsoperationen" (*operations other than war*) aufgeführt – ein neuer Begriff für das, was in den achtziger Jahren als „Kriegsführung niederer Intensität" bekannt war (Tokatlian 1997, S. 525). Die im selben Jahr veröffentlichte US-amerikanische National Security Strategy (NSS) machte den internationalisierten Antidrogenkrieg zur nationalen Angelegenheit der USA. Sie legte fest, Washington richte seine Politik darauf *„den Nachschub abzudrehen, unser primäres strategisches Ziel ist die Händlerorganisationen zu identifizieren, zu stören, auseinanderzunehmen und schließlich zu zerstören, die illegale Drogen für den US-Markt produzieren oder schmuggeln"*. (Tokatlian 1997, S. 526)

Als Clinton die Präsidentschaft übernahm, hatte es zunächst Hoffnungen gegeben, der Kurs der USA im Antidrogenkrieg würde sich verändern, schließlich stellte Clinton zwei vehemente Kritiker der Antidrogenpolitik der

31 Zitat aus: U.S. Congress House Select Committee on Narcotics Abuse and Control – Seminar, April 26, 1989, 1989, S. 37.

Bush-Administration ein. Doch die Clinton-Administration blieb bis heute nicht nur bei der Politik ihrer Vorgänger, sondern verstärkte sogar noch den ausgelagerten Antidrogenkrieg (Tokatlian 1997, S. 526). Mittlerweile dürften die Ausgaben für Drogenbekämpfungsmaßnahmen der verschiedenen involvierten Behörden 20 Milliarden Dollar jährlich ausmachen. So stieg allein das National Drug Control Budget der US-Administration von 4,7 Milliarden Dollar im Haushaltsjahr 1988 auf 15,1 Milliarden Dollar 1997 (Federal 1999), wovon etwa zwei Drittel auf die Bekämpfung des Angebots und ein Drittel auf die Bekämpfung der Nachfrage zielen. Hinzu kommen u. a. die direkten Ausgaben des Pentagons und die Militärhilfe.

Zu den wichtigsten Partnern der USA in ihrem Drogenkrieg gehört – trotz gelegentlicher Unstimmigkeiten – Kolumbien. Die Weichen für eine mit den USA konform gehende Antidrogenpolitik Kolumbiens wurden von dem 1978 gewählten kolumbianischen Präsidenten Turbay Ayala gestellt. Nachdem ihm die US-Regierung bereits während seines Wahlkampfes vorgeworfen hatte, Gelder von Drogenhändlern entgegengenommen zu haben, war Turbay stark bemüht, die Beziehungen zu den USA zu verbessern und adaptierte eine Antidrogenstrategie, die sich ausschließlich gegen das Angebot richtete und die Bekämpfung militarisierte. Turbay übertrug der Armee weitreichende Kompetenzen inklusive Gerichtsbarkeit und Strafvollzug (was vor allem gegen die „Subversion" genutzt wurde) und zementierte so ihre innenpolitische Rolle. 1979 unterzeichnete er auch das Auslieferungsabkommen mit den USA, das noch Jahre im Mittelpunkt vieler Konflikte stehen sollte. (Lessmann 1997, S. 218)

Die darauffolgende Regierung Belisario Betancur (1982-1986) vertrat zunächst ein scheinbar von den USA unabhängiges Vorgehen in der Drogenbekämpfung. Sie verweigerte etwa den von den USA geforderten Einsatz von Herbiziden und verweigerte die Auslieferung verschiedener kolumbianischer Staatsangehöriger an die USA, was zu Kürzungen der US-Hilfen führte. Eine eigene Antidrogenpolitik wurde jedoch nicht entwickelt, die Maßnahmen orientierten sich weiterhin an US-amerikanischen Konzepten, und nach der Ermordung des Justizministers Lara Bonilla 1984, der eine harte Linie verfolgt hatte, schwenkte Betancur wieder völlig auf US-Kurs ein. Die Regierung erweiterte die Befugnisse der Militärs, stimmte den Herbizideinsätzen zu, setzte eine massive Repressionskampagne in Gang und begann ohne näher definierte Rechtsgrundlage mit Auslieferungen in die USA.

Präsident Virgilio Barco (1986-1990), während dessen Amtszeit der Drogenkrieg in Kolumbien eskalierte, bediente sich ausgiebigst der „Verordnung des Belagerungszustandes", die die Befugnisse der Repressionsorgane für beschränkte Zeit weiter ausdehnte und zivile Freiheiten einschränkte. Die Politik der Barco-Regierung folgte keiner erkenntlichen Strategie, außer dem Ziel, nach außen mehr Härte zu zeigen. So wurden jährlich in riesigen Operationen Tausende von Personen verhaftet. Diese militarisierte Repressionsstrategie war nicht nur in juristischer, politischer und sozialer Hinsicht mehr als zweifelhaft, sie brachte auch keine „Fahndungserfolge". Beispielhaft dafür ist eine Militäroperation, die im Juni 1988 in Medellín durchgeführt wurde und bei der 1.000 eingesetzte Soldaten 224 Personen festnahmen, die allesamt nur 72 Stunden später aus Mangel an Beweisen wieder freigelassen wurden (Lessmann 1997, S.232 nach CAJ/SC 1990, 157). Im letzten Jahr seiner Amtsperiode konzentrierte sich die Repressionsstrategie der Barco-Regierung stärker auf die Verhaftung von Personen als auf die Zerschlagung von Infrastruktur, doch dies führte nur zu einer weiteren Eskalation, ohne daß das Volumen des Drogenmarktes abgenommen hätte. Das Abflauen des Narcoterrorismus in den darauffolgenden Jahren ist eher einer Veränderung der Strategie der Drogenhändler als einer erfolgreichen Antidrogenpolitik zuzuschreiben. Im wesentlichen folgte auch die Politik des Präsidenten Cesár Gaviria (1990-1994) – bis auf die endgültige Einstellung der Auslieferungen an die USA – den US-amerikanischen Strategien. Ende 1993 kam sogar ein US-amerikanisches Militärkontingent nach Kolumbien, um gemeinsam mit der kolumbianischen Armee Manöver abzuhalten, das im ersten Trimester 1994 jedoch wegen zunehmender Kritik und den anstehenden Präsidentschaftswahlen offiziell wieder das Land verließ. Nach einer Phase von Mißstimmungen im Verhältnis Kolumbien-USA während der Amtszeit Ernesto Sampers (1994-1998) wurde durch Andres Pastrana (seit 1998) wieder eine einvernehmliche Linie in der Drogenbekämpfung eingeschlagen.

Trotz aller gegenteiligen Bekundungen ist es augenscheinlich, daß der „Antidrogenkrieg" in Kolumbien (ebenso wie in Peru und Bolivien) weitestgehend gescheitert ist. Die Verhaftung oder Tötung der vermeintlichen Bosse der „Kartelle" brachte zwar internationale Aufmerksamkeit, hatte jedoch nicht den mindesten Einfluß auf Drogenanbau, Markt- oder Exportvolumen. Die Verfolgung der „Bosse" geschah vermutlich in dem Glauben, es handele sich bei den „Kartellen" – so wie bei ihren Gegenspielern Polizei, Militär und Regierung – um hierarchisch strukturierte Organisationen. Da dem, wie schon aufgezeigt, nicht so war, konnte sich das Geschäft jederzeit schnell wieder reorganisieren. Selbst der US-amerikanische Rechnungshof (General Accounting Office) stellte 1992 fest, daß die in den beiden vorangehenden Jahren durch das Pentagon ausgegebenen zwei Milliarden Dollar „keine bedeutenden Auswirkungen" auf den Drogenschmuggel gehabt hätten (OGD 1993a, 205). Die Großhandelspreise des weißen Pulvers fielen sogar von ca. 50.000 Dollar Anfang der achtziger Jahre auf nur noch 14.000 Dollar pro kg Anfang/Mitte der 90er Jahre (Vargas 1993, S. 14).

Das gleiche Bild ergibt sich auch beim Anbau. So hatte die kolumbianische Regierung 1994 einen Plan bekanntgegeben, innerhalb vom fünf Jahren den Drogenanbau und -handel zu zerschlagen. Fünf Jahre später hat jedoch beides zugenommen, die Anbauflächen von Koka und Schlafmohn haben sich spürbar ausgedehnt.

Es deutet vieles darauf hin, daß es bei den Aktivitäten gar nicht primär um den Kampf gegen den Drogenhandel, sondern um geopolitische Ordnungsversuche der US-Regierung ging. So nahm auch das Pentagon 1992 *„die Störung des Schiffsverkehrs in Panama durch eine ‚narco-terroristische' Macht als eines von sieben möglichen äußeren ‚Konfliktszenarien' in sein Programm auf, das dazu dienen sollte, den Verteidigungshaushalt für die Jahre 1994 bis 1999 festzulegen"* (OGD 1993, S. 204). Mit der „Gefahr des internationalen Drogenhandels" werden ausgedehnte Luftraumüberwachungen, Aufstockungen der Militärausgaben, Militärhilfen für lateinamerikanische Staaten, gemeinsame Manöver, Ausbildung und auch direkte Interventionen begründet. Auf Druck der USA wurde die zentrale Aufgabe der Militärs in der Drogenbekämpfung am 15. Februar 1990 auch in der „Erklärung von Cartagena", dem Abschlußdokuments des Drogengipfels, bei dem die Andenländer und die USA erstmals eine gemeinsame Strategie im „Drogenkrieg" entwarfen, für alle festgeschrieben: *„B 3. Die Unterdrückung des Handels mit verbotenen Drogen ist grundsätzlich Aufgabe der Polizei. Angesichts des Ausmaßes und der Vielfalt der Formen dieses Geschäfts können jedoch auch die Streitkräfte eines jeden Landes darin einbezogen werden, wobei die souveränen Rechte und die Rechtsordnung des jeweiligen Landes zu beachten und Einsätze auf das Hoheitsgebiet des Landes zu beschränken sind."* (Die Erklärung 1991, S. 206)

Nur ein Jahr später, am 4. und 5. April 1991, fand in Lima auf Einladung der *Comisión Andina de Juristas* eine internationale Expertenkonferenz zum Thema Drogenhandel statt. Im Abschlußdokument der Konferenz stellen sich die Konsequenzen der Einbindung der Armee, die sich im Vertragstext noch ganz harmlos anhörten, als verheerend dar: *„Deutlich ist dabei eine der objektiven Prioritäten der USA geworden: Sie wollen die Streitkräfte der Andenländer in die Aktionen gegen den Drogenhandel mit einbeziehen, was von vielen als die ‚Militarisierung des Drogenkrieges' bezeichnet wird. So stellt die Außenpolitik der USA bei der Vergabe von Wirtschaftshilfe ganz klar die Bedingung, daß zuvor ein Militärabkommen abzuschließen sei – was von keinem der Andenländer beantragt wurde. (...) Da in der Praxis der militärischen Dimension und der Repression der Vorrang eingeräumt wird, lassen diese von außen aufgezwungenen politischen Maßnahmen keinen Raum für die in Cartagena beschlossenen differenzierten Lösungsvorschläge. So sollen etwa im Bereich der Sicherheit den Streitkräften Aufgaben übertragen werden, die eigentlich in die Kompetenz der Polizei fallen. Das Eingreifen in ein derart komplexes Aktionsfeld wie die Bekämpfung des Drogenhandels birgt für den Militärapparat selbst die ernsthafte Gefahr der Korruption. Schlimmer noch sind die allgemeinen politischen und sozialen Risiken, besonders in Ge-*

bieten, wo die bewaffnete Subversion aktiv ist." (CAJ 1991, S. 220) Das Wort „Gefahr" scheint in diesem Zusammenhang fast eine Verharmlosung, denn der kolumbianische Militärapparat hat sich wiederholt in den Dienst der Narcos gestellt. Bezeichnend für die Situation in Kolumbien ist z. B. ein Fall, der sich 1983 in der Gegend von Villaviciencio ereignete. Die vor Ort stationierten Spezialeinheiten der VII. Brigade der Armee halfen Drogenhändlern ein von der FARC bedrohtes Kokainlabor zu evakuieren. Nachdem es mit Hilfe von privaten Kleinflugzeugen in die Nähe der brasilianischen Grenze verlegt worden war, wurde jedes Mitglied der Spezialeinheit mit 500-2.500 Dollar von den Kokainunternehmern entlohnt. Bezeichnenderweise wurden die Militärs bei einem späteren Prozeß nicht wegen Begünstigung des Drogenhandels, sondern lediglich wegen Bestechung belangt. (Menzel 1997, S. 32) Zwischen 1992 und 95 gingen Armeeangehörige noch weiter. Soldaten der Brigade mit Sitz in Cali führten im Auftrag von Drogenhändlern in Südwestkolumbien mehrere Massaker durch, um widerspenstige BäuerInnen aus dem Weg zu räumen. Dabei unterliefen ihnen so viele Fehler, daß dem kolumbianischen Staat die Verbrechen vor internationalen Gremien nachgewiesen werden konnten und dieser die Verantwortung öffentlich zugeben mußte.

Doch auch in den neunziger Jahren hielt die kolumbianische Regierung an ihrem Kurs fest und ließ den „Antidrogenkrieg" weiter mit der Aufstandsbekämpfung verschmelzen. Am 13. Mai 1996 erklärte sie fünf Departements Amazoniens zu „Sonderzonen öffentlicher Ordnung" (ZEOP) und stellte sie – ein Drittel des Landes – unter die direkte Kontrolle der Armee. Kolumbien ist mittlerweile auch zum drittgrößten Empfänger von US-Militärhilfe nach Israel und Ägypten avanciert. Betrug sie 1997 noch 88,6 Millionen Dollar, sollen es 1999 289 Millionen Dollar sein, die vermeintlich im Kampf gegen den Drogenhandel eingesetzt werden sollen. Zählt man die gesamte Militär-, Waffen- und Polizeihilfe zusammen, kommt man nach Rechnung des Bogotaner Professors Eduardo Pizarro auf über 400 Millionen US-Dollar. Zu den Neulieferungen aus den USA gehören u. a. sechs Blackhawk-Helikopter und die Verbesserung der Feuerkraft und der Reichweite von 34 Huey-Artilleriehelikoptern. Hinzu kommen umfangreiche Ausbildung und Beratung durch die US-Army und die Gründung eines „Antidrogenbataillons", das aus 1.000 kolumbianischen Freiwilligen besteht und unter Leitung von US-Beratern die Drogenbekämpfungspolizei bei Aktionen gegen Pflanzungen in Guerillagebieten unterstützen soll. (Kolumbien-Monatsbericht März 1999)

Für die nächsten Jahre ist also eine weiter fortschreitende Militarisierung in den Anbauländer zu erwarten. Bereits seit 1992 existiert in Panama ein „Drogenbekämpfungszentrum" der USA, das auf einseitigen Beschluß der amerikanischen Regierung eingerichtet wurde. Die USA würden daraus nach der Übergabe der Kanalzone an Panama am 1.1. 2000 gerne ein „Multilaterales Zentrum zur Drogenbekämpfung" (Centro Multilateral Antidrogas/CMA) machen und pochen dabei auf 20 Prozent *„zusätzliche Aktivitäten"*, die vage als *„Operationen logistischer Unterstützung für Dritte und andere Aktivitäten"* definiert werden. Dafür würde die USA gerne 7.000 US-amerikanische Soldaten stationieren. Weitere Militärbasen existieren in Ecuador und Peru.

Daß ausgerechnet die US-Sicherheitskräfte den Drogenhandel bekämpfen sollen, mutet angesichts der im Zuge der Iran-Contra-Affäre öffentlich gewordenen Verstrickung des CIA in den internationalen Drogenhandel merkwürdig an.[32] Im August 1999 wurde außerdem bekannt, daß Laurie Hiett, die Ehefrau des Oberkommandeurs der militärischen Einsatzgruppe der US-Army in Kolumbien, James Hiett, zwischen März und Mai 1999 insgesamt 1,2 Kilo Kokain über die Diplomatenpost der US-Botschaft in Bogotá in die USA geschmuggelt hat. (*La Jornada*, 7.8. 1999)

Wie abwegig die Behauptung der US-Regierung ist, den Drogenanbau und -handel mit Hilfe der kolumbianischen Armee bekämpfen zu wollen, wird auch deutlich, wenn man bedenkt, wie eng kolumbianische Sicherheitsorgane bereits während der achtziger Jahre beim Aufbau der Paramilitärs mit den großen Drogenhändlern kooperiert haben. Ab Mitte der achtziger, stellte amnesty international fest, *„fand zunehmend eine personelle Verschmelzung von ‚Selbstverteidigungsgruppen' und aus angeheuerten Killern bestehenden Privatarmeen statt, die in den Diensten von Drogenhändlern standen. Diese hatten in Regionen mit Guerillapräsenz große und ertragreiche Ländereien aufgekauft, wodurch sich zwischen den Drogenbaronen und örtlichen Armeekommandeuren eine Interessensübereinstimmung einstellte."* (amnesty 1994, S. 79) So waren bereits *„1988 schlagkräftige paramilitärische Organisationen entstanden, die landesweit voll in die militärischen Strukturen integriert waren"*, und in *„weiten Teilen Kolumbiens, die für die Drogenhändler von wirtschaftlichem und für die Streitkräfte von logistischem Interesse waren, fanden sogenannte ‚Säuberungsaktionen' durch Paramilitärs statt"*. (amnesty 1994, S. 79)

In der Provinz Putumayo entstanden der *Comisión Andina de Juristas* zufolge *„die paramilitärischen Organisationen mit Verbindung zum Drogenhandel speziell als bewaffnete Apparate, um die Gebiete mit Kokainlabors zu kontrollieren, Kampagnen sozialer Säuberungen gegen sozial Marginalisierte durchzuführen, Rechnungen zwischen Drogenhändlern zu begleichen und die bewaffnete Kontrolle über ihr Einflußgebiet auszuüben, die Auseinandersetzungen mit anderen Drogenkartellen, und Guerillaorganisationen umfaßte,*

32 Der CIA hatte mit Einnahmen aus dem Drogenhandel mit kolumbianischem Kokain die rechtsextremen Contraverbände im Krieg gegen das von der FSLN regierte Nicaragua unterstützt.

sowie die Verfolgung der Volksbewegung und der politischen Opposition.“ (Salgado 1997, S. 172)

Eine wesentliche Rolle beim Aufbau der Paramilitärs spielten die Armeegeheimdienste, Angehörige der Kartelle sowie Viehzüchter und Regionalpolitiker. Im Gebiet des Magdalena Medio waren die Drogenbarone Pablo Escobar, Gonzalo Rodríguez Gacha, Fabio Ochoa und der Bruder des heutigen AUC-Anführers Carlos Castaño, Fidel Castaño, in den Aufbau der paramilitärischen Strukturen verwickelt. Sie nutzten das Gebiet, um zahlreiche Drogenlabors aufzubauen, die durch Paramilitärs geschützt wurden. Dies geschah faktisch nicht nur unter Leitung der Armee, sondern auch mit Kenntnis der USA (die in dem Gebiet ständig Militärs stationiert hatten) und unter der Mitwirkung ausländischer, ehemaliger Geheimdienstangehöriger. Zuletzt kam die übergreifende Zusammenarbeit in der Aufstandsbekämpfung ans Licht, als der linke ecuadorianische Abgeordnete Jaime Hurtado im Februar 1999 wegen seiner Verbindungen zu progressiven Kräften Kolumbiens ermordet wurde: Der Täter war ein Angehöriger der Paramilitärs, der auch als bezahlter Informant der DEA arbeitete (Correo 105).

Die heuchlerische Haltung bezüglich des „Antidrogenkampfes“ wird besonders deutlich, wenn berücksichtigt wird, daß die meisten Chemikalien zur Verarbeitung der Kokapaste aus den Industrieländern stammen. So kommen nach Angaben der US-amerikanischen Drogenbekämpfungsbehörde DEA 70 Prozent des bei der Kokaraffinierung verwandten Azetons und 33 Prozent des benutzten Äthers aus den USA, der Rest vorwiegend aus Deutschland (Wilson 1995, S. 14), aber auch aus anderen Industriestaaten. Im April 1999 wurden beispielsweise in Cartagena zwölf Tonnen der zur Kokaraffinierung unverzichtbaren Pottasche beschlagnahmt, die aus Belgien stammten. Doch die Ausfuhr der entsprechenden Chemikalien wird kaum kontrolliert, das Geschäft für die Chemiekonzerne blüht. Auch wird der vorwiegende Teil der Einnahmen aus dem Drogenhandel in den Industrieländern reingewaschen, eine Kontrolle des Geldverkehrs der transnationalen Unternehmen, aufgrund ihrer Struktur und ihres Finanzvolumens die optimalen Geldwäscher, findet jedoch nicht statt. Ebenso stammt ein Großteil der für den Drogenschmuggel genutzten Transportmittel (wie z. B. Spezialflugzeuge, Radaranlagen, Schnellboote und sogar Mini-U-Boote) – wie die meisten Waffen – aus den USA.

Gegen die Legalisierung der Drogen, nach Einschätzung vieler Drogenexperten der einzige Weg, um die riesigen Gewinnspannen zu vermindern und durch Regulierungsmöglichkeiten die illegalen Strukturen mit all ihren Konsequenzen für die Gesellschaft zurückzudrängen, wehren sich die USA vehement. Vielleicht weil Kokain eines der wenigen landwirtschaftlichen Exportprodukte ist, das in der Region verarbeitet wird und vom Anbau bis zum internationalen Vertrieb nicht von transnationalen Konzernen aus den Industrieländern kontrolliert wird? (Wilson 1995, S. 18-19) *„Es ist der einzige erfolgreiche lateinamerikanische Multi“* (*The Economist* 1988, S. 22), wie der ehemalige peruanische Präsident Alan García einst sagte. Vielleicht aber auch, weil der Drogenhandel auf widersprüchliche Weise eine Schlüsselrolle bei der Wahrung geopolitischer Interessen der USA spielt.

4.3 „Carlos Castaño hat sich nicht verselbständigt“

Interview mit den MenschenrechtsaktivistInnen Edith Carillo (Komitee zur Unterstützung der verfolgten USO-Gewerkschafter), Pedro Mahécha (Anwaltskollektiv *José Alvear Restrepo*) und Juana Aponte (Menschenrechtskomitee der Universidad Nacional, Bogotá)

In den Medien wird oft behauptet, der Paramilitarismus werde von der Regierung Pastrana nicht mehr kontrolliert. Inwieweit ist das richtig?

Carillo: Das ist völlig falsch. Der Paramilitarismus entstand als staatliche Politik zur Bekämpfung der Aufständischen und richtet sich gegen diejenigen, die zum Einflußbereich der Guerilla gezählt werden. Ständig werden neue Beweise für die Verbindungen zwischen Armee und Paramilitärs vorgelegt. Selbst die kolumbianische Justiz hat eine Reihe von Prozessen gegen Armeeoffiziere, hochrangige Vertreter von Politik und Wirtschaft eröffnen müssen.
Aponte: Man muß nur zwei einfachen Beobachtungen anstellen, um die Frage beantworten zu können: Wo agieren die Paramilitärs? Ausschließlich dort, wo die Sicherheitsinteressen der Eliten auf dem Spiel stehen. Sie verfolgen die Gewerkschaften in den wirtschaftlich wichtigen Exportbranchen wie der Bananen- und Erdölproduktion und säubern jene Gebiete, die für den Staat militärstrategisch wichtig sind. Wo sind ihre Stützpunkte? Es gibt Hunderte von Zeugenaussagen, die belegen, daß die Paramilitärs neben oder in Armeekasernen untergebracht sind und sich regelmäßig mit hochrangigen Offizieren treffen. Der Paramilitarismus ist nach wie vor eine staatliche Politik.

Aus Washington gab es zuletzt kritische Stellungnahmen zur Menschenrechtssituation in Kolumbien. Darüber hinaus werfen einige US-Geheimdienste Carlos Castaño vor, Drogenhändler zu sein. Ändert sich etwas an der Politik der USA?

Aponte: Uns erscheint diese Position heuchlerisch. Man muß daran erinnern, daß das Konzept der paramilitärischen Gruppen von US-amerikanischen Militärstrategen entwickelt wurde. Es ist Bestandteil der *Nationalen Sicherheitsdoktrin*, wie sie die US-Regierung in ganz Lateinamerika zur Anwendung brachte. Nun haben die Paramilitärs in Kolumbien sowohl Beziehungen zu den Viehzüchtern und den politischen Eliten wie zum Drogenhandel. Und aus diesem Grund bezieht Washington öffentlich Stellung gegen die Paramilitärs, nutzt sie andererseits aber weiter aus, um die Situation im Land zu kontrollieren. Es mag paradox erscheinen, doch Tatsache ist, daß der Paramilitarismus gebraucht wird, um einen Aufstand zu verhindern, und deswegen auch weiter gefördert wird.

Es heißt, die Familie Castaño sei nach dem Zerfall des Medellín-Kartells zum wichtigsten Drogenhändlerclan aufgestiegen. Ist das auch nur eine Lüge?

Carillo: Für mich ist das ein Ablenkungsmanöver, über das im Ausland viel geredet wird, an das jedoch in Kolumbien kein Mensch glaubt. Castaño ist kein Drogenhändler wie Pablo Escobar oder die Gebrüder Rodríguez Orejuela. Er ist ein Agent des kolumbianischen Staates zur Bekämpfung der Aufstandsbewegung. Darüber hinaus verteidigen sie die wirtschaftliche Interessen der Eliten, darunter auch diejenigen des Drogenhandels. Das heißt, die Paramilitärs haben kein eigenes politisches Projekt, sie sind dazu da, die Geschäfte der Oligarchie zu verteidigen, und das kann genauso eine Bananenplantage wie ein Koka-Laboratorium sein. Die Paramilitärs haben dem Drogenhandel möglicherweise neue Handelswege eröffnet, aber sie sind kein Kartell.

Castaño ist also anders als Pablo Escobar nicht autonom...

Mahécha: Nein. Er hat sich nicht verselbständigt. Das Problem ist allerdings, daß im Kolumbien häufig das Gegenteil behauptet wird, vor allem in den herrschenden Medien. Für sie ist Castaño die dritte Konfliktpartei, was den Staat zum unparteiischen Mittler zwischen den Extremen macht, zur einzigen Kraft, die die beiden Seiten noch auseinanderhalten kann. Was mit dieser Darstellung bezweckt werden soll, liegt auf der Hand: Der Staat wird von jeder Verantwortung freigesprochen und soll gestärkt werden.

Die Regierung Pastrana zeigt sich im Ausland als gemäßigte, kompromißbereite Regierung. Was hat sich verändert, seitdem der Konservative Mitte 1998 das Amt übernahm?

Aponte: Pastrana hat viel von Frieden gesprochen, aber seine Politik läuft auf eine Verschärfung des Konflikts hinaus. Das sieht man am deutlichsten an seinen Wirtschaftsplänen. Der sogenannte „Entwicklungsplan“ sieht Lohnsenkungen und den Abbau von Sozialversicherungen vor. Er verschärft die Einkommensgegensätze und macht es immer mehr KolumbianerInnen unmöglich, ein menschenwürdiges Leben zu führen. Frieden kann es nicht ohne soziale Gerechtigkeit geben, das weiß auch die politische Elite. Insofern sind die Verhandlungsangebote an die Guerilla nicht mehr als Medienpropaganda. Tatsächlich hat sich die Repression gegen die Gewerkschaften und die sozialen Bewegungen eher verschärft.

Carillo: Die Regierung hat 1998 im Ausland durch zwei Ereignisse gepunktet: durch die Wiederaufnahme der Beziehungen zu den USA und den Dialog mit den FARC. Doch aus unserer Sicht sind dies nicht die Hauptprobleme

Kolumbiens. Der Konflikt in unserem Land ist Ergebnis einer sozialen Situation, d. h. ein Friedensvorschlag muß mit Inhalten gefüllt werden, mit realen Veränderungen. Die Wirtschaftspolitik Pastranas spricht eine andere Sprache. Allein in Bogotá wurden Anfang 1999 20.000 StraßenhändlerInnen vertrieben.

Aber Pastrana hat sich auch sehr großzügig gezeigt. Er hat der Demilitarisierung von 5 Landkreisen zugestimmt und sich mit FARC-Kommandant Manuel Marulanda getroffen.

Carillo: Pastrana hat die Demilitarisierung der Landkreise den FARC nicht zugestanden, sondern andersherum haben die FARC diese Räumung durch ihre Stärke erzwungen. Die Tatsache, daß die FARC 300 Kriegsgefangene in Ihren Händen haben, die sie gegen eigene politische Gefangene eintauschen wollen, spricht Bände.
Mahécha: Wenn man so will, war das Gebiet schon vorher „geräumt“... Die Armee war selten dort, und wenn, dann ging es ihr meistens sehr schlecht.

Zielt die Verhandlungspolitik der Regierung nur auf einen Prestigegewinn ab?

Mahécha: Der kolumbianische Staat steckt in einer tiefen Krise und muß Fortschritte in der Befriedung des Landes machen – auf subtile oder auf gewalttätige Weise. Die aufständische Bewegung ist seit 1995 in unerwarteter Weise gewachsen, gleichzeitig haben sich die Lebensbedingungen der Bevölkerung spürbar verschlechtert. Diese Mischung ist hochexplosiv. Die Regierung erkennt offiziell eine Arbeitslosenrate von 17 Prozent an, und zwar Arbeitslose, die keinerlei Absicherung absitzen. Darüber hinaus gibt es eine ausufernde Korruption, für die seit nun 8 Jahren in den Eliten nach einer Lösung gesucht wird. Die Regierung muß also etwas unternehmen, wenn sie eine Explosion verhindern will.

Aber wird diese Befriedung eher gewalttätig oder politisch sein?

Mahécha: Ein großer Teil der Eliten einschließlich der Armee scheint auf eine gewalttätige Lösung zu setzen. Das Problem ist allerdings, daß der Paramilitarismus als eine Art staatlicher Terrorismus der Aufstandsbewegung keine strategische Niederlage zugefügt hat. Er hat die sozialen Bewegungen stark geschwächt – allein 3.000 GewerkschafterInnen sind umgebracht worden – aber er hat der Guerilla neuen Zulauf verschafft.

Immer mehr Menschenrechtsbüros müssen schließen. Mein Eindruck ist, daß das Vakuum, das die regierungskritischen Nichtregierungsorganisationen (NRO) hinterlassen, von regierungsfreundlichen ausgefüllt wird. Es gibt eine ganze Reihe Menschenrechtsorganisationen, die von den wirtschaftlichen Eliten unterstützt werden, z. B. die Anti-Entführungsorganisation País Libre oder die Indígena-Gruppe Organización Indígena de Antioquia (OIA). Die

Gruppen treten international als Sprachrohre einer unabhängigen Menschenrechtsbewegung auf. Sind die Nichtregierungsorganisationen zu einem Kriegsschauplatz geworden?

Mahécha: Ich glaube, daß es eher so ist, daß sich viele NRO anpassen, weil sie wirtschaftlich ausgehalten werden oder auf die Drohungen der Todesschwadrone reagieren. Der Paramilitarismus hat den Diskurs der NRO völlig aufgeweicht. Es tut mir leid, das so hart sagen zu müssen, aber vom meinem Standpunkt aus kommt es regelrecht einem Verrat an den Menschenrechten gleich, was viele NRO in den letzten Jahren betrieben haben.

Das zweite, was die NRO beeinflußt, ist die Unterstützung der internationalen Agenturen. In Kolumbien ist es heute praktisch unmöglich, von internationalen Stiftungen eine Finanzierung für ein Projekt mit politischen Gefangenen zu bekommen, von Geldern für die Verteidigung von Kriegsgefangenen ganz zu schweigen. Geld gibt es für Projekte, die von Frieden, Ökologie und Entwicklung reden, aber nicht für solche, die sich nach offener Opposition anhören.

Man sollte also grundsätzlich immer berücksichtigen, daß „Nicht-Regierung" zu sein noch lange nicht bedeutet, auch oppositionelle Positionen zu vertreten.

Es gibt also keinen strategischen Plan, bestimmte NRO zu zerschlagen und durch regierungsfreundlichere zu ersetzen?

Aponte: Natürlich gibt es ein Interesse, die Veröffentlichung bestimmter Informationen zu verhindern. Die Beeinflussung der öffentlichen Meinung spielt eine wesentliche Rolle im Krieg.

Mahécha: Unter den NRO sind alle politischen Spektren vertreten, und natürlich gibt es auch welche, die von Viehzüchtern und Industriellen gegründet wurden und sich ausschließlich mit dem Thema Entführungen beschäftigen, weil das die Seite des kolumbianischen Konflikts ist, die sie am deutlichsten zu spüren bekommen. Dagegen kann man nichts einwenden, schließlich ist es Aufgabe der internationalen Öffentlichkeit, sich eine reale Vision der kolumbianischen Wirklichkeit zu machen. Man muß sich in Europa damit auseinandersetzen, mit wem man es zu hat und welche Interessen eine bestimmte NRO vertritt.

Im Mai 1999 wurde die kolumbianische Regierung von einem internationalen Tribunal in Barrancabermeja wegen der Mitverantwortung an einem Massaker verurteilt. Inwiefern richtete sich dieses Verbrechen Mitte 1998 auch gegen die Gewerkschaften in der Erdölstadt?

Mahécha: Das Massaker war Teil einer landesweiten Strategie. Barrancabermeja liegt in einem wirtschaftlich und strategisch wichtigen Gebiet. Hier gibt es eine mehr als 100 Jahre alte Tradition von Kämpfen. Mit den Morden sollte die sozialen Organisationen in der Stadt und vor allem die Gewerkschaften geschwächt werden.

Frau Aponte und Herr Mahécha, Sie besuchen regelmäßig Inhaftierte. In den vergangenen zwei Jahren hat es eine Reihe von Gefängnisaufständen gegeben. Was waren die Ursachen dafür und wie ist die Situation heute?

Mahécha: Die Lage kann man nur als menschenunwürdig bezeichnen. Viele Anstalten sind mit 300 Prozent überbelegt, ich habe Zellen gesehen, wo die Inhaftierten stehend schlafen mußten, weil es nicht genug Platz gab. Dagegen hat sich in den letzten Jahren Widerstand organisiert.

Aponte: Im Augenblick haben Gefangene in einigen Anstalten die Zugänge gesperrt. Sie blockieren nach einem Besuchstag gemeinsam mit ihren Angehörigen für zwei oder drei Tage die Eingänge, um auf ihre Situation aufmerksam zu machen. Seit 1997 gab es eine Reihe von Protesten und Revolten, die zum Teil sehr eskalierten.

Mahécha: Sie waren Ausdruck völliger Verzweiflung, zum Teil gaben sie aber auch Anlaß für Hoffnung, denn den Inhaftierten ist es tatsächlich gelungen, das Rechtssystem in Frage zu stellen. Das Establishment ist heute gezwungen, die Gefangenen zumindest anzuhören. Natürlich hat es schwere Repressalien und Zwangsverlegungen gegeben, aber eben auch Gespräche mit Regierungsvertretern. Wir alle hoffen, daß die Proteste dazu führen, daß das Strafsystem reformiert und Gefängnisstrafen durch soziale Dienste ersetzt werden. Die Gefängnishaft ist ein Angriff auf die Menschenwürde – in Kolumbien genauso wie in der ganzen Welt.

5. Kolumbien seit 1990

5.1. Neoliberale Reformen und politische Modernisierung

Nach der schweren sozialen und politischen Krise, die das Land in den achtziger Jahren erschütterte, entwickelte der kolumbianische Staat nicht nur im militärischen und sicherheitsdienstlichen Bereich große Anstrengungen, um die Situation wieder unter Kontrolle zu bringen. Man bemühte sich auch um eine Modernisierung des ökonomischen und politischen Systems, die die Wirtschaft weltmarktkompatibel machen und das angeschlagene Image der traditionellen Parteien aufbessern sollte.

Die Transformation, die noch unter Präsident Virgilio Barco (1986-90) einsetzte, nahm ihren Ausgangspunkt in der Wirtschaftspolitik und wurde dann nach anfänglichen Schwierigkeiten unter Julio Cesar Gaviria (1990-94) von einer politischen Reform ergänzt, die dem Rechtsliberalen Gaviria den Ruf eines Erneuerers einbrachte. Das grundsätzliche Problem dieser Modernisierung bestand dabei darin, daß das kompliziert ausgelotete Machtgefüge innerhalb der Eliten weitgehend unangetastet bleiben mußte. Die von den USA und dem IWF geforderten Reformen durften weder die traditionelle Funktion des Zweiparteiensystems als Versorgungsinstrument der Eliten noch die Interessen der Wirtschaftskonglomerate in Frage stellen. Eine Modernisierung, mit der Protestbewegungen integriert werden könnten, stand also nicht zur Debatte.

Bei ihrem Modernisierungsvorhaben kam Barco und Gaviria der Zusammenbruch des Realsozialismus gleich in doppelter Hinsicht entgegen: Zum einen, weil die Krise der Linken die Opposition und die sozialen Protestbewegungen vorübergehend handlungsunfähig machte, zum anderen weil nach dem Untergang der Sowjetunion nur noch ein einziger, vereinheitlichter Weltmarkt bestand. Die Richtung der ökonomischen Reformen war damit klar vorgegeben: Privatisierungen und Durchsetzung des „freien Spiels der Kräfte".

Bereits 1988 leitete Virgilio Barco in diesem Sinne die neoliberalen Maßnahmen ein, die damals in Anbetracht der starken Protestbewegungen zunächst selbstmörderisch erschienen. Doch Barco und sein Innenminister (und späterer Nachfolger), der junge Technokrat Cesar Gaviria Trujillo, spielten unbeirrt auf der Tastatur des Neoliberalismus: Abbau von Zollschranken, Erleichterung ausländischer Investitionen, Liberalisierung des Kapitalverkehrs, Beseitigung von Arbeitsschutzgesetzen, Angriff auf die Gewerkschaften, Reduzierung der Staatsausgaben im sozialen Bereich bei einer gleichzeitigen Stärkung des Militärapparats usw. Man folgte damit zwar den in Lateinamerika üblichen IWF-Auflagen, doch im Gegensatz zu den hochverschuldeten Staaten Brasilien, Argentinien, Venezuela oder Mexiko tat die kolumbianische Regierung dies ohne jede Not. Mit knapp 20 Milliarden US-Dollar Staatsverschuldung bei gleichzeitig wachsenden Deviseneinnahmen aus dem Kaffee-, Erdöl-, Kohle-, Blumen-, Gold- und Bananenexport stand Kolumbien sehr viel weniger unter Druck der internationalen Kreditgeber als seine Nachbarländer. Der Peso verlor zwar jedes Jahr zwischen 20 und 30 Prozent seines Werts gegenüber dem Dollar, aber verglichen mit den sonst auf dem Kontinent üblichen Hyperinflationen war dies eine zu vernachlässigende Größe.

Trotzdem folgten die Regierungen Barco und Gaviria in jeder Hinsicht den Programmen des IWF und leiteten eine überstürzte wirtschaftliche Öffnung des Landes gegenüber ausländischen Produkten und Investitionen ein. Darüber hinaus verwandelte sich Kolumbien in eine der treibenden Kräfte der Marktintegration auf dem Kontinent. Das Land erweiterte nicht nur das bestehende Freihandelsabkommen mit Bolivien, Peru, Venezuela und Ecuador (der sogenannte *pacto andino),* sondern unterzeichnete auch das G-3 Abkommen mit Mexiko und Venezuela sowie einen Vertrag mit Mexiko und Chile zur pazifischen Integration. Mit den Verbindungen nach Mexiko hofften Barco und Gaviria eine Eintrittskarte für das NAFTA-Freihandelsabkommen (zwischen Kanada, USA und Mexiko) zu erwerben.

Mit der Öffnungspolitik sollte – so die offizielle Begründung – die kolumbianische Wirtschaft konkurrenzfähig gemacht und einheimischen Unternehmen der Zugang zu den Weltmärkten gesichert werden. Doch tatsächlich wurden die nationalen Industrien durch die *apertura económica* massiv unter Druck gesetzt. Kapitalkräftige ausländische Unternehmen verdrängten zunehmend den kolumbianischen Mittelstand. Nach Angaben der Lebensmittelgewerkschaft SINTRAINAL eroberten sich Multis wie das Schweizer Unternehmen *Nestlé* unter anderem Monopolstellungen auf weiten Teilen des für die Bevölkerung so wichtigen Markts von Milchprodukten. Das schwach ausgebildete Geflecht einheimischer Produzenten, das traditionellerweise als wichtigste Stütze einer sich selbsttragenden Entwicklung betrachtet wird, wurde durch die internationale Konkurrenz praktisch zerstört. Dementsprechend wuchs das Industrie-Außenhandelsdefizit Kolumbiens von 772 Mio. US-$ 1991 auf 3,5 Mrd. US-$ 1995 an (Sarmiento Palacio 1996, S.9).

Noch gravierender war der Anstieg der Landarmut. Allein von 1991 auf 1992 nahm der Anteil armer Bauern an der ländlichen Bevölkerung von 26,7 Prozent auf 31,2 Prozent zu, weil die KleinbäuerInnen nicht mit den billigen Agrarimporten aus dem Ausland konkurrieren konnten (Agudela Villa 1998, S. 103). Zudem gab es einen massiven Trend zur Reichtumskonzentration:

Während die ärmsten 60 Prozent der KolumbianerInnen 1991 noch 28 Prozent des nationalen Gesamteinkommens verdienten, waren es Mitte der neunziger Jahre nur noch 23 Prozent. (Agudela Villa 1998, S. 116)

Von den einheimischen Unternehmen konnten praktisch nur die Großkonglomerate *Ardila Lülle*, *Sindicato Antioqueño*, *Santos* und die *Gruppe Bavaria-Santo Domingo* von der Öffnungspolitik profitieren. Sie bauten ihre Vormachtstellung in der Getränkeindustrie aus, profitierten über angeschlossene Banken von den neuen Möglichkeiten finanzieller Transaktionen und den Börsen-*Hausses* oder erschlossen sich neue Unternehmensfelder wie die Kommunikationstechnologie. Ansonsten jedoch forderte die Strukturanpassung einen hohen Preis. Nicht einmal im finanziellen Bereich nutzte Kolumbien die wirtschaftliche Öffnung. Während Argentinien, Mexiko und Venezuela Anfang der neunziger Jahre massive, spekulationsbedingte Kapitalzuflüsse ins Land verbuchen konnten, blieb der Finanzmarkt Kolumbiens relativ ruhig (Sarmiento Palacio 1996, S. 27).[1]

Der Ökonom Eduardo Sarmiento Palacio kommt zu einem vernichtenden Urteil über die neoliberale Politik: *„Die wirtschaftliche Öffnung war nicht das Ergebnis eines durchdachten Programms (...). Sie ging über ein ideologisches Modell nicht hinaus. Die Autoren der Initiative präsentierten sie als Weg, um die Wirtschaft zu modernisieren und eine Integration in den Weltmarkt zu ermöglichen. Doch sie machten sich nicht die Mühe, die dafür nötigen Bedingungen festzuhalten. Man ging davon aus, daß der Markt das automatisch besorgen würde.(...) Gleichzeitig förderte die Öffnung die Produktion jener Güter, die (...) mit einem hohen Anteil von Rohstoffen erzeugt werden (...) Das (dadurch entstandene) Industrieprofil schafft weder qualifizierte Arbeitsplätze noch fördert sie Ausbildung oder erhöht gar das Bildungsniveau in der restlichen Wirtschaft.“*

In anderen Worten: Der Neoliberalismus warf Kolumbien auf die Rolle zurück, die das Land seit dem Kolonialismus innehat. Unter der spanischen Krone vor allem Gold- und Tabakproduzent, ist Kolumbien heute Exporteur von Öl, Smaragden und Steinkohle oder Agrarprodukten wie Kaffee, Bananen und Blumen. Eine industrielle Entwicklung, die das Einkommensniveau erhöhen und Lebensbedingungen verbessern könnte, wird damit nicht in Gang gesetzt.

Neben der Weltmarktöffnung forcierten die Regierungen Barco und Gaviria Reformen im Arbeits- und Sozialversicherungsrecht. Die liberalen Präsidenten beriefen sich auf die international gängige Argumentation, wonach einheimische Unternehmen nur dann auf dem Weltmarkt konkurrenzfähig

1 Das hatte allerdings mittelfristig auch seine positive Seite. Als Argentinien und Mexiko im Zusammenhang mit den Börsencrashs Ende 1994 Kapitalabflüsse in Milliardenhöhe hinnehmen mußten, blieb die Situation in Kolumbien relativ stabil.

sind, wenn das Arbeitsrecht flexibilisiert und das Lohnniveau gesenkt wird. Angesichts eines monatlichen Mindestlohnes von 100 US-$ ist diese Logik mehr als zynisch.

Dennoch wurden die Veränderungen wie geplant durchgepaukt. Mit der Verabschiedung des Gesetzes Nr. 50 vom Dezember 1990 wurden ungesicherte Arbeitsverhältnisse zur Norm. Unbefristete Arbeitsverträge verschwanden fast völlig aus der kolumbianischen Wirtschaft. Die Mindestlöhne, die bis dahin normalerweise in Einvernehmen mit Arbeitervertretern festgesetzt worden waren, wurden unter Gaviria nun einseitig durch Dekret bestimmt. Die Verpflichtung der Unternehmer, Wohnungsbaufonds ihrer Angestellten mitzufinanzieren (die sogenannten *Cesantías),* wurde abgeschafft. Gleichzeitig wurde die Wochenendarbeit ohne Lohnzuschläge legalisiert, und Massenentlassungen wurden erleichtert. In den staatlich kontrollierten Industrien wie der Erdöl- und Kohleproduktion gingen die Unternehmensleitungen zur Beschäftigung von Subunternehmen mit prekär beschäftigten Arbeitern über, um damit die letzten Gewerkschaftsbastionen zu zerschlagen. Tatsächlich dürfte der gewerkschaftliche Organisierungsgrad heute bei weit unter 10 Prozent liegen. Und schließlich erklärte die Regierung Gaviria Ende 1993 auch noch dem bescheidenen kolumbianischen Sozialsystem den Krieg, das schon vor der Reform nur 5 von 40 Millionen KolumbianerInnen erreicht hatte. Mit der Einführung von sogenannten *Gesundheitsförderungsunternehmen (EPS)* begann die Privatisierung des kleinen öffentlichen Gesundheitssektors, was die dramatische Unterversorgung der Bevölkerung weiter verschärfte (Ahumada 1996, S. 239-240).

Erstaunlicherweise führten die Reformen Barcos und Gavirias jedoch nicht zu größeren Revolten. Nach dem Scheitern des als großes Kräftemessen mit der Regierung vorbereiteten Generalstreiks Ende 1988 setzte eine Desillusionierung über die Chancen des Widerstands ein. Dies hatte nicht nur mit dem Terror der Paramilitärs zu tun. Die Regierungen Barco und Gaviria hatten auch frühzeitig daran gedacht, ihre Spar- und Privatisierungsprogramme mit einer Reihe von Justizreformen abzusichern. So verabschiedete Präsident Barco auf Druck der USA noch 1987 – unmittelbar nachdem der Oberste Gerichtshof die Aburteilung von ZivilistInnen vor Kriegsgerichten für unzulässig erklärt hatte – ein *Statut zur Verteidigung der Demokratie,* das im Prinzip die Sicherheitsgesetze der Ära Turbay Ayala (1978-82) wieder aktivierte. Es ermöglichte der Armee Hausdurchsuchungen ohne richterlichen Durchsuchungsbefehl, zehntägige Inhaftierungen ohne Haftprüfungstermin und eine Strafverfolgung wegen Terrorismus gegen Medien, die politische Äußerungen der Guerilla wiedergaben oder – noch allgemeiner – *„die Sicherheit des Staates"* gefährdeten.

1991 folgte unter Gaviria ein weiteres Gesetz, das den Justizapparat wahrhaft umkrempelte. Mit dem *Statut zur Verteidigung der Justiz* wurde nicht nur die Definition von Terrorismus so ausgedehnt, daß man sie praktisch auf alle soziale Protestaktivitäten anwenden konnte, sondern Gaviria führte auch eine Sondergerichtsbarkeit ein, bei der ZeugInnen, StaatsanwältInnen und RichterInnen für die Verteidigung und den Angeklagten anonym blieben. Die sogenannte „gesichtslose Justiz" *(justicia sin rostro)* hebt die bürgerlichen Rechtsnormen praktisch auf. Der Verteidigung wird nur noch ein Bruchteil der Ermittlungsunterlagen vorgelegt, die Angeklagten werden über die gegen sie verwendeten Beweise nicht informiert, die Glaubwürdigkeit von ZeugInnen kann nicht durch den Anwalt hinterfragt werden.

Obwohl die Justizreform, die im Prinzip nichts anderes als eine *„Militarisierung der Justiz"* darstellte (Ahumada 1996, S. 259), mit der Notwendigkeit einer effektiveren Bekämpfung der Kokain-Kartelle begründet worden war, waren die meisten vor den Sondergerichten geführten Prozesse politischer Natur und richteten sich in der Regel gegen linke GewerkschafterInnen, die die Privatisierungsprogramme der Regierung ablehnten. Wie zu erwarten, stieg die Zahl der Verurteilungen explosionsartig an. Während die Verurteilungsrate vor normalen Gerichten gerade einmal 12 Prozent betrug, erreichte sie vor den Sondergerichten 70 Prozent.

Aus diesem Grund führten die marktliberalen Wirtschafts- und Sozialreformen Barcos und Gavirias nicht zu einer Radikalisierung, sondern zu einer tiefgreifenden Individualisierung der Bevölkerung, die sich zunehmend mit „selbständigen" Tätigkeiten (als StraßenhändlerInnen, TagelöhnerInnen etc.) über Wasser zu halten versuchte. Dabei hatte der Anteil der städtischen Bevölkerung, die von Jobs im informellen Sektor lebte, schon 1984, also lange vor den Reformen, bereits 57 Prozent betragen (Pearce 1992, S. 75).

Mit wenigen Ausnahmen vor allem im öffentlichen Sektor, wo Erdöl-, Telecom-, Krankenhaus- und JustizarbeiterInnen heftige Kämpfe gegen die Privatisierungsprogramme führten, bewirkten die Reformen eine Zersetzung des sozialen und organisatorischen Gefüges, aus dem sich der gewerkschaftliche Widerstand bis dahin gespeist hatte.

5.2. Von der Krise der Linken zur Verfassunggebenden Versammlung

Das größte Problem der kolumbianischen Eliten war damit jedoch noch nicht gelöst. Ende der achtziger Jahre wurde das politische System des Landes vor allem vom Legitimitätsdefizit der regierenden Parteien belastet. Die politische Klasse galt als völlig korrupt, die Wahlbeteiligung lag unter 35 Prozent, und die aus dem Jahre 1886 stammende Verfassung wurde als historisches Relikt empfunden – alles Punkte, die von der Linken als Argumente für eine radikale Veränderung herangezogen werden konnten.

Auch in den politischen Eliten selbst bestand Bewußtsein darüber, daß eine grundlegende Modernisierung vonnöten sei. Schon unter den Präsidenten Lopez Michelsen (1974-78) und Turbay Ayala (1978-82) hatte es diesbezüglich Vorstöße gegeben. Die Schwierigkeit war jedoch, daß man eine Konfrontation mit den mächtigen Partei-Kaziken fürchtete.

Vor allem in der Liberalen Partei standen sich zwei Fraktionen gegenüber: Zum einen die traditionellen Parteibosse mit ihren regionalen Gefolgschaften, die den bestehenden Status Quo verteidigen wollten, und zum anderen die von Washington protegierten neoliberalen Modernisierer um Julio Cesar Gaviria Trujillo, die ein ähnliches Projekt verfolgten, wie es der Technokrat Salinas Gortari 1984 in Mexiko eingeleitet hatte.

Die Aufgabe, eine Verfassungsmodernisierung durchzusetzen, ohne das bestehende Gleichgewicht zu zerstören, glich der Quadratur des Kreises. Doch in Anbetracht der wachsenden Unruhe suchte noch Präsident Virgilio Barco die Flucht nach vorne. Er schloß 1988 mit der konservativen Parteiführung ein Abkommen zur Durchführung eines Verfassungsreferendums, das jedoch vom Obersten Gerichtshof ebenso wie der zweite Versuch Barcos 1990, das Referendum per Präsidialdekret zu erzwingen, für ungültig erklärt und kassiert wurde.

Es bedurfte schließlich einer außerparlamentarischen Bewegung, um die gewünschte Verfassungsreform durchsetzen zu können. Erst der Druck der Straße legitimierte die Dekrete des neuen Präsidenten Gaviria und rettete damit den traditionellen politischen Apparat.

Günstige Voraussetzungen hierfür schuf die Demobilisierung der M-19. Die in den achtziger Jahren hochpopuläre linksnationalistische Organisation war nach dem Ende des Waffenstillstands mit der Regierung Mitte 1985 in eine Krise geraten. Sie verlor im November 1985 bei der blutig niedergeschlagenen Besetzung des Justizpalastes von Bogotá mehrere wichtige Führer und verbrauchte sich dann in den Folgemonaten bei einem größenwahnsinnig anmutenden „Marsch auf Cali". Mit einigen hundert Guerilleros wollte die M-19 die drittgrößte Stadt des Landes militärisch einnehmen. Unter hohen Verlusten gelangten die Einheiten zwar bis in die Vororte der Millionenmetropole, mußten sich dann aber schnell wieder zurückziehen. Die Aktion wurde zum Fiasko.

Offensichtlich war das populistische Konzept der M-19 an einem Endpunkt angelangt. Die historischen Strategen der Organisation, darunter der charismatische und noch aus der *Kommunistischen Jugend* stammende Gründer Jaime Bateman Cayón (1983 mit dem Flugzeug verschollen) waren tot, der anfänglich sympathische politische Pluralismus war in Beliebigkeit umgeschlagen, es gab zahlreiche Geheimdienstinfiltrationen, und die Bereitschaft der M-19, bei Aktionen alles auf eine Karte zu setzen, hatte sich in abenteuerlichen Militarismus verwandelt. So schrumpfte die M-19 von 1986 bis 88 auf wenige hundert KämpferInnen zusammen, die im Südwesten des Landes konzentriert waren.

Um das Projekt nicht ganz aufgeben zu müssen, bemühte sich der neue M-19-Kommandant Carlos Pizarro Leongómez, mit sozialdemokratisch-nationalistischen Positionen wieder Fuß zu fassen. Doch der Vorstoß wirkte absurd. Während sich das politische Klima im Land verschärfte, der Regierungsterror zunahm und Tausende von Oppositionellen starben, verletzte die M-19 alle Absprachen mit den fünf anderen Organisationen der *Guerrillakoordination Simón Bolívar* und suchte auf eigene Faust den Ausgleich mit dem Regime. Die Ende 1988 aufgenommenen Kontakte mit der Regierung mündeten nur ein Jahr später in einer bedingungslosen Demobilisierung. Das einzige Ergebnis, das die M-19 bei den Verhandlungen erzielt hatte, war die Zusicherung einer Amnestie für ihre KämpferInnen sowie die Möglichkeit, sich als politische Partei registrieren zu lassen.

Anscheinend hoffte der aus einer Armeefamilie stammende M-19-Chef Carlos Pizarro, seine eigene Popularität in ein gutes Wahlergebnis ummünzen zu können und baute ein Bündnis liberaler, populistischer und sozialdemokratischer Gruppen auf: die *Alianza Democrática-M 19.* Ihr Programm reduzierte sich darauf, das liberal-konservative Zweiparteiensystem aufzubrechen. Soziale Fragen und Widersprüche blieben für die Wahlkoalition ohne größere Bedeutung.

Mit einem personenbezogenen Wahlkampf gelang es dem fotogenen Ex-Guerillero Pizarro, Umfrageergebnisse von über 25 Prozent zu erreichen. Doch die Wahlen erlebte der Kandidat nicht mehr – kurz nach seiner Rückkehr in die Legalität wurde der aussichtsreichste Vertreter der Opposition 1990 auf einem Inlandsflug in der Luft erschossen. Bis heute ist ungeklärt, wie der Attentäter seine Waffe an den scharfen Sicherheitskontrollen der Polizei vorbeischmuggeln konnte. Der Auftragskiller konnte dazu keine Angaben mehr machen, auch er wurde umgebracht.

Mit dem Tod Pizarros war die Gefahr für die politische Klasse Kolumbiens gebannt, und mehr noch: Seine Partei brachte der Regierung Gaviria sogar den heiß ersehnten Modernisierungsschub. Die Beteiligung des neuen Wahlbündnisses ermöglichte eine Erneuerung der politischen Landschaft, ohne die gesellschaftliche Ordnung grundsätzlich in Frage zu stellen. Der zweite Mann der Organisation, der nach einem Attentat im Exil lebende Antonio Navarro Wolff, wurde unter Gaviria zum Gesundheitsminister ernannt und verschaffte der Regierung des rechten Technokraten ungeahnte Legitimation.

Vor diesem Hintergrund bekam die Verfassungsdebatte ein grundlegend neues Gesicht. Bis dahin war die Forderung nach einer Verfassunggebenden Versammlung vor allem von der linken Opposition erhoben worden. Die Kommunistische Partei (bzw. die mit ihr verbündete *Unión Patriótica*) strebte eine tiefgreifende Demokratisierung des politischen Systems an, die radikal-sozialistische Massenorganisation *A Luchar* verlangte die Einberufung einer *Nationalen Volksversammlung*, einer Nationalversammlung der sozialen Bewegungen ohne Beteiligung der traditionellen Parteien. Mit der Demobilisierung der M-19 entstand nun jedoch eine völlig systemkompatible Opposition. Unter der Schirmherrschaft der großen Medien etablierte sich an den Bogotaner Oberschichtsuniversitäten *Andes* und *Javeriana* eine eher unpolitische Studentenbewegung, die sich eine Verfassungsreform ohne soziale Transformationen auf die Fahnen schrieb.

Dieses Vorhaben deckte sich weitgehend mit den technokratischen Plänen Gavirias, der die Unterstützung der StudentInnen im Konflikt mit den traditionellen Parteieliten gut brauchen konnte. Im Dezember 1990 wurden schließlich Wahlen zur Verfassunggebenden Versammlung abgehalten, bei denen die niedrigste Wahlbeteiligung in der neueren kolumbianischen Geschichte zu verzeichnen war. Nur 16 Prozent der Wahlberechtigten gaben ihre Stimme ab (Ahumada 1996, S. 183). Um ein deutliches Zeichen zu setzen, was für eine Reform angestrebt wurde, eröffnete die Armee am Wahltag eine Großoffensive gegen das Hauptquartier der FARC in der nur 100 Kilometer südlich von Bogotá gelegenen Gemeinde La Uribe (Dep. Meta). Und auch die Zusammensetzung der Versammlung deutete nicht gerade auf einen Neuanfang hin. Von den 70 Mitgliedern der Versammlung gehörten 43 den verschiedenen liberalen und konservativen Listen an, 19 Delegierte kamen von der *Demokratischen Allianz M-19,* sowie jeweils 2 von der UP, der Indígena-Bewegung und einer Liste christlicher Sekten.[2] (Ahumada 1996, S. 190) Schon frühzeitig wurde vereinbart, daß wichtige Grundentscheidungen von den Führern der drei Mehrheitsparteien sowie dem Präsidenten Gaviria im Konsens getroffen werden sollten. Die Liberalen wurden dabei vom späteren Innenminister und Präsidentschaftskandidaten Horacio Serpa, die Rechtskonservativen von dem aus einer alten Oligarchenfamilie stammenden Alvaro Gómez und die M-19 von Gavirias Gesundheitsminister Antonio Navarro Wolff vertreten. Die größte Fraktion in der Versammlung stellten PolitikerInnen, die als Vertreter der alten politischen Klasse galten – also genau diejenigen, gegen die sich die Reform ursprünglich hatte richten sollen.

Die sozialen Oppositionsbewegungen waren in der Verfassunggebenden Versammlung hingegen weder personell noch inhaltlich repräsentiert.

Es kam noch schlimmer. Kaum war die Verfassunggebende Versammlung zusammengetreten, ließ Präsident Gaviria den Kongreß schließen, weil dieser gegen Teile des neoliberalen Reformkurs Protest anmeldete. Die Politologin Consuelo Ahumada vergleicht die autoritäre Maßnahme nicht zu Unrecht mit dem Putsch Fujimoris in Peru, doch anders als der Amtskollege in Lima wurde Gaviria im Ausland für seine Politik kaum kritisiert. Mit dem gewiß

2 Jeweils ein weiterer Repräsentant stammte aus der „Studentenbewegung für die Verfassunggebende Versammlung" und der „Bewegung für ein neues Land der Kinder".

nicht gerade linken Parlament wurde eine der letzten Kontrollinstanzen ausgeschaltet.

Obwohl die Verfassung, die im Frühjahr 1991 ausgearbeitet wurde, international als „modern und fortschrittlich“ bezeichnet wurde, tastete sie de facto die Machtposition der Eliten nicht an. Im großen und ganzen handelte es sich um eine vom Neoliberalismus inspirierte Reform, die nur wenige positive Veränderungen beinhaltete. Die wichtigsten Ausnahmen, auf die denn auch ständig in den Medien verwiesen wurde, waren die Berücksichtigung indigener Autonomierechte und die Einführung plebiszitärer Volksbefragungen, die allerdings im politischen Alltag heute keine Rolle spielen. Ansonsten war die Verfassung zum Teil noch autoritärer als die von 1886. Die Machtposition des Präsidenten als „Symbol der nationalen Einheit“ und Oberkommandanten der Streitkräfte wurde bestätigt und ausgebaut. Unter anderem wurde dem Präsidenten die Möglichkeit zur Verhängung zweier verschiedener Ausnahmezustände zugebilligt. Außerdem erhielt er im Gegensatz zur alten Verfassung, wo nationale Entwicklungsprogramme vom Kongreß verabschiedet werden mußten, die Vollmacht, derartige Programme auch gegen eine Parlamentsmehrheit durchzusetzen. Die Rechte des Parlaments bei der Festlegung des Haushaltsplans wurden beschnitten, und auch die Unabhängigkeit der Justiz wurde eingeschränkt. Einige ihrer Aufgaben gingen in den Zuständigkeitsbereich der Polizei über. Die Ernennungsvollmachten des Präsidenten im hohen Justizbereich wurden ausgebaut.

Gestärkt wurde auch die Notenbank, die – ganz im Sinne des Monetarismus – völlige Autonomie gegenüber der Regierung erlangte; es ist wahrscheinlich die einzige Institution, die außer dem Präsidentenamt in der Verfassungsreform aufgewertet wurde. Ansonsten konzentrierten sich die Veränderungen auf eine weitreichende Liberalisierung der Wirtschaft. In der Verfassung festgehalten wurden nicht nur die Privatisierung von Staatsunternehmen und *„das Recht auf freien Wettbewerb“*, sondern auch die Einrichtung von Freihandels- und grenzüberschreitenden Wirtschaftszonen.

Entgegen anderslauternder Gerüchte ist die Verfassung von 1991 also von jenem seltsamen Geist durchtränkt, der für den Neoliberalismus so charakteristisch ist: Freiheitlich im wirtschaftlichen Bereich, hochgradig autoritär in politischen und gesellschaftlichen Belangen.

Für Gaviria und die ihn protegierende US-Regierung war es daher auch eine höchst erfolgreiche Modernisierung. Sie verschaffte der verbrauchten politischen Klasse Kolumbiens neuen Atem und schrieb den neoliberalen Kurs auf Jahre fest. Abgerundet wurde Gavirias Erfolg zudem durch die Demobilisierung weiterer Guerillaorganisationen. Auf das Angebot der kolumbianischen Regierung, beobachtende Sitze in der Verfassunggebenden Versammlung zu erhalten, entschieden sich auch eine Mehrheit der maoistischen

EPL, die Indígena-Milizen *Quintín Lame* und die kleine *Revolutionäre Arbeiterpartei (PRT)* für eine Legalisierung.

Wie im vorhergegangenen Kapitel ausgeführt, veränderte vor allem die Umwandlung des maoistischen EPL in die politische Partei Esperanza, Paz y Libertad (Hoffnung, Frieden und Freiheit)[3] die Koordinaten im Land. Aber auch die Demobilisierung der kleinen, in der Indígena-Bevölkerung der Departements Cauca, Huila und Nariño jedoch tief verankerten *Quintín Lame*-Milizen, die für die Indígena-Autonomie eintraten und eine Art Selbstverteidigungskonzept verfolgten, war publicityträchtig. Die *Quintín Lame*, benannt nach dem historischen Führer der Paez-Indígenas Manuel Quintín Lame Chantre (1880-1967), galten in der Öffentlichkeit als Ausdruck der indigenen Autonomiebestrebungen und besaßen deshalb auch außerhalb der Linken große Sympathie. Mit der Beteiligung der Indígena-Bewegung gewann die Verfassunggebende Versammlung spürbar an Legitimität.

So gesehen stellte die Amtszeit Gavirias für die herrschenden Eliten eine echte „Frischzellenkur" dar. Die sozialen Bewegungen waren ebenso wie die systemoppositionelle Linke ausgeblutet und desorientiert. Den linken Massenorganisation *UP* und *A Luchar* blieb nichts weiter übrig, als ihre Arbeit einzustellen. Vier von sechs Guerillaorganisationen hatten sich demobilisieren lassen und griffen nun ihrerseits FARC und ELN als „stalinistische Relikte" an. Eine Alternative zur neoliberalen Politik schien ausgeschlossen, die sozialistischen Guerillas mutierten in der öffentlichen Berichterstattung zu unpolitischen Bauerntruppen.

Gleichzeitig wurde jedoch auch der sozialdemokratischen M-19 durch die Ermordung ihres Spitzenkandidaten Carlos Pizarro jeder gefährliche Zahn gezogen. Der neue M-19-Chef Antonio Navarro unterstützte als Gesundheitsminister die Bemühungen Gavirias, sich als Mann der demokratischen Versöhnung und Erneuerung zu profilieren. Mit der neuen Studentenbewegung, die von den Eliten gehegt wurde – einer ihrer Führer kam aus dem sogenannten „liberalen Kindergarten" von Präsident Gaviria – war es zudem erstmals gelungen, der Linken die Straße streitig zu machen.

Und nicht zuletzt war die längst benötigte Verfassungsreform, zu der die traditionellen Parteien aus eigener Kraft nicht in der Lage gewesen waren, endlich umgesetzt wurden. Absurderweise festigte also der Versuch der M-

3 Der Name ist charakteristisch für die „Wende", die unter Gaviria forciert und von Teilen der Linken mitvollzogen wurde. Er lehnt sich bewußt an den von Lenin 1917 entwickelten Slogan „Brot, Frieden, Freiheit" an. In den achtziger Jahren gab es in Kolumbien eine maoistische Gruppe mit dem Namen „Bewegung Land, Brot, Frieden, Freiheit". Von diesen Zielen wurden nicht zufällig genau jene aufgegeben, die eine materielle Umverteilung notwendig machten. Übrig blieben die „ideellen" Werte „Frieden und Freiheit", ergänzt durch den in jede Richtung interpretierbaren Begriff „Hoffnung".

19, das Zweiparteiensystem aufzubrechen, die Macht der traditionellen Parteien.

5.3. Die Verhandlungen mit FARC und ELN 1992

Nach dem faktischen Ende von *UP, A Luchar* und *Frente Popular*, dem Abflauen der sozialen Bewegungen sowie der Demobilisierung der anderen Guerillas blieben FARC und ELN 1991 faktisch als einzige Opposition zurück. Der soziale Konflikt militarisierte sich nun endgültig.

Dennoch nahmen die Regierung Gaviria und der Rest der *Coordinadora Guerrillera Simón Bolívar* (CGSB) in Cravo Norte (Dep. Arauca) zunächst noch einmal Gespräche auf. Die Voraussetzungen waren grundsätzlich andere als bei den bisherigen Gesprächen mit der Guerilla. Strukturell waren FARC und ELN durch die Krise der Linken nicht geschwächt worden. Die beiden Organisationen repräsentierten etwa 75 Prozent der gesamten Guerillaeinheiten im Land, verfügten über fast 100 Fronten[4], hatten ihre Einflußgebiete seit Mitte der achtziger Jahre deutlich ausgeweitet und zuletzt auch spektakuläre Aktionen durchgeführt. So zerstörte eine Spezialeinheit der ELN im Juni 1989 den Ölverladehafen von Coveñas/Sucre, über den fast 100 Prozent des kolumbianischen Ölexports abgewickelt wurden.[5]

Vor allem jedoch die FARC, die sich in den achtziger Jahren zurückgehalten hatten, wurden aggressiver. Nachdem die Armee am 9. Dezember 1990 – am Tag der Wahlen zur Verfassunggebenden Versammlung – das Generalse-

4 Die internen Organisationsstrukturen von FARC und ELN unterscheiden sich in vielen Punkten. Doch unter Fronten verstehen beide Guerillas Einheiten, die in einem mehr oder weniger klar umrissenen Gebiet politische und militärische Arbeit leisten. Eine solche Front umfaßt normalerweise 60 bis 300 Personen, die nur in Ausnahmefällen an einem Ort zusammengezogen werden, ansonsten jedoch in kleineren Gruppen „komissionieren", d. h. militärische Operationen durchführen oder politisch-organisatorische Aufgaben verrichten. Zu den Fronten kommen außerdem Kompanien, die etwas kleiner sind, und ausschließlich militärischen Zielen dienen. Anfang der Neunziger bestanden die FARC aus ungefähr 65, die ELN aus 45 Strukturen (darunter auch Sondereinheiten). Seitdem ist diese Zahl noch einmal gestiegen, wobei sich die FARC nach Angaben von Juan Rojas heute darauf konzentrieren, ihre Strukturen zu konsolidieren, anstatt neue Fronten zu gründen. Beiden Organisationen gemeinsam ist, daß es ein kollektives Leitungsgremium gibt. Bei den FARC das siebenköpfige Generalsekretariat, das u. a. mit Manuel Marulanda, El Mono Jojoy, Raúl Reyes, Iván Márquez, Pablo Catatumbo und Alonso Cano besetzt ist, bei der ELN das fünfköpfige Zentralkommando, dem Nicolas Rodríguez Bautista, Antonio García, Pablo Beltrán, Ramiro Vargas und Oscar Santos angehören.

5 Die Aktion, mit der die Organisation auf die miserablen Kooperationsverträge zwischen ECOPETROL und den Ölmultis hinweisen wollte, führte zu einem einmonatigen Exportstop von Rohöl und rief im ganzen Land Erstaunen hervor. Der Hafen von Coveñas liegt immerhin direkt neben einem Marinestützpunkte und wurde von etwa 1.000 Soldaten bewacht.

kretariat der FARC in Casa Verde (Dep. Meta) überfiel, legte die Guerillaorganisation im Februar 1991 zur ersten Zusammenkunft der Verfassunggebenden Versammlung eine ganze Woche lang das Land lahm. Neu dabei war, daß es auch in der unmittelbaren Umgebung Bogotás zu schweren Gefechten kam. Die FARC erreichten die Vororte der Hauptstadt.

Militärisch war die Guerilla stärker als je zuvor. Ihr Problem bestand darin, daß die Opposition insgesamt an Boden verloren hatte. Die Demobilisierungen und das Ende des Realsozialismus hatten FARC und ELN in eine politisch schwierige Situation befördert. Die Guerillas galten als Überbleibsel einer untergegangenen Epoche und als Hindernis für eine grundlegende Demokratisierung.

Mit militärischem Druck und der friedlichen Besetzung der venezolanischen Botschaft durch drei Vertreter der CGSB gewann die Guerilla die Initiative zurück. Sie erzwang mehrere Gesprächsrunden mit der Regierung, die 1991-92 in Cravo Norte (Dep. Arauca), Caracas (Venezuela) und Tlaxcala (Mexiko) stattfanden. Die Delegationen reisten allerdings mit völlig gegensätzlichen Erwartungen zu den Treffen. Während die vom späteren Innenminister Horacio Serpa repräsentierte Regierung Gaviria weiterhin daran festhielt, daß es nur um eine völlige Entwaffnung der Guerilla gehen könne, wollte die CGSB die sozialen Ursachen des bewaffneten Konflikts thematisieren. Die SprecherInnen von FARC, ELN und Rest-EPL wiesen darauf hin, daß sie weder geschlagen seien noch sich an den Ursachen des kolumbianischen Konflikts etwas geändert habe. Eine Niederlegung der Waffen ohne soziale Transformationen würde an den vorhandenen Problemen nichts ändern, weil unter den Bedingungen von Armut und sozialer Marginalisierung immer wieder bewaffnete Aufstände ausbrechen würden. Die Guerilla solle nicht politisch integriert, sondern durch echte Veränderungen überflüssig gemacht werden, verlangten die Sprecher von FARC und ELN, Raúl Reyes und Antonio García.

Diskutiert wurde auch immer wieder eine mögliche Teilnahme der CGSB an den Sitzungen der Verfassunggebenden Versammlung, die zeitgleich in Bogotá tagt. Vor allem die FARC besaßen großes Interesse an einer öffentlichen Debatte ihrer Reformvorschläge im Rahmen der *Asamblea Nacional Constituyente.* Die ELN war in dieser Frage skeptischer. Sie stellte nicht zuletzt aufgrund der hohen Wahlenthaltung in Frage, ob sich die Bevölkerungsmehrheit überhaupt für die Diskussion interessierte. Doch der Verhandlungsleiter Gavirias, Horacio Serpa Uribe, verlangte für eine derartige Teilnahme ein eindeutiges Bekenntnis der Guerilla zur Demobilisierung, das er aus den genannten Gründen nicht erhielt. Es blieb beim Austausch von Forderungen und Willensbekundungen.

Auch sonst standen die Gespräche unter keinem guten Stern. Während man sich in Venezuela und Mexiko über eine Tagesordnung stritt, erreichte die militärische Eskalation einen neuen Höhepunkt. Nach der Operation *Destructor I* im Dezember 1990, die die Zerschlagung der FARC-Kommandantur zum Ziel gehabt hatte, und der darauffolgenden Guerillaoffensive im Februar 1991, rüstete das kolumbianische Regime massiv auf. Gaviria ließ nicht nur die Vollmachten des Staatsoberhaupts erweitern, er setzte auch eine neue Kriegssteuer durch, die der Armee Einnahmen in Höhe mehrerer Milliarden US-Dollar bescherte. Außerdem wurden auf Anraten der US-Berater sogenannte *Brigadas Móviles* gegründet, mobile Sondereinheiten, die aus Berufssoldaten zusammengesetzt waren und die Führungsstrukturen der Aufständischen zerstören sollten.

Auf der Gegenseite nahmen die FARC ein Projekt in Angriff, das offensichtlich auf die Einkreisung der Hauptstadt hinauslief. Der „Überraschungsangriff" der Armee auf das nur etwa 100 Kilometer südlich von Bogotá gelegene Hauptquartier der Guerillaorganisation wurde – wie Beobachter bemerkten – „zum Tritt in den Ameisenhaufen". Die FARC verlegten einen Teil der im Landkreis La Uribe konzentrierten Guerillas in die Nähe der Hauptstadt und zeigten erstmals dauerhafte Präsenz in den Armenvierteln Bogotás.

Trotz der angespannten Lage einigten sich die Delegationen in Mexiko zunächst auf eine Tagesordnung für weitere Gespräche. Man kam überein, Vereinbarungen über die dringendsten Fragen anzustreben: Einhaltung der Genfer Menschenrechtskonventionen, Ausbeutung von Bodenschätzen durch ausländische Unternehmen und die Sozial- und Wirtschaftspolitik der Regierung. Es sah so aus, als ob eine breite gesellschaftliche Diskussion über die Situation im Land eröffnet werden könnte – genau das, was die politische Linke lange gefordert hatte.

Doch kaum hatte man sich Mitte 1992 auf die Tagesordnung geeinigt, starb in den Händen einer EPL-Front im Nordosten des Landes der konservative Ex-Minister Argelino Durán Quintero an Herzversagen. Präsident Gaviria, der der Debatte über die neoliberale Sozialpolitik mit Besorgnis entgegensah, nutzte die Gelegenheit, um die Verhandlungen platzen zu lassen. Er wies seinen Delegationsleiter Serpa Uribe an, der Guerilla ein Ultimatum zu stellen. Die CGSB-VertreterInnen sollten die Entführung Duráns verurteilen und sich von der EPL distanzieren, was auf einen offenen Bruch zwischen den Guerillaorganisationen hinausgelaufen wäre. Als sich die Rebellensprecher darauf beschränkten, ihr Bedauern über den Tod kundzutun, wurden die Verhandlungen abgebrochen, bevor sie überhaupt angefangen hatten.

Die Lage spitzte sich zu. In den Folgemonaten reihten die *Mobilen Brigaden* eine Militäroperation an die nächste, ohne dabei jedoch durchschlagende Erfolge erzielen zu können. Die Sondereinheiten ermordeten zwar Hunderte von ZivilistInnen, aber fügten der Guerilla keine einzige schwere Niederlage zu. Das wichtigste Resultat der Guerillabekämpfung, die Festnahme von

Francisco Galán, Mitglied des fünfköpfigen ELN-Zentralkommandos, im Dezember 1992 in Bucaramanga, war nicht auf die Existenz der Mobilen Brigaden zurückzuführen. Galán wurde bei einem Besuch bei Freunden auf der Straße erkannt und verraten. Die verantwortlichen Militärs übten schwere Rache an dem als diplomatisch geltenden Galán. Der ELN-Kommandant wurde von seinen Folterern vergewaltigt und narkotisiert, um dann als drogenabhängiger Homosexueller vor der Presse präsentiert zu werden. Die Sicherheitsorgane wiesen auf Sperma-Spuren hin und behaupteten, Galán habe mit Strichern verkehrt. Aufgrund der schweren Folterungen, die ihm angetan wurden, wird seine Inhaftierung von JuristInnen als illegal bezeichnet.

Die Wut der Militärs hatte auch mit einer Guerillaoffensive zu tun, die Ende 1992 das Land erschütterte. Anläßlich des 500. Jahrestags der spanischen Kolonisation am 12. Oktober hatte die ELN zu Protesten aufgerufen und ihre Fronten mobil gemacht. Nachdem die Massenproteste und Demonstrationen abgeflaut waren, begann die Organisation mit einer Reihe militärischer Operationen, die unter dem Decknamen „Flug des Adlers" jahrelang vorbereitet worden waren. Eines der Hauptangriffsziele dabei war wieder einmal die Erdölindustrie im kolumbianischen Nordosten. Mehrere Wochen lang hielt die Guerilla Ölfelder besetzt und hinderte das staatliche Unternehmen ECOPETROL am Export des Rohöls.

5.4. Die Konfrontation mit dem Medellín-Kartell

Gaviria kam während seiner Amtszeit nicht nur die Demobilisierung mehrerer Guerillaorganisationen entgegen. Zur vorübergehenden Stabilisierung des Systems trugen auch die Erfolge im Kampf gegen das Medellín-Kartell bei.

Wie schon im Kapitel 4.2. dargelegt, war Mitte der achtziger Jahre zwischen den Kartellen von Cali und Medellín eine schwere militärische Auseinandersetzung entbrannt. Dabei ging es nicht nur um den Kampf der Drogenringe um lukrative Märkte. Auch das US-Drogendepartment DEA und der kolumbianische Staat intervenierten in der Konfrontation – interessanterweise beide auf Seiten der Cali-Mafia.

Pablo Escobar und die anderen Capos der Medelliner Mafia hatten als Verbündete der Armee und damit auch der internationalen Militärberater zwar eine Schlüsselrolle beim Aufbau paramilitärischer Gruppen gespielt, doch dabei offensichtlich eine zu große Selbständigkeit gegenüber den traditionellen Eliten erlangt. So verhielten sich, als die Kartelle von Cali und Medellín ihren Krieg eröffneten und sich Drogerien und Banken in Attentatsziele verwandelten[6], die kolumbianische Polizeibehörde DAS und die US-amerikanische DEA dem Cali-Kartell gegenüber auffallend zurückhaltend. Wäh-

6 Drogerien und Banken deshalb, weil sie als Finanzanlagen der jeweiligen Kartelle galten.

rend Pablo Escobar zeitweise zu einem ähnlich überkarikierten Buhmann mutierte wie später der panamenische Staatschef Manuel Noriega oder der jugoslawische Präsident Milosevic, ließ man den Cali-Ring um die Gebrüder Rodríguez Orejuela, der bis heute gute Beziehungen zu den politischen Eliten im Südwesten Kolumbiens unterhält, in Ruhe. Nach schweren Terroranschlägen, einem vorübergehenden Waffenstillstand und einer neuerlichen Eskalation wurde Escobar 1993 mit Beteiligung US-amerikanischer DEA-Agenten ermordet. Der Medelliner Kartellchef hatte aus einem Hotel mit seinen Angehörigen telefoniert und war geortet worden.

Mit Escobars Tod hatte Präsident Gaviria ein weiteres Problem gelöst, das die Kontrolle der Regierung über das Land in Frage gestellt hatte. Gavirias Erfolgsbilanz war komplett: Den Multis war der Zugriff auf die gewaltigen Erdöl- und Kohlevorkommen erleichtert, das neoliberale Reformpaket mit seinen Privatisierungsmaßnahmen und der Abschaffung von Arbeitsschutzgesetzen ohne größere Widerstände durchgesetzt, die politische und soziale Opposition zerstört oder neutralisiert, und der militärische Sicherheitsapparat ausgebaut worden. Gleichzeitig konnte Gaviria durch die Integration der M-19 und anderer Guerillas und die Verabschiedung der neuen Verfassung auf eine politische Modernisierung verweisen. Für die US-Regierung war außerdem erfreulich, daß er US-amerikanischen Truppen in einem offenen Verfassungsbruch den Aufenthalt an der Pazifikküste gestattete. Bis heute ist nicht eindeutig erklärt, was die US-Truppen in der Region gemacht haben. Der „liberale Technokrat“ Gaviria hatte die brutalste staatliche Repressionspolitik seit Turbay Ayala (1978-82) verfolgt.

5.5. Die Regierung Samper: Dauerkrise

Nach vier Jahren Gaviria wünschte sich ein Großteil der kolumbianischen Bevölkerung einen Politikwechsel. Sein Nachfolger Ernesto Samper kam zwar auch aus der Liberalen Partei (die seit 1974 mit nur einer einzigen Unterbrechung regierte), aber im Gegensatz zu Gaviria wurde Samper eher dem sozialdemokratischen Flügel der Partei zugerechnet. Die Liberalen, die Anfang der neunziger Jahre als Beobachter in die *Sozialistische Internationale* aufgenommen worden waren, versprachen mit Samper einen *Pacto Social*, einen Sozialpakt zwischen Regierung, Gewerkschaften und Unternehmern ins Leben zu rufen, die im Zusammenhang mit der „wirtschaftlichen Öffnung“ verabschiedeten neoliberalen Reformen durch ein sozialstaatliches Programm zu ergänzen und staatliche Initiativen zur Förderung der Wirtschaft auf den Weg zu bringen. Auch gegenüber der Guerilla stimmte Samper einen versöhnlicheren Ton an. Mit Horacio Serpa Uribe machte er den ehemaligen Leiter der Regierungsdelegation in Mexiko zum Innenminister. Zwar hatte sich Serpa als gefügiges Sprachrohr seines Dienstherren Gaviria erwiesen, aber durch seine Herkunft aus der Arbeiterstadt Barrancabermeja hing ihm noch immer ein linksliberales Image an. So schien beim Amtsantritt Sampers Mitte 1994 alles auf eine auf politischen und sozialen Ausgleich bedachte Politik hinauszulaufen.

Doch die erwarteten Kurskorrekturen blieben aus. Innenminister Serpa, der seinerseits 1998 Samper als Präsidenten beerben wollte, versuchte um jeden Preis, die Unterstützung der traditionellen Eliten im Machtapparat zu gewinnen, und setzte die bisherige Linie gegenüber den sozialen Bewegungen bruchlos fort. Der einzige wesentliche Unterschied zur Amtszeit Gavirias bestand darin, daß der neue Präsident schon wenige Monate nach dem Amtsantritt in eine Krise stürzte, aus der er die gesamte Legislaturperiode nicht mehr herauskam.

Sampers unterlegener Konkurrent – der heutige Staatspräsident Andrés Pastrana – veröffentlichte eine ihm zugespielte Kassette, auf der ein Gespräch zwischen dem Journalisten Alberto Giraldo und den Capos des Cali-Kartells, den Gebrüdern Rodríguez Orejuela, mitgeschnitten war. Es stellte sich heraus, daß die Mafia den Wahlkampf Sampers finanziell massiv unterstützt hatte. Derartige Zahlungen sind in Kolumbien keine Seltenheit. Für die Kartelle stellen Spenden eine Form des Lobbyismus dar. Die Strategie des Drogenhandels ist – wie der Bogotaner Volkswirtschaftler Francisco Thoumi feststellt (1994, S. 159-169) – immer darauf bedacht, PolitikerInnen, Wirtschaftsunternehmen und Bevölkerung ökonomisch an sich zu binden. Nur dadurch gelingt es der Mafia, das illegale Eigentum zu schützen und sich eine kooperative Haltung von Regierung und Öffentlichkeit zu sichern.

Der Fall zog schnell weite Kreise. Der Sprecher und Verbindungsmann des Cali-Kartells, Alberto Giraldo, der Kassenwart der liberalen Wahlkampagne, Santiago Medina, und der ehemalige Verteidigungsminister Fernando Botero wurden verhaftet. Nachdem sich Botero einige Wochen in Schweigen gehüllt hatte, belastete er im Januar 1996 weitere Kabinettsmitglieder. Auch Innenminister Serpa Uribe, Kommunikationsminister Juan Manuel Turbay, Außenminister Rodrigo Pardo und Präsident Ernesto Samper selbst hätten über die Herkunft der acht Millionen US-Dollar Bescheid gewußt.

Obwohl es mit Sicherheit nicht der erste Fall illegaler Wahlkampffinanzierung war, drängte die US-Regierung auf Konsequenzen. Einer ihrer wichtigsten Vertrauten im Land, der Generalstaatsanwalt Valdivieso, eröffnete den sogenannten *Proceso 8.000*, ein Strafverfahren gegen die halbe Regierungsmannschaft, der den Präsidenten an den Rand einer Amtsenthebung brachte. Im Juni 1996 entzog Washington dem kolumbianischen Präsidenten das Einreisevisum für die USA. Außerdem wurde Kolumbien die *Certificación* verweigert, ein von Washington recht selbstherrlich erteiltes Zertifikat für diejenigen Regierungen, die sich im Kampf gegen den Drogenhandel engagieren und das eine Grundlage für Handelserleichterungen und Entwicklungshilfen darstellt.

Doch obwohl der Druck auf Samper immens war, trat der kolumbianische Präsident nicht zurück. Angesichts des laufenden Strafverfahrens ließ er sich vom Kongreß und einer Untersuchungskommission der Abgeordnetenkammer kurzerhand eine Absolution erteilen. Innenpolitisch mobilisierte das Establishment auf einmal antiimperialistische Stimmungen in der Bevölkerung. Es kam zu skurrilen Unterstützungsdemonstrationen für Samper mit einem bisweilen mafiösen, manchmal rechtsradikalen Unterton.

Während sich die politische Klasse Kolumbiens weiter über die Rechtmäßigkeit der verschiedenen Verfahren stritt, griff der US-Botschafter Myles Frechette immer offener in die innenpolitische Debatte ein und forderte kategorisch Sampers Rücktritt. Schließlich trat sogar der damalige Vizepräsident zurück, weil Samper seiner Meinung nach jede Legitimität verloren habe. Im Rahmen der Eskalation kam es sogar zu handfesten Putschvorbereitungen – ein für Kolumbien, das in der neueren Geschichte nur ein einziges Mal einen militärischen Staatsstreich erleben hat, schwerwiegendes Ereignis. Bis heute ist nicht genau bekannt, wer hinter den Plänen steckte, über die 1995 erstmals Gerüchte gestreut wurden. Sicher ist nur, daß rechtskonservative bzw. offen rechtsradikale Persönlichkeiten wie der altbekannte Politiker Alvaro Gómez Hurtado und der ehemalige Verteidigungsminister Fernando Landazábal angesprochen wurden, ob sie sich an einer Ziviljunta mit Unterstützung der Armee beteiligen würden. Später wurde kolportiert, die Vorbereitungen seien abgeblasen worden, weil sich der aus einer alten Oligarchenfamilie stammende Alvaro Gómez geweigert habe, an der Junta teilzunehmen, und US-Botschafter Frechette eine ablehnende Haltung Washingtons signalisierte. Doch auch das können gezielte Fehlinformationen sein. Wie unentwirrbar das Labyrinth war, zeigte sich auch in der weiteren Entwicklung: In der Folgezeit wurden die beiden Schlüsselpersonen Alvaro Gómez Hurtado und Fernando Landazábal erschossen. Die Attentate, die zunächst der Guerilla zugeschrieben worden waren, gingen nach Angaben der kolumbianischen Justiz auf das Konto von Armeeangehörigen. So wurden im November 1998 Mitglieder der XX. Brigade, einer gefürchteten Geheimdiensteinheit der Militärs, wegen der Morde verhaftet. Ein Zeuge mit dem Decknamen „Emilio 1" hatte die Offiziere belastet.

Es gab die unterschiedlichsten Erklärungen, was wohl das Motiv für die Morde gewesen sein könnte. Denkbar ist sowohl, daß Hintermänner des Putschplans Mitwisser beseitigen wollten, als auch, daß sich ehemalige Verbündete an Gómez und Landazábal wegen deren Zurückhaltung rächen wollten. Genausogut möglich ist aber auch, daß Teile der Armee mit den Morden die innenpolitische Polarisierung beschleunigen oder daß Verbündete der Regierung Samper die ehemaligen Konspirateure bestrafen wollten. Im verworrenen Machtgefüge der kolumbianischen Eliten überlagern sich Fraktionierungen, ökonomische Interessen, Illoyalitätsbefürchtungen und taktische Überlegungen derart, daß man letztlich nur noch Spekulationen anstellen kann. Sicher ist nur: 1995 und 96 kursierten in Kolumbien Putschgerüchte, die Samper möglicherweise verunsichern oder aber zum Opfer einer Verschwörung aufbauen und somit stützen sollten.

Klar ist auch, daß ein Putsch weniger verändert hätte, als gemeinhin angenommen wird. Für die Kriegsführung gegen Guerilla und Zivilbevölkerung hätte er kaum Auswirkungen gehabt. Sehr viel mehr Menschenrechtsverbrechen als im Augenblick könnte auch eine Militärregierung nicht begehen. Der einzige Unterschied wäre, daß von der internationalen Öffentlichkeit nicht mehr obskure paramilitärische Gruppen, sondern unmittelbar die Regierung selbst zur Verantwortung gezogen werden würde.

So rätselhaft wie die Konspirationen im Umfeld der XX. Brigade war auch, wie sich Samper trotz der Dauerkrise durch die volle Amtszeit schummeln konnte. Trotz kategorischer Ultimaten aus den USA und immer neuer Enthüllungen des Generalstaatsanwaltes konnte sich der Präsident behaupten. Zumindest in dieser Hinsicht verband den näselnden kolumbianischen Staatschef einiges mit seinem US-amerikanischen Amtskollegen.

Für die Armee war die Unruhe in mancher Hinsicht gar nicht so nachteilig. Die ununterbrochenen Diskussionen über die Legitimität des Präsidenten ließen die Ausbreitung des Paramilitarismus in den Hintergrund rücken, der inzwischen alle Provinzen des Landes erfaßte. Außerdem wurde gegen die Führung der Erdölgewerkschaft USO der größte Terrorismusprozeß in der kolumbianischen Geschichte eröffnet. 17 Führungsmitglieder der *Unión Sindicial Obrera* kamen hinter Gitter. Noch nicht einmal die Tatsache, daß dem kolumbianischen Staat vor der UNO und der OAS die Verantwortung für die Massaker in Segovia, Trujillo und Riofrio nachgewiesen werden konnte, fiel in Anbetracht des Bildes, das Kolumbien im Ausland bot, weiter auf. In den Medien setzte sich die Einschätzung durch, die Regierung treffe keine Schuld an den zahlreichen Menschenrechtsverbrechen, weil sie die Kontrolle über das Land verloren habe. Samper ruinierte zwar das gerade erst mühsam aufgebaute Image eines um Modernisierung bemühten Staates und machte die engen Verbindungen zwischen politischen Eliten und Mafia deutlich, aber der Konflikt um ihn kaschierte die fortgesetzte Repression gegen die Opposition.

5.6. Widerstand gegen die Wirtschafts- und Sozialpolitik

Die sozialen Bewegungen hatten es schwer in den neunziger Jahren. Der Organisierungsgrad fiel in fast allen gesellschaftlichen Bereichen. Was der schmutzige Krieg nicht geschafft hatte, besorgten die neoliberalen Reformen in der Wirtschafts- und Sozialpolitik. Die Bevölkerung war immer stärker mit ihrem materiellen Überleben beschäftigt. So zerfiel nicht nur ein Großteil der Stadtteilkomitees, die sich erst Mitte der achtziger Jahre landesweit in der

Coordinadora Nacional de Movimientos Cívicos organisiert hatten, auch ältere Organisationen wie der Bauernverband *Asociación Nacional de Usuarios Campesinos* ANUC, der im Mai 1988 noch 120.000 Bauern mobilisiert hatte, lösten sich faktisch auf. Genauso deutlich war der Trend in den Gewerkschaften. Die Abschaffung von Kündigungs- und Arbeitsschutzgesetzen sowie der wachsende Anteil prekärer Beschäftigung führte nicht zu einem Aufschrei der Arbeiterschaft, sondern ließ den gewerkschaftlichen Organisierungsgrad weiter fallen.

Die einzige wichtige Ausnahme bildete der staatliche Sektor, vor allem bei der TELECOM und dem Erdölunternehmen ECOPETROL. Die Belegschaften der beiden Betriebe wehrten sich schon lange gegen Privatisierungsbestrebungen der Regierung, die damit nicht nur dem IWF-Programm Folge leisten und den Verkauf von Bodenschätzen an die Energiemultis erleichtern wollte, sondern auch auf eine strategische Schwächung der Gewerkschaften abzielte. Der Hauptgegner der Regierung war in dieser Hinsicht die Ölarbeitergewerkschaft USO, die in der Frage der Bodenschätze schon seit den vierziger Jahren Druck auf den Palacio de Nariño ausübte. Die USO, die ihren Schwerpunkt in der von der Armee terrorisierten Raffinerie-Stadt Barrancabermeja besitzt, beschränkte sich nie auf tarifvertragliche Belange. Ihr wichtigstes Ziel war, die nationalstaatliche Kontrolle des Erdölreichtums zu erzwingen. In diesem Sinne bewegte sie die Regierung Gómez 1951 mitten im Bürgerkrieg zur Nationalisierung der Bodenschätze und zur Gründung des staatlichen Erdölunternehmens ECOPETROL. Die Nationalisierung wurde zwar durch katastrophale Kooperations- und Konzessionsverträge mit Texaco, Shell, Oxy oder BP unterlaufen, aber trotzdem ist die Existenz eines staatlichen Ölunternehmens bis heute das entscheidende Hindernis für einen vollständigen Ausverkauf des Energiesektors. Zudem stellt die USO als linke Gewerkschaft für die Regierung auch eine permanente politische Bedrohung dar. Da die Gewerkschaft am Erdölhahn sitzt, kann sie das gesamte Land lahmlegen. So brachte zuletzt im Mai 1998 ein Streik in Barrancabermeja ganz Kolumbien an den Rand von Benzinrationierungen.

Vor diesem Hintergrund unternahmen Armee, Regierung und ECOPETROL-Unternehmensleitung verschiedene Vorstöße zur Schwächung der *Unión Sindical Obrera*. Zum einen übten die Paramilitärs permanent Druck auf die USO aus, zum anderen versuchte ECOPETROL, immer größere Arbeitsbereiche an Subunternehmen oder Partner abzugeben, wodurch Festbelegschaften abgebaut und die gewerkschaftliche Basis ausgehöhlt wurden. Heute wird die Mehrheit der Erdölarbeiter nicht mehr von der USO vertreten, weil prekär Beschäftigte die Festangestellten an Zahl längst weit übertreffen.

Den schwersten Angriff auf die Gewerkschaften stellte jedoch ihre Kriminalisierung im Rahmen der neuen Terrorgesetze ab 1991 dar, die parallel zur

Verfassungsreform verabschiedet wurden. Die ersten, die dies betraf, waren die TELECOM-ArbeiterInnen, die 1993 gegen die Privatisierung ihres Unternehmens gestreikt hatten. Unmittelbar nach dem Arbeitskampf wurden 16 TechnikerInnen und ArbeiterInnen des „Terrorismus“ beschuldigt und verhaftet. Im Prozeß erreichte die anerkannte Rechtsanwaltsgruppe José Alvear Restrepo[7] um Eduardo Umaña Mendoza zwar einen Freispruch, doch kaum war der Prozeß zu Ende, wurden die gleichen Vorwürfe gegen die USO erhoben. 17 Mitglieder der USO-Spitze verschwanden erst einmal für mehrere Jahre aufgrund des Vorwurfs, gemeinsam mit der ELN Anschläge auf Ölpipelines vorbereitet zu haben, hinter Gittern. Interessanterweise stützte sich die Anklage dabei auf keinen einzigen konkreten Beweis. Die Argumentationskette der Staatsanwaltschaft beschränkte sich darauf, auf inhaltliche Parallelen in der Erdölpolitik von ELN und USO hinzuweisen. Doch trotz massiver Morddrohungen gelang es den USO-Anwälten, die politischen Intentionen des Verfahrens öffentlich zu machen und eine Verurteilung während der Amtszeit von Präsident Samper zu verhindern.

Vor diesem Hintergrund wurde der Anwalt Eduardo Umaña Mendoza, ein renommierter Menschenrechtsaktivist, im April 1998 in Bogotá erschossen.[8] Der Anschlag wies auffällige Parallelen zu den Morden an den MenschenrechtsaktivistInnen und MitarbeiterInnen des kirchlichen Dokumentationszentrums CINEP Elisa und Mario Calderón im Jahr 1997 auf, für die die kolumbianische Justiz Angehörige der XX. Armeebrigade verantwortlich gemacht hat.

Nach dem Tod Umañas bestand für die inhaftierten Gewerkschafter überhaupt keine Chance auf einen regulären Prozeß mehr. Die Ersatzanwälte gaben die Verteidigung der USO-Spitze wegen erneuter Morddrohungen schon nach wenigen Tagen auf. Zudem erklärten die Paramilitärs kurze Zeit später die USO sowie die ganze Ölarbeiterstadt Barrancabermeja zum Angriffsziel.

Dennoch haben Bauernbewegungen und Gewerkschaften auch in den neunziger Jahren für erstaunliche Mobilisierungen gesorgt. Auf den landesweiten Protesttag der Gewerkschaftsverbände 1990 folgte im April 1992 der schon erwähnte Streik der Telecom-ArbeiterInnen gegen den Verkauf ihres Unternehmens an die US-amerikanische AT&T-Tochter *Network System*, die aufgrund der geostrategischen Lage Kolumbiens großes Interesse an einer Übernahme besaß. Der Ausstand führte zum völligen Zusammenbruch des

7 Das Anwaltskollektiv, das 1980 gegründet wurde, vertritt einen Großteil der politischen Gefangenen und erhielt 1996 den Menschenrechtspreis der Republik Frankreich.

8 Zu seiner Beerdigung versammelten sich Tausende auf dem Campus der Universidad Nacional. Während der Proteste kam es dabei zu schweren Zusammenstößen mit der Polizei.

nationalen und internationalen Telefonnetzes und riegelte das Land eine Woche lange faktisch von der Außenwelt ab.

Eine weitere Protestbewegung entstand Ende 1994 gegen die Regierungspläne zur Koka-Bekämpfung. Diese Bewegung erreichte im Sommer 1996 ihren Höhepunkt, als sich 200.000 Koka-BäuerInnen in den südöstlich von Bogotá gelegenen Llanos-Provinzen Meta, Guaviare und Caquetá (sowie weitere 20.000 in den Provinzen Bolívar und Norte de Santander) gegen die von den USA geforderten Herbizideinsätze zur Wehr setzten. Das Versprühen von Pflanzengiften aus der Luft wird von Washington seit den siebziger Jahren als Mittel der Drogenbekämpfung forciert. Die Auswirkungen sind allerdings in jeder Hinsicht bedenklich. Der Herbizid-Einsatz aus der Luft läßt sich in keiner Weise eingrenzen. Es kommt zu Trinkwasservergiftungen, ökologischen Schäden und gesundheitlichen Folgen für die betroffene Bevölkerung. Darüber hinaus werden nicht nur Koka-Plantagen, sondern auch anliegende Nutzpflanzen zerstört, wodurch sich der ökonomische Druck auf KleinbäuerInnen, das ertragreichere Koka anzubauen, noch einmal erhöht. Und schließlich setzt der Herbizideinsatz ausgerechnet bei denjenigen an, die am wenigsten Profit aus dem Drogenhandel ziehen, also den KleinbäuerInnen, für die es aufgrund der langen Transportwege gar keine Alternativen zum Anbau von Koka, Schlafmohn oder Marihuana gibt. Bei Koka und Schlafmohn müssen die Transportkosten zu den nächstgelegenen Märkten nämlich nicht von den BäuerInnen getragen werden, sondern werden von den Händlern übernommen. Stutzig machen sollte auch, daß sich die Herbizideinsätze gegen Gebiete mit großer Guerillapräsenz richten und deshalb (wie bei den *Agent Orange*-Einsätzen in Vietnam) auch militärstrategische Interessen verfolgen dürften.

Vor diesem Hintergrund kam es zu den Demonstrationen der Koka-BäuerInnen, bei denen die Armee so schwere Übergriffe verübte, daß selbst die weitgehend gleichgeschalteten kolumbianischen Medien die Ereignisse nicht mehr ignorieren konnten. Die Militärs hatten frühzeitig die Überlandstraßen gesperrt und hinderten die protestierenden BäuerInnen, in die Provinzhauptstädte zu gelangen. Als die BäuerInnen gegen diese Maßnahme klagten, bekamen sie vor dem höchsten kolumbianischen Gerichtshof Recht: Die Armee dürfe das Demonstrationsrecht nicht einschränken. Doch die Militärs ignorierten den Gerichtsentscheid und schossen vor den Augen der kolumbianischen Öffentlichkeit auf die Protestierenden. An einer der Straßensperren warfen Soldaten sogar Handgranaten auf die am Wegrand campierenden DemonstrantInnen und töteten mehrere Personen.

Nach fast dreimonatigen Unruhen sah sich die Samper-Regierung schließlich gezwungen, regionale Abkommen mit den Bauern zu unterzeichnen, in denen sich Bogotá zur Finanzierung von Entwicklungsprogrammen und Infrastrukturmaßnahmen verpflichtete – Zusicherungen, die, wie so oft, nie umgesetzt wurden.

Kaum waren die Aktionen der Koka-Bauern abgeflaut, rollte eine neue Protestwelle durchs Land. Anfang 1997 brachen in praktisch allen Gefängnissen des Landes Revolten gegen die unmenschlichen Haftbedingungen aus. Tatsächlich stellt die Situation in den Gefängnissen so etwas wie ein Konzentrat der kolumbianischen Wirklichkeit dar: Die Zellen sind oft mit drei Mal so vielen Häftlingen belegt wie eigentlich vorgesehen, die Gefängnisleitungen kooperieren zur Aufrechterhaltung der Ordnung mit mafiösen Gruppen innerhalb der Anstalt, es gibt zahlreiche Mißhandlungen, Vergewaltigungen und Morde, und es existiert eine ausdifferenzierte Klassengesellschaft – wer genug Geld hat, kann auch im Gefängnis anständig leben oder sich sogar die Freiheit erkaufen. Zwar bleiben in Kolumbien 97 Prozent der Morde straffrei, doch dafür gibt es Zehntausende von Untersuchungshäftlingen, die wegen Bagatelldelikten oft jahrelang auf ihren Prozeß warten müssen. Die Dauer der Haftzeit beträgt in solchen Fällen ein Vielfaches der zu erwartenden Strafe. Während der Häftlingsproteste, die sich gegen diese unerträglichen Zustände in Gefängnissen und im Justizwesen richteten, beteiligten sich weit mehr als 10.000 Gefangene in allen großen Haftanstalten des Landes.

Die größten Mobilisierungen gegen die Sozialpolitik der Regierung, die sich unter dem neuen Präsidenten Pastrana sogar noch verschärften, waren jedoch die Streiks im öffentlichen Sektor im Februar 1997, Oktober 1998 und Frühjahr 1999, die von den großen Gewerkschaftszentralen gemeinsam getragen wurden und sich gegen Privatisierungs- und Sparmaßnahmen sowie den sogenannten „Entwicklungsplan" richteten. Die Streiks erfaßten Telekommunikations-, Hafen- und Erdölunternehmen, Justiz-, Bildungs-, Transport- und Gesundheitswesen sowie Banken und Verwaltung. Innerhalb von wenigen Monaten stand das Land praktisch drei Mal völlig still, in verschiedenen Gewerkschaften, vor allem im LehrerInnenverband FECODE kam es zu einem deutlichen Linksruck.

Während der Protestwellen nahmen sich die Bewegungen trotz der Repression erstmals seit langem die Straße zurück. Hunderttausende beteiligten sich in allen Großstädten des Landes an den Demonstrationen, errichteten Straßensperren oder organisierten in Bogotá den größten Protestzug seit der Ermordung des UP-Präsidentschaftskandidaten Jaime Pardo Leal im Jahr 1987.

Die verantwortlichen Regierungen Samper und Pastrana reagierten trotz moderater Rhetorik mit der üblichen Politik. Die Streiks wurden für illegal erklärt, den GewerkschafterInnen Terrorismus-Prozesse angedroht und das Land militarisiert. Daß während des Streiks im Herbst 1998 sechs Gewerkschafter ermordet wurden, darunter auch der stellvertretende Vorsitzende des

Gewerkschaftsdachverbandes CUT, Jorge Ortega, ist von der Pastrana-Regierung ohne Einschränkung mitzuverantworten.

Auch wenn die sozialen Bewegungen nach 15 Jahren schmutzigen Krieges heute nicht die Breite besitzen, die sie Mitte der achtziger Jahre auszeichnete, ist der Widerstand der Bevölkerung also nicht völlig gebrochen worden. Im Gegenteil – im Zuge der politischen und wirtschaftlichen Krise gibt es deutliche Gegentendenzen. Der wesentliche Unterschied zur Situation in den achtziger Jahren besteht heute darin, daß die Bewegungen sporadischer und unerwarteter auftauchen. Trotzdem (oder vielleicht deswegen) kommt es häufiger und vor allem heftiger als sonst auf dem Kontinent zu sozialen Mobilisierungen. Ausgesprochen charakteristisch für das Land ist, daß sich an konkreten lokalen Konflikten sehr schnell militante Auseinandersetzungen entzünden.

Ein Beispiel dafür sind die tagelangen Straßenblockaden gegen die Einrichtung einer Mautstation in Chinchiná (Dep. Caldas) Ende 1998. Die Auseinandersetzungen dort begannen völlig unorganisiert, nachdem sich in der Bevölkerung Unmut wegen der horrenden Gebühren angestaut hatte.[9]

Nach ersten Protesten gingen die AnwohnerInnen schnell dazu über, Straßensperren zu errichten; keine Woche nach Beginn der Demonstrationen kam es zu militanten Auseinandersetzungen mit der Armee, bei denen eine Demonstrantin von Soldaten erschossen wurde.

Derartige Berichte werden in Kolumbien beinahe wöchentlich aus irgendeinem Landesteil gemeldet. Die Geschwindigkeit, mit der Konflikte eskalieren, hat unter anderem damit zu tun, daß Bewegungen aufgrund der Repression kaum organisatorische Strukturen aufbauen können. Der schmutzige Krieg hat die banalsten Formen des Protestes in den Untergrund gedrängt. Der Staat hat sich durch diese Politik zwar unangenehmer KritikerInnen entledigt, doch der Preis dafür ist hoch: Die sozialen Bewegungen in Kolumbien sind völlig unberechenbar. Wenn sich eine Menschenmenge versammelt, brennen schnell die Barrikaden.

5.7. Eskalation des Konflikts und neue Verhandlungsversuche

In den letzten beiden Jahren der Samper-Amtszeit (1994-98) spitzte sich die Situation in Kolumbien spürbar zu. Die sozialen Proteste gewannen wieder an Bedeutung, die paramilitärischen Massaker wurden grausamer, und die Guerilla rückte militärisch vor. Die US-Regierung sah sich aufgrund der Entwicklung 1997 sogar zu der Stellungnahme veranlaßt, die Guerilla werde in

9 Das Problem bei den Mautgebühren besteht darin, daß sich ihre Höhe nicht nach der Länge des Fahrtweges richtet, sondern pauschal bei jeder Durchfahrt durch die Kontrolle bezahlt werden muß. AnwohnerInnen, die in der Region arbeiten und die Strecken täglich mehrmals zurücklegen müssen, zahlen daher über einen Monat gerechnet Beträge in Höhe eines Mindestlohns für die Maut.

fünf Jahren den Krieg gewinnen, wenn die kolumbianische Armee nicht effizienter gegen sie vorgehe. Natürlich war dies auch ein Argument, um die Erhöhung der US-Militärhilfe zu legitimieren. Aber Tatsache ist, daß sich das Kräfteverhältnis verschoben hat.

Das Ereignis, das in der Presse gemeinhin als Einschnitt behandelt wird, war der Angriff der FARC im Juli 1996 auf den Militärstützpunkt von Las Delicias (Dep. Caquetá), etwa 150 Kilometer nördlich der brasilianischen Grenze. Die Regierung von Ernesto Samper war zu diesem Zeitpunkt vollauf mit dem *Proceso 8.000* und der möglichen Amtsenthebung des Präsidenten beschäftigt, doch im großen und ganzen hatte die Guerilla erstaunlich wenig Profit aus der Dauerkrise der Regierung gezogen. Mitte 1996 begannen dann die Mobilisierungen der Koka-BäuerInnen im Süden des Landes und die schon beschriebenen Ausschreitungen der Armee gegen DemonstrantInnen.

Vor diesem Hintergrund fügten die FARC den Militärs eine Niederlage zu, die ihnen die ungeteilte Sympathie der bäuerlichen Bevölkerung im Süden des Landes eintrug und den Eliten im Land schlaflose Nächte bereitete.

Um die 400 Guerilleros griffen den gut befestigten und von mehreren Hundert Berufssoldaten gesicherten Armeestützpunkt von Las Delicias an. Bei den schweren Gefechten zerstörten die RebellInnen das Lager völlig, töteten 70 Soldaten und nahmen ebenso viele als Gefangene. Es war das bis dahin größte Fiasko in der Geschichte der kolumbianischen Armee. Den FARC war es nicht nur gelungen, eine zur Kontrolle der Region strategisch wichtige Basis zu zerstören, sondern auch eine Eliteeinheit völlig aufzureiben und damit die ganze Armee zu demoralisieren. Die BäuerInnen hingegen, die sich noch gut daran erinnerten, mit welcher Brutalität die Armee gegen die Protestmärsche vorgegangen war, zeigten ihre stille Unterstützung für die Guerilla. Kein einziger Bauer hatte die tagelang dauernde Umzingelung des Stützpunktes durch die Aufständischen gemeldet.

Nach dem Angriff wurde nicht nur die örtliche Militärspitze abberufen, die Regierung Samper mußte den FARC auch in einer weiteren Frage weichen. Die Guerilla verlangte nämlich als Bedingung für die Freilassung der knapp 70 gefangen genommenen Soldaten die Demilitiarisierung der Gemeinde San Vicente de Caguán in der Provinz Caquetá. Der Präsident lehnte diese Forderung auf Druck der USA ein Jahr lang mit dem Argument ab, die Kontrolle von San Vicente sei strategisch notwendig, um die Drogenbekämpfung in der Region zu koordinieren. Doch schließlich mußte Samper den innenpolitischen Protesten weichen. Mitte 1997 übergaben die FARC in der von der Armee geräumten Zone die Kriegsgefangenen ans Internationale Rote Kreuz. Ein Präzedenzfall für die längerfristige Demilitarisierung der Region ab Dezember 1998 war geschaffen.

In den Folgemonaten bewiesen die FARC, daß der Angriff auf Las Delicias kein Einzelfall gewesen war. Mit Einheiten von mehreren hundert Guerilleros zerstörte die Guerillaorganisation im darauffolgenden Jahr den Kommunikationsknotenpunkt von Patascoy (Dep. Nariño) und die Militärbasis von Pavarondó in Urabá, zerrieb bei El Billar (Dep. Caquetá) weitere Eliteeinheiten der Armee und besetzte im August 1998 zeitgleich die hochmilitarisierten Städte Miraflores (Dep. Guaviare) und La Uribe (Dep. Meta) sowie wenige Wochen später die Provinzhauptstadt Mitú (Dep. Vaupés), wobei sie insgesamt mehr als 300 Soldaten und Polizisten als Kriegsgefangene nahm. Das Erstaunliche an diesen Angriffen war, daß es sich nicht mehr um typische Guerillaaktionen handelte, die von wenigen Dutzend KämpferInnen durchgeführt wurden. Allem Anschein nach gingen die FARC von der Politik der Nadelstiche zur Konzentration von Kräften über, der Guerillakrieg wurde vom Bewegungskrieg abgelöst. Die Aufständischen fingen an, Truppen von der Größe regulärer Armee-Einheiten zusammenzuziehen, Artillerie einzusetzen und den Militärs die militärische Kontrolle von Ortschaften streitig zu machen. So dauerte es bei der Besetzung der Provinzhauptstadt Mitú trotz massiver Bombardierungen volle drei Tage, bis sich die Armee wieder in der Stadt festgesetzt hatte.

Kein Wunder also, daß die Militärdiplomatie zwischen Pentagon und Bogotá auf Hochtouren zu laufen begann. Funktionäre aller wichtigen US-Sicherheitsorganen kamen zur Inspektion ins südamerikanische Land: Verteidigungsminister William Cohen, DEA-Boß Thomas Constantine, FBI-Direktor Louis Freeh, der „Anti-Drogen-Zar" Barry McCaffrey, Gesandte des Sicherheitsausschusses des US-Kongresses, eine hochrangige CIA-Delegation und der Chef des Kommandos Süd der US-Armee, Charles E. Wilhelm, gleich mehrmals. Zudem wurde im Dezember 1998 in Cartagena an der kolumbianischen Karibikküste ein kontinentaler Militärgipfel durchgeführt, bei dem die Regierungen der USA und Kolumbiens ein neues Militärabkommen unterzeichneten und mit den Verteidigungsministern der Region die Militarisierung der kolumbianischen Grenzen vereinbart wurde. Offensichtlich nahm man die Bedrohung durch die Guerilla sehr ernst.

Der nicaraguanische Ex-Präsident Daniel Ortega, der im Januar 1999 bei der Eröffnung der Friedensgespräche zwischen FARC und Regierung Pastrana in Kolumbien weilte, äußerte denn gegenüber dem *El Espectador* auch die Einschätzung, die *„FARC könnten es sich leisten, Forderungen zu stellen, wie sie die zentralamerikanischen Guerillas nie hätten stellen können, weil sie keine vergleichbare Stärke besaßen"*.

Daß die Guerilla in weiten Teilen des Landes als politische Ordnungsmacht anerkannt ist, zeigte sich auch bei den Kongreß- und Kommunalwahlen Ende 1997. FARC und ELN hatten zum Boykott der Wahlen aufgerufen, weil der paramilitärische Terror aus ihrer Sicht jede demokratische Meinungsäußerung verhindere. Solange Oppositionelle um ihr Leben fürchten müßten, so FARC und ELN, seien Wahlen nichts als eine Farce. In den Wochen vor der Stimmabgabe hielten die Guerillaorganisationen im ganzen Land Hunderte von BürgermeisterInnen, Gemeinderäten und Abgeordneten zeitweise fest, bis schließlich in vielen ländlichen Gemeinden überhaupt keine KandidatInnen mehr antraten und weniger als 5 Prozent der Wahlberechtigten ihre Stimme abgaben. In diesen Landesteilen war es die irregulärste Stimmabgabe seit Jahrzehnten.

In den Städten zeigte sich hingegen ein völlig entgegengesetztes Bild. Die *Papeleta de la Paz* – ein unverbindliches „Referendum für den Frieden" – zog etwa 10 Millionen Menschen an die Urnen – so viele Wahlberechtigte wie noch nie.

Die „Stimme für den Frieden", die offiziell von einer Bürgerinitiative vorgeschlagen worden war, aber vom Establishment schnell unterstützt wurde, verschaffte den politischen Eliten unverhofften Rückenwind. Die Abgeordneten erhielten durch die hohe Wahlbeteiligung eine Legitimation, wie sie sie seit Jahrzehnten nicht mehr besessen hatten. Darüber hinaus wurde deutlich, daß die Guerilla eben nicht beanspruchen kann, die Bevölkerungsmehrheit zu repräsentieren, vor allem nicht in den Städten. Der Großteil der KolumbianerInnen mag zwar nicht mit der Regierungspolitik einverstanden sein, aber sie teilt auch nicht die Positionen von FARC und ELN. Mehr als ein Drittel der erwachsenen Bevölkerung wünschte sich undifferenziert ein Ende der bewaffneten Auseinandersetzungen, ohne genauer zu benennen, worin der Frieden eigentlich bestehen sollte. Die wachsenden sozialen Widersprüche gerieten dadurch genauso aus dem Blickfeld wie die Debatten um die neoliberale Privatisierungspolitik. Die sozialen Hintergründe der Gewalt schienen nicht mehr zu interessieren.

Doch das Referendum „für den Frieden", das zunächst wie ein kluger Schachzug des Establishments gewirkt hatte, setzte die politische Klasse schon bald selbst unter Druck. Es veränderte auf unerwartete Weise die politische Landschaft und prägte den anstehenden Präsidentschaftswahlkampf. Alle wichtigen KandidatInnen – Innenminister Horacio Serpa Uribe, der Konservative Andrés Pastrana sowie die Unabhängige Noemi Sanín (die unter Cesar Gaviria verschiedene Ministerposten bekleidet hatte und längst nicht so unabhängig war, wie sie vorgab) – versuchten, sich im Verlauf des Jahres 1998 mit dem Thema zu profilieren. So versprachen alle drei die Aufnahme von Friedensverhandlungen, erklärten sich zu Zugeständnissen an die Guerilla bereit und suchten noch im Wahlkampf Kontakt zu den Rebellenorganisationen. Wie bestimmend das Thema wurde, läßt sich auch daran ablesen, daß der ehemalige Heereskommandant Haroldo Bedoya, der als Unabhängiger kandidierte und im Sommer 1997 noch als möglicher neuer Präsident (vom Schlage eines Fujimori) gehandelt wurde, in den folgenden Wochen bis zur Bedeutungslosigkeit abstürzte. Die Hoffnung auf eine politische Lösung des bewaffneten Konflikts gewann eine Eigendynamik, mit der niemand gerechnet hatte. Als Hardliner geltende Kandidaten hatten keine Chance mehr.

Auch FARC und ELN sahen sich gezwungen, ihre Konfrontationspolitik zu revidieren und stattdessen in die Debatte um Friedensverhandlungen einzugreifen. Nach ihrer in den Städten gescheiterten Boykottkampagne setzten sie die Sabotage der anstehenden Präsidentschaftswahlen aus und machten konkrete Gesprächsangebote. Die ELN bekräftigte ihren schon Ende 1995 entwickelten Vorschlag zur Abhaltung einer Nationalkonvention, auf der möglichst viele gesellschaftliche Sektoren über die soziale und politische Krise im Land diskutieren sollten. Die FARC hingegen legten ein Konzept für direkte Gespräche mit der Regierung vor, um den zukünftigen Präsidenten frühzeitig auf konkrete Zusagen festzulegen. Als Voraussetzung für derartige Vorverhandlungen nannten die FARC die Räumung der Landkreise La Uribe, Macarena, Meseatas, Vistahermosa und San Vicente de Caguán in den südlich von Bogota gelegenen Provinzen Meta und Caquetá durch die Armee. In diesem von der Guerilla kontrollierten etwa 40.000 Quadratkilometer großen Gebiet sollten alle Arten von Kontakten zwischen Regierung, Gesellschaft und RebellInnen stattfinden.

Durch eine geschickte Kombination von militärischem Druck, politischen Initiativen und diplomatischen Aktivitäten im Ausland schafften es die FARC nicht nur, im Gespräch zu bleiben, sondern es gelang ihnen auch, von allen drei KandidatInnen Zusagen für ihren Vorschlag zu bekommen.

Vor allem zwischen den beiden aussichtsreichsten Kandidaten, dem Innenminister Horacio Serpa und dem ehemaligen Bürgermeister Bogotás, Andrés Pastrana, brach ein regelrechter Wettbewerb darum aus, wer den engeren Kontakt mit der Guerilla vorweisen konnte. Kurz vor dem Wahltermin ergriffen die FARC dann mehr oder weniger offen Partei für einen der beiden Kandidaten. Sie luden den konservativen Abgeordneten Victor Ricardo, einen engen Vertrauten von Andrés Pastrana, in den Urwald ein, um dort mit ihm über die Aufnahme von direkten Gesprächen mit der zukünftigen Regierung zu diskutieren.

Das Treffen zwischen FARC-Kommandant Marulanda und dem Abgeordneten Ricardo wurde wahlentscheidend. Mit der Einladung signalisierte die Guerillaorganisation, daß sie Pastrana für den vertrauenswürdigeren Gesprächspartner hielt. Die FARC sicherten sich damit nicht nur frühzeitig einen Kanal zum neuen Präsidenten, der für das publicityträchtige Treffen dankbar sein mußte, sondern erteilten dem ehemaligen Regierungsgesandten bei den Verhandlungen in Mexiko, Horacio Serpa, auch noch eine schallende Ohrfeige für den Abbruch der Gespräche im Jahr 1992.

Dabei ist allerdings kaum davon ausgehen, daß die FARC Pastrana jemals für den besseren Präsidenten hielten. Juan Rojas von der internationalen Kommission der Guerillaorganisation bekräftigte in einem Gespräch, daß sich seine Organisation keine Illusionen über den konservativen Kandidaten gemacht habe. Pastrana gehöre zu den traditionellen Machteliten des Landes, verfechte wie seine Vorgänger eine neoliberale Wirtschaftspolitik und habe sich auch als Bürgermeister von Bogotá vor allem durch unsoziale Maßnahmen hervorgetan. Doch anders als der im Zusammenhang mit der Drogenaffäre und dem *Proceso 8.000* belastete Liberale Serpa Uribe schien Pastrana immerhin einigermaßen verläßlich.

Mit ihren Gesprächsinitiativen gelang es der Guerillaorganisation, den Wahlkampf thematisch zu bestimmen und teilweise sogar zu überschatten. In den Wochen vor der Wahl 1998 hatten sich die FARC zu einem politischen Faktor gemausert, an dem im Land niemand mehr vorbeikam.

Die von Clintons Lateinamerika-Berater Peter Romero kurze Zeit später scharf kritisierte „Großzügigkeit" Andres Pastranas gegenüber den Guerillaorganisationen hatte sowohl mit den militärischen Erfolgen der Guerilla als auch mit der Eigendynamik zu tun, die die politische Aufwertung von FARC und ELN während des Wahlkampfs 1998 gewann. Der desolate Zustand der Armee und die Wahlversprechen setzten Pastrana unter Zugzwang. Den deutlichsten Ausdruck fand dies darin, daß der neugewählte Präsident unmittelbar nach der Amtsübernahme im August 1998 erst einmal zum FARC-Kommandanten Manuel Marulanda reiste – eine Begegnung mit ungeheurer Symbolkraft. Auch wenn sich die Regierung danach bemühte, die Bedeutung des Treffens herunterzuspielen, zeigte es doch, daß die Guerilla vom Staat als Parallelautorität anerkannt worden war.

Unterstützt wurde dieser Trend auch durch die Initiativen, die die ELN im Machtvakuum zwischen den Präsidenten Samper und Pastrana entwickelte. Wie aus heiterem Himmel lud die Organisation im Juli 1998 unter Schirmherrschaft der deutschen Bischofskonferenz (und mit Unterstützung von CDU-Kanzleramtsminister Schmidbauer) 40 Persönlichkeiten des öffentlichen Lebens Kolumbiens zu Gesprächen nach Deutschland ein. Im bayrischen Kloster Himmelspforten diskutierten JournalistInnen, PolitikerInnen, Gewerkschafter, Unternehmer und Repräsentanten der Kirchen drei Tage lang hinter verschlossenen Türen mit der Guerillaorganisation über die Probleme des Landes.

Die ELN hatte die Gesprächspartner mit Bedacht gewählt. Für die Organisation war klar, daß eine politische Lösung des kolumbianischen Konflikts nicht vorrangig in Verhandlungen mit der Regierung gefunden werden kann. Anstatt Verträge mit wechselnden Regierungen abzuschließen, wollte man – so die Argumentation der ELN – mit breiter gesellschaftlicher Beteiligung auf reale Veränderungen hinarbeiten, bei der die Initiative nicht von der Guerilla ausgehe. Ganz anti-avantgardistisch setzte die ELN auf autonome Prozesse in der Bevölkerung. In diesem Zusammenhang wies die Organisation allerdings auch darauf hin, daß die „Zivilgesellschaft" keineswegs undifferenziert als Protagonist von Transformationen betrachtet werden kann. Viele führende Persönlichkeiten der Unternehmerverbände seien selbst in den schmutzigen Krieg involviert. So stand das Treffen im bayrischen Kloster Himmelspforten schon am zweiten Tag am Rande des Abbruchs, als der Vorsitzende des Viehzüchterverbandes FEDEGAN, Visbal Martelo, das gemeinsame Schlußkommuniqué platzen lassen wollte. Der Viehzüchter, dessen Verband seit Jahren Paramilitärs finanziert, weigerte sich, die Menschenrechtsverbrechen der Todesschwadrone zu verurteilen. Erst auf massiven Druck befreundeter TeilnehmerInnen, die eine so eindeutige Position der Viehzüchter für prestigeschädigend hielten, gab Visbal nach.

6. Was will die Guerilla?

6.1. Politik und Entwicklung von FARC und ELN

Es ist erstaunlich: Die kolumbianischen Guerillas gehören zu den wenigen linken Organisationen, die den Zusammenbruch des Ostblocks überstanden haben, ohne ihre sozialistische Programmatik aufzugeben, sie sind militärisch so stark wie kaum eine Befreiungsbewegung vor ihnen und haben auch politisch in den letzten fünf Jahren an Gewicht gewonnen. Wahrscheinlich gehören FARC und ELN – trotz aller Kritik, die man an ihnen haben kann und sollte – zu den wenigen linken Organisationen in der Welt, die ernsthaft über Perspektiven revolutionärer Veränderungen diskutieren können. Und dennoch ist kaum etwas über sie bekannt. In der Öffentlichkeit werden FARC und ELN in der Regel als „stalinistische Relikte“ abgehandelt, die angeblich mit dem Drogenhandel liiert sind und wie Banden funktionieren sollen.

Egal, was die beiden Organisationen auch unternehmen, um ihre Politik zu erklären, sie stoßen entweder auf Gleichgültigkeit oder aber auf offene Ablehnung. In Kolumbien selbst ist das nicht allzu verwunderlich – es ist gefährlich, der Sympathie mit der Guerilla verdächtigt zu werden. In der internationalen Öffentlichkeit hat man hingegen den Eindruck, daß an der kolumbianischen Linken die ganze Frustration ausgelassen wird, die sich Solidaritätsbewegte in anderen Fällen eingehandelt haben. Alle Einwände, die man gegenüber dem sandinistischen Nicaragua oder der salvadorenischen FMLN zu machen vergaß, werden nun nachgeschoben. Mit Internationalismus hat das ebensowenig zu tun wie die unkritische Mystifizierung lateinamerikanischer Guerillas in den siebziger und achtziger Jahren.

Wenn man versucht, sich der kolumbianischen Guerilla etwas sachlicher, d. h. historischer zu nähern, sticht zunächst ins Auge, daß FARC und ELN anders als die meisten aufständischen Gruppen der sechziger Jahre auf dem Kontinent nicht geschlagen werden konnten. Offensichtlich waren die Organisationen stärker als andere Guerillas in der sozialen Realität ihres Landes verankert, stehen sie doch in gewisser Weise in der Kontinuität einer 150-jährigen Geschichte bewaffneter Aufstände.

Diese Verankerung ist jedoch auch genau das Problem von FARC und ELN. Die kolumbianischen Guerillas sind ländliche Organisationen mit großer Unterstützung in der Bauernbevölkerung, die als Teil der sozialen

Wirklichkeit, aber selten als politisches Projekt wahrgenommen werden und durch die Militarisierung der Gesellschaft vom Zugang zur Öffentlichkeit systematisch abgeschnitten sind. Oder wie es Nicolás Rodríguez Bautista in einem Interview ausdrückte: „*Wir gehören schon fast zur Landschaft.*“ (s. Zelik 1992)

Der Zehnpunkteplan der FARC

Für die *Revolutionären Streitkräfte Kolumbiens, FARC,* gilt dies ist gewisser Hinsicht sogar noch stärker. Sie sind so etwas wie die „authentischste Guerilla Lateinamerikas“. Anders als die vorwiegend studentischen Gruppen, die in den sechziger Jahren inspiriert von der kubanischen Revolution entstanden, wurden die FARC als defensive Antwort auf die Gewalt des Staatsapparats gegründet. Ihre Wurzeln liegen in den Landkämpfen der Kaffeebauern und den Selbstverteidigungsgruppen während des Bürgerkriegs 1948-53. Auch ihre offizielle Gründung im Jahre 1966 war vor allem eine Antwort auf staatliche Politik. Erst als die Regierung in Bogotá die autonome Gemeinde Marquetalia in der Provinz Huila überfallen ließ (s. Kapitel 3.5.), entschlossen sich die kommunistisch beeinflußten Gruppen zur Gründung der FARC.

Die Politik der Organisation blieb in den Folgejahren von diesen Ursprüngen bestimmt. In der kolumbianischen Linken hielt man die FARC wegen ihres moderaten Kurses bis Ende der achtziger Jahre für „unerträglich reformistisch“ und verlieh ihnen den Spottnamen *mamertos.* Bis 1990 war die Organisation vor allem der bewaffnete Arm der moskaunahen kommunistischen Partei, die auf eine Regierung der nationalen Aussöhnung (und nicht auf den militärischen Umsturz oder gar eine Revolution) setzte. So optierten die FARC unter Führung ihres politischen Kommissars Jacobo Arena 1984 beim Waffenstillstand mit der Regierung Betancur so deutlich wie sonst keine Guerillagruppe für eine politische Lösung des Konflikts. Das Generalsekretariat der FARC in Casa Verde (Dep. Meta) verwandelte sich faktisch in den Sitz einer öffentlichen politischen Organisation. Zahlreiche FARC-Kommandanten kehrten in die Legalität zurück und beteiligten sich am Aufbau der *Unión Patriótica,* deren Programm über eine sozialdemokratische Wahlplattform kaum hinausging. Man war im Sinne der internationalen Blockkoexistenz eben durchaus um Bündnisse mit bürgerlichen Gruppierungen bemüht.

In der außerparlamentarischen Linken Kolumbiens war v. a. das Taktierertum von FARC und KP regelrecht verhaßt. Die Koalitionen der KommunistInnen mit rechten Liberalen und Konservativen waren berüchtigt, doch auf der anderen Seite ermöglichte diese politische Linie der KP, kontinuierliche legale Arbeit zu leisten und sich gesellschaftlich breit zu verankern. Wie keine andere linke Strömung in Kolumbien besaß und behauptete „die Partei“ eine starke Präsenz in den verschiedensten sozialen Verbänden und Gewerkschaften.

In dieser Strategie spielten die FARC zunächst nur eine untergeordnete Rolle. Man verteidigte zwar *„die Kombination der Kampfformen"*, aber priorisierte die politisch-parlamentarischen Aktivitäten. Folgerichtig hielten die FARC still, als M-19 und EPL 1985 ihre Aktionen wieder aufnahmen und sich mit der ELN und anderen Gruppen zur *Coordinadora Nacional Guerrillera (CNG)* zusammenschlossen. Sie hofften weiterhin darauf, mit der Wahlallianz UP die zentralen Forderungen durchsetzen zu können: Agrarreform, Aufhebung der nationalen Sicherheitsdoktrin, grundlegende Demokratisierung. Zwar sprachen auch die FARC von einer sozialistischen Perspektive, doch im Gegensatz zu ELN und EPL wollten sie diese nicht bewaffnet durchsetzen. Die Linie, an der die Organisation im Prinzip bis heute festhält, lautete: ‚Die Waffen sind dazu da, um demokratische Verhältnisse herzustellen. Für den Sozialismus wird politisch gekämpft.' In dieser Hinsicht waren die kolumbianischen KommunistInnen nicht weiter links angesiedelt als etwa die parlamentarisch geprägten kommunistischen Parteien Südeuropas.

Erst 1987, als der schmutzige Krieg gegen die UP bereits mehrere hundert Tote gefordert hatte, bahnte sich eine Wende an. Die FARC traten dem ersten Zusammenschluß aller Guerillas bei, der sich *Coordinadora Guerrillera Simón Bolívar* (CGSB) taufte. Trotzdem dauerte es noch bis 1991, bis die FARC ihre moderate Politik endgültig aufgaben. Bis dahin konzentrierten sie sich noch darauf, an politischen Debatten teilzunehmen, Einflußzonen auszuweiten und Strukturen aufzubauen.

KennerInnen der FARC zufolge war die Zurückhaltung vor allem dem Einfluß Jacobo Arenas' geschuldet, der KP-Kader war, als theoretischer Kopf der FARC galt und den politischen Kampf klar priorisierte. Bis zuletzt bemühte sich der exzentrische Guerillakommandant, der als manischer Sammler bekannt war, sich modische Uniformen anfertigen ließ und stets mit Sonnenbrille auftrat, Distanz zu den radikaleren Gruppen zu bewahren. Erst als er 1990 mit weit über 60 an einer Herzattacke starb, näherten sich die verbleibenden Organisationen FARC, ELN und EPL definitiv einander an.

Beschleunigt wurde diese Wende durch den schon erwähnten Armeeangriff *Destructor I* (Zerstörer) auf das Generalsekretariat der FARC im Dezember 1990, die später als kontraproduktivste Militäroperation in der kolumbianischen Geschichte bezeichnet wurde. Als Antwort auf den Angriff teilte sich das FARC-Generalsekretariat in mehrere Gruppen auf, ein Teil der Fronten der Organisation wurden in die Nähe der Hauptstadt Bogotá verlegt, und die Aktionen der kommunistischen Guerilla wurden aggressiver. Ab 1991 verängstigte die Organisation die Eliten des Landes mit Gefechten in den unmittelbaren Vororten Bogotás wie La Calera oder Usme (Dep. Cundinamarca) und verstärkter Präsenz in den Armenvierteln der Hauptstadt. Vor allem in Ciudad Bolívar, einem Viertel im Süden Bogotás, in dem fast eine Million Menschen wohnen, machen sich seitdem guerillanahe Milizen[1] und die Polizei die Kontrolle über die Barrios streitig. Als ob all das nicht schon bedrohlich genug wäre, gingen die FARC 1996 zu den schon erwähnten Angriffen in Bataillonsstärke über, mit denen sie die Armee monatelang regelrecht paralysierten.

Dabei halten die FARC weiterhin an ihrer Prämisse fest, daß man in Kolumbien v. a. für demokratische Reformen kämpfen müsse. Im Zehnpunkteplan, den die FARC 1993 als *Plattform für eine Regierung des Wiederaufbaus und der nationalen Aussöhnung* verabschiedeten und der heute als Gesprächsgrundlage mit der Regierung dient, werden eine Reihe unspektakulärer Forderungen aufgestellt, die letztlich auf einen lateinamerikanischen Sozialdemokratismus hinauslaufen würden.

Verlangt werden:

1. Eine politische Lösung des Konflikts.
2. Die Abschaffung der Nationalen Sicherheitsdoktrin, die der Armee innenpolitische Aufgaben zuweist; stattdessen solle die Armee nur dem Schutz der Außengrenzen dienen.
3. Die Durchsetzung der Gewaltenteilung zwischen Politik und Justiz, Pressefreiheit und demokratische Mitbestimmungsmöglichkeiten auf allen Ebenen.
4. Ein Entwicklungsprogramm, das den internen Konsum stärkt, einheimische Industrien schützt und dem Staat die Kontrolle über den Energiesektor zuweist.
5. Eine Regelung, wonach 50 Prozent des Staatshaushalts für Sozialausgaben und weitere 10 Prozent für die Förderung der Wissenschaft verwendet werden.
6. Ein progressives Steuersystem, das hohe Einkommen prozentual stärker als niedrige Einkommen belastet.
7. Ländliche Entwicklungs- und Förderprogramme.
8. Neuverhandlung der Verträge zur Ausbeutung von Bodenschätzen mit den Multis, Offenlegung der mit BP geschlossenen (und von der Regierung geheimgehaltenen) Verträge zur Nutzung der Ölvorkommen in Cusiana (Dep. Casanare) und grundsätzliche Revision der Energiepolitik.
9. Der Aufbau souveräner, auf dem Recht auf Selbstbestimmung basierender Beziehungen zu allen Ländern der Welt (Kolumbien nahm erst vor einigen Jahren die Beziehungen zu Kuba wieder auf) und Neuverhandlung der internationalen Schulden.
10. Nicht-militärische Lösung des Drogenproblems.

1 Die FARC-nahen Milizen heißen in der Regel *Milicias Bolivarianas,* die der ELN *Milicias Populares.* Es gab jedoch einige Zeit auch unabhängige Milizen, die als Selbstverteidigungsgruppen der Bevölkerung gegen die Kriminalität entstanden.

Die FARC sind jedoch davon überzeugt, daß die kolumbianische Oligarchie selbst zu solch beschränkten Reformen mit Waffengewalt gezwungen werden muß. Vor diesem Hintergrund sieht man auch das Scheitern des politischen Projektes *Unión Patriótica*. Bei den FARC ist man sich einig, daß der legale Kampf unter den herrschenden Verhältnissen selbstmörderisch ist. Erst wenn sich die Bedingungen sozialer und politischer Arbeit grundsätzlich verändert hätten, so die FARC, könne man über eine Legalisierung nachdenken. Bei den Friedensgesprächen Anfang 1999 bekräftigte die Organisation ihre Bereitschaft, sich eines Tages legal registrieren zu lassen, gleichzeitig machte sie jedoch deutlich, daß auch ein bewaffneter Umsturz nicht auszuschließen sei. Die FARC haben sich – zumindest was ihr Auftreten betrifft – radikalisiert. Sie sind kein Subunternehmen der kommunistischen Partei mehr, sondern eine kleine Armee, die auf dem Land, vor allem im Süden des Landes, als Autorität anerkannt ist. In den Medien wird geschätzt, daß etwa 15.000 KämpferInnen der Organisation angehören – eine Zahl, die wir für hoch gegriffen halten.

ELN: „Nicht wählen – Volksmacht aufbauen!"

Die Entwicklung der anderen großen Guerillaorganisation, der ELN, verlief in vieler Hinsicht genau entgegengesetzt. Zwar traten (wie in Kapitel 3. 5. erwähnt) auch der ELN Veteranen der Bauernguerillas aus dem Bürgerkrieg 1948-53 bei, doch die Gründung der Organisation war im Vergleich zu der der FARC sehr viel artifizieller. Die ELN ist ideologisch und praktisch ein Kind der kubanischen Revolution. Die Organisationsgründer orientierten sich an den Schriften Che Guevaras, der im Gegensatz zur moskautreuen Linken davon ausgegangen war, daß man in Ländern der Dritten Welt durch den Aufbau bewaffneter Gruppen „revolutionäre Brandherde" (focos) legen könne. Diese – auch als *Fokismus* bezeichnete – Theorie Guevaras wurde zur Leitidee einer ganzen lateinamerikanischen Generation.

Aus deren Sicht erschienen die Kommunistischen Parteien als reformistisch und sogar konterrevolutionär. Zwar war Guevara selbst kein Gegner des Sowjetmarxismus, wie später oft kolportiert wurde – im Gegenteil, von den historischen Führern der kubanischen Revolution war er einer der wenigen, die sich schon 1956 positiv auf die RGW-Staaten bezogen –, aber seine Überlegungen führten zu einer offenen Radikalisierung. Die Anhänger des Guevarismus lehnten Bündnisse mit den Nationalbourgeoisien ab, ordneten den legalen politischen Kampf dem militärischen unter und waren nicht mehr bereit, sich an den Sicherheitsinteressen Moskaus zu orientieren.

Die neuen Guerillagruppen, die oft direkt aus Kuba unterstützt wurden, gewannen zwar in der ganzen Welt enorme Popularität, aber entwickelten auch einen extremen Voluntarismus. Die Vorstellung, die Welt durch den bewaffneten Aufstand unmittelbar aus den Angeln heben zu können, ebnete einem vor allem nach innen brutalen Militarismus den Weg. Im Fall der ELN entwickelte man eine Art ländlichen „Guerillerismus", in dem den legalen städtischen Strukturen ausschließlich unterstützende Aufgaben zukamen, stärkte den autoritären Führungsstil, und sorgte dafür, daß politische Entscheidungen von einem kleinen Kreis um den Vorsitzenden Fabio Vázquez gefällt wurden.

Die Entwicklung zu einer isolierten und dogmatisch versteinerten Organisation verschärfte sich noch, als die ELN 1973 nach einer militärischen Niederlage in eine tiefe Krise stürzte. Die Armee hatte die etwa 200 Guerilleros der Organisation bei Añorí (Dep. Antioquia) weiträumig eingekesselt und fast völlig zerschlagen. Nur wenige Dutzend Aufständische überlebten, darunter auch der spätere ELN-Kommandant Manuel Pérez, der sich drei Wochen lang allein durch den Wald schlug. Doch trotz dieser Niederlage leistete sich die ELN in den siebziger Jahren weiterhin den „Luxus", interne Debatten mit der Erschießung von „Abweichlern" zu unterbinden.

Der politische und ethische Zerfall wurde erst 1978 gestoppt, als ein grundlegender Reorganisationsprozeß einsetzte. Die ELN machte eine erste richtige Spaltung durch: Eine Minderheit mit dem Namen *„Replanteamiento"* (Umdenken) kritisierte den Militarismus und stellte das bisherige Konzept in Frage. Die Mehrheit der Organisation unter dem Pfarrer Manuel Pérez Martínez sprach sich zwar für die Beibehaltung der guevaristischen Strategie aus, stellte jedoch die Praxis des vergangenen Jahrzehnte zur Diskussion, was zu einer beachtenswerten Selbstkritik führte. Der mittlerweile auf Kuba lebende Gründer der Organisation, Fabio Vázquez, wurde wegen seines autoritären Führungsstils ausgeschlossen, Entscheidungsstrukturen wurden demokratisiert, und die legale politische Arbeit wurde aufgewertet. Man hob den Unterschied zwischen (debattierten) politischen und (hierarchisch gefällten) militärischen Entscheidungen hervor und hielt erstmals das Recht auf inhaltliche Meinungsverschiedenheiten fest.

Auf diese Weise begann sich die ELN, die Ende der siebziger Jahre aus weitgehend unkoordinierten Zirkeln und Gruppen bestanden hatte, zu regenerieren. Die Organisation, die anders als FARC, M-19 und EPL den Waffenstillstand mit der Regierung Betancur 1984 ablehnte, weil sie ihn für ein Täuschungsmanöver hielt, wuchs innerhalb von neun Jahren explosionsartig von drei auf über dreißig Fronten an. Daß man trotzdem nicht zum autoritären Stil der siebziger Jahre zurückkehrte, hatte in hohem Maße mit der moralischen Integrität der beiden Verantwortlichen der Organisation zu tun.

Der in Aragonien (Spanien) geborene Manuel Pérez Martínez, der Mitte der sechziger Jahre als Pfarrer nach Lateinamerika gekommen war, um in den Armenvierteln der Karibik zu arbeiten und sich wenig später der Entscheidung des Bogotaner Universitätspfarrers Camilo Torres Restrepo für den bewaffneten Kampf anschloß (siehe Kapitel 3.4.), war bis zu seinem Hepathitis-

Tod im Frühjahr 1998 ein untypischer Guerillakommandant. *„Einer von den Menschen, auf die man zugeht, wenn man einen Rat braucht"*, schrieb die mexikanische Journalistin María López Vigil (1989, S. 72). Pérez, ein bescheidener und umgänglicher Mann, übte selten Macht aus, vielleicht, weil er in den siebziger Jahren selbst Probleme mit den autoritären Strukturen der Organisation gehabt hatte. Gemeinsam mit dem Bauernsohn Nicolás Rodríguez Bautista, der 1964 im Alter von nur 14 Jahren der Guerilla beigetreten war[2], schuf Manuel Pérez einen neuen politischen Stil in der ELN. Die Befehlshierarchien wurden abgebaut, Spielräume für inhaltliche Dissidenz geschaffen.

Die Veränderungen beschränkten sich jedoch nicht auf eine gewisse Demokratisierung nach innen. Noch wichtiger war, daß die Guerillaorganisation das aus den sechziger Jahren stammende Avantgarde-Konzept des Fokismus reflektierte. Die Guerilla wurde nicht mehr länger als Ausgangspunkt aller Veränderung begriffen, man entdeckte das *Poder Popular,* die Volksmacht, für sich. Manuel Pérez äußerte in einem Interview (López Vigíl 1989, S. 153):

„(...) Bis dahin war die politische Arbeit dazu da gewesen, Unterstützung für die Guerilla zu bekommen, aber nicht, um die Organisation der Bevölkerung bei der Verteidigung ihrer eigenen Interessen zu unterstützen... Wir sagten: Okay, als erstes müssen wir eine sozio-ökonomische Untersuchung der Regionen organisieren. Und das waren echte Studienprojekte! Charakterisierung der Zonen und ihrer sozialen Widersprüche... Unsere Unkenntnis der Realität war so groß, daß wir auf befreundete Soziologen zurückgriffen, die sich in Untersuchungstechniken auskannten, und sie in die Kommissionen eingliederten. Wir verwandelten uns in soziologische Studiengruppen! Wir hatten Archive voll mit Karteikarten. Enorm! Und weil wir gezwungen waren, mobil zu bleiben, mußten auch diese Riesenarchive mobil sein. Diese Dinger waren so schwer..."

Poder Popular war dabei zu keinem Zeitpunkt antileninistisch oder gar anarchistisch gemeint. Es ging um die Kritik eines Guerillamodells, in dem nicht-bewaffnete Kämpfe nicht mehr auftauchten. Folgerichtig entdeckte die ELN – oder richtiger: derjenige Teil der Organisation, der die theoretischen Debatten bestimmte[3] – im Verlauf der achtziger Jahre Antonio Gramsci. Der

2 Nicolás Rodríguez gehört zu den beeindruckendsten Personen, die ich interviewen durfte. Er erzählt plastisch, uneitel und sehr amüsant. In seiner Umgebung wird er wegen seiner direkten, herzlichen Art mehr als Freund denn als Vorgesetzter geachtet. Zudem repräsentiert die Familie Rodríguez kolumbianische Sozialgeschichte: Der Vater war Bauernführer, die Generation der Großeltern beteiligte sich am Aufstand der Bolschewiki von „San Vicente de Chucurí" 1928.

3 Es ist das große Problem politischer Organisierung (v. a. unter Kriegsbedingungen), daß inhaltliche Debatten oft nur von einer Minderheit der AktivistInnen geführt werden. Durch die Entpolitisierung der kolumbianischen Gesellschaft haben sich diese

italienische Kommunist hatte schon in dreißiger Jahren darauf hingewiesen, daß Herrschaft in bürgerlichen Staaten weniger auf Repression denn auf Konsens aufbaue. Um die Gesellschaft zu verändern, müsse die Linke die kulturelle und politische Hegemonie des bürgerlichen Staates von innen her aushöhlen und durch eigene Strukturen ersetzen. Um bei diesem Zusammenwirken von „Zerstören und Neuaufbauen" erfolgreich zu sein, versuchte man ein Verständnis für die Komplexität der Gesellschaft zu entwickeln.

Man verabschiedete sich also von der allzu simplen Vorstellung, wonach im Kapitalismus nur zwei Klassen bestehen (Arbeiter und Kapitalisten), und beschrieb die Gesellschaft als Gefüge von Subklassen, die Verbindungen miteinander eingingen. Wie auch Gramsci untersuchte man, welche sozialen Gruppen sich zu „Machtblöcken" formiert hatten. Auf dieser Grundlage wollte man versuchen, Gegenmachtstrukturen aufzubauen. 1989 machte ein ELN-Kongreß mit dem Titel „Volksmacht und neue Regierung" diese Überlegungen zur offiziellen Politik der Organisation:

„Das zentrale Ziel unserer Massenlinie ist die Entwicklung der Volksmacht, wobei an erster Stelle zu berücksichtigen ist, daß wir dies unter Kriegsbedingungen machen. Wir glauben, daß die Volksmacht ihren entwickeltsten Ausdruck in der Zerstörung des alten Staates und im Aufbau eines neuen besitzt. Aber gleichzeitig ist auch klar, daß man von jetzt an den Willen der Massen zur Macht stärken muß, indem eigenständige und autonome Organisationsformen aufgebaut und Formen der Selbstregierung geschaffen werden... Die neue Legitimität stärken, während die oligarchische Legitimität erodiert."

Anders als bei der europäischen Alternativbewegung ging es bei dem Konzept Gegenmacht und Selbstverwaltung nicht vorrangig um den Aufbau von neuen sozialen Beziehungen, sondern um eine Eskalation der Kämpfe. Die kolumbianischen Guerilleros waren überzeugt, daß sich neue, demokratischere Machtstrukturen nur in der Konfrontation entwickeln ließen. Dabei sollten auch institutionelle Spielräume (Gemeinderäte, legale politische Organisationen etc.) nicht außer acht gelassen werden:

„Die Volksmacht wird mit Aktionen entwickelt, die einen doppelten Zweck verfolgen: Es soll nach Lösungen für die wirtschaftlichen und sozialen Probleme des Volkes gesucht werden, indem Forderungen gegen die Oligarchie durchgesetzt werden, aber gleichzeitig ist es auch das Ziel Selbstverwaltungsformen der Gemeinschaft zu stärken.

– Das einzig sichere Mittel, um der Oligarchie gegenüber Terrain gutzumachen, ist, Kämpfe zu provozieren, die das Volk in der Konfrontation erziehen und gleichzeitig Selbstverwaltungsformen entwickeln, die den Massen helfen, Selbstvertrauen zu gewinnen und mit den Konzepten der bürgerlichen Demokratie zu brechen.

Schwierigkeiten weiter vergrößert.

– An den institutionellen Spielräumen wird mit dem Ziel teilgenommen, die Pläne der Oligarchie zu stören und zu sabotieren, um gleichzeitig eigene Räume der Massen aufzubauen, die von ihnen selbst geleitet und als Pfeiler der neuen Legitimität begriffen werden.“ (UCELN 1989, S.80-81)

Die ELN beteiligte sich aktiv an der Entwicklung der sozialen Bewegungen und förderte in Dörfern, Stadtteilen und Betrieben den Aufbau räteähnlicher Strukturen. Der wesentliche Unterschied zu früher bestand dabei darin, daß dies nicht nur aus logistischem Interesse oder eigenem Hegemoniestreben geschah, sondern tatsächlich auch als Keimzelle von Selbstregierung begriffen wurde.

Dummerweise hatten jedoch nicht nur lateinamerikanische Linke Gramsci gelesen. Auch im US-State-Department fand der italienische Philosoph in den achtziger Jahren große Beachtung. Das Santa Fe II-Dokument, das zur Amtsübernahme George Bushs 1988 erstellt wurde, analysierte u. a. Gramscis Überlegungen zur Beschaffenheit moderner bürgerlicher Staaten. Die Verfasser des Dokuments, das als Grundlage der US-amerikanischen Lateinamerika-Politik unter Bush diente, kamen zu der Schlußfolgerung, daß die gefährlichste Arbeit der Linken im sozialen und kulturellen Bereich geleistet werde, denn dort würden die bürgerlichen Institutionen ausgehöhlt. (Documento de Santa Fe II, Bogotá 1989)

Der schmutzige Krieg wurde zu einer Art Frontalangriff auf jede Form von Selbstverwaltung, schließlich richteten sich die Anschläge nicht gegen die Guerilla, sondern gegen die Zivilbevölkerung. Im Verlauf der neunziger Jahre war daher in der ELN auch weniger von *Poder Popular* die Rede. Man gab das Konzept zwar nicht auf, aber in Anbetracht dessen, daß die öffentliche Organisierung immer schwieriger wurde, zog man sich teilweise zurück.

Auch im Zusammenhang mit der Debatte um kulturelle Autonomie und Identität formulierte die ELN Positionen, die an Gramsci angelehnt waren. So schenkte man bei der Kampagne *„500 Jahre Kolonialismus und Ausbeutung“* folkloristischen und populärkulturellen Erscheinungen besondere Bedeutung. Die Organisation bezeichnete es als grundlegende Schwäche der lateinamerikanischen Oligarchien, daß sie keine eigenen Kulturformen hervorgebracht hätten. Tatsächlich existiert eine unüberbrückbare Kluft zwischen dem in den Medien propagierten *american way of life* und der sozialen Realität, in der selbst ein McDonalds-Hamburger für viele einen unerschwinglichen Luxus darstellt.

Als Erwiderung auf die kolonialistische Kampagne zur „Entdeckung Amerikas“ propagierten linke Gruppen 1992 in Kolumbien die sogenannte „Selbstentdeckung“ *(autodescubrimento)* – eine Kampagne, die an populäre Widerstandstraditionen in der Bevölkerung anknüpfte. Ihr Ziel war weder die Entwicklung eines plumpen Nationalismus noch einer indigenistischen Ideologie, wie sie in den lateinamerikanischen Mittelschichten teilweise sehr beliebt war. Vielmehr ging es darum, die Geschichte des Widerstands aufzudecken und im kollektiven Gedächtnis zu verankern. Dabei sollten die diskriminierten Kulturen von Indígenas und Schwarzen aufgewertet und kapitalistische Lebensmodelle hinterfragt werden.

Insofern gab die ELN also eine ganze Reihe Dogmen auf, wie sie für die lateinamerikanische Guerilla-Linke charakteristisch waren. Zwar hielt die Organisation an leninistischen und guevaristischen Prinzipien fest, und Manuel Pérez verteidigte noch 1997 in mehreren Interviews den *„Sozialismus in Kuba, Vietnam, China und Nordkorea“*, aber die Politik der ELN war dennoch libertärer als die anderer lateinamerikanischer Organisationen. Die Guerillaorganisation geht weiterhin davon aus, das das Verhältnis Arbeit-Kapital der Dreh-und Angelpunkt bürgerlicher Gesellschaften ist, daß eine grundlegende Veränderung nur mit revolutionären Umstürzen herbeigeführt werden kann und daß hierin der bewaffnete Kampf eine entscheidende Rolle spielt. Aber in ihrem „Antiautoritarismus“, der Ablehnung eines klassischen Avantgarde-Anspruchs und ihrem Moralismus unterscheidet sie sich von der traditionellen Linken wesentlich. Man kann diese Eigenheiten der ELN mit zwei Einflüssen erklären: Dem libertären Geist der kolumbianischen Sozialrevolten, der von den leninistischen Organisationen nie vollständig beseitigt wurde, und der Bedeutung revolutionärer ChristInnen, die nach dem Tod von Camilo Torres Restrepos 1966 massiv in die Guerilla eintraten.

Wegen der starken Präsenz von Befreiungstheologen besaß die ELN zeitweise sogar den Ruf einer linkskatholischen Organisation. Tatsächlich gründeten Nonnen und Pfarrern nach dem Tod Camilo Torres’ eine ELN-nahe Gruppe namens *Golconda*, die von der Notwendigkeit einer bewaffneten Revolution ausging. Diese ChristInnen begriffen es als moralische Pflicht, Armut und strukturelle Gewalt mit bewußter politischer Gewalt zu beantworten. Neben Manuel Pérez kamen noch eine Reihe anderer LinkskatholikInnen zur ELN; die bekanntesten waren seine spanischen Kollegen Antonio Jiménez und Domingo Laín, die beide Anfang der siebziger Jahre im Dschungel starben. Obwohl der befreiungstheologische Einfluß in der ELN selbst immer umstritten war – mehrmals drohte sogar eine Spaltung – wirkten die „christlichen“ Werte Bescheidenheit, Demut und Nächstenliebe als eine Art Anti-Serum zum Leninschen Avantgardismus. Zudem schulte die Tatsache, daß in der Organisation verschiedene Tendenzen koexistierten, die ELN-Guerilleros in Toleranz.

Trotz (oder wegen) der befreiungstheologischen Strömung profilierte sich die ELN lange als radikalste kolumbianische Guerilla. So hatte sie 1984 den Waffenstillstand mit der Regierung Betancur abgelehnt, propagierte direkte, außerinstitutionelle Aktionen gegen das System und begann das vitalste ökonomische Interesse der Regierung anzugreifen: den Erdölexport. Mit Anschlägen auf Pipelines und Förderanlagen wollte die ELN verhindern, daß

„Nicht wählen gehen – Das System bekämpfen". ELN-Graffiti aus Ciudad Bolívar, Bogotá. In den Großstädten ist die Guerilla nach wie vor schwach.

die Bodenschätze exportiert werden, ohne daß die einheimische Bevölkerung von den Reichtümern profitiert.

Um das Problem zu lösen, machte die Organisation der Regierung Ende der achtziger Jahre zum ersten Mal konkrete Verhandlungsangebote. Im Falle einer Neuverhandlung der Erdölkonzessionen sei sie bereit, die Sabotageaktionen einzustellen.

Mit diesem Vorschlag gab die ELN erstmals ihre ablehnende Haltung gegenüber Verhandlungen mit der Regierung auf – der wichtigste Widerspruch zur Politik der FARC. Die ELN vertrat zwar weiterhin das in China und Vietnam entwickelte Konzept des *„verlängerten Volkskriegs"*[4], doch im Konkreten wurde sie gesprächsbereiter. Der alte Guerilla- und Revolutionspathos, bei dem der Sturz der Regierung eine fast mythische Bedeutung erlangt, wich einer realistischeren Vorstellung von Veränderung. ELN- Kommandant

4 Das Konzept unterscheidet sich von der Theorie Che Guevaras vor allem darin, daß nicht von einem schnellen Volksaufstand, sondern vom langandauernden Aufbau von Gegenmacht ausgegangen wird. Spötter übersetzen die Abkürzung GPP (Guerra Popular Prolongada) allerdings auch gerne mit *Guerra Popular Putamente Prolongada,* „verdammt verlängerter Volkskrieg".

Pablo Beltrán definierte den Begriff „Revolution“ gar nur als „grundlegende strukturelle Transformation“. Seiner Meinung nach bestehe die Aufgabe der Guerilla heute darin, solche Veränderungen auf verschiedenen Wegen zu erzwingen; ob mit oder ohne Umsturz sei zweitrangig.

In diesem Sinne schlug die ELN Anfang 1996 die Einberufung einer Nationalkonvention vor, auf der die verschiedenen gesellschaftlichen Gruppen Konzepte zur Veränderung der kolumbianischen Gesellschaft erarbeiten sollten. Dem Vorschlag lag diese These zugrunde, daß kein Akteur der kolumbianischen Gesellschaft heute hegemonial sei. Die politischen Eliten seien verbraucht, eine politische Opposition existiere kaum, die Guerilla könne nicht beanspruchen, stellvertretend für die Gesellschaft zu sprechen. Man müsse sich also bemühen, gemeinsam eine „neue Führung“ *(nuevo liderazgo)* zu entwickeln. Damit war keine politische Führung im engeren Sinne (Partei oder gar einzelne Personen) gemeint, sondern so etwas wie eine treibende Kraft der Veränderung.

Auf dem unter Schirmherrschaft der deutschen Bischofskonferenz im Juni 1998 im bayerischen Kloster Himmelspforten organisierten Treffen zwischen ELN und führenden Persönlichkeiten des öffentlichen Lebens aus Kolumbien (unter den TeilnehmerInnen waren auffallend viele Unternehmer und JournalistInnen) wurde dieser Vorschlag akzeptiert. Man vereinbarte, eine Nationalkonvention unter Beteiligung aller gesellschaftlichen Gruppen durchzuführen – von Viehzüchtern und Industriellen einerseits bis hin zu Indígena-Verbänden, StudentInnengruppen und Gewerkschaften andererseits. In acht Foren sollten diese Gruppen über mehrere Monate hinweg soziale, wirtschaftliche und politische Probleme des Landes diskutieren.

Doch an dem Clou des Vorschlags – eine Einigung an der Regierung vorbei zu erzielen und damit die Legitimität des Staates in Frage zu stellen – scheiterte die Idee dann auch zunächst. Die ELN hatte vorgeschlagen, die Nationalkonvention in einem demilitarisierten Gebiet unter Schutz der Guerilla zu organisieren, und begründete dies damit, daß die kolumbianischen Sicherheitskräfte die Opposition nicht schützen würden. Doch der kolumbianische Staat weigerte sich, anders als im Fall der FARC, einer solchen Demilitarisierung zuzustimmen.[5]

5 Trotz der politischen Initiativen ist die Debatte um den Militarismus in der ELN weitergegangen. 1992-93 spaltete sich eine Fraktion mit dem Namen *Corriente de Renovación Socialista (Strömung der sozialistischen Erneuerung)* von der Organisation ab. Zum Großteil war die Gruppe identisch mit der kleinen, undogmatisch-maoistischen *MIR-Patria Libre*, die erst 1987 mit der ELN zur *Unión Camilista ELN* fusioniert war. Die Minderheitenfraktion, die nach dem Zusammenbruch des Realsozialismus ein radikales Umdenken einforderte, beschuldigte die Organisationsleitung um Manuel Pérez, zu wenig politische Initiativen zu entwickeln, sich zu stark auf den Guerillakampf zu konzentrieren und vor allem in den Städten keine Anstrengungen zu un-

Das Verhältnis zwischen FARC und ELN:
Guerillakoordination Simón Bolívar

Die Unterschiede zwischen FARC und ELN sind durch die Entwicklungen seit 1990 heute also sehr viel kleiner als früher. Beide streben politische Verhandlungslösungen an, erklären aber auch, daß sie die militärische Konfrontation so lange verschärfen werden, wie den sozialen Bewegungen die Spielräume verstellt sind. Beide Organisationen verfolgen ein sozialistisches Projekt, beziehen sich solidarisch auf Kuba und äußern eine nur verhaltene Kritik am Realsozialismus. Beiden ist außerdem klar, daß sich der Konflikt im Land nicht militärisch lösen läßt, doch beide Organisationen haben auch die Überzeugung geäußert, daß man der Armee das Rückgrat brechen muß, wenn der paramilitärische Terror beendet werden soll.

Unterschiede bestehen vor allem in der regionalen Verankerung – die FARC sind im Süden, Nordwesten und Osten Kolumbiens am stärksten, die ELN im Nordosten, Südwesten und Norden –, in der militärischen Schlagkraft – die FARC hat etwa eineinhalb Mal so viele KämpferInnen wie die ELN und ist außerdem fast landesweit vertreten – sowie in der internen Organisationskultur. Die FARC sind im positiven wie im negativen Sinne stärker vom Parteikommunismus geprägt: Ihre Kader sind zwar oft gut geschult, aber neigen dazu, so stark zwischen taktischen Losungen und mittelfristigem Ziel zu unterscheiden, daß man oft nicht weiß, was die Organisation nun wirklich will. Die ELN hingegen bemüht sich zwar um Offenheit und propagiert basisdemokratische Lösungen, besitzt dafür aber keine systematischen Programme zur politischen Bildung. In der militärischen Struktur gleichen die FARC sehr viel mehr einer traditionellen Armee mit starken Hierarchien und Privilegien für Offiziere, während die ELN erst 1996 militärische Rangfolgen eingeführt hat.

ternehmen. Die CRS schlug vor, sich ins politische Leben zu reintegrieren, was von der UCELN-Mehrheit abgelehnt wurde. Nach monatelangen Debatten trennte sich die Minderheit, etwa ein Zehntel der Gesamtorganisation, von der ELN. Auf dem Land war die Spaltung bedeutungslos, nur eineinhalb von fast 40 Einheiten schlossen sich der CRS an, doch in den Großstädten und den politischen Strukturen führte der Bruch zu einer spürbaren Schwächung der Organisation. Viele AktivistInnen kehrten der Politik ganz den Rücken.

Immerhin verursachte die Spaltung jedoch keine militärischen Konfrontationen. Beide Seiten hatten frühzeitig erklärt, daß man die Entscheidung der Gegenseite respektieren werde. Bis auf einige Ausnahmen gab es keine Drohungen gegen die DissidentInnen – eine für Kolumbien erstaunlich ruhig verlaufene Spaltung. Die CRS unterzeichnete wenige Monate später ihre Demobilisierung und ist ebenso wie EPL und M-19 praktisch aus dem öffentlichen Leben verschwunden. Die UCELN-Mehrheit machte 1996 ihre Namensänderung wieder rückgängig und nennt sich seitdem wieder ELN.

Trotz dieser politischen Annäherung ist die *Guerillakoordination Simón Bolívar* (CGSB) seit 1992 praktisch nicht mehr existent. Sie wurde zwar nicht aufgelöst, aber seitdem gab es keine Vereinbarungen mehr, Offensiven wurden nur in Einzelfällen regional koordiniert, und sogar die Verhandlungen mit der Regierung werden jetzt getrennt geführt. Daß FARC und ELN (die EPL besteht nur noch aus drei oder vier versprengten Fronten und ist deswegen zu vernachlässigen) nach 1992 nicht mehr gemeinsam auftraten, hatte mehrere Ursachen: Zum einen war – nachdem man zwei Jahrzehnte lang gar nicht miteinander geredet hatte – die Annäherung zwischen FARC, ELN und EPL sehr schnell verlaufen. Zum zweiten warf die ELN der größeren FARC einen Alleinvertretungsanspruch, Paternalismus sowie autoritäres Verhalten gegenüber der Basis vor, und drittens – dieser Punkt wurde jedoch nie öffentlich behandelt – gab es verschiedene Positionen gegenüber dem Drogenhandel. Während die FARC, in deren Gebieten der Kokaanbau eine zentrale Rolle spielt, den Drogenanbau akzeptiert und Steuern von den Händlern kassiert, lehnt die ELN den Kokaanbau grundsätzlich ab. Zwar breitete sich auch in den von der ELN kontrollierten Gebieten in den Departements Norte de Santander, Bolívar und Antioquia in den letzten Jahren der Anbau von Koka aus, aber im Gegensatz zu den FARC verbot die ELN mehrmals die Aussaat. In einigen Regionen, in denen beide Organisationen aktiv waren, kam es deswegen zu ernsten Konflikten.

Oft sind Probleme aber gar nicht politischer Natur, sondern durch persönliche Streitereien und Führungsansprüche bedingt. Die Guerillera ist Ausdruck der sozialen Realität, in ihr reflektieren sich auch kulturell und milieubedingte Widersprüche.

Trotzdem ist davon auszugehen, daß sich die Guerillas bei einer weiteren Eskalation des Konflikt enger zusammenschließen werden, so wie es in vielen Landesteilen bereits heute der Fall ist. Bei Angriffen auf große paramilitärische Stützpunkte haben FARC und ELN 1998-99 häufig kooperiert.[6]

6.2. Vorwürfe gegen die Guerilla

Standrechtliche Erschießungen

Nach Angaben von *America's Watch* ist die kolumbianische Guerilla für etwa 25 Prozent der Menschenrechtsverletzungen verantwortlich. Einmal abgesehen davon, daß diese Angabe soziale Menschenrechte wie Gesundheit, Bildung, Ernährung oder Wohnung außer acht läßt, steht außer Frage, daß es solche Menschenrechtsverletzungen gibt.

6 So etwa Herbst 1998 mehrmals im Osten Antioquias und bei der Offensive der Armee im Süden von Bolívar oder im Frühjahr 1999 bei Angriffen auf Armee und Paramilitärs im Nudo de Paramillo (Dep. Córdoba), Pavorondó (Urabá) und im Departement Arauca.

Das unabhängige Institut CINEP zählte in den Monaten Januar bis März 1997 94 mutmaßlich von der Guerilla verübte außergerichtliche Hinrichtungen und Morde, während im gleichen Zeitabschnitt Paramilitärs 270, sowie die staatlichen Sicherheitsorgane weitere 30 Morde begangen haben sollen (Pérez/Reis 1998, S. 307). Die Aktionen der Paramilitärs und Armee richteten sich dabei meist gegen GewerkschafterInnen und BäuerInnen, die Anschläge der Guerilla gegen Paramilitärs, InformantInnen der Armee oder Soldaten in Zivil.

Die Aufständischen rechtfertigen solche Attentate damit, daß sie nicht die zivile Organisierung der Bevölkerung, sondern paramilitärische Strukturen angreifen würden, um ihrerseits die Zivilbevölkerung zu schützen. Das ist in Anbetracht der von den Paramilitärs inzwischen täglich verübten Massaker nicht ganz unplausibel, dennoch merkt man an der Erklärung auch schnell, wie schwer sich mit einer „wertfreien" Verteidigung der Menschenrechte argumentieren läßt.

In Konfliktgebieten, wo die Armee Informantennetze aufbaut, um AktivistInnen der sozialen Bewegungen auszuforschen, sind bewaffnete Aktionen tatsächlich oft das einzige Mittel zum Selbstschutz. So verübte die Guerilla beispielsweise in der kolumbianisch-venezolanischen Grenzstadt Cúcuta 1989 ein Attentat auf einen Industriellen, der als Hintermann paramilitärischer Gruppen in der Stadt bekannt war, und legte die Struktur der Todesschwadrone in der Region für einige Jahre lahm.

Andererseits ließe sich etwas ähnliches natürlich auch aus Sicht der Armee sagen: Dort, wo die soziale Basis der Guerilla ermordet oder vertrieben wurde, herrscht Ruhe. Es ist also deutlich, wie problematisch die Gleichsetzung von zwei sozialen Akteuren ist, die entgegengesetzte Ziele verfolgen. Zwar gibt es allgemein gültige ethische Prinzipien, andererseits lassen sich Anschläge, mit denen soziale Bewegungen vor Repression geschützt werden sollen, eben nicht mit Aktionen gleichsetzen, die die Sicherheit von Viehzüchtern und Großindustriellen verteidigen. Und solange es die Gewalt des Hungers, der Armut und der Marginalisierung gibt, macht es sowieso keinen Sinn, von beiden Seiten einfach eine Aussöhnung zu fordern.

Das heißt jedoch nicht, daß die Politik der Guerilla unkritisch zu betrachten wäre. Es gibt zahlreiche Beispiele dafür, daß sich die politischen Ziele der Aufständischen im Militarismus zu verlieren drohen. Einer dieser Fälle war der 1989 von der als besonders radikal geltenden ELN-Front Domingo Laín verübte Anschlag auf den Bischof Jaramillo von Arauca, der damit begründet wurde, daß Jaramillo ein Mann der Oligarchie sei. Zehn Jahre später schickte die gleiche Front dem *El Tiempo*-Kolumnisten Plinio Apuleyo Mendoza eine Briefbombe und erklärte Journalisten, die den Paramilitarismus propagierten, zum militärischen Angriffsziel. Zwar ist wahr, daß der auch als Schriftsteller bekannte Mendoza regelrecht für die Massaker Carlos Castaños geworben hat, aber das ändert nichts daran, daß es sich bei solchen Aktionen um Angriffe auf ZivilistInnen handelt.

Daß eine derartige Dynamik auch nach innen Konsequenz hat, zeigte sich bei den Auseinandersetzungen innerhalb des *Frente Ricardo Franco* Mitte der achtziger Jahre. Die Anführer dieser kleinen, 1983 bis 86 im Departement Cauca (Südwestkolumbien) operierenden Abspaltung der FARC ließen im Dezember 1985 in der Ortschaft Tacueyó mehr als 100 Guerilleros als Spitzel erschießen. Der Fall zeigt exemplarisch, wie grundlegend militärische Strukturen das Bewußtsein von Menschen verändern. Bis zuletzt gehorchten die Guerilleros blind ihren Kommandanten und erschossen FreundInnen und Vertraute. Die Kultur der Gewalt dominiert auch immer wieder diejenigen, die sie eigentlich zu beseitigen vorgeben.

Auch wenn sich der Umgang der Guerillaorganisationen mit internen Meinungsverschiedenheiten in den letzten 15 Jahren verändert hat, gibt es auch heute noch ähnliche Tendenzen. Als sich die EPL-Mehrheit 1991 demobilisierte, zum Teil in den Staatsapparat integrierte und demobilisierte Ex-Guerilleros Anschläge auf Angehörige der Kommunistischen Partei verübten, erklärten die FARC ihrerseits die Demobilisierten der EPL zu Angriffszielen. Mitglieder der FARC-nahen *Milicias Bolivarianas* überfielen eine Versammlung EPL-naher Bananen-Gewerkschafter und töteten an die 30 Personen. Schon nach wenigen Wochen war die Ursache des Konflikts nicht mehr zu erkennen, und die EPL-Basis verwandelte sich in treue Anhänger des Paramilitarismus.

Nicht weniger dramatisch waren die Zusammenstöße in Medellín zwischen Kommandos der ELN-nahen *Milicias Populares* und den Jugendbanden 1990 bis 1993. Die starke Präsenz des Medellín-Kartells hatte in der Stadt eine regelrechte „Todeskultur" unter den Jugendlichen geschaffen; eine Entwicklung, die durch den Zerfall des Kartells noch beschleunigt worden war, denn der Drogenhandel konnte das von ihm etablierte Recht des Stärkeren nicht mehr selbst regulieren.

Als Folge davon wuchs eine ganze Generation zwischen der Verheißung schnellen Reichtums und schrankenloser Gewalt auf. Tausende Jugendliche begannen sich als bezahlte Killer zu verdingen oder wurden Paramilitärs. Diejenigen, die keine Jobs bekamen oder noch zu jung waren, schlossen sich den Banden an, die eine regelrechte Schreckensherrschaft über die Elendsquartiere aufbauten. Überfälle auf Stadtbusse und Massenvergewaltigungen in benachbarten, von konkurrierenden Banden kontrollierten Vierteln waren an der Tagesordnung. Für die BewohnerInnen der Viertel wurde die Situation auch aus wirtschaftlichen Gründen unerträglich. Zu oft wurde der Lohn auf dem Heimweg bei einem Überfall geraubt.

Vor diesem Hintergrund begann eine vergleichsweise kleine Gruppe von ELN-Guerilleros mit dem Aufbau der *Milicias Populares* in den Armenvierteln Medellíns, die sich vergleichsweise eigenständig von der Guerilla entwickelten. Innerhalb kürzester Zeit organisierten sich bis zu 8.000 meist jugendliche MedellinerInnen in den Milizen, die wie Selbstverteidigungsgruppen funktionierten und so etwas wie Polizeifunktionen ausübten. Diese Milizen waren zwar von den verschiedensten linken Organisationen beeinflußt, doch das unmittelbare Anliegen der StadtteilbewohnerInnen bestand darin, die Jugendbanden zurückzudrängen. Auf diese Weise kam es zu einem Krieg der Milizen gegen die Banden und die oft mit diesen verbündete Polizei. Gangmitgliedern wurden Ultimaten gesetzt, und wenn diese die Überfälle nicht einstellten, wurden sie umgebracht.

Während der bewaffneten Auseinandersetzungen wurden Hunderte von Jugendlichen unter 20 Jahren von MilizionärInnen (die meist nicht älter waren) erschossen. Zwar äußerten sich die Verantwortlichen der *Milicias Populares* bei einem Gespräch 1992 durchaus selbstkritisch und erkannten an, daß eine Politisierung ihrer Arbeit notwendig sei (Colectivo 15 de febrero), aber auch hier hatten sich Gewalt und Machismus immer wieder verselbständigt.

Möglicherweise zerfielen die *Milicias Populares*, die der erfolgreichste Organisierungsansatz der kolumbianischen Guerilla in den Großstädten gewesen war, auch aus diesem Grund 1993 wieder. Ein Teil von ihnen unterzeichnete Abkommen mit dem Staat und gründete private Sicherheitsunternehmen. Nur die oppositionellen, FARC und ELN nahestehenden *Milicias Bolivarianas* und *Bloque Popular Miliciano* blieben bestehen, doch ihr Einfluß gilt heute als gering.

Die Entführungen

In Kolumbien selbst werden die meisten Vorwürfe gegen die Guerilla im Zusammenhang mit den Entführungen erhoben. Nach Angaben des Polizeikommandanten José Rosso Serrano hat es 1998 mehr als 2.500 Entführungen gegeben, von denen etwa 50 Prozent auf das Konto der Guerilla gehen sollen. Die anderen 50 Prozent werden von gutorganisierten Banden durchgeführt. Die Dauer der Entführungen liegt oft bei über einem Jahr. Auch wenn die Behandlung der Entführten „fair" ist (bei der Guerilla teilen die Geiseln meistens das Leben der einfachen Bauern), hinterläßt die Gefangenschaft bei den Opfern tiefe Narben. Die (von einem Mitglied des Santos-Clans geleitete) Anti-Entführungsassoziation *Pais Libre* bezeichnet das Phänomen gar als das *„größte Übel Kolumbiens"* und hat in den vergangenen Jahren Zehntausende gegen diese Finanzierungspraxis der Guerilla mobilisiert. Auch bei den Gesprächen zwischen ELN und „Gesellschaft" im Kloster Himmelspforten brachten Unternehmer das Thema auf die Tagesordnung.

Die Guerillaorganisationen halten trotz der hohen politischen Kosten an der Praxis der Entführungen fest, da sie die wichtigste Einnahmequelle darstellen. Die ELN selbst bezeichnet diese Politik als eine Art „Finanz- und

Tributsystem". Man argumentiert, daß Industrielle, Viehzüchter und ausländische Multis, die ihr Geld auf dem Rücken der Bevölkerung verdient hätten, auf diese Weise besteuert würden. Bisweilen würden die erpreßten Gelder auch in Sozialfonds ländlicher Gemeinden fließen.

Auf die Forderung von Regierung und Unternehmerverbänden, die Entführungen sofort einzustellen, reagierten die Guerillaorganisationen mit dem Verweis auf die Situation der Gefangenen in den Haftanstalten. ELN-Chef Manuel Pérez erklärte in einem seiner letzten Interviews im Sommer 1997 (vgl. *Arranca* Nr. 13), daß die Organisation bereit sei, über das Thema Entführungen zu verhandeln, wenn gleichzeitig auch die Situation in den Gefängnissen zur Sprache käme. Schließlich befänden sich auch die Entführten in einer Art Haft. Wenn der Staat das Recht beanspruche, Finanzabgaben festzusetzen und Steuerbetrüger zu inhaftieren, gelte das gleiche auch für die Guerilla. Der ELN-Sprecher bei den Gesprächen in Himmelspforten, Pablo Beltrán, ergänzte diese Erklärung Pérez' in dem Sinne, daß seine Organisation bereit sei, auf Entführungen zu verzichten, wenn ein anderer Weg zur Finanzierung gefunden werde. Es müsse nur grundsätzlich anerkannt werden, so Beltrán, daß die Guerilla als Parallelautorität das Recht besitze, Steuern einzutreiben. Die meisten Menschenrechtsorganisationen (vom kolumbianischen Unternehmerverband ganz zu schweigen) wollten sich dieser Argumentation nicht anschließen. Sie verschärften ihre Kritik, als im April 1999 der Avianca-Linienflug Bucaramanga-Bogotá in ein von der Guerilla kontrolliertes Gebiet im Süden der Provinz Bolívar entführt wurde. Auch *Amnesty International* und *Pax Christi* äußerten, die Guerilla würde ihre Glaubwürdigkeit mit solchen Aktionen verspielen. Sie besitze kein Recht, ZivilistInnen in den Konflikt zu involvieren. Die ELN wiederum erwiderte, daß sie die Flugzeugpassagiere nicht als Geiseln betrachte, sondern der Öffentlichkeit und v. a. der Oberschicht mit der Aktion die Dramatik der Situation im Land vermitteln wollte.

Bemerkenswert war in dem Zusammenhang, daß sich zwar viele Seiten, darunter auch die Bundesregierung, *Pax Christi* und *Amnesty International*, über die Flugzeugentführung äußerten, aber kein Wort über die Bombardierung von 2.000 Flüchtlingen durch die kolumbianische Luftwaffe verloren, die von den Menschenrechtsorganisationen CINEP und MINGA öffentlich gemacht wurde. Die kolumbianischen Militärs bestraften sozusagen stellvertretend die Bevölkerung dafür, daß sich die Guerilla sich mit den Flugzeugpassagieren in die Berge hatte zurückziehen können.

Die „Narco-Guerilla" – Mythen von Drogenhandel und bewaffnetem Kampf

Das wichtigste von der US- Regierung verwendete Argument für die Militärhilfe an die kolumbianische Armee sind allerdings die vermeintlichen Verbindungen der Guerilla zum Drogenhandel. Mitte der achtziger Jahre fand offensichtlich ein Paradigmenwechsel in der US-Außenpolitik statt, so daß heute nicht mehr der Weltkommunismus, sondern der internationale Drogenhandel bemüht wird, wenn militärische Interventionen oder die Erhöhung von Militärhilfe legitimiert werden sollen.

FARC und ELN besitzen jedoch ein reichlich distanziertes Verhältnis zum Drogenanbau, wobei es zwischen beiden Organisationen deutliche Unterschiede gibt. Die ELN führt bereits seit einigen Jahren aktive Kampagnen gegen den Kokaanbau durch. Schon 1989 veröffentlichte die Organisation eine für alle Einheiten bindende Grundsatzerklärung, in der jedwede Beteiligung an Anbau und Handel untersagt und sozio-ökonomische Maßnahmen zur Substitution angekündigt wurden (Correo del Magdalena Nr. 103). In den Folgejahren wurden die Koka-Pflanzungen im Nordosten Antioquias denn auch stark zurückgedrängt, und seit Mitte der neunziger Jahre gibt es in den Provinzen Cesar, Bolivar und Norte de Santander ähnliche Projekte, die den Leiter des staatlichen Anti-Drogenplans PLANTE im Sommer 1998 sogar zu dem Vorschlag veranlaßten, die Guerilla an den staatlichen Substitutionsprogrammen zu beteiligen. Die Idee war nicht so neu, wie es schien. Bereits 1995 hatte die ELN der Europäischen Union (über den damaligen Kanzleramtsminister Schmidbauer) ein Konzept zur Beseitigung des Kokaanbaus in fünf Jahren zukommen lassen. Einzige Bedingung dafür war, daß die EU den betroffenen BäuerInnen Saatgut und Kredite zur Verfügung stellen müsse. Der Vorschlag blieb unbeantwortet, stattdessen intensivierte die Regierung in Bogotá auf internationalen Druck die Herbizideinsätze.

Das überraschend rigide Vorgehen der ELN gegen die Kokapflanzungen hat vor allem mit den negativen Auswirkungen des Anbaus vor Ort zu tun: Die Produktion von Koka-Paste verseucht die Flüsse mit Benzin und anderen Chemikalien, hebt das Preisniveau (so daß Bauern mit traditionellen Produkten wie Maniok oder Kakao kaum überleben können), fördert Suchterscheinungen unter den jugendlichen Pflückern, erleichtert Paramilitärs und Geheimdiensten, in die Guerillagebiete einzudringen, und zieht Personen an, die weder bereit noch geeignet sind, sich politisch zu organisieren.

Die FARC nehmen hingegen – auch aufgrund ihrer starken Verankerung in den Kerngebieten des Kokaanbaus im Süden des Landes – eine weniger feindliche Position gegenüber dem Alkaloid ein. Sie besteuern Anbau und Handel, verteidigen BäuerInnen gegen Regierung und Händler und regulieren den Markt (Menzel 1997, S. 10). Sie verpflichten die BäuerInnen dabei stets darauf, zusätzlich zu den Kokapflanzen auch Nahrungsmittel anzubauen, um von der Monokultur wegzukommen (Lessmann 1996, S. 194). Auch guerillakritische Wissenschaftler bestätigen außerdem, daß sich die FARC *„aus der Produktion des Alkaloids heraushalten und … es schaffen, … dessen zerstörerische Effekte auf ihre bewaffneten Kämpfer und die bäuerliche Be-*

völkerung zu vermeiden" (Jaramillo u. a. 1989, XIV nach Lessmann 1996, S. 193). So ist der Konsum von Bazuco, Opium, Kokain und Heroin von der Guerilla verboten worden (Thoumi 1997a, S. 213). Die FARC haben in den ehemals sehr gewalttätigen Drogenanbaugebieten für eine relative Ruhe gesorgt (Menzel 1997, S. 10).[7]

Bei Gesprächen mit US-Diplomaten in Costa Rica und Verantwortlichen der UN-Substitionsprogramme in Kolumbien signalisierten auch die FARC 1998 ihr Interesse, Programme gegen die Kokapflanzungen durchzuführen. Die Organisation könne den Anbau völlig unterbinden, wenn die BäuerInnen ökonomische Unterstützung bei der Umstellung auf andere Produkte erhalten würden, erklärten Sprecher der Guerillaorganisation. Anfang 1999 wurde der Vorschlag noch einmal konkretisiert. Die FARC boten der Pastrana-Regierung an, ein Pilotprojekt in der Gegend von Cartagena de Chairá (Dep. Caquetá) zu leiten. Doch die Ablehnung kam schnell und zwar aus Washington: Thomas J. Umberg, rechte Hand des „Antidrogenzars" Barry McCaffrey, erklärte, die USA würden „dort keine Unterstützung gewähren, wo es keine Präsenz oder effektive Kontrolle des Staates" gebe (*El Tiempo* 10.5.1999). Die Clinton-Regierung blieb dabei, ihre Gelder von Herbizideinsätzen abhängig zu machen und den Einsatz immer härterer Chemikalien zu fordern.

Doch obwohl die Position der Guerillaorganisation in der Frage eigentlich transparent ist, halten sich hartnäckig die von den Geheimdiensten lancierten Behauptungen, wonach FARC und ELN mit dem Drogenhandel Milliardengewinne einstreichen würden. So fabulierte der *SPIEGEL* im Juni 1999 gar von einer Lösegeldzahlung in Kokain, die die ELN gefordert haben soll (*Spiegel* Nr. 26/1999), und selbst die *LE MONDE DIPLOMATIQUE*, die nun wahrlich nicht im Ruf steht, schlecht zu recherchieren, schrieb 1998, die kolumbianischen Guerillakommandanten lebten dank ihrer Drogengeschäfte in ungeheurem Luxus (*Le Monde Diplomatique*, August 1998, S. 1).

Um jeden Preis möchte man der Guerilla das Image eines unpolitischen Finanzunternehmens zuschreiben, obwohl jeder Besuchers eines Guerilla-Camps bestätigen wird, wie spartanisch das Leben dort ist. Als in Himmelspforten über die Finanzierung der ELN aus einem internationalen Topf diskutiert wurde, nannten Vermittler der Guerilla Zahlen in der Größenordnung von 20 Millionen Dollar jährlich, die die ELN aus diesem Fonds be-

7 Wer dies, wie z. B. Mitglieder der „Jungen Linken" nach einer Kolumbienrundreise 1997, als Degeneration der Guerilla zur Landpolizei denunziert, besitzt keine Vorstellung davon, wie der Alltag in boomenden Koka- und Goldgräberregionen aussieht. Die Herstellung einer Art Rechtsstaatlichkeit ist zwar nicht antikapitalistisch, aber bedeutet trotzdem eine wichtige Verbesserung der Lebensverhältnisse. Nicht zufällig können die Guerillaorganisationen v. a. dort auf Sympathien zählen, wo sie als Ordnungsmacht Banden und Mafia zurückgedrängt haben.

kommen müsse. Es ist kaum denkbar, daß dieser Betrag wesentlich unter dem liegt, was die Organisation heute durch Entführungen und Schutzgelder an Einnahmen besitzt. Selbst wenn man davon ausgeht, daß die FARC aufgrund der Kokasteuern über wesentlich höhere Einkommen verfügen, ist die Behauptung des „florierenden Wirtschaftsunternehmens Guerilla“ nicht mehr als eine Propagandalüge.

Die Pipeline-Anschläge

Etwas fundierter ist die Kritik an den Pipeline-Attentaten. Seit Anfang der achtziger Jahre hat vor allem die ELN in Tausenden von Fällen den Erdölexport über die Pipelines Caño Limón-Coveñas und Cusiana-Coveñas unterbrochen oder direkt Förder- und Verschiffungsanlagen zerstört. Über die ökologischen Auswirkungen dieser Sabotageaktionen gibt es keine zuverlässigen Studien. Die Regierung tendiert dazu, die Menge des ausgelaufenen Öls zu übertreiben, um von den Folgeschäden der regulären Ölgewinnung abzulenken. Nach Angaben der Erdölgewerkschaften halten sich die Schäden bei den Anschlägen normalerweise in Grenzen, denn im Fall eines Lecks werden automatisch die Ventile der Pumpstationen geschlossen, so daß nur eine begrenzte Menge Erdöl auslaufen kann.

Nichtsdestotrotz bleibt jedoch richtig, daß die Anschläge Trinkwasser verseuchen und die Zivilbevölkerung gefährden. Der verheerendste Anschlag in diesem Zusammenhang ereignete sich im Oktober 1998 in der Nähe der Ortschaft Segovia (Dep. Antioquia), als sich ausgetretenes Öl plötzlich entzündete und eine Feuerwand das Dorf Machuca zerstörte. Mehr als 70 Personen, die meisten von ihnen Kinder und Alte, kamen in den Flammen um. Es war das erste Mal, daß sich Öl auf diese Weise bei einem Anschlag entzündete.

Die ELN leugnete zunächst die Verantwortung für die Katastrophe und behauptete, die Armee habe den Ölteppich eineinhalb Stunden nach dem Anschlag gezielt in Brand gesetzt, um die als Guerilla-Sympathisanten geltende Bevölkerung zu bestrafen. Der ELN-Kommandant Nicolas Rodríguez Bautista forderte sogar die Einrichtung einer internationalen Untersuchungskommission, was von Präsident Pastrana vehement abgelehnt wurde. Offensichtlich traute der Staatschef den Beteuerungen der Armee, sie habe mit der Sache nichts zu tun, selbst nicht ganz.

Nach 14 Tagen Recherche mußte die ELN allerdings kleinlaut zugeben, daß sie doch für die Katastrophe verantwortlich war. Anscheinend hatte die Guerilla nicht berücksichtigt, daß das Erdöl aus dem Ölfeld Cusiana leichter entzündbar ist als das aus Caño Limón (Dep. Arauca) und deswegen sofort Feuer fing. Die ELN-Führung sagte eine finanzielle Entschädigung der Dorfbevölkerung zu und versprach, die Schuldigen zu bestrafen. Was mit den Verantwortlichen passierte, wurde jedoch in den Folgemonaten nicht öffentlich gemacht.

So schwerwiegend der Fall auch war, so sind die Beteuerungen, daß es sich um einen Unfall gehandelt habe, doch ernst zu nehmen. Viele der an der Aktion beteiligten Guerilleros verloren bei dem Anschlag Verwandte. Zudem galt das Dorf als soziale Basis der Aufständischen.

Abschließend kann man also feststellen, daß FARC und ELN Aktionen durchführen, die dem Internationalen Humanitären Recht widersprechen. Sie verüben standrechtliche Erschießungen und entführen, und doch verbreiten sie anders als die Regierungstruppen keinen systematischen Terror. Folterungen, Massaker und Massenvertreibungen als Bestandteile einer Kriegsstrategie kann man der Guerilla im Gegensatz zu Armee und Paramilitärs nicht vorwerfen. Anders ließe sich wohl auch kaum erklären, warum die Aufständischen ausgerechnet dort am meisten Sympathie besitzen, wo man sie am besten kennt, nämlich in den Konfliktgebieten. Das Negativimage der Guerilla ist (mit Ausnahme von Urabá) vor allem dort verbreitet, wo man sie nur aus der Zeitung kennt: In den Großstädten, wo die Aufständischen schwach sind oder unsichtbar agieren.

6.3. Die „deutsche Connection" – die Verbindungen der ELN zu Schmidbauer, Mauss und der Bundesregierung

Auf Erstaunen, Mißtrauen und offene Ablehnung stieß die Guerilla im November 1996 auch wegen eines ganz anderen Vorfalls. Auf dem Flughafen von Medellín wurde damals das deutsche Agentenehepaar Werner und Alida (je nach Medien auch Michaela oder Isabela) Mauss verhaftet, die gerade dabei waren, die entführte Deutsche Brigitte Schöne an den kolumbianischen Autoritäten vorbei außer Landes zu bringen. Was in den darauffolgenden Tagen an die Öffentlichkeit drang, klang wie ein Agentenkrimi. Offensichtlich besaß Mauss, der in den siebziger Jahren RAF-Mitglieder verfolgt und sich danach als Gesandter der Bundesregierung profiliert hatte, seit langer Zeit beste Verbindungen zur ELN-Spitze. Vom *SPIEGEL* 1995 bei einem Interviewtermin geschossene Fotos zeigten das Agentenehepaar Arm in Arm mit den ELN-Kommandanten Antonio García und Nicolás Bautista.

Nachforschungen ergaben, daß die Verbindungen auf das Jahr 1984 zurückgingen, als die ELN in der ostkolumbianischen Provinz Arauca den Bau einer Pipeline durch *Mannesmann* sabotierte. Mit Entführungen zwang die Organisation das deutsche Unternehmen damals zum Bau von Sozialeinrichtungen in der Provinz Arauca und zur Zahlung von einer Million Dollar an die Guerilla. Es war die erste spektakuläre Aktion der ELN nach ihrer schweren Krise, und die Hamburger *ZEIT* veröffentlichte ein längeres Interview mit ELN-Kommandant Manuel Pérez. Die kolumbianische Regierung ihrerseits verwies *Mannesmann* wegen der Finanzierung von Guerillaaktivitäten des Landes.

Vermittelt worden waren diese Zahlungen durch den Agenten Werner Mauss, der damals von der Bundesregierung auf die Guerillaorganisation angesetzt worden war. Nach Aussagen des ELN-Sprechers Pablo Beltrán habe sich die ursprüngliche Einschätzung der Regierung Kohl während des Kontakts allmählich verändert. Bonn sei damals deutlich geworden, so Beltrán, daß konkrete Absprachen mit der Organisation möglich seien. Es kam zu einer Art Vereinbarung zwischen beiden Seiten. Die ELN verübte keine Aktionen gegen deutsche Interessen mehr und bekam dafür eine diplomatische Tür geöffnet. Man etablierte einen lockeren Kontakt, der von der Bundesregierung vor allem dazu genutzt wurde, um von der Guerilla festgehaltene Ausländer frei zu bekommen.

Im Jahr 1988 reiste dann erstmals eine ELN-Delegation nach Deutschland, die hierzulande vom Ehepaar Mauss betreut wurde. Der deutsche Agent bezeichnete die Reise später als politisches Bildungsprogramm. Er habe den Guerilleros die Berliner Mauer gezeigt und vermittelt, was der Kommunismus in Wirklichkeit sei. 1995 kam es zu einer zweiten Reise, an der unter anderem der Vertreter der ELN bei den Verhandlungen in Mexiko und heutige militärische Verantwortliche der Organisation, Antonio García, teilnahm. Offensichtlich war der Kontakt so gut, daß Mauss von der Guerillaorganisation immer wieder als Mittelsmann ausgewählt wurde, wenn es darum ging, die Modalitäten für die Freilassung entführter Techniker und Unternehmer zu klären.

Der Grund, warum man sich an Mauss hielt, war, daß dieser im Gegensatz zu seiner Konkurrenz kaum mit den kolumbianischen Sicherheitsorganen zusammenarbeitete. Das mit Mauss konkurrierende etwa 200 Angestellte (unter ihnen viele ehemalige Geheimdienstagenten) zählende britische Unternehmen *Control Risk*, das auf Produkterpressungen, Entführungen und Unternehmenssicherheit in Konfliktregionen spezialisiert ist, besaß bei den Guerilleros einen miserablen Ruf. Es heißt, *Control Risk* kassiere einen Großteil der Entführungsgelder, arbeite mit Geheimdiensten zusammen und zögere Verhandlungen hinaus. Verglichen damit war Mauss ein verläßlicher Partner, der seine Prozente kassierte, aber ansonsten mit offenen Karten spielte.

Gern gesehen war auch, daß sich Mauss offensichtlich als Diplomat hervortun wollte. In Absprache mit Kanzleramtsminister Schmidbauer und Kanzler Kohl fädelte der Agent, der durch Geschäfte u. a. im Zusammenhang mit der von *Siemens* gebauten Medelliner Metro beste Verbindungen zur kolumbianischen Regierung aufgebaut hatte, Sondierungsgespräche mit der Samper-Administration ein. In diesem Zusammenhang traf sich Minister Schmidbauer am 22. September 1996 sogar mit dem kolumbianischen Staatschef Samper in Washington (Gómez/Schumacher 1997, S.131-32). Man hielt eine erste Dialogrunde zwischen der Regierung Samper und der Guerilla bereits für Anfang 1997 in Deutschland für möglich. Doch dazu kam es nicht

„Nicht wählen gehen – Volksmacht aufbauen". ELN-Graffiti aus Ciudad Bolívar, Bogotá.

mehr. Als Mauss im November 1996 in Medellín verhaftet wurde, flogen die Kontakte auf.

Offensichtlich wurde der deutsche Agent vor seiner Abreise denunziert. Sowohl die britische *Control Risk* als auch der US-amerikanische Geheimdienst hatten Interesse daran, den Deutschen aus dem Weg zu räumen: Die einen, um sich eines unangenehmen Konkurrenten zu entledigen, die anderen, um die Gespräche zu torpedieren, mit denen sich die Bundesregierung auf Kosten der USA in der Region profilieren wollte. Mauss selbst vermutete später, britische Geheimdienstleute hätten ihn beim rechtsradikalen Gouverneur von Antioquia, Alvaro Uribe Vélez, angeschwärzt, der als Hintermann der Paramilitärs bekannt ist und diplomatische Gespräche verhindern wollte. Interessanterweise wurde Mauss ohne Wissen der Zentralregierung in Bogotá verhaftet.

Die ELN wußte zu diesem Zeitpunkt nichts von der Vorgeschichte des Werner Mauss', der in Kolumbien unter anderem Namen unterwegs war, und seinen Aktivitäten im Kampf gegen die bundesdeutsche Linke. Möglicherweise hätte es die Guerillaorganisation aber auch nicht sonderlich interessiert. Für sie war Mauss einfach ein Gesandter der Bundesregierung, mit dem man geschäftliche und diplomatische Kontakte pflegte. Nach der Festnahme des Ehepaars und den darauffolgenden Enthüllungen ging die Organisation kurzfristig auf Distanz. Doch schon bald nach der Freilassung des Ehepaars aus kolumbianischer Haft Ende 1997 nahm man wieder Kontakt auf. Die Mauss' stellten offensichtlich einen zu wichtigen diplomatischen Kanal dar.

Das Interesse des Agentenehepaars an den ELN-Kontakten, die immerhin ein beachtliches persönliches Risiko nach sich zogen, war zunächst nicht ganz einfach zu begreifen. Es wirkte, als seien Werner und Alida Mauss von den macondianischen Gestalten im kolumbianischen Regenwald persönlich beeindruckt. So trug der Agent bei seiner Verhaftung einen Gedichtband des ELN-Kommandanten Antonio García bei sich, seine Frau Alida erklärte nach der Verhaftung durch die kolumbianische Polizei sogar, daß es sich in Kolumbien nicht um Terror, sondern um den Kampf gegen soziale Ungerechtigkeiten handele. Das klang aus dem Mund einer Regierungsagentin zwar reichlich zynisch, machte aber deutlich, daß sich persönliche Ansichten und geschäftliche Interessen bei der Angelegenheit auf seltsame Weise vermischten. Zudem bediente die Rolle der potentiellen Friedensstifter auch die Eitelkeit des Agentenehepaars.

Das Interesse des Auftraggebers, nämlich der Bundesregierung, war wohl weniger verkitscht. Kohl und seinem Kanzleramtsminister Schmidbauer mußte es darum gehen, Sicherheitsrisiken für deutsche Unternehmen in Kolumbien zu mindern und Investitionschancen zu verbessern. Immerhin schützte der Kontakt zur ELN jahrelang deutsche Staatsbürger und Kapitalanlagen in Lateinamerikas stabilster Wirtschaft – was bei jährlichen Exporten in Höhe von knapp einer Milliarde Dollar durchaus lohnend war. Zudem gab es die Perspektive, sich im Falle erfolgreicher Friedensverhandlungen einen gewaltigen Einfluß in der Region zu sichern.

Doch trotz dieser eindeutigen Interessenlage war es erstaunlich, daß die als Agenten „verbrannten" Mauss nach ihrer Haftentlassung erneut eine wichtige Rolle bei den Verbindungen zur ELN spielen konnten. Das Ehepaar war Mitte 1998 am Zustandekommen der Gespräche im Kloster Himmelspforten bei Würzburg beteiligt und wurde Ende des gleichen Jahres erneut aktiv, als die rot-grüne Bundesregierung unter Außenminister Fischer keine Interesse mehr zeigte, die von der CDU/FDP-Koalition getroffenen Vereinbarungen mit der ELN einzuhalten. Während den Guerilleros unter Schmidbauer und Kinkel gewisse politische Spielräume in der BRD zugesichert worden waren, zeigten sich Außenminister Fischer und sein Staatssekretär Ludger Volmer grundsätzlich ablehnend. Die ELN entführte daraufhin einen Münchner in der Nähe von Cali, um die neue Regierung an ihre Versprechen zu erinnern. Doch trotz eines Lippenbekenntnisses aus dem Außenministerium, man werde die Verhandlungen in Kolumbien weiter unterstützen, positionierte sich die Bundesregierung wenige Monate später erneut „rechts" von Schmidbauer und Mauss. Als die ELN mehrere spektakuläre Entführungen durchführte, um eine internationale Beobachtung der Menschenrechtsverletzungen und der Friedensgespräche durchzusetzen, schlug die Regierungskoalition eine Bresche für die kolumbianische Regierung. Die von Mauss für eine humanitäre Delegation angesprochenen SPD-Bundestagsabgeordneten Hempel und Kortmann lehnten es ab, zur Freilassung mehrerer Dutzend Geiseln nach Kolumbien zu reisen, und veröffentlichten eine Erklärung der SPD-Fraktion gegen die ELN (*El Espectador,* 14.6.1999). Bundeskanzler Schröder lobte gleichzeitig auf dem EU-Lateinamerikagipfel in Rio „den Mut Pastranas" und verurteilte die Aktionen der ELN als terroristisch (*El Espectador,* 29.6.1999). Und Ludger Volmer, der Ex-Linke, reiste sogar nach Bogotá, um sich öffentlich auf die Seite der kolumbianischen Regierung zu stellen. Zwar war der kolumbianische Staat wegen eines Massakers in Barrancabermeja kurz zuvor von einem internationalen Meinungstribunal schuldig gesprochen worden, doch diese und andere vom Staat zu verantwortende Menschenrechtsverletzungen fanden in den Erklärungen der „Regierung der Neuen Mitte" keine Erwähnung.

Es war das Bild einer verkehrten Welt: Der CDU-Abgeordnete Schmidbauer machte sich schließlich allein nach Kolumbien auf, wo er als „humanitärer Vermittler" wochenlang unterwegs war. Sogar eine diplomatische Rundreise der ELN-Spitze durch Europa fädelte das Gespann Schmidbauer/Mauss ein. Daß die alte Seilschaft der Regierung Kohl dabei nicht aus Menschlichkeit handelte, steht natürlich außer Frage. Nach wie vor gilt, daß diejenigen, die einen Friedensschluß ermöglichen, auch an den zu erwartenden Geschäften beteiligt sein werden.

Der ELN dürfte dies klar sein. Die Guerillaorganisation hofft jedoch, daß Deutschland und die EU ein Gegengewicht zur Interventionspolitik der USA darstellen könnten. Aus hiesiger Sicht mag die CDU-Nebenaußenpolitik in Lateinamerika dubios erscheinen, aus kolumbianischer Perspektive gewährleistet sie dringend benötigte Handlungsspielräume. So haben der rechte Schmidbauer und seine Ex-Agenten in Kolumbien eine weitaus progressivere Rolle gespielt als die „humanitären" Interventionisten Schröder, Fischer und Volmer.

6.4. *„Eine politische Lösung ist nicht in 6 oder 12 Monaten zu schaffen"* – Interview mit FARC-Sprecher Juan Rojas

Juan Rojas ist Mitglied der internationalen Kommission der FARC-EP und einer der „dienstältesten" Guerilleros Kolumbiens. Anfang 1999 konnten wir ihn in Berlin interviewen.

In Kolumbien wird von Frieden geredet. Doch die Verbrechen der Paramilitärs werden immer brutaler. Was gibt es mit einem Staat, der solche Gruppen aufgebaut und finanziert hat, überhaupt zu verhandeln?

Wir wollen ja nicht nur mit der Regierung, sondern auch mit den verschiedensten gesellschaftlichen Sektoren sprechen, also mit Industriellen, Händlern, Gewerkschaftern, Kooperativisten usw. In den inzwischen 50 Jahren bewaffneten Konflikts hat es in Kolumbien mehr als eine Million Tote gegeben; allein seit 1990 mindestens 1,2 Millionen Flüchtlinge. Was bleibt uns da anderes übrig, als eine politische Lösung zu suchen?

Dennoch: Ende 1998 hat die Regierung Pastrana den protestierenden Bauern im Departement Bolívar Sicherheitsgarantien gegen den Paramilitarismus gegeben. Keine zwei Wochen später sind drei Anführer der Bauernmärsche entführt und bestialisch ermordet worden. Die Angriffe von Armee und Paramilitärs sind so heftig wie noch nie zuvor, die Flüchtlingsströme werden immer größer. Wieviele Beweise sind eigentlich nötig, um festzustellen, daß die kolumbianischen Eliten die soziale Opposition vernichten wollen?

Natürlich gibt es viele Anzeichen dafür, daß die Eliten keine friedliche Lösung wollen, aber das heißt nicht, daß wir uns als politische Bewegung nicht darum bemühen würden. Wir glauben, daß wir die Oberschicht zum Einlenken zwingen müssen: durch soziale Proteste, den Druck der internationalen Öffentlichkeit und durch militärische Aktionen gegen die Armee.

Wie weit hat die neue Regierung die mit Ihnen getroffenen Vereinbarungen eingehalten...

Beim Treffen mit Präsident Pastrana im August 1998 wurden fünf Punkte vereinbart, darunter die Räumung von insgesamt 40.000 Quadratkilometern im Süden des Landes, die Legalisierung von Protestbewegungen und Maßnahmen gegen die Paramilitärs. Beim ersten Punkt hat die Regierung nach anfänglichem Zögern Wort gehalten, bei den anderen beiden Fragen hat die Regierung wenig Bereitschaft gezeigt, etwas zu verändern. Der Streik im öffentlichen Sektor Ende 1998 wurde von der neuen Regierung erneut kriminalisiert und mit Repression beantwortet. Der Vizesekretär der CUT, Jorge Ortega, sowie sechs weitere Gewerkschafter sind ermordet worden. Und gegen den Paramilitarismus hat Pastrana überhaupt nichts unternommen. Um das zu verändern, werden wir weiter politischen und militärischen Druck ausüben.

Wie sehen die nächsten Schritte bei den Gesprächen aus?

Mit der Regierung ist eine längerfristige Räumung des Gebietes zwischen San Vicente de Caguán und La Uribe vereinbart worden. Eine politische Lösung des Konflikts in Kolumbien ist ja keine Frage von 6 oder 12 Monaten, nicht einmal von vier Jahren. Der Verhandlungsprozeß wird über mehrere Regierungsperioden hinweg andauern. In dieser Zeit müssen die sozialen Probleme beseitigt werden, die dem Konflikt zugrunde liegen.

Das schwerwiegendste Problem ist sicherlich der schmutzige Krieg gegen die Opposition. Solange die kolumbianische Bevölkerung ihre Meinung nicht frei äußern kann, wird es keinen offenen Dialog geben. Dafür sind die Reform des Justizapparates, also unter anderem die Abschaffung der Denunziations- und „Anti-Terror"-Gesetze, die Umstrukturierung der Armee, d. h. ein Ende der Nationalen Sicherheitsdoktrin, sowie soziale und ökonomische Veränderungen nötig. Solange diese Veränderungen nicht umgesetzt sind, gibt es keine Grundlage für den Frieden.

Mit der Räumung der Gemeinden im Süden hat die Regierung faktisch anerkannt, daß die Guerilla eine legitime politische Kraft im Land darstellt. Inwiefern wollen Sie in dem von Ihnen kontrollierten Gebiet eigentlich auch beweisen, daß Sie besser und verantwortungsvoller verwalten können als die traditionellen Parteien?

Unser wichtigstes Ziel ist im Moment, daß wir mit möglichst vielen Leuten ins Gespräch kommen können. Wir wollen im Gebiet eine freie politische Auseinandersetzung mit Gewerkschaftern, Stadtteilorganisationen, Kirchen, Bauern, Studentengruppen, internationalen Organisationen, ja sogar Regierungsvertretern. Das heißt, wir müssen das Gebiet militärisch unter Kontrolle haben. Ansonsten wird die Armee die Gespräche mit Anschlägen sabotieren und von paramilitärischen Aktionen sprechen.

In einem so großen Gebiet ist das sowieso kaum auszuschließen...

Ja, völlige Sicherheit werden wir so lange nicht gewährleisten können, bis die paramilitärischen Gruppen aufgelöst sind, und das hängt einzig und allein von den Befehlen der Regierung und Armeespitze ab.

Natürlich wollen wir auch zeigen, daß sich Gemeinden selbstverwalten können und wir eine transparente Administration der Gelder garantieren können. Aber das ist zweitrangig. Die wichtigste Frage ist das Sicherheitsproblem.

Welche Rolle spielt die kommunale und regionale Selbstverwaltung, wie sie die ELN mit ihrem Konzept „Poder Popular" (Volksmacht) vorschlägt, in den von den FARC dominierten Gebieten?

Wir haben durchaus positive Erfahrungen gesammelt, vor allem in Gemeinden, die früher Koka anbauten und nun zur Produktion von Lebensmitteln übergegangen sind. Wir wollen, daß für derartige kommunale Projekte die Einnahmen aus dem Erdöl- und Kohleexport zur Verfügung gestellt werden...

Aber das sind ökonomische Projekte und keine politische Selbstverwaltung. Haben Sie nicht das Ziel, in den Ihren Gebieten ein alternatives, paralleles Kolumbien aufzubauen?

Nein, nicht in dem Sinne eines parallelen Landes. Wir wollen natürlich ein Beispiel für eine gute Verwaltung abgeben, aber nicht, indem wir die Integrität des Landes in Frage stellen. Die Reichtümer Kolumbiens müssen der Gesamtheit der Bevölkerung zur Verfügung stehen.

Sie streben also keine „befreiten Gebiete" an, sondern Sie wollen nur einen sicheren Ort für die politischen Gespräche schaffen.

Natürlich wollen wir auch, daß es eine transparente Verwaltung gibt. Aber das wichtigste ist, daß in unseren Gebieten alle politische Meinungen und Glaubensrichtungen respektiert werden, egal ob die Leute liberal oder konservativ, katholisch oder adventistisch sind.

Sie sagen, daß Sie politische Meinungsfreiheit gewährleisten wollen, aber das Auftreten der Guerilla ist vielerorts ausgesprochen autoritär. Was gibt es für Garantien, damit nicht wieder die Macht der Waffen entscheidet?

Alle Guerilleros in Kolumbien unterliegen einem von der *Guerillakoordination Simon Bolívar* 1992 verabschiedeten Verhaltenskodex, der die Beziehungen zur Zivilbevölkerung klärt. Dieser Kodex wird den Kombattanten in Schulungen vermittelt. Es ist tatsächlich nicht auszuschließen, daß der Kommandant einer Einheit Anhänger der Liberalen oder Konservativen Partei für Verbrechen ihrer jeweiligen Parteiführung bestrafen will. Aber genau deswegen gibt es diesen Kodex, der besagt, daß Meinung und Glauben der Zivilbevölkerung in jeder Hinsicht respektiert werden muß.

Ein Verhaltenskodex ist eine Sache, seine Umsetzung ist eine andere. Welche Kontrollmechanismen gibt es?

Die Guerilleros sind verpflichtet, Verstöße gegen den Kodex zu melden, auch wenn diese von ihrem Vorgesetzten begangen wurden. Nach allen Aktivitäten gibt es außerdem eine Auswertung, in der Verstöße angesprochen werden können. Und drittens nehmen wir die Kritik der Zivilbevölkerung sehr ernst. Wenn eine Gemeinde eine Beschwerde gegen eine Einheit hat, weil diese z. B. trinkt, kann sie die Bevölkerung jederzeit an eine höhere Befehlsebene weitergeben. Vergehen gegen die Zivilbevölkerung werden als schwere Delikte behandelt und von uns bestraft.

Das ändert doch nichts am Problem: Wenn der örtliche Kommandant nicht von einer unabhängigen Instanz kontrolliert wird, sondern von seinen Untergebenen und Freunden, ist es kein Problem, jede Kritik unter den Teppich zu kehren.

Es gibt einen deutlichen Unterschied zwischen Guerilla und staatlichen Autoritäten. Bei uns kämpfen die Leute aus politischen und ethischen Prinzipien. Wenn jemand die Bevölkerung schlecht behandelt, haben alle die Verpflichtung, diese Vergehen öffentlich zu machen. Da gibt es keinen Korpsgeist. Wenn wir uns wie die Armee verhalten würden, hätten wir kaum die Unterstützung, die wir heute besitzen.

Wer hat in den von Ihnen kontrollierten Gebieten eigentlich die Macht: die Dorfversammlungen, die Bürgermeister oder die Guerilla?

Wir streben natürlich an, daß es die Gemeinden selbst sind, die in Dorfversammlungen über ihre Belange entscheidet. Die Versammlungen wählen Vertreter, also Bürgermeister, die die Gelder verwalten und ihre Gemeinde öffentlich repräsentieren. Unsere Aufgabe ist es, zu garantieren, daß Entscheidungen auch umgesetzt werden. Wir sorgen z. B. dafür, daß Gelder nicht veruntreut werden. Wenn eine Dorfversammlung feststellt, daß ihr Repräsentant nicht ordentlich gearbeitet hat, sorgen wir dafür, daß der Bürgermeister abgesetzt wird.

Die FARC haben sich bis 1989 eng am sowjetischen Beispiel orientiert. Das ist inzwischen zusammengebrochen, Sie reden aber weiter vom Sozialismus. Was unterscheidet Sie von den untergegangenen realsozialistischen Parteien?

Der Kapitalismus hat die sozialen Probleme der unterentwickelten Länder nicht lösen können. Ein Großteil der Bevölkerung besitzt keinen Zugang zu Erziehung, Gesundheit, Wohnen usw.

Die Sowjetunion ist unserer Meinung nach untergegangen, weil sie die Grundprinzipien des Sozialismus nicht umgesetzt hat: die Befriedigung der materiellen und spirituellen Bedürfnisse der Bevölkerung. Das heißt jedoch nicht, daß es dort nicht auch positive Entwicklungen gegeben hätte. Alle hatten Arbeit, etwas zu essen, kostenlosen Zugang zu Bildung, Kultur und Gesundheit. Wir müssen also ausgehend von den Eigenheiten Kolumbiens die positiven Seiten des Realsozialismus von den negativen trennen.

Aber das ist nicht unser unmittelbares Ziel. Wir kämpfen heute in Kolumbien für eine Regierung der nationalen Aussöhnung, die innerhalb des Kapitalismus agiert. Ihre Aufgabe ist es, eine Demokratie herzustellen, die es allen ermöglicht, ihre Ideen zu vertreten.

Die FARC kämpfen also heute für die Durchsetzung der Sozialdemokratie...

Nicht für die Sozialdemokratie, die es heute in unseren Ländern gibt. Aber es stimmt, wir kämpfen im Moment auch nicht für den Sozialismus. Wir wollen ein demokratisches System, das die Bedürfnisse der gesamten Bevölkerung berücksichtigt, und in dem wir dann legal für den Sozialismus arbeiten können.

Trotzdem sind wir keine Sozialdemokraten. Die relativ fortschrittliche schwedische Sozialdemokratie z. B. hat zwar in ihrem Land viel für soziale Gerechtigkeit getan, aber es hat sie nie wirklich interessiert, ob schwedische

Multis in anderen Ländern Hungerlöhne zahlen. Wir wollen ein System, das sich nicht nur für die Belange der Menschen im eigenen Land interessiert. Das ist ein wesentlicher Unterschied zur Sozialdemokratie.

Das Projekt „demokratische Revolution" ist ja nicht gerade eine Innovation im Parteikommunismus, es entspricht dem klassischen Etappenmodell der Leninisten. In allen Fällen bisher hat dieses Modell nicht zu mehr Demokratie geführt, sondern zur Errichtung einer bürokratischen Herrschaft unter Führung der Kommunistischen Partei. Warum sollte Ihnen die Bevölkerung diesmal glauben?

Das war tatsächlich ein Kernproblem des Sozialismus. In der Sowjetunion gab es eine Art ökonomischer, aber eben keine politische Demokratie, die die individuellen Freiheiten garantiert hätte. Es ist ein großer Vorteil für uns, daß wir heute von diesen Erfahrungen lernen können. Wir wissen, daß die große Herausforderung lautet, eine Demokratie aufzubauen, die die Entfaltung des Individuums ermöglicht, und das ist auch der Grund, warum wir davon sprechen, daß alle politischen Meinungen respektiert werden müssen. Wir wollen natürlich Menschen von kommunistischen Ideen überzeugen, aber das können wir nicht erzwingen. Wir können durchsetzen, daß es eine Ordnung gibt, in der alle frei debattieren können.

Wenn man die aktuellen Verhandlungsvorschläge von FARC und ELN betrachtet, sieht man eigentlich nur Gemeinsamkeiten: Gespräche mit Gesellschaft und Regierung, Unterstützung der Protestbewegungen, Widerstand gegen die aktuelle Wirtschaftspolitik, Demokratisierung der Gesellschaft. Warum hat man sich da nicht zusammengeschlossen, um die Gespräche gemeinsam zu beginnen?

Das ist eine Frage, die wir uns auch stellen. Es gibt wirklich kaum taktische und strategische Unterschiede. Wir haben es einfach mit der Geschichte zweier unterschiedlicher Organisationen zu tun. Es gab Versuche, sich zusammenschließen, es gab 1987-92 die *Guerillakoordination Simón Bolívar* (CGSB), aber diese Zusammenarbeit ist wieder auseinandergegangen. Allerdings gibt es einen großen Unterschied zur Situation vor 1987: Wir haben inzwischen viele gemeinsame Erfahrungen gesammelt und respektieren uns gegenseitig. Ich habe daher die Hoffnung, daß wir früher oder später zu einer Vereinbarung mit allen Guerillaorganisationen kommen werden, nicht nur mit der ELN, sondern auch mit den kleineren Organisationen EPL und der *Bewegung Jaime Bateman* (eine Nachfolgeorganisation der M-19, Anm. d.V.).

Aber es muß doch Unterschiede geben. Worin unterschiedet sich die von der ELN für das kommende Jahr vorgeschlagene Nationalkonvention von Ihrem Modell eines Dialogs mit der Gesellschaft?

Es gibt keine großen Unterschiede, weder taktisch noch strategisch, es sind einfach zwei Prozesse, die unabhängig voneinander entstanden sind.

Noch einmal zum Paramilitarismus, dem größten Problem Kolumbiens. Glauben Sie nicht, daß Sie, wenn Sie jetzt ihre Kräfte auf die Kontrolle der fünf Gemeinden konzentrieren, an Stärke verlieren? Immerhin werden aus dem Rest des Landes fast täglich Massaker gemeldet.

Der Paramilitarismus ist in Kolumbien kein selbständiges soziales Phänomen. Es gibt keine großen, von der Bevölkerung getragenen Armeen, die gegen die Guerilla kämpfen. Diese Gruppen werden vom Drogenhandel finanziert und von der Armee ausgerüstet. Deswegen müssen wir zu einem Abkommen gelangen, das zur Auflösung der Paramilitärs führt. Die Regierung könnte das umsetzen. Sie kann den Drogenhändler Carlos Castaño und die verantwortlichen Armeeoffiziere verhaften lassen. Wenn sie dazu nicht bereit ist, gibt es für uns nur noch die Alternative, die Armee zu besiegen.

Die Paramilitärs wurden Mitte der achtziger Jahre aufgebaut, um der Guerilla die soziale Basis zu nehmen. Warum sollten die Eliten ihre wichtigste Waffe freiwillig aus der Hand geben?

Die Regierung Pastrana hat sich dazu öffentlich verpflichtet. Ansonsten wird sich der Konflikt weiter zuspitzen.

Die Verbindungen zwischen Mafia und kolumbianischer Regierung sind sehr undurchsichtig. Mitte der achtziger Jahre hat das Medellín-Kartell gemeinsam mit der Armee im Magdalena Medio Paramilitärs aufgebaut, aber ab 1987-88 wurden Pablo Escobar und seine Leute massiv verfolgt. Das Cali-Kartell baute in Zusammenarbeit mit der Armee Paramilitärs im Südwesten auf und wurde dann ebenfalls zur Zielscheibe staatlicher Repression. Heute gilt der Paramilitär-Kommandant Carlos Castaño als einer der wichtigsten Drogenhändler des Landes. Was sind das für Verbindungen? Wer kontrolliert eigentlich den Drogenhandel in Kolumbien?

Staaten benutzen Personen, solange sie ihnen nutzen. Wenn sie ihnen aus den Händen gleiten, werden sie fallengelassen. Das ist das, was Pablo Escobar, Rodríguez Gacha, Santacruz und vor einigen Tagen auch dem Capo des Cali-Kartells, Pacho Herrera, passiert ist, der im Gefängnis erschossen wurde.

Das Establishment interessiert sich für die Gewinne aus dem Drogenhandel, nicht für die Chefs der Kartelle. Die Großbanken profitieren von der Geldwäsche der Narco-Dollars, das Großkapital verdient beim Handel der Vorprodukte für die Kokainherstellung und beim Transport. Nicht umsonst gibt es heute einen Prozeß gegen die gesamte Regierung Samper und viele Kongreßabgeordnete.

Wenn derartige Risse im Machtapparat existieren, ist es dann nicht wahrscheinlich, daß Carlos Castaño ebenso fallengelassen werden wird wie der Sicherheitschef des Medellín Kartells, Rodríguez Gacha, 1988?

Das Establishment hätte keinerlei Probleme damit, Castaño morgen umbringen zu lassen. Es würde ihn einfach durch einen anderen Handlager ersetzen. Deswegen reicht es auch nicht, Maßnahmen gegen die Paramilitärs zu fordern. Die gesamte Armee muß umstrukturiert werden. Die in den USA entwickelte Nationale Sicherheitsdoktrin, an der sich die Militärs auf dem ganzen lateinamerikanischen Kontinent orientieren, muß durch eine bolivarianische Doktrin ersetzt werden, also durch eine demokratische, lateinamerikanische Zielsetzung, die nicht mehr auf Repression gegen die eigene Bevölkerung hinausläuft.

Sind die Brüche nicht schon viel tiefer? Ende 1998 wurden mehrere hochrangige Offiziere des Armeegeheimdienstes wegen der Ermordung des ehemaligen Verteidigungsministers Landazábal und des konservativen Politikers Alvaro Gómez Hurtado angeklagt.

Wenn sich Staaten in derartige Kriegsspiralen begeben, kommt es zu solchen Phänomenen. Das ist ganz normal. Teile der Armee haben mit diesen Anschlägen versucht, die Stimmung im Land zu polarisieren. Auch Politiker der Mitte sind, wie z. B. 1989 der unabhängige Präsidentschaftskandidat Luís Carlos Galán, Opfer dieser Eskalationsstrategie geworden.

Hat Pastrana in dieser Situation überhaupt noch die Macht?

Ein Großteil des Establishments unterstützt ihn, aber es gibt auch einige, die versuchen, seine Politik zu sabotieren. Was uns betrifft, werden wir so lange wie möglich Gespräche mit ihm führen.

6.5. *„Den herrschenden Eliten die Ohren öffnen"* Interview mit ELN-Kommandant Pablo Beltrán

Pablo Beltrán ist Mitglied des fünfköpfigen Zentralkommandos der ELN und war Sprecher der Organisation beim Treffen im Kloster Himmelspforten. Das Interview wurde vor den Bundestagswahlen 1998 geführt. Die die Bundesregierung betreffenden Aussagen beziehen sich auf die CDU-FDP-Koalition.

Sie haben im Zusammenhang mit dem Friedensprozeß diese Woche von der Möglichkeit gesprochen, Kolumbien in einen Kantonalstaat zu verwandeln. War es in der Schweiz so schön?

Die Eliten in Kolumbien sind bei allen Verhandlungsprozessen bisher davon ausgegangen, daß die Gespräche mit dem physischen Verschwinden der Guerilla, also mit ihrer Demobilisierung, enden müssen. Das Modell des Kantonalstaats diente dazu, ihnen klar zu machen, daß wir bereit sind zu reden, aber nicht zu verschwinden – und zwar weder als politischer Akteur noch als bewaffnete Kraft.

D. h. Sie wollen einen zeitlich definierten Rückzug der Armee aus den Guerillagebieten und keine Aufteilung Kolumbiens wie etwa in Bosnien-Herzegowina…

Langfristig streben die ELN und die gesamte *Guerillakoordination Simón Bolívar* nach wie vor die Machtübernahme an; das heißt im Fall der ELN: Machtübernahme und Aufbau von Selbstverwaltung.

Doch dabei kann es durchaus ein Zwischenstadium geben, während dem die Eliten anerkennen, daß wir in vielen Regionen eine neue Staatlichkeit aufgebaut haben. Das wäre eine Phase gegenseitigen Respekts.

Wie kann man Friedensverhandlungen führen und gleichzeitig auf einen revolutionären Umsturz hinarbeiten?

Wir sind eine Bewegung zur nationalen Befreiung, kämpfen für eine sozialistische Gesellschaft und vertreten ein gerechtes Anliegen. Die Tatsache, daß wir mit verschiedenen Sektoren des Staates geredet haben, bedeutet nicht, daß wir unsere Ziele aufgegeben hätten. Außerdem ist der Dialog noch ganz am Anfang. Es gibt bisher keinerlei Vereinbarungen mit dem kolumbianischen Staat. Und das haben wir auch allen Gesprächspartnern hier in Europa gesagt – allen Regierungen, Staatsvertretern und Kirchenleuten. Unsere Option ist sozialistisch.

Der deutsche Agent Mauss, der Ihnen beim Zustandekommen der Reise geholfen hat, ist als Polizeiagent und Kommunistenfresser bekannt. Ein Spitzel, der in den siebziger aktiv gegen deutsche Linke vorgegangen ist. Wieso unterhält eine Organisation wie die ELN Kontakte zu einem solchen Agenten?

Das geht auf die achtziger Jahre zurück, als wir *Mannesmann* angriffen. Das Unternehmen baute damals eine Pipeline durch Ostkolumbien, und wir verhafteten einige Techniker, bis es zu einer Vereinbarung kam. *Mannesmann* baute Sozialeinrichtungen in den Ölfördergebieten und zahlte eine Kriegssteuer an die ELN.

Die deutsche Regierung entsandte daraufhin einige Agenten, unter ihnen auch Mauss, um uns zu infiltrieren. Wir waren in ihren Augen eine „terroristische Organisation". Die Agenten berichteten ihrer Regierung jedoch, daß wir nicht nur bewaffnet kämpften, sondern auch politische Konzepte für eine andere Gesellschaft besaßen. Die Einschätzung der Bundesregierung veränderte sich, und sie begann, uns als politische Kraft anzuerkennen. Natürlich verfolgte sie dabei Staatsinteressen. Aber trotzdem ist es wichtig festzustellen, daß ihre Einschätzung von uns heute eine andere ist als vor 15 Jahren.

Was für Beziehungen unterhalten Sie zu Mauss und der deutschen Regierung? Sind es rein diplomatische Kontakte oder gibt es auch so etwas wie einen persönlichen Respekt?

Nach meinem Eindruck gibt es in der Bundesregierung Leute, die über das Ausmaß des Staatsterrorismus in Kolumbien tatsächlich besorgt sind. Das heißt, die kolumbianische Regierung hat an Legitimität verloren, und das verleiht alternativen oder sogar linksradikalen Kräften wie uns Gewicht als Gesprächspartner.

Sie glauben also, daß die Bundesregierung die Legitimität der aufständischen Bewegung in Kolumbien im Prinzip anerkennt?

Ja.

... aber doch nicht bedingungslos...

Deswegen habe ich von der Staatsräson der deutschen Regierung geredet. Über die außenpolitischen Ziele hinaus gibt es wirtschaftliche Interessen. Viele europäische Unternehmen würden gern in Kolumbien investieren, trauen es sich aber wegen des Konfrontationsniveaus nicht. Wir wissen, daß wir um Distanz bemüht sein müssen, wenn wir einen Rest von Souveränität verteidigen wollen. Aber europäische Regierungen und Institutionen können ein Gegengewicht zur Einmischung der USA in Lateinamerika darstellen.

Mauss hat beim Zustandekommen der Gespräche in Deutschland eine Schlüsselrolle gespielt. Glauben Sie nicht, daß er nur eingesetzt wurde, um sie zu manipulieren?

Das ist möglich. Wir unterhalten weiterhin Verbindungen zur Regierung Kohl, und das ermöglicht es uns, in Kontakt mit anderen offiziellen Stellen zu kommen. Aber die ELN-Delegation in Europa ist hauptsächlich außerhalb Deutschlands aktiv. Wir waren in Holland, der Schweiz und Spanien und werden weitere 3-5 Länder besuchen. Die Themen, die wir dort behandeln, haben mit den deutschen Interessen nichts zu tun.

Es heißt, daß die ELN im Zusammenhang mit den Entführungen wirtschaftliche Verbindungen zum Ehepaar Mauss unterhielt?

Ja, darüber kam der Kontakt zustande. Die beiden waren im Auftrag der Regierung Kohl in Kolumbien unterwegs, um sich um deutsche Staatsangehörige zu kümmern, die wir festhielten. In dieser Hinsicht haben sie eine Rolle gespielt.

...eine wirtschaftliche Rolle...

Natürlich. Wie 1984: *Mannesmann* hat uns eine Steuer gezahlt und Sozialeinrichtungen gebaut.

Wird die ELN mit Mauss auch weiterhin Lösegeldzahlungen abwickeln?

Bei den Gesprächen in Deutschland haben wir darüber geredet, wie eine andere Finanzierung der ELN aussehen könnte. Alle Seiten wollen ja, daß wir die Entführungen einstellen. Daraufhin haben wir geantwortet: Die Entführungen sind ein Problem, die Frage ist nur, wie man eine Organisation wie die ELN finanziert. Wir sind bereit, über eine andere Modelle zu diskutieren, aber wir sind nicht bereit, als Organisation zu verschwinden.

Es wurde davon geredet, daß es einen von der EU verwalteten Fonds für die ELN geben könnte. Eine Guerilla am Schlauch ausländischer Regierungen. Eine amüsante Vorstellung.

(lacht) Es gibt schon eine Menge Angebote, u.a. von der Interamerikanischen Entwicklungsbank, einer Sektion der Weltbank. Letztlich geht es für uns aber um die Anerkennung von zwei Punkten. Erstens: Wir sind eine legitime Kraft, und zweitens: Wir haben ein Recht auf eine eigene Steuerpolitik. Als die Vorschläge unterbreitet worden sind, hieß es: *„Wer garantiert, daß die ELN mit diesen Geldern nicht offensive Aktionen durchführt?"* Aber die Frage ist falsch gestellt, richtig müßte sie heißen: *„Warum sollte die ELN aufhören, eine politisch-militärische Organisation zu sein, die strategische Fortschritte anstrebt?"* Für uns ist es unverzichtbar, weiter offensiv zu sein. Eine Linke, die stagniert, löst sich auf.

Wir lassen uns also unsere Politik nicht vorschreiben, aber wir sind bereit, über eine Form der Steuererhebung zu diskutieren, die ohne Festnahmen von Industriellen und Viehzüchtern auskommt.

Vor 14 Tagen haben Sie in Genf ein Abkommen mit kolumbianischen Kongreßabgeordneten unterzeichnet, das den Guerillaorganisationen eine Präsenz bei den Parlamentssitzungen zusichern würde. Die FARC haben die Idee in einer ersten Stellungnahme abgelehnt, weil es keine Sicherheitsgarantien für Guerillasprecher geben würde. Eine FARC-Sprecherin sagte: „Wenn der Kongreß mit der Guerilla reden will, soll er in die Guerillagebiete kommen."

Das ist eine akzeptable Position, aber nicht die der ELN. Das Internationale Rote Kreuz hat sich angeboten, den Transport und die Unterkunft der Guerillasprecher zu garantieren. In El Salvador hat das funktioniert, die Guerilla-Comandantes haben in Botschaften übernachtet und sind dann zu den Parlamentssitzungen gefahren worden. Das wäre praktisch möglich.

Natürlich ist es im Prinzip wahr, was die FARC sagen. Wir haben ja auch Kongreßabgeordnete in unsere Gebiete eingeladen, aber es ist eben auch der umgekehrte Weg möglich, wenn die Regierung die entsprechenden Sicherheitsgarantien abgibt.

Was wollen Sie überhaupt im Kongreß? Die politische Klasse Kolumbiens ist doch völlig am Ende.

Da gab es beim Treffen in Genf eine schöne Szene. Ich habe die Abgeordneten gefragt, wie viele von ihnen wegen der Absolution Sampers vor zwei Jahren unter Anklage des Obersten Gerichtshofs stehen (damals hatte der Kongreß ein Gerichtsverfahren gegen den Präsidenten abgewehrt, Anm. d. V.). Es sind 110 Abgeordnete, gegen die ein Verfahren angestrebt wird. Die Abgeordneten haben gesagt: *„von uns niemand"*. Aber es sind immer noch 45 der jetzigen Parlamentarier. Ich hab also gefragt, ob die nächsten Parlamentssitzungen im Gefängnis stattfinden werden, und sie haben geantwortet, daß das möglich sei.

Also wir wissen, was das für ein Parlament ist, aber auch dort gibt es Leute, die nicht über Stimmenkauf und Klientelismus gewählt worden sind. Wir wollen, daß diese Leute unsere Diskussionen kennenlernen und umgekehrt, daß wir hören, was sie zu Krieg und Frieden zu sagen haben.

Worüber haben Sie mit den Abgeordneten konkret geredet?

Sie wollten wissen, was wir von einer politischen Reform Pastranas halten. Unserer Meinung nach kann es keine solche Reform ohne eine Reform der Armee geben. Nach dem Massenmord an der UP wird nur ein Verrückter auf den Gedanken kommen, in Kolumbien legal aktiv werden zu wollen. Die Armeereform jedoch würde auf einen einzigen Punkt hinauslaufen: Einstellung des Paramilitarismus. Und das hängt nicht von Pastrana, sondern von den USA ab.

Ein zweiter Punkt war, daß wir wissen wollten, ob der Kongreß die Paramilitärs politisch anerkennen will. Einige der Abgeordneten waren mit uns einer Meinung, daß das inakzeptabel wäre, aber daß man diese Ablehnung nicht öffentlich äußern dürfe.

In einem Land, in dem selbst die Kongreßabgeordneten Angst haben, was kann es da für eine politischen Dialog geben? Und was passiert, wenn es keinen Dialog gibt?

Was sind die nächsten Schritte im Verhandlungsprozeß?

Wir werden weiter mit Vertretern verschiedener sozialer Sektoren die Nationalkonvention vorbereiten, wir bleiben in Kontakt mit der Regierung und anderen Teilen des Staates. Diese Gespräche finden gleichzeitig statt.

Die wichtigste Frage an Pastrana heißt, welche Sicherheitsgarantien die Regierung für einen Dialog gibt. Die Nationalkonvention wird in einem von der ELN kontrollierten Gebiete stattfinden. Wir garantieren dort für Verteidigung, Versammlungsorte und Unterkünfte. Aber wir verlangen von der Regierung, daß es in diesem Zeitraum keine Armeeoperationen gibt und daß anreisende TeilnehmerInnen nicht schikaniert werden.

Die Nationalkonvention wird eine Massenversammlung. Was soll dort eigentlich verhandelt werden?

Das Problem ist doch, daß diejenigen, die unter dem Konflikt und der Armut in Kolumbien am meisten leiden, keine Stimme besitzen, während die andere Seite, die am wenigsten Probleme hat, mehr als genug Medien zur Verfügung hat. Auf der Konvention sollen diejenigen über die sozialen und politischen Probleme diskutieren können, denen sonst nie jemand zuhört. Es sind acht Foren vereinbart worden: 1) soziales und wirtschaftliches System, Staat und Korruption; 2) Demokratie und Staat: Streitkräfte, Klientelismus und Medien; 3) Konflikt und aufständische Bewegung; 4) Menschenrechte und Straflosigkeit; 5) soziale Probleme; 6) Bodenschätze, Souveränität und Ökologie; 7) Kultur und nationale Identität; 8) Agrarproblem und Drogenhandel.

Die Gespräche zwischen Guerilla und Persönlichkeiten des öffentlichen Lebens sind von kolumbianischen Linken kritisiert worden, weil z. B. Flüchtlinge, Schwarze und Studenten gar nicht vertreten waren, während Unternehmer und Politiker überrepräsentiert waren.

Das ist richtig. Die Einladungslisten haben wir nicht alleine ausgearbeitet, und sie sind in sehr kurzer Zeit zustande gekommen. Auf die Nationalkonvention wird das Vorbereitungskomitee allerdings auch jene einladen, die in Mainz gefehlt haben: also Studenten, Schwarze, Frauen, Indígenas, Flüchtlinge. Die Teile der Gesellschaft, die keine Massenmedien zur Verfügung haben, werden die große Mehrheit des Treffens ausmachen.

Eine weitere Kritik war, daß der Begriff „Treffen mit der Zivilgesellschaft" der offiziellen Sprachregelung entgegenkommt, die von einer neutralen Gesellschaft ausgeht. Nach dem Motto: „Die Gesellschaft als Opfer der bewaffneten Extreme von rechts und links".

Die intellektuellen Autoren des Paramilitarismus sind neben der Regierung der USA einheimische Unternehmer und Viehzüchter. Das ist wahr. Genau aus diesem Grund verwendet die ELN den Begriff „Zivilgesellschaft" nicht. Wir reden einfach von der „kolumbianischen Gesellschaft".

Neutralität gibt es in diesem Zusammenhang nicht. Staat und Guerilla kann man nicht gleichsetzen. Wir verüben keine Massaker, wie sie es tun, und wir verfolgen keine Privatinteressen oder ökonomischen Ziele. Wir bekämpfen die soziale Opposition nicht.

Wenn wir eine gesellschaftliche Debatte anstreben, dann deswegen, damit die Gesellschaft selbst feststellt, wie sie zusammengesetzt ist. In einigen Friedensinitiativen gibt es augenblicklich scharfe Auseinandersetzungen darum, ob Unternehmer die Gesellschaft repräsentieren. Genau darum geht es: zwischen reichen Minderheiten und besitzlosen Mehrheiten zu differenzieren.

Entstehen denn wirklich soziale Bewegungen, die wie Sie erhoffen, die soziale Wirklichkeit thematisieren?

Ja, aber leider nur als Konsequenz der Angst. Die Bevölkerung hat im letzten Jahr zunehmend gefordert, die Kriegshandlungen einzustellen. Allmählich beginnen viele festzustellen, daß Frieden auch etwas mit Gerechtigkeit zu tun hat. Sie merken, daß von den 30.000 Morden jährlich nur 3.000 unmittelbar mit dem Bürgerkrieg zu tun haben. Oder daß jährlich 300.000 Kleinkinder an Infektionskrankheiten sterben. Das heißt, sie bemerken die anderen Seiten des Konflikts.

Die Gesellschaft formiert sich zu einem politischen Subjekt. Das Absurde daran ist, daß der Paramilitarismus diese Reaktion selbst provoziert hat. Er hat den Terror entfacht, damit die Bevölkerung irgendwann fordert: *„Stopp, entwaffnet euch alle“* – ohne daß es soziale Veränderungen gegeben hätte. Aber die Forderung nach sozialer Gerechtigkeit nimmt zu, und wir werden natürlich einen Prozeß unterstützen, in dem Frieden nicht mit Demobilisierung, sondern mit Gerechtigkeit gleichgesetzt wird.

Warum wollen Sie die Paramilitärs eigentlich auf keinen Fall als Gesprächspartner akzeptieren?

Das ist die Kernfrage. Wenn wir die Paramilitärs als selbständige Kraft anerkennen würden, sprächen wir die intellektuellen Hintermänner von jeder Verantwortung frei und amnestierten auch noch gleich die materiellen Autoren mit, denn sobald die Paramilitärs einen politischen Status erhalten, ist ihnen die Amnestie sicher. Das ist angesichts der Kriegsverbrechen ethisch völlig inakzeptabel.

Sie sagen, daß die USA hinter dem Paramilitarismus stehen. Aber Mitte 1998 hat die Regierung in Washington die Absetzung mehrerer hochrangiger Offiziere und die Auflösung einer Geheimdienstbrigade gefordert.

Es gibt tatsächlich eine Veränderung in der Politik, aber keinen strategischen Wechsel. Die USA sagen sich von den brutalsten Verbrechern los und verweigern ihnen das Einreisevisum. Sie haben sogar zugegeben, daß Generalinspekteur Ivan Ramírez CIA-Agent war. Aber das ist Heuchelei. Die US-Regierungen haben diese Generäle im Staatsterrorismus ausgebildet und jetzt, wo sie an Prestige verloren haben, sagen sie sich von ihnen los. An der Strategie ändert sich nichts.

Ein Beispiel: In Europa ist die kolumbianische Regierung mit der Behauptung hausieren gegangen, sie hätte die Militärspitze gesäubert. Doch der neu ernannte Chef des Generalstabs, Rafael Hernández, ist mitverantwortlich für das Massaker an 13 Bauern in Riofrio (Dep. Valle del Cauca) 1993. General Rito Alejo del Rio, der für den Massenmord an Schwarzen, Indígenas und Bananenarbeitern in Urabá verantwortlich ist, steht zwar unter Anklage, wird aber nicht vom Dienst suspendiert usw.

Die US-Regierung weiß das, doch sie will daran nichts ändern. Die Doktrin des US-Außenministeriums geht nämlich davon aus, daß die kolumbianische Armee ineffizient ist und deswegen von Paramilitärs unterstützt werden muß; vor allem, wenn die Regierung derartig im Nachteil ist wie im Augenblick.

Warum sind die Guerillas in Kolumbien eigentlich noch getrennt? Früher galten die FARC als reformistisch und die ELN als ultraradikal, inzwischen haben sich die Positionen angenähert. Die FARC agieren heute sogar offensiver als die ELN…

Also zunächst: die *Guerillakoordination Simón Bolívar* existiert. Es geht ihr zwar gesundheitlich schlecht, aber sie liegt auch nicht im Koma. Es fehlt an Begegnungen zwischen den Organisationen, obwohl die politischen Differenzen nicht groß sind.

Unser Verhältnis ist ein bißchen wie das zwischen Cousins. Wir sind verwandt, aber wir gehören zu verschiedenen Familien. Ich glaube jedoch, daß es ganz gut ist, daß es zwei verschiedene linke, radikale Organisationen gibt. Und zwar, damit die Bevölkerung wählen kann. Wenn in den Gebieten, wo FARC und ELN präsent sind, eine der beiden Organisationen ihre Macht mißbraucht, beschwert sich die Bevölkerung bei der anderen Organisation und das führt zu Diskussionen. Die Existenz von zwei Organisationen wirkt also wie ein Korrektiv. Die Guerilla wird nicht allmächtig.

Daß sie weiterhin von einer bewaffneten Revolution sprechen, klingt ein bißchen unmodisch.

Revolutionen sind grundlegende strukturelle Veränderungen. Wenn auf dem Treffen bei Mainz festgestellt wurde, daß solche Veränderungen notwendig sind, dann ist etwas Wesentliches in der kolumbianischen Gesellschaft im Gange. Unsere Aufgabe ist es, mit revolutionärer Gewalt soziale Fragen auf die Tagesordnung zu bringen. Man spricht heute deswegen von der Ausbeutung des Erdöls durch Multis, weil wir jahrelang Pipelines sabotiert haben, und man diskutiert mit protestierenden Flüchtlingen, weil wir einen hohen Senator entführt haben. In einer Gesellschaft, in der die herrschenden Eliten nicht zuhören wollen, muß man ihnen die Ohren mit Gewalt öffnen. Nichts anderes tun wir.

6.6. Von der maoistischen Guerilla zur Privatarmee der Bananenkonzerne

Interview mit Juan Perea, Bewohner von Chigorodó (Dep. Antioquia) über die Demobilisierung der EPL-Mehrheit und die Situation im kolumbianischen Nordwesten

Juan Perea wohnt in Chigorodó in Nordwestkolumbien an der Grenze der Departements Antioquia und Chocó. Mitte 1999 sprachen wir mit ihm über die Situation in der Bananenanbauregion Urabá und die ökonomischen Interessen der Multis an der tropischen Westküste Kolumbiens.

Urabá gilt als einzige Region Kolumbiens, in der der Paramilitarismus eine soziale Basis besitzt. Wie kam es dazu?

Es gab zwei Phasen im Paramilitarismus: In der ersten setzten sich die Todesschwadrone hauptsächlich aus bezahlten Killern zusammen. Das war die Zeit Ende der achtziger Jahre, als die Massaker auf den Plantagen La Honduras und La Negra verübt wurden. Die führenden Bananenunternehmer hatten beschlossen, das Geld, das sie bis dahin durch die Tarifkonflikte an die Belegschaften verloren oder in Form von Revolutionssteuern an die Guerilla zahlen mußten, in die militärische Konfrontation zu investieren. Sie holten in Zusammenarbeit mit den Castaño-Brüdern und Carlos Rodríguez Gacha, die damals noch gemeinsam zum Medellín-Kartell gehörten, die Söldnergruppe um Yair Klein ins Land. Dem vorausgegangen waren Verkaufsgespräche zwischen einem transnationalen Unternehmen und den einheimischen Bananenkonzernen *Banacol* und *Banadex*. Der Multi hatte in Anbetracht der zahlreichen Guerillaaktionen verlangt, daß mit der Regierung darüber gesprochen werde, wie die Sicherheit in die Region wiederhergestellt werden könne.

Die zweite Phase begann mit der Demobilisierung der EPL ab 1990-91. Die Regierung Gaviria verstand es, die politischen Konflikte in der Region zu instrumentalisieren. Die Anhängerschaft der demobilisierten EPL, die sich nun *Esperanza, Paz y Libertad* nannte, wurde in die Landpolizei DAS-Rural eingegliedert, verdingte sich unter dem Namen *Comandos Populares* als Sicherheitsdienst auf den Plantagen oder trat den sogenannten „Bauernselbstverteidigungen“ von Carlos Castaño bei. Damit kamen Leute zu den staatlichen Sicherheitsorganen, die bestens über die Organisationen von BäuerInnen und PlantagenarbeiterInnen in der Region Bescheid wußten.

Die EPL-Führer wie Bernardo Gutierrez oder Anibal Palacios hingegen, die fast alle eine akademische Ausbildung besaßen, wurden in den Staatsdienst übernommen und leiteten Programme in der Region. Damit stießen sie schnell auf den Widerstand der Bevölkerung. Auf diese Weise eskalierte die Konfrontation.

Wie ist es möglich, daß Linke, die jahrelang die KP als reformistisch attackierten, eine derartige Kehrtwendung vollziehen konnten?

Das hatte mehrere Ursachen. Zum einen war die pro-albanische EPL durch den Zusammenbruch des Realsozialismus besonders hart betroffen. Es war, als ob sie jede Orientierung verloren hätten. Ein zweiter Faktor war wohl, daß die Organisation infiltriert war. Bernardo Gutiérrez, der Wortführer der Demobilisierer, war vor seiner Mitgliedschaft in der EPL Kommandant der 5. Front der FARC gewesen, wo er Geld veruntreut hatte und bereits der Geheimdienstarbeit verdächtigt worden war. Ein dritter Grund war schließlich, daß die EPL-Führung unter Bernardo Gutiérrez Abkommen mit der Gaviria-Regierung und den Castaño-Brüdern schloß, die den Demobilisierten die Eingliederung in staatliche und parastaatliche Sicherheitsorgane ermöglichte. Und nicht zuletzt gab es in der Region von Urabá auch noch eine historische Rivalität zwischen FARC und EPL, die von der Gaviria-Regierung geschickt ausgenutzt wurde.

Es gab 1992 Teile der EPL in Urabá, die sich einige Zeit lang der Demobilisierung widersetzten und sich einen Krieg mit den Comandos Populares lieferten. Es heißt, daß auch hier der Staat seine Finger mit ihm Spiel gehabt habe.

Ja, diese Angelegenheit ist wirklich schwer zu begreifen, aber ich will versuchen, das zu erklären. Einige Monate nach der Gründung von *Esperanza, Paz y Libertad,* der neuen Partei der Demobilisierten, beschlossen einige Ex-Guerilleros der EPL unter Leitung eines Kommandanten namens „Gonzalo", den Guerillakampf wiederaufzunehmen. Diese Leute reaktivieren zwei Guerillafronten. Es begann eine regelrechte Hexenjagd auf die anderen Demobilisierten des EPL, womit die Konfrontation in der Region radikalisiert wurde. Es kam zu gegenseitigen Massakern. Einige Zeit später, als die Gewalt generalisiert schien, erlebten wir ein kuriose Wende: Die reaktivierten EPL-Fronten sowie eine weitere Einheit der Organisation im Osten Antioquias gaben unter Führung von Gonzalo zum zweiten Mal ihre Waffen an die Armee ab und integrierten sich in die Todesschwadrone von Carlos Castaño. Kenner der EPL sind davon überzeugt, daß Gonzalo und seine wichtigsten Leute immer für die Armee gearbeitet haben. Die Wiederaufnahme des bewaffneten Kampfs diente nur dazu, ein Klima der Gewalt zu schaffen und dadurch die Akzeptanz der Paramilitärs zu erhöhen. Tatsächlich waren die Aktionen der Gruppe um Gonzalo völlig kriterienlos. Sie vermied Zusammenstöße mit der Armee und schikanierte die Bevölkerung.

Es gab auch Vorwürfe gegen die FARC, sie hätten Demobilisierte von Esperanza, Paz y Libertad angegriffen und damit die Situation eskalieren lassen.

In dieser Hinsicht gab es viele Manipulationen. Ich erinnere mich z. B. an den Fall einer Finca in Urrao, den die Medien als „Massaker an Zivilisten" präsentierten. Einige Monate später bezeichnete Carlos Castaño den Angriff auf diese Finca als einen der schwersten Schläge der Guerilla gegen die Paramilitärs. Er erkannte also an, daß es keine Zivilisten gewesen waren.

Was andere Ereignisse betrifft, will ich nichts beschönigen, aber man muß auch sehen, was für eine Situation in Urabá herrschte: KP-nahen Gewerkschaftern wurden von EPL-Paramilitärs die Kehle aufgeschlitzt, sie wurden an Haken aufgehängt und auf den Kabeln der Bananenplantagen (auf denen normalerweise die Bananenstauden zum Lager transportiert werden) herumgeführt, um die ArbeiterInnen einzuschüchtern. Es entstand eine unbeschreiblich barbarische Situation und es kam zu einer Auseinandersetzung zwischen den Anhängern beider Strömungen. Die einzigen, die davon profitierten, waren die Bananenunternehmer.

Kann man sagen, daß die Partei Esperanza, Paz y Libertad ein politischer Arm des Paramilitarismus ist?

Ja, der heutige Bürgermeister von Apartadó, zahlreiche Gemeindeabgeordnete der Partei und die jetzige Gewerkschaftsspitze von Sintrainagro sind Paramilitärs. Das haben sogar einige Weggefährten von ihnen zugegeben.

Kann man das auch für Esperanza, Paz y Libertad im Rest des Landes behaupten?

Die Partei existiert praktisch nur noch in Urabá und sie ist überall mit dem Castaño-Clan und den BananenunternehmerInnen liiert. Es ist beeindruckend, wie die Gewerkschaftsbewegung von Urabá eingebrochen ist, seitdem *Esperanza, Paz y Libertad* die Funktionäre stellt. Fast alle gewerkschaftlichen Errungenschaften der Jahre 1987-92 wurden zurückgenommen, die betriebliche Sozialversicherung existiert nicht mehr, weil sich die Unternehmen weigern, darin einzuzahlen usw.

Und dennoch sind Urabá und ein Teil Córdobas die einzigen Landesteile, wo der Paramilitarismus eine soziale Basis besitzt. An vielen Orten in der Region haben die Anhänger der demobilisierten EPL das Land übernommen, das von vertriebenen BäuerInnen aufgegeben wurde. Allerdings haben die Viehzüchter den EPL-AnhängerInnen den Boden nur geliehen. Eine Mitarbeiterin des Internationalen Roten Kreuzes hat einmal mit Erstaunen festgestellt, daß in Urabá der Feudalismus zurückgekehrt sei, denn die Demobilisierten dürften nur Saisonpflanzen anbauen. Ihr Boden gehört zwei oder drei Großgrundbesitzern, und die BäuerInnen sind faktisch ihre Vasallen.

Welche Rolle spielt der Drogenhandel in der Region Urabá?

Der Drogenhandel ist der dynamischste Reichstumsfaktor in Kolumbien. Die Privatarmeen der Castaños konnten nur mit den Koka-Einnahmen finanziert werden. Es gibt zwei Punkte, die in diesem Zusammenhang interessant sind. Die US-Drogenbehörde DEA sagt, daß fast 70 Prozent des nach Nordamerika und Panama verkauften kolumbianischen Kokains das Land über die Häfen von Urabá verläßt. Der zweite wichtige Punkt ist, daß die Castaños immer schon mit dem Drogenhandel zu tun hatten. Sie gehörten neben Pablo Escobar und Rodríguez Gacha zum Medellín-Kartell, wechselten jedoch die Seiten, als die Auseinandersetzungen mit dem Cali-Kartell begannen. Als einer der Capos des Cali-Kartells, José Santacruz, aus dem Gefängnis La Picota floh, waren es die Castaños, die seinen „Verrat" am Cali-Kartell bestraften: Sie nahmen ihn gefangen und übergaben ihn der Polizei, die ihn schließlich ermordete.

Das zeigt auch, wie heuchlerisch die Politik der USA ist. Sie beklagt zwar den Drogenhandel, aber sie hat den Aufbau paramilitärischer Gruppen mit den Koka-Geldern immer unterstützt. Die US-Regierung könnte die Castaños jagen, wie sie Escobar verfolgt haben. Sie würde damit wahrscheinlich die wichtigsten Drogenhändler des Landes zu Fall bringen. Aber das wollen die USA gar nicht. Die Paramilitärs sind für die Bekämpfung der Opposition zu wichtig. Es ist so ähnlich wie im Fall der nicaraguanischen Contra, die in den achtziger Jahren ja auch mit Drogengeldern finanziert wurde.

Welche Rolle hat der heutige Präsident der OAS (Organisation Amerikanischer Staaten) Julio Cesar Gaviria Trujillo im schmutzigen Krieg und beim Siegeszug der Castaños in Urabá gespielt?

Es ist schrecklich, wie schnell hier so etwas vergessen wird. Gaviria hat die Strategie des Paramilitarismus persönlich mitentworfen. Er war verantwortlich für die Integration der EPL-Demobilisierten in die staatlichen Sicherheitsorgane und die paramilitärischen Gruppen, unter seiner Präsidentschaft vollzog sich der Aufstieg der Castaños zu Paramilitärkommandanten der AUC. Darüber hinaus wurden unter seiner Regierung die Dekrete verabschiedet, mit deren Hilfe legale paramilitärische Gruppen, die sogenannten *Convivir* (Zusammenleben), aufgebaut werden konnten und die „anonyme Justiz“ eingeführt wurde (eine Terrorgesetzgebung, mit der Richter, Zeugen und Staatsanwaltschaft den Angeklagten unbekannt bleiben, Anm. d. V). Unter Gaviria wurde Pablo Escobar ermordet, was zu einer Stärkung des Cali-Kartells und der *Pepe*-Gruppe um die beiden Castaños führte. Und schließlich gab es auch noch eine Reihe von der Armee direkt verübter Massaker unter Gaviria.

Wenn es zu Prozessen wegen der Menschenrechtsverletzungen in Kolumbien käme, würde kein Präsident der letzten 20 Jahre ungeschoren davonkommen, und Gaviria würde auf der Liste ganz oben stehen.

Chigorodó liegt an der Grenze zur Pazifikprovinz Chocó. In den letzten Monaten gibt es eine regelrechte Offensive von Armee und Paramilitärs in dieser Gegend. Hat das mit Plänen für einen neuen interozeanischen Kanal zu tun?

Am Anfang mag die wachsende Präsenz der Paramilitärs damit in Verbindung gestanden haben, aber inzwischen gilt der Kanal als schwer realisierbar. Man priorisiert ein Projekt in Nicaragua. Es gibt jedoch andere Gründe, warum der Chocó hochinteressant ist: zum einen wegen der strategischen Lage und seinen zahlreichen Bodenschätzen, zum anderen wegen der Biodiversität, die für die gentechnischen Konzerne ausgesprochen erfolgversprechend ist. Der Chocó gilt als der an Biodiversität reichste Landstrich der Welt.

Aber um einzelne Genproben zu nehmen, braucht man doch keine dauerhafte Kontrolle über eine Region auszuüben.

Das ist richtig, aber es gab einen beachtenswerten Organisationsprozeß in den schwarzen und indigenen Communities, die Forschern den Zutritt verweigerten und den Holzkonzernen Widerstand leisteten. Diese Selbstorganisation der Bevölkerung wird von den Paramilitärs heute zerschlagen. Interessanterweise setzen die Todesschwadrone im Chocó jedoch nicht auf die massive Vertreibung der Bevölkerung wie in Urabá. Man will schließlich keine Bananenplantagen errichten, sondern den biologischen Reichtum zugänglich machen. Dafür braucht man das Wissen der einheimischen Bevölkerung, denn Schwarze und Indígenas kennen die Pflanzen ihrer Region. Es gibt also nur selektive Morde an FührerInnen der „Communities" und keine Massenvertreibungen.

Und schließlich geht es Armee und Paramilitärs wohl auch noch um das fehlende Teilstück der *Panamericana*. Die Überlandstraße ist ja zwischen Panama und Kolumbien unterbrochen. Für die neoliberalen Freihandelsmodelle spielt sie eine Schlüsselrolle. Man sichert also das Terrain. Entlang der geplanten Trasse gibt es keine BäuerInnen mehr, sie sind bereits vertrieben. Dort werden die Fincas der Großgrundbesitzer um Castaño errichtet werden.

Juan, viel Glück!

7. Kolumbien zwischen politischer Lösung und offenem Bürgerkrieg

Als der Konservative Andrés Pastrana im August 1998 die Amtsgeschäfte von seinem Vorgänger Ernesto Samper übernahm, wurde er in den internationalen Medien als „Friedensbringer“ gefeiert. Allerortens äußerte man die Hoffnung, Pastrana könne den seit 50 Jahren schwelenden bewaffneten Konflikt beenden – ganz so, als ob dieser keine sozialen Ursachen hätte und sich einfach per Regierungsdekret lösen lasse.

Tatsächlich hatte Pastrana noch während des Wahlkampfs einige unkonventionelle Entscheidungen getroffen und den Kontakt mit den Guerillaorganisationen gesucht. Der Grund dafür war jedoch nicht, wie im Ausland unterstellt, daß Pastrana eine demokratischere oder sozialere Politik als seine Vorgänger verfolgen wollte, im Gegenteil: Der Sohn des konservativen Ex-Präsidenten und Clan-Chefs Misael Pastrana hatte sich Anfang der neunziger Jahre als Bürgermeister von Bogotá einen Namen als knallharter Neoliberaler gemacht. Seine Gesprächsbereitschaft entsprang eher dem Druck aus der Wirtschaft, u. a. Pastranas großer Unterstützer, der Konzernchef Ardila Lulle, setzte auf den Dialog.

Die Konzerne hatten besorgt mitverfolgen müssen, wie die politischen Institutionen des Landes unter Präsident Samper massiv an Ansehen verloren, die USA ihre diplomatischen Beziehungen einfroren, und die Guerilla der Armee eine Reihe schwerer Niederlage zufügte. Vor diesem Hintergrund drängte ein wesentlicher Teil der kolumbianischen Oberschicht auf eine politische Stabilisierung oder sogar eine Lösung des Konflikts – allerdings zu möglichst geringen Kosten, wie sich schnell herausstellen sollte.

Pastrana suchte daher noch während des Wahlkampfs die Guerillakommandanten Manuel Marulanda (FARC) und Nicolás Rodríguez (ELN) um Treffen an. Während die ELN ablehnte, weil sie nicht als Wahlhelfer mißbraucht werden wollte, stimmten die FARC dem Vorschlag zu. So kam es in einem Gebiet der FARC in der Nähe von San Vicente de Caguán zu einem historischen Treffen zwischen dem designierten Präsidenten und dem ältesten Guerillero Lateinamerikas. Pastrana versprach dabei, mehrere Vorbedingungen der FARC für Verhandlungen zu erfüllen: Er stimmte der Demilitarisierung eines 40.000 Quadratkilometer großen Gebiets in den Provinzen Meta und Caquetá zu und kündigte an, gegen den Paramilitarismus vorzugehen.

Die Gespräche mit den FARC

Doch die Zugeständnisse Pastranas waren längst nicht so sensationell, wie sie zunächst erschienen. Die Übergabe der Gemeinden Macarena, San Vicente de Caguán, Vistahermosa, Mesetas und La Uribe an die FARC wurde von den Militärs zwar heftigst kritisiert, aber wohl eher wegen des symbolischen Charakters. Kolumbianische BeobachterInnen wiesen spöttisch darauf hin, daß das Gebiet von der Armee schon lange zuvor „geräumt" worden sei, denn seit Jahren sind die FARC in den genannten Gemeinden als Ordnungsmacht anerkannt. Beim zweiten wichtigen Versprechen Pastranas blieb es schließlich bei der Ankündigung: Von Maßnahmen der Regierung gegen den Paramilitarismus war nichts zu merken.

Schnell zeigte sich außerdem, daß der neue Präsident auf Druck von Armee und US-Beratern die gemachten Zugeständnisse zurückzunehmen versuchte. So zog sich die Regierung im Herbst 1998 auf die Position zurück, daß die Militärgarnison von San Vicente de Caguán (Dep. Caquetá) trotz der Räumung weiterhin in den Händen der Armee bleiben müsse. Vor allem Washington widersetzte sich der Tatsache, die 20.000-EinwohnerInnen-Stadt am Caguán-Fluß in die Hände der Guerilla zu übergeben. Die FARC stellten daraufhin klar, daß die Vereinbarungen eine vollständige Räumung der Region vorsehen würden. Erst als die Friedensverhandlungen insgesamt zu scheitern drohten, beorderte Pastrana mit mehrmonatiger Verspätung auch die Soldaten aus der Kaserne von San Vicente de Caguán zurück.

Doch auch die Euphorie über den Beginn direkter Gespräche hielt nicht lange an. Die feierliche Eröffnung des Dialogs zwischen FARC und Pastrana-Regierung am 7. Januar 1999 wurden vom Fehlen des Guerillakommandanten Manuel Marulanda überschattet, der aus Sicherheitsgründen der Zeremonie fern blieb. Die FARC sprachen von paramilitärischen Attentatsplänen, die bürgerlichen Medien interpretierten das Verhalten als Affront gegen die Regierung.

Es kam zu einer neuen handfesten Krise. Als in der Woche nach der Verhandlungseröffnung im Januar 1999 mindestens 200 Personen im ganzen Land von Paramilitärs ermordet wurden, setzten die FARC die Gespräche für drei Monate aus und überreichten der Regierungsdelegation ein 20-seitiges Dokument über die Hintermänner des Paramilitarismus. Obwohl die meisten Informationen in dem Dokument mit älteren Veröffentlichungen der Menschenrechtsorganisationen übereinstimmten, ignorierte die Pastrana-Administration das Dokument.

Erst im Frühjahr 1999 kam erneut Bewegung in die Gespräche. Paradoxerweise hatte dies damit zu tun, daß den FARC selbst ein schweres Menschenrechtsverbrechen vorgeworfen wurde. In Arauca brachte eine FARC-Front die drei nordamerikanischen Indígenas Terence Freitas, Ingrid Wahinawatok und Larry Gay Lahe'ena'e um, die die kolumbianischen U'was in ihrem Kampf gegen den Erdölmulti OXY unterstützten. Ohne Rücksprache habe der verantwortliche FARC-Guerillero beschlossen, die drei verdächtigen Ausländer zu erschießen, erklärte die Führung der Guerillaorganisation. Die erwarteten Reaktionen ließen nicht lange auf sich warten. Die USA forderten die Auslieferung der verantwortlichen FARC-Kommandanten und nutzten die Gelegenheit, um ihre in Costa Rica aufgenommenen, bescheidenen Kontakte zur Guerillaorganisation wieder abzubrechen. Auch der UNO-Beauftragte für Substitutionsprogramme, Pino Arlachi, strich ein geplantes Gespräch mit der Guerilla über den Koka-Anbau aus seinem Terminplan, und in den Medien wurde den FARC die Legitimation abgesprochen, über Menschenrechtsverletzungen der Armee zu urteilen. MenschenrechtsaktivistInnen und die U'was selbst werteten die Morde als Beleg für die Ignoranz einiger FARC-Fronten gegenüber Indígenas.[1]

Vor diesem Hintergrund zeigte sich die Guerillaorganisation schneller als erwartet bereit, die Gespräche mit der Regierung wiederaufzunehmen, obwohl in den drei Monaten Gesprächspause von Seiten der Regierung erneut nichts Wesentliches gegen den Paramilitarismus unternommen worden war. Einzig und allein die bereits seit Mitte 1998 schwer beschuldigten Generäle Fernando Millán und Rito Alejo del Río wurden von Pastrana in den Ruhestand versetzt, eine zwar überfällige, aber eher kosmetische Maßnahme. Die neue Gesprächsrunde brachte bald ein Ergebnis: Eine Tagesordnung für weitere Verhandlungen wurde vereinbart, und die Pastrana-Regierung kündigte an, den FARC das Gebiet im Süden des Landes unbefristet zu überlassen. Mit dieser Ankündigung rief Pastrana jedoch den offenen Aufstand der Militärspitze hervor. Verteidigungsminister Rodrigo Lloreda, Besitzer eines Großunternehmens für Öle und Fette und Chef der Calier Tageszeitung *El País,* trat mit mehreren Dutzend Offizieren zurück. Die Nachrichtenagentur *Anncol* sprach gar von einem „kleinen Militärputsch". Der kolumbianische Staat stand am Rande eines Abgrunds, die Armeespitze schien zu desertieren. Der Präsident wurde vom im Dienst verbliebenen Militäroberkommando gezwungen, seine Ankündigung öffentlich zurückzunehmen, keine weiteren

1 Die Klagen der Indígenas, daß die Guerilla ihre Autonomie nicht respektiere, sind alt. In Arauca haben die U'was immer wieder auf ihre Probleme mit den FARC hingewiesen, ähnliche Vorwürfe gibt es in den Provinzen Bolivar und Cauca. Allerdings gibt es auch Gegenbeispiele. Beim Bau des Wasserkraftwerks Urra 1 sind die FARC wichtige Verteidiger der Embera-Indígenas, denen durch den Staudamm die Lebensgrundlage als Fischer entzogen wird. Zudem gibt es in den Provinzen Antioquia und Cauca noch ein anderes Problem: Dort sind einige Indígena-Repräsentanten am Aufbau paramilitärischer Gruppen aktiv beteiligt. Nicht überall, wo es Konflikte mit Indígenas gibt, sind die UreinwohnerInnen die Angegriffenen. Die *Organización Indígena de Antioquia* (OIA) gilt gar als enger Verbündeter der Castaño-Brüder.

Zugeständnisse an die Guerilla mehr zu machen und seine Loyalität gegenüber den Militärs zu bekunden. Parallel dazu verstärkten Armee und Paramilitärs ihren Belagerungsring um das von den FARC kontrollierte Gebiet, blockierten Warentransporte und bedrohten Reisende. Paramilitärchef Castaño brüstete sich gegenüber der Presse damit, 2.000 Leute in die Umgebung der geräumten Zone verlegt zu haben.

Dennoch unterzeichneten die Pastrana-Regierung, eine hochrangige Kommission der Abgeordnetenkammern und die FARC-Delegation wie vorgesehen im Juni 1999 ein Dokument zur Aufnahme regulärer Verhandlungen in La Uribe (Dep. Meta), bei denen über politische, soziale und wirtschaftliche Transformationen gesprochen werden soll.

Der wichtigste Unterschied zu den Verhandlungen in Mittelamerika bestand dabei wohl darin, daß die Guerilla mit einer gewissen Stärke an den Verhandlungstisch gelangte. Daniel Ortega, der nicaraguanische Ex-Präsident äußerte im Januar 1999 bei einem Besuch in Kolumbien, die FARC könnten Forderungen stellen, wie es die mittelamerikanischen Befreiungsbewegungen nie hätten machen können. So steht bei den Verhandlungen weder eine Demobilisierung der Guerilla noch ein Waffenstillstand zwischen den Konfliktparteien (der eine irreguläre Armee immer stärker schwächt als eine reguläre) auf der Tagesordnung, sondern die Debatte über die Wirtschafts- und Sozialpolitik der Regierung. Der unterbreitete Zehn-Punkte-Plan der FARC mag unspektakulär erscheinen (siehe das vorangegangene Kapitel 6. 1.), doch im Unterschied zu anderen Verhandlungen der letzten Jahre geht es nicht einfach um die Eingliederung von Guerilleros ins zivile Leben und eine Teilhabe an der politischen Macht, sondern um Themen, die für die gesamte Bevölkerung von Belang sind, vor allem um soziale Fragen.

Mit welchem Gewicht die FARC zu den Verhandlungen antrat, zeigte sich nicht zuletzt auch darin, daß sich eine ganze Kommission nur mit dem Austausch von Kriegsgefangenen beschäftigen sollte. Die Guerillaorganisation hatte Mitte 1999 mehr als 300 Soldaten und Polizisten, darunter auch hochrangige Offiziere, in ihrer Gewalt, die gegen einsitzende Guerilleros ausgetauscht werden sollten. Es wäre das erste Mal seit Jahren, daß politische Gefangene durch Druck ihre Freiheit wiedererlangen.

Die sozialen Konflikte eskalieren

Doch während die Gespräche zwischen Regierung und FARC erste Ergebnisse zeitigten, eskalierten andere Konflikte im Land. So demonstrierten unmittelbar zu Pastranas Amtsübernahme im August 1998 etwa 40.000 BäuerInnen in verschiedenen Landesteilen gegen das Vordringen des Paramilitarismus. Am heftigsten waren die Konflikte in der Erdölmetropole Barrancabermeja, wo 10.000 BäuerInnen aus dem Cimitarra-Tal (Dep. Santander) und der Provinz Bolívar zwei Monate lang Schulen und Universitäten besetzten.

Die BäuerInnen forderten Sicherheitsgarantien der Regierung und die Absetzung des Armeeoffiziers Fernando Millán.

Wie seine Vorgänger beschränkte sich jedoch auch Pastrana darauf, die Proteste zu ignorieren, mit Waffengewalt niederzuschlagen oder die Protestierenden mit leeren Versprechen abzuspeisen. Keine zwei Wochen, nachdem die neue Regierung mit den BäuerInnen ein Abkommen unterzeichnet hatte, in dem der Schutz der Zivilbevölkerung zugesichert worden war, überfielen Armee und Paramilitärs erneut die Region. Drei Sprecher der Protestbewegung wurden brutal ermordet, mehr als 100 BäuerInnen starben, in Montecristo (Dep. Bolívar) nahmen die Paramilitärs die Bevölkerung als Geiseln. Als die Todesschwadrone dort von der Guerilla eingekreist wurden, entsetzte Millán mit Unterstützung der Luftwaffe die Armee in die Gegend, um die Paramilitärs aus der Ortschaft zu evakuieren.[2]

Die Ereignisse stellten keinen Einzelfall dar. Im ersten Jahr unter Pastrana wurden so viele Massaker wie noch nie in der Geschichte Kolumbiens begangen – allein in den ersten vier Monaten 1999 an die 100 – und fast alle mit Rückendeckung der Armee. Aus der Provinz Bolívar wurde berichtet, Paramilitärs hätten Kinder vor den Augen ihrer Eltern mit Motorsägen zerteilt, um an Informationen zu gelangen. In San Carlos (Dep. Antioquia) kam es wenige Tage nach der Unterzeichnung eines Dokuments zwischen der ELN und dem Nationalen Friedensrat (CNP) zu einem Massaker an 40 Personen, nachdem die Armee die Ortschaft kurz zuvor abgeriegelt hatte. Im Januar 1999 ermordeten Uniformierte 14 Jugendliche in der von Armee und Marine kontrollierten Stadt San Pablo, die Armenviertel Barrancabermejas wurden im Frühjahr 1999 erneut mehrmals überfallen, nachdem die Erdölstadt erst im Mai 1998 Schauplatz eines großen Massakers gewesen war[3]; und während der Entführung eines Linienfluges durch die ELN im April 1999 bombardierte die kolumbianische Luftwaffe nach Angaben des kirchlichen Forschungsinstituts CINEP mehrere Tausend Flüchtlinge im Süden Bolivars, die sich vor den Gefechten in die Dörfer El Paraíso und Vallecito zurückgezogen hatten.

2 Daß Millán ein halbes Jahr später dann doch noch gehen mußte, war v. a. dem Druck der FARC bei den Verhandlungen zu verdanken, die Maßnahmen gegen den Paramilitarismus verlangt hatten.

3 Eine von Misereor unterstützte internationale Juristenkommission, die im Mai 1999 ein Meinungstribunal in Barrancabermeja abhielt und ZeugInnen hörte, sprach den kolumbianischen Staat der unmittelbaren Beteiligung an dem Massaker schuldig, bei dem mehr als 30 Personen gestorben waren. Polizei und Armee habe die Bevölkerung nicht nur nicht gegen die Angriffe geschützt, sondern den Paramilitärs direkte Unterstützung bei dem Verbrechen geleistet. Der Abschlußbericht und weitere Berichte zur Situation in Kolumbien können angefordert werden bei: Deutsche Menschenrechtskoordination Kolumbien PF 1347, 72603 Nürtingen.

Der 1. Mai ist seit jeher einer der großen Protesttage in Kolumbien. 1999 demonstrierten erstmals wieder an die 100.000 Menschen in Bogotá.

Auch gegenüber der gewerkschaftlichen Opposition bewahrte die Regierung Pastrana Kontinuität. Obwohl der neue Präsident den FARC im August 1998 u. a. zugesichert hatte, soziale Proteste nicht mehr zu kriminalisieren, wurde beim Streik des öffentlichen Sektors, der Kolumbien im Herbst 1998 lahmlegte, erneut der Repressionsapparat eingesetzt. Die Regierung drohte damit, den Streik für illegal zu erklären und militarisierte das Land. Sechs führende GewerkschafterInnen starben während des Arbeitskampfs, unter ihnen auch der Vizegeneralsekretär des Dachverbandes CUT, Jorge Ortega.

Trotzdem weiteten sich die Proteste aus. Hunderttausende demonstrierten im Oktober 1998 im ganzen Land, darunter auch erstmals zahlreiche StraßenhändlerInnen. Bogotá und Cali wurden zu Schauplätzen der größten Mobilisierungen seit Jahren. Ähnlich war die Situation wenige Monate später im März 1999 während eines Lehrerstreiks, dem sich erneut Staatsangestellte, Schuldnerverbände, StudentInnen und BäuerInnen anschlossen.

Die Ursache für die unerwartet aufflammenden Kämpfe waren Privatisierungspläne der Pastrana-Regierung. Obwohl schon vor den Reformen die Bevölkerungsmehrheit in Kolumbien keinen Zugang zur Gesundheitsversorgung und nur beschränkten Zugang zum Erziehungswesen besaß, sollten beide Bereiche nun weiter privatisiert werden. Auch im einträchtigen Energiesektor wollte Pastrana die Bedeutung der staatlichen Unternehmen innerhalb der Joint Ventures beschneiden (vgl. *Lateinamerika-Nachrichten* Nr. 298-300).

Parallel dazu brach auch noch die Konjunktur unerwartet ein: Die Industrieproduktion schrumpfte Anfang 1999 gegenüber dem Vorjahr um mehr als 10 Prozent, in der Automobilindustrie betrug der Einbruch gar 63 Prozent, jede fünfte Person war arbeitslos, und auch der Energiebedarf fiel um etwa 20 Prozent (*Lateinamerika-Nachrichten* Nr. 299, S. 22; vgl. kolumbianische Tagespresse April 1999). Betroffen von der Krise waren nicht nur die Ärmsten, auch die Mittelschichten wurden in den Sog hinabgezogen. Zahlreiche Akademiker waren auf einmal gezwungen, sich als Taxifahrer zu verdingen oder in der informellen Ökonomie durchzuschlagen. Kein Wunder also, daß Pastrana viel von seinem Renommee einbüßte. In einer vom *El Espectador* im April 1999 veröffentlichten Umfrage besaßen nur noch 35 Prozent der KolumbianerInnen ein positives Bild von ihm.

Um die Ordnung im Land aufrechtzuerhalten, stützte sich das Establishment auch unter Pastrana auf die Repression. Zahlreiche Oppositionsgruppen mußten 1998-99 ihre Büros schließen und AktivistInnen ins Ausland schicken. Der Bogotaner Soziologe Alonso Molano, einer der wichtigsten Kolumnisten im Land, ging nach mehreren Morddrohungen Ende 1998 ins Exil; ein Schritt, den der Vorsitzende der kirchlichen Untersuchungskommission *Justicia y Paz*, Javier Giraldo, bereits im Herbst desselben Jahres gemacht hatte. Der Präsident der Erdölgewerkschaft USO, Cesar Carillo, beantragte zeitgleich Asyl in Spanien, die letzte Präsidentin der linken UP, Aida Abella, lebt schon seit längerem in Europa. Außerdem wurden das Menschenrechtsbüro der CUT in Medellín sowie des „Komitees zur Unterstützung der politischen Gefangenen" CSPP geschlossen, nachdem zwei Vertreter der Organisation von Paramilitärs auf der Straße zwischen Bogotá und Medellín ermordet worden waren. Die Bilanz des „Friedenspräsidenten" war vernichtend – oder wenn man es anders herum sehen will: erfolgreich. Die gleiche Politik, nur mit besserem Image.

ELN: Kein Friede mit Pastrana

Katastrophal entwickelten sich auch die Kontakte zwischen der Pastrana-Regierung und der ELN. Die Regierung maß den Kontakten mit der Organisation keine besondere Bedeutung bei, nachdem die ELN-Spitze ein Treffen während des Wahlkampfs abgelehnt hatte und militärisch weniger in Erscheinung getreten war als die FARC. Wenig später kündigte Verteidigungsminister Rodrigo Lloreda an, daß man sich an das in Deutschland unterzeichnete Abkommen zur Abhaltung einer Nationalkonvention nicht gebunden fühle, weil der Friedensrat (in dem u.a. der Generalstaatsanwalt Jaime Bernal vertreten ist) die Regierung nicht repräsentiere.

Durch die Erhöhung der Studiengebühren, den paramilitärischen Terror und die Wirtschaftskrise gelten die Universitäten heute als unpolitisch. Nur wenige Gruppen sind noch aktiv.

Erst aufgrund des breiten gesellschaftlichen Drucks kam es doch noch zu einem weiteren Abkommen mit der ELN. Im Oktober 1998 vereinbarten die inhaftierten ELN-Sprecher Franscico Galán und Felipe Torres gemeinsam mit den Vertretern des Friedensrats Themen und Zeitplan der Nationalkonvention. Praktisch alle Aspekte des öffentlichen Lebens sollten bei dem Treffen erörtert werden, das man in einem von der Guerilla kontrollierten Gebiet durchführen wollte. Anders als die FARC setzte die ELN damit darauf, den politischen Protagonismus der Gesellschaft zu fördern.

Doch schon bald nach der feierlichen Unterzeichnung des Abkommens machte die Pastrana-Administration klar, daß sie die Konvention verhindern würde. Eine dauerhafte Entmilitarisierung, wie sie von der ELN gefordert wurde und in Anbetracht der Situation im Land wohl auch unverzichtbar war, lehnte der konservative Präsident ab. Im Februar 1999 gab es in Venezuela einige Treffen zwischen Antonio García, der Nr. 2 der ELN, und dem Friedensberater Pastranas, Victor Ricardo, doch die Gespräche blieben ergebnislos. Die Guerillaorganisation forderte weiter die Entmilitarisierung der Gemeinden Morales, Simití, San Pablo und Santa Rosa im Süden des Departements Bolívar, der Regierungsvertreter Ricardo machte den Vorschlag eines gemeinsam von Armee und Guerilla garantierten Sicherheitskordons, der unmittelbar nach den Gesprächsforen wieder beseitigt werden sollte. Die ELN verwies auf die ständigen Attentate auf Oppositionelle durch die Armee und lehnte eine solche Regelung als inakzeptabel ab.

Verschlechtert wurde das Klima desweiteren durch militärische Offensiven gegen die Rückzugsgebiete der ELN. Großspurig hatten General Fernando Millán und Paramilitärkommandant Carlos Castaño im Herbst 1998 fast zeitgleich angekündigt, die Guerilla bis zum Jahreswechsel aus dem an Goldvorkommen reichen Süden der Provinz Bolívar zu vertreiben. Bei den folgenden Überfällen starben 100 BäuerInnen, aber kaum Guerilleros, wobei die Paramilitärs in der gesamten Region zusammen mit Armee und Luftwaffe agierten. Flankiert wurde die Offensive durch eine extrem aggressive Berichterstattung in den regierungsnahen Medien *La Semana* und *El Tiempo,* die die ELN für geschlagen erklärten.

Vor diesem Hintergrund griff die Guerillaorganisation zu einer drastischen Entscheidung. Sie entführte im April 1999 den Avianca-Linienflug Bucaramanga-Bogotá mit knapp 50 Personen an Bord und leitete ihn auf einen stillgelegten Flughafen nahe der Stadt Simití am Magdalena um – mitten in das Gebiet, das Armee und Paramilitärs angeblich zurückerobert hatten.

Die Entführung war minutiös vorbereitet worden: Das ELN-Kommando hatte die strengen Sicherheitsvorkehrungen am Flughafen von Bucaramanga überlistet, ein als Pilot ausgebildeter Guerillero deaktivierte die Ortungsapparaturen der Maschine, so daß die Fokker von den Radaren der Luftfahrtbehörde verschwand, und im Gebiet um Simití waren so viele RebellInnen zusammengezogen, daß die Armee das Kommando mit den Entführten nicht verfolgen konnte. Aus Wut bombardierte die Luftwaffe den ganzen Landstrich zwischen San Pablo und Simití, immerhin ein Gebiet von etwa 80 auf 50 Kilometer. Angegriffen wurden dabei auch 2.000 Flüchtlinge, die sich in die im Guerillagebiet gelegenen Ortschaften El Paraíso und Vallecito zurückgezogen hatten. In den Städten Simití und San Pablo patrouillierten Paramilitärs und Armee Hand in Hand und bedrohten die AnwohnerInnen (vgl. die Erklärung der Menschenrechtsorganisationen CINEP, Minga u. a. vom 23.4.1999).

Als die ELN als Bedingung für eine Freilassung der Flugzeugpassagiere die Räumung der von Armee und Paramilitärs besetzten Ortschaft Monterrey forderte, in der mehrere Hundert Familien als menschliche Schutzschilder gehalten wurden, erwiderte die Regierung Pastrana nur, die Guerilla habe gar nichts zu fordern. Der Präsident reagierte nicht einmal auf die Bitten der Angehörigen der Entführten nach einer Einstellung der Bombardierungen.

Der Tiefpunkt der Beziehungen war jedoch immer noch nicht erreicht. Als im Mai 1999 in der Ortschaft La Gabarra, in der Nähe der venezolanischen Grenze, erneut mehr als 30 Personen von Paramilitärs massakriert wurde, führte die ELN die wohl spektakulärste, aber auch umstrittenste Aktion ihrer

Geschichte durch. Ein ELN-Kommando besetzte einige Straßenzüge in einem Reichenviertel Calis, entwaffnete Leibwächter und entführte über 100 Kirchgänger, die an der Sonntagsmesse teilgenommen hatten – die meisten von ihnen Millionäre, darunter auch führende Bankmananger.[4] Die Guerilla hatte zum ersten Mal seit langem mitten in einer Großstadt zugeschlagen. Wenige Tage später wurde dann noch eine Gruppe wohlbetuchter Sportfischer am Stadtrand von Barranquilla an der Karibikküste entführt, und gemeinsam mit den FARC das Kerngebiet der Paramilitärs in der Provinz Córdoba angegriffen.

Die politische Botschaft dieser Aktionen war eindeutig: Der Oberschicht, die für die Finanzierung der Paramilitärs verantwortlich gemacht wird, sollte vermittelt werden, daß es bei einer Eskalation des Krieges auch für sie keine Rückzugsgebiete geben würde. Die politischen Kosten, die die ELN für diese Botschaft zahlen mußte, waren allerdings hoch. Hunderttausende demonstrierten in Cali, Bogotá und Barranquilla für die Freilassung der Entführten, der als fortschrittlich geltende Erzbischof von Cali, Isaias Duarte Cancino[5], forderte die Exkommunizierung der Guerilleros und erklärte die RebellInnen für „geisteskrank", und selbst Bundeskanzler Schröder verurteilte bei seiner Lateinamerikareise im Juni 1999 die Aktionen der ELN. Zum Teil war die Lautstärke des Protests nicht verwunderlich: Der progressive Bürgermeister von Barranquilla, Bernardo Hoyos (der selbst Protestdemonstrationen organisiert hatte), bemerkte im *El Espectador* spitz, das Interessante an den Demonstrationen in Bogotá und Cali sei gewesen, daß erstmals die Oberschicht auf der Straße gewesen sei. Doch nicht nur die Reichen waren empört, auch Menschenrechtsorganisationen wie *Amnesty International* und v. a. die europäischen Regierungen, die die ELN gerne als Vermittler im Konflikt sähe, verurteilten die Aktionen scharf. Paradoxerweise mußte ausgerechnet Privatagentin Mauss, ganz bestimmt keine Linke, darauf hinweisen, daß sich alle

4 Internationale Medien meldeten damals, auch Kinder und Alte seien bei der Aktion entführt worden. Diese Aussage ist weder ganz falsch noch ganz richtig. Sowohl bei der Entführung des Avianca-Linienflugs als auch bei der Aktion in Cali nahmen die Guerillakommandos zunächst alle Anwesenden mit, ließen jedoch einige Stunden später alle Personen unter 18 und über 65 wieder frei. Die ELN begründete dies damit, daß man ZivilistInnen nicht einfach in die Hände nachrückender Sicherheitsorgane fallen lassen dürfe. Es gebe genug Beispiele (u. a. den Fall des Justizpalastes 1985), bei denen die Armee ZivilistInnen erschossen habe, um die Morde der Guerilla anzuhängen oder selbst mißliebige Personen aus dem Weg zu räumen.

5 In den *Lateinamerika-Nachrichten* vom Juli 1999 habe ich den Bischof irrtümlich als Rechten bezeichnet. Diese Behauptung ist falsch. Duarte Cancino hat immer eine gewisse Nähe zur Kirche der Armen besessen. Umso schwerwiegender waren für die ELN seine Attacken gegen die Organisation.

über die Entführung ereiferten, aber niemand über die zeitgleich verübten paramillitärischen Massaker in La Gabarra und Tibú spräche.

Problematisch für die ELN war auch, daß sich ihre Organisationsspitze zum Zeitpunkt der Aktion in Cali auf einer diplomatischen Rundreise in Europa befand.[6] ELN-Chef Nicolás Bautista, alias „Gabino", war gar zu einem Treffen im Vatikan unterwegs. Der Druck auf die Guerillaorganisation nahm noch zu, als Bautista und sein Stellvertreter García unerwartet erklärten, sie seien nicht bereit, alle Geiseln ohne Gegenleistungen gehen zu lassen. Zuvor müsse es Geldzahlungen oder aber Zugeständnisse für die geplante Nationalkonvention geben.

Die schleichende US-Intervention

Besonders besorgniserregend an der jüngeren Entwicklung ist, daß die USA immer offenkundiger auf eine militärische Lösung des kolumbianischen Konflikts setzen und sich zunehmend im Land engagieren. Ihr Hauptaugenmerk gilt dabei der Modernisierung der demoralisierten kolumbianischen Armee sowie der Regionalisierung des Konflikts.

Aufgerüttelt von den schweren Niederlagen, die die FARC den Militärs zugefügt hatten, begann der Pentagon 1996, sich intensiver mit der Situation im Land zu beschäftigen. Die Washingtoner Militärstrategen stellten fest, daß die kolumbianische Armee zu wenig Informationen über den Gegner besitze, in der Bevölkerung kaum Sympathien genieße und schwere taktische Fehler begangen habe.

Zur Regierungsübernahme von Andrés Pastrana im August 1998 wurde deshalb zunächst versucht, den Eindruck einer Säuberung in der Armeespitze zu vermitteln. Kurz nachdem die USA dem Geheimdienstkoordinator Iván Ramírez das Visum entzogen hatten, wurde das gesamte Oberkommando ausgetauscht und ein Neuanfang verkündet. Doch mit der „Säuberung" war es nicht weit her. Der neu ernannte Generalstabschef Rafael Hernández war für die Morde an 13 Bauern in Riofrío (Dep. Valle de Cauca) durch eine ihm unterstellte Einheit im Jahr 1993 mitverantwortlich.[7] Luftwaffenchef Sandóval mußte schon nach drei Monaten zurücktreten, weil in einem kolumbia-

6 Guerillaaktionen werden in Kolumbien in der Regel regional vorbereitet und koordiniert, d. h. die ELN-Spitze hatte nach eigenen Angaben zwar die Weisung gegeben, spektakuläre Aktionen in den Rückzugsgebieten der Oligarchie durchzuführen, aber keine konkreten Vorgaben gemacht. Es ist deswegen wahrscheinlich, daß die in Europa weilenden ELN-Kommandanten Rodríguez und García über die Details der Kirchenentführung in Cali erst aus der Presse erfuhren.

7 In der Presse wurde damals behauptet, die getöteten Bauern seien Guerilleros gewesen, doch später mußte die Regierung die volle Verantwortung für dieses Massaker an Zivilisten übernehmen. Es stellte sich heraus, daß die Bauern wegen eines Landkonflikts mit einem Capo des Cali-Kartells ermordet worden waren.

nischen Armeeflugzeug in Florida große Menge Kokain und Heroin gefunden wurden. Die Aktionseinheit von Armee und Paramilitärs ging weiter wie eh und je.

Auf die publicityträchtigen Gesten Pastranas gegenüber den FARC reagierte Washington hingegen skeptisch. Die Clinton-Regierung signalisierte zwar ihre Unterstützung für den neuen Präsidenten, aber äußerte zugleich die Besorgnis, Pastrana gebe der Guerilla in zu vielen Punkten nach. Zudem kündigte die Clinton-Regierung bereits im September 1998 an, daß die USA die Guerillaaktivitäten im weitgehend von den FARC kontrollierten Süden des Landes von nun an intensiv mit Spionageflugzeugen und -satelliten überwachen werden. Als Pastrana schließlich die Übergabe eines Gebietes von der Größe der Schweiz an die FARC ankündigte, drohte die Clinton-Administration mit der Streichung wirtschaftlicher Unterstützung. Die rechte US-amerikanische *Heritage Foundation* sprach im März 1999 gar von einer „Kapitulation Pastranas" und forderte den sofortigen Abbruch des Dialogs mit der Guerilla.

Offiziell rechtfertigte Washington diese Ausfälle mit der Befürchtung, der Kokaanbau könne sich in den von der Guerilla kontrollierten Gebiete weiter ausdehnen, doch auf das Angebot der FARC, in einem Pilotprojekt die Kokapflanzungen in der Gemeinde Cartagena de Chairá (Dep. Caquetá) zu substituieren, ging die Clinton-Regierung gar nicht erst ein. Auch die Tatsache, daß in den von Armee und Paramilitärs kontrollierten Häfen Urabás 70 Prozent des für den nordamerikanischen Markt bestimmten kolumbianischen Kokains verschifft wird, störte Washington kaum.

In vieler Hinsicht verhielt sich die Clinton-Regierung noch heuchlerischer als ihre republikanischen Vorgänger. Im Dezember 1998 – in der gleichen Woche, in der US-Außenministerin Madeleine Albright im Zusammenhang mit dem Fall Pinochet „schwere Fehler der USA in Lateinamerika" eingestand und die Rolle der *School of Americas* in Fort Benning (Georgia, USA) wieder einmal öffentlich thematisiert wurde – vereinbarte ihr Amtskollege, Verteidigungsminister William Cohen, auf dem interamerikanischen Militärgipfel in Cartagena (Kolumbien) mit seinem kolumbianischen Pendant Rodrigo Lloreda eine engere Zusammenarbeit zwischen den Armeen beider Länder.

Im Zentrum der Kooperationsverträge stand die Professionalisierung der kolumbianischen Geheimdienstmaschinerie. Zwar sprach auch Cohen von Menschenrechten und Drogenbekämpfung, doch sein Begleiter, der Chef des US-Kommandos Süd, General Charles Wilhelm machte deutlich, was dies zu bedeuten hatte. Wilhelm kündigte an, daß die USA die kolumbianische Regierung massiver als bisher im Krieg gegen die Guerilla unterstützen werden. „Wenn Kolumbien destabilisiert wird", erklärte der General, „wird dies Auswirkungen auf die ganze Region haben."

Im unterzeichneten Vertrag tauchte auch der altbekannte Begriff „*low intensity conflict*" (Konflikt geringer Intensität) wieder auf, der fälschlicherweise oft für eine denunziatorische Erfindung der Linken gehalten wird. So vereinbarten die Ministerien die Gründung einer „Bilateralen Verteidigungsgruppe Kolumbien-USA", in der die US-amerikanische Seite von einem „Staatssekretär für Spezialoperationen und Konflikte geringer Intensität des US-Departments" vertreten sein wird.

Schon wenige Wochen später begann die Umsetzung der Verträge. Die USA gaben die Entsendung von 300 Ausbildern sowie einer unbestimmten Zahl von Sicherheitsspezialisten des CIA bekannt. Wie angekündigt wurde die Luftüberwachung der Guerillagebiete intensiviert. Gleichzeitig erfuhr die Öffentlichkeit auch, daß US-Personal am Aufbau eines neuen, satellitengestützten Kommunikationssystems der Armee beteiligt war, nachdem die Guerilla das alte, bodengestützte mehrmals schwer beschädigt hatte. Und schließlich sorgten die USA im Januar 1999 für die Gründung von zwei neuen Spezialeinheiten, den sogenannten *batallones anti-narcóticos,* die offiziell der Drogenbekämpfung dienen sollten, allerdings in Anti-Guerilla-Techniken ausgebildet und im Gebiet des vermuteten Hauptquartier der FARC eingesetzt werden sollen. Eines der beiden Bataillone wird von US-Militärberatern mitgeleitet.

Der Bogotaner Politologie-Professor Eduardo Pizarro rechnete aus, daß Kolumbien mit den neuerlichen Geldspritzen 1999 ca. 420 Mio. US-$ Militärhilfe erhalten werde und somit zum drittgrößten Empfänger US-amerikanischer Waffenhilfe in der ganzen Welt aufsteigen werde. (zit. nach *El Espectador,* 4.1.1999)

Das Problem bei der US-Militärhilfe bestand jedoch darin, das US-amerikanische Leahy-Gesetz zu umgehen. Dieses Gesetz verbietet die Lieferung US-amerikanischer Waffen an Armee-Einheiten, die an Menschenrechtsverletzungen beteiligt waren. Da jedoch *alle* kolumbianischen Bataillone in solche Verbrechen verwickelt waren, begannen die Regierung in Washington und Bogotá Ende 1998 eine wilde Suche nach einer kolumbianischen Armee-Einheit mit weißer Weste. Schließlich wurde man bei einer Grenztruppe im Dschungel zu Peru fündig, die bisher überhaupt nicht in den internen Konflikt eingegriffen hatte. Die „operative Einheit" wurde kurzerhand in ein Bataillon umbenannt und stieg stellvertretend zum Empfänger der US-amerikanischen Waffenlieferungen auf. (*El Espectador,* 4.1.1999)

Monatlich tauchten nun neue Indizien für eine schleichende US-Intervention in Kolumbien auf. Vor allem der Chef des Kommandos Süd der US-Armee, Charles E.Wilhelm, und der Leiter des US-Drogendepartments, Barry McCaffrey, reisten 1998-99 mehrmals in das südamerikanische Land und äußerten sich immer wieder besorgt zur angespannten Situation. Nachdem die FARC im Juli 1999 eine militärische Offensive begonnen hatten, baten der kolumbianische Armeechef Tapias Stahelin und der neue Verteidigungsminister (sein Vorgänger Rodrigo Lloreda war aus Protest gegen die Politik des Präsidenten zurückgetreten) die USA um eine Aufstockung der Militärhilfe auf 500 Millionen US-Dollar und bekamen Zustimmung signalisiert. Gleichzeitig wurde bekannt, daß sich die US-Luftwaffe bereits an Kampfoperationen gegen die Guerilla beteiligte. Die Berichte von BäuerInnen, sie hätten in Südkolumbien Flugzeuge der US-Luftwaffe gesehen, wurden zwei Tage später von JournalistInnen bestätigt, die bei einem Pressetermin auf einem Militärflughafen im Departement Meta zwei US-amerikanische Flugzeuge entdeckten. Die kolumbianische Regierung erklärte jedoch, daß die US-Luftwaffe nur logistische Unterstützung geleistet habe.

Eine weitere Woche später dann zerschellte eine hochgerüstete US-amerikanische RC-7 angeblich wegen schlechten Wetters am Berg Patascoy (Dep. Putumayo). An Bord der Maschine waren 7 Besatzungsmitglieder, darunter fünf US-Amerikaner. Das Pentagon gab zu, daß das Flugzeug seit Monaten von einem ecuadorianischen Luftwaffenstützpunkt aus eingesetzt wurde, um die Funkkontakte der Guerilla in Südkolumbien mitzuschneiden und auszuwerten. (*El Espectador*, 27. 7. 1999)

Um die Stimmung für eine noch direktere Militärintervention zu sondieren, betrieb das Pentagon 1998 und 1999 außerdem eine Mobilmachung der Nachbarstaaten. Die Guerilla müsse von Nachschub- und Versorgungswegen abgeschnitten werden, erklärten die US-Militärstrategen. Der argentinische Präsident Carlos Menem hatte bereits im Vorfeld zur Bildung einer multinationalen Eingreiftruppe für Kolumbien aufgerufen – offiziell natürlich zur Drogenbekämpfung. Nach dem interamerikanischen Militärgipfel von Cartagena stießen nun auch die direkten Nachbarstaaten Kolumbiens ins gleiche Horn. Perus Präsident Fujimori – der treueste US-Statthalter in der Region – erklärte unmittelbar nach einer Dienstreise nach Washington, daß seine Regierung alle kolumbianischen Guerilleros, die peruanisches Territorium betreten, verfolgen und mit lebenslanger Haft bestrafen werde. Kurz darauf verlegte Fujimori 5.000 Soldaten an die Grenze im Amazonasgebiet. Die Tageszeitung *El Espectador* wies außerdem darauf hin, daß Washington die Regierungen von Ecuador und Peru im Sommer 1998 unter anderem deswegen zur Beilegung ihres Grenzkonflikts bewegte[8], um Truppen für die Kontrolle der kolumbianischen Grenzen freizusetzen. Auch in Brasilien und Panama habe die Clinton-Administration diesbezüglich Druck ausgeübt, schrieb der *El Espectador*.

8 Die beiden Länder hatten kurzzeitig Krieg um einen Landstrich in Amazonien geführt, der von beiden Staaten beansprucht wird. Peru hat Ecuador in den vergangenen 150 Jahren einen nicht unerheblichen Teil seines Territoriums abgenommen.

Die Internationalisierung des Konflikts beginnt allmählich, auch die innenpolitische Situation in den Nachbarstaaten zu verändern. So ermordete ein kolumbianisches Kommando im Februar den linken ecuadorianischen Abgeordneten Jaime Hurtado (vgl. *Lateinamerika-Nachrichten* 297 sowie kolumbianische Tagespresse im Februar 1999). Der Anwalt und wichtigste schwarze Politiker seines Landes war zweimal Präsidentschaftskandidat der *Volksdemokratischen Bewegung* MPD gewesen und gehörte zu den Unterstützern der kolumbianischen Opposition in Ecuador.

Offiziell wurde die Verantwortung für die Aktion dem Paramilitär-Chef Carlos Castaño zugeschoben, doch der Mord an Hurtado nützte längst nicht nur der kolumbianischen Rechten. Auch den Regierungen in Quito und Washington kam das Attentat entgegen: Die ecuadorianische Regierung verlor einen unangenehmen Kritiker, und Washington sah seine These von der „Destabilisierung in der Region" bestätigt. In der ecuadorianischen Presse hieß es denn auch, die kolumbianische Armee habe die Extremisten von Rechts und Links nicht mehr unter Kontrolle, weswegen nun ecuadorianische Grenztruppen eingesetzt werden müßten.

Mitte des Jahres, noch während des Kosovo-Kriegs, sattelte die US-Administration noch einmal drauf: Sie bat nach Meldung der kolumbianischen Presse den argentinischen Präsidenten Menem erneut, die Initiative zur Gründung einer internationalen Eingreiftruppe für Kolumbien zu übernehmen. Außerdem schlug sie beim Treffen der Organisation der Amerikanischen Staaten (OAS) vor, die Teilnehmerstaaten sollten sich zu Interventionen zum „Schutz der Demokratie" in der Region verpflichten. Der offensichtlich auf Kolumbien gemünzte Vorschlag wurde zwar von der Mehrheit der OAS-Länder abgelehnt, doch parallel dazu mehrten sich die Anzeichen, daß sich die US-Truppen nicht wie im Carter-Torrijos-Abkommen vereinbart bis Ende 1999 aus Panama zurückziehen würden. Der Chef des Kommandos Süd, Charles Wilhelm, erklärte im Mai des Jahres, die panamenischen Streitkräfte seien nicht stark genug, um die Sicherheit des Panamakanals zu gewährleisten. Als Beleg dafür wurde auf sich häufende Angriffe auf Polizei- und Armeeposten im Grenzgebiet zu Kolumbien verwiesen, für die die FARC verantwortlich gemacht wurden. Die Guerillaorganisation jedoch veröffentlichte im Juni 1999 ein Kommuniqué, daß sie mit den Angriffen nichts zu tun habe. Die Erklärung klang plausibel: Warum sollten die FARC, für die das Rückzugsgebiet in den Bergen von Darien enorme Bedeutung besitzt, der Militarisierung der Region Vorschub leisten wollen? Da auch die kolumbianischen Paramilitärs und die Pastrana-Regierung nur bedingt Interesse daran besitzen dürften, eine offene US-Intervention am Golf von Urabá zu provozieren, gab es eigentlich nur eine Konfliktpartei, die die Angriffe inszeniert haben könnte: Die US-Truppen selbst, die damit den Abzug aus der Kanalzone sabotieren wollten. Das klingt bizarr, ist aber längst nicht so abwegig, wenn man weiß, wie die Geheimdienstpolitik der USA in Zentralamerika in den achtziger Jahren aussah.

Die einzige Regierung der Region, die sich dieser Strategie Washingtons widersetzte, war die in Caracas. Der erst Ende 1998 ins Amt gewählte linksnationalistische Offizier Hugo Chávez erteilte den Plänen des Pentagon eine klare Absage und sicherte kolumbianischen RebellInnen sogar politisches Asyl zu, wenn sie unbewaffnet in venezolanisches Territorium gelangten. In der ersten Jahreshälfte 1999 hielten sich mit Zustimmung Chávez' denn auch hochrangige Delegationen der Guerilla in Venezuela auf. Die politische Anerkennung der RebellInnen ging sogar so weit, daß ELN-Kommandant Antonio García, der im venezolanischen Maracaibo Gespräche mit verschiedenen PolitikerInnen führte, von einer paritätisch aus ELN-Guerilleros und venezolanischen Polizisten zusammengesetzten Gruppe von Leibwächtern begleitet wurde.

Als Folge davon wurde der Ton gegenüber dem hochpopulären Chávez schärfer. Völlig unvermittelt sagte die kolumbianische Regierung im März 1999 wegen der venezolanischen Kontakte zu FARC und ELN ein Treffen zwischen den Präsidenten beider Länder ab. Wenig später kündigte dann Paramilitär-Kommandant Carlos Castaño an, daß die Todesschwadrone die Guerilla wenn nötig bis nach Caracas verfolgen würden, und sprach vom Aufbau paramilitärischer Gruppen in Venezuela und Ecuador. Tatsächlich wird auf der venezolanischen Seite der Serranía de Perijá schon seit Jahren von Aktivitäten kolumbianischer Paramilitärs berichtet.

Vor diesem Hintergrund wurden auch die Statements der Regierung Chávez deutlicher. Das Verteidigungsministerium in Caracas erwiderte auf die Drohungen Castaños, daß man seine Leute bedingungslos verfolgen werde, sobald sie die Grenze überschritten, und der Friedensberater Hugo Chávez', der Ex-General Alberto Muller Rojas, kritisierte die Verlogenheit der kolumbianischen Politik. Die Paramilitärs seien von der kolumbianischen Staatsmacht gegründet, so Muller, um die Opposition unter Kontrolle zu halten (zit. nach *El Espectador,* 24.3.1999).[9]

9 Es ist durchaus möglich, daß die Putschgerüchte, die im Frühjahr 1999 gegen die Regierung Chávez gestreut wurden, im Zusammenhang mit dem venezolanisch-kolumbianischen Konflikt standen. Kolumbianische Linke äußerten damals die Befürchtung, daß Chávez ein ähnliches Schicksal widerfahren könne wie dem panamenischen Staatspräsidenten Omar Torrijos, der in den siebziger Jahren die SandinistInnen in Nicaragua unterstützte und 1981 unter ungeklärten Umständen bei einem Flugzeugabsturz ums Leben kam.

Politische Lösung, Bürgerkrieg oder soziale Eskalation? Ein Ausblick

Ein Jahr, nachdem die Gespräche zwischen den Guerillaorganisationen einerseits und Regierung bzw. politischen Eliten andererseits begonnen haben, wird also immer deutlicher, daß sich Kolumbien auf einen Abgrund zubewegt. Was in den Medien über den Friedensprozeß zu hören ist, klingt von Woche zu Woche bedrohlicher.

Für Optimismus gibt es keinen Anlaß: Die kolumbianische Regierung zeigt keinerlei Bereitschaft, soziale Veränderungen zuzulassen, die paramilitärischen Aktivitäten weiten sich aus, die Clinton-Regierung und die republikanische Opposition in den USA üben massiven Druck auf Pastrana aus, damit dieser keine Zugeständnisse an die Guerilla macht. Andererseits bleibt deutlich, daß sich weder FARC noch ELN durch eine Beteiligung an der politischen Macht „einkaufen" lassen werden, wie dies 1990-91 bei M-19 und EPL geschah. FARC und ELN haben zwar verschiedene Verhandlungswege eingeschlagen, doch sie sind sich einig, daß es bei Gesprächen mit den Eliten um grundlegende soziale Transformationen gehen muß. Die FARC wollen dies durch Vereinbarungen mit der Regierung erreichen, die ELN mit Hilfe der Nationalkonvention, aus der sich regierungsunabhängige politische Initiativen entwickeln sollen. Beide Organisationen betonen aber immer wieder, daß die Parole „kein Frieden ohne soziale Gerechtigkeit" für sie weiter Gültigkeit besitzt: FARC-Kommandant „El Mono Jojoy" erklärte mehrmals, seine Organisation werde einem Waffenstillstand erst dann zustimmen, wenn man über acht der zehn Verhandlungspunkte Einigkeit erzielt habe, und sein Kollege Raúl Reyes, der die FARC-Verhandlungsdelegation leitete, zählte bei der Eröffnung der Gespräche in San Vicente de Caguán fast eine halbe Stunde lang die Wortbrüche kolumbianischer Regierungen gegenüber der Opposition in den letzten 50 Jahren auf. Das Mißtrauen sitzt tief, und deswegen ist eine Demobilisierung nicht zu erwarten: Die Guerilla betrachtet die Waffen als Garantie für Veränderungen. Sehr wahrscheinlich ist deshalb auch, daß die Konfrontation weitergehen wird, auch wenn möglicherweise einige Akteure, z. B. der reichlich verbrauchte Carlos Castaño, gegen neue Gesichter ausgetauscht werden sollten.

In Anbetracht dieses Panoramas wird von Nichtregierungsorganisationen, WissenschaftlerInnen und JournalistInnen oft nach der „Zivilgesellschaft" gerufen, die Protagonistin einer politischen Lösung sein soll, zu der die bewaffneten Konfliktparteien nicht in der Lage scheinen. Doch auch dieser Ausweg scheint eine Illusion – „die Zivilgesellschaft" als sozialer Protagonist existiert nicht. Der italienische Theoretiker Gramsci hatte den Begriff in den dreißiger Jahren entwickelt, um zu beschreiben, daß soziale Kämpfe auch auf kulturellem und sozialem Gebiet geführt werden müssen, heute beschreibt „Zivilgesellschaft" im gängigen Sprachgebrauch eine diffuse Masse, die sich aus all denjenigen zusammensetzt, die nicht in einer Uniform stecken: also aus Viehzüchtern und Industriellen, die paramilitärische Gruppen finanzieren, aus AkademikerInnen, die – protegiert von internationalen Stiftungen – eine politische Modernisierung mit kleineren sozialen Reformen anstreben, und BasisgewerkschafterInnen, die am liebsten heute die Räterepublik ausrufen würden – ganz zu schweigen natürlich von der gewaltigen Masse der KolumbianerInnen, die sich als StraßenhändlerInnen, Prostituierte, Killer, Gelegenheitsarbeiter oder Müllsammler durchschlagen und sich nur für ihr Überleben interessieren.

Eine Lösung des kolumbianischen Konflikts wird es deshalb nur geben, wenn in die eine oder andere Richtung eine Entscheidung fällt: Entweder gelingt es der Regierung, die Opposition im Land doch noch wie in Peru militärisch zu zerschlagen und politisch zu isolieren, oder aber die Opposition (das heißt ein Zusammenwirken von sozialen Bewegungen, Gewerkschaften und Guerilla), zwingt das Establishment auf die eine oder andere Weise in die Knie und setzt grundlegende Transformationen in der Gesellschaft durch – dies wäre auch dann „revolutionär", wenn diese Veränderungen am Verhandlungstisch vereinbart würden und den nationalstaatlich-reformistischen Rahmen nicht überschritten. Man muß sich bewußt machen, daß Guerillakriege oft aus viel simpleren Gründen geführt werden, als Linke im wohlhabenden Norden sich dies wünschen: Es geht um die Beseitigung der Armut, den Zugang zu Gesundheitsversorgung und Erziehungswesen, Demokratisierung und das Recht auf Selbstbestimmung.

Doch beide „Auswege aus der Krise" erscheinen nicht besonders realistisch. Die Guerilla kann zwar nach wie vor nicht behaupten, die Bevölkerungsmehrheit hinter sich zu haben, aber sie ist doch tief genug in einer Tradition aus Unterschichtsrevolten verankert, um auch einer mit internationaler Hilfe hochgerüsteten Armee standhalten zu können.

Andererseits sind die für einen „Umsturz" der Verhältnisse notwendigen Protagonisten nicht in Sicht. Zwar haben sich in den letzten Jahren immer wieder überraschende Protestwellen formiert, aber diese Proteste waren weit davon entfernt, dauerhaften Druck auf die Regierung ausüben zu können. Vor allem jedoch haben sich die öffentliche Meinung und Guerilla 1999 wieder spürbar auseinander entwickelt. Pastrana ist nicht populär, aber die Guerilla ist es auch nicht.

Auch die dritte Variante, die in kolumbianischen Medien an die Wand gemalte „Balkanisierung" des Landes, ist nicht besonders wahrscheinlich. Die Guerillaorganisationen sind keine Banden, die aus wirtschaftlichen Gründen die Kontrolle über bestimmte Landesteile anstreben. Zwar ist nicht auszuschließen, daß Guerillas nach Niederlagen zu Banden degenerieren (Beispiele dafür gibt es mehr als genug), doch davon sind sie im Moment noch weit entfernt. Im Gegenteil: In den Wochen der Endredaktion dieses Buchs hat die

Guerilla das Kerngebiet des Paramilitarismus im Nudo de Paramillo angegriffen, das Gefängnis der Provinzhauptstadt Neiva gesprengt und politische Gefangene befreit, eine unblutig verlaufene Flugzeugentführung durchgeführt, mitten in der Millionenstadt Cali agiert, sich in Barrancabermeja, einer weiteren Großstadt, lange Gefechte mit der Armee geliefert und schließlich im Süden des Landes eine gewaltige Offensive durchgeführt, die Pastrana zur Verhängung des Ausnahmezustands zwang.

Das Wahrscheinlichste ist also, daß die Pattsituation im Land anhalten und sich auf ein höheres Niveau schrauben wird. Der Ausbruch eines offenen Bürgerkriegs unter Beteiligung des Pentagon rückt näher. Man dürfe nicht glauben, sagte unlängst ein FARC-Sprecher, daß Kolumbien El Salvador sei. Das Land ist größer und explosiver. Nur eine Politisierung des Konflikts kann den Krieg verhindern. Dafür wäre es notwendig, daß die Repression gegen die sozialen Bewegungen aufhört und die Guerilla als politischer Akteur anerkannt wird. Ohne Druck von innen und außen und ohne internationale Solidarität mit den verschiedenen Teilen der linken Opposition wird sich die kolumbianische Oberschicht kaum dazu bereit erklären.

Zum Weiterlesen:

Guillermo Pérez/Bettina Reis, „Gegen das Vergessen“ (Testimonios von kolumbianischen MenschenrechtsaktivistInnen, Aachen 1998

Lateinamerika Nachrichten, Monatszeitschrift, Gneisenaustraße 2a, 10961 Berlin (Tel. 030-694 61 00)

Veröffentlichungen der Deutschen Menschenrechtskoordination Kolumbien, Postfach 1347, 72603 Nürtingen, Tel. + Fax 07022-36242

ANNCOL-Nachrichtenagentur, http://home3.swipnet.se/~w-34817

Correo del Magdalena (Homepage der ELN), http//www.eln-voces.com

Colombia Popular (Homepage von Radio Patria Libre), http//www.nadir.org/nadir/initiativ

Literatur

Agudelo Villa, Hernando, *La Vuelta del Péndulo*. El colapso del modelo neoliberal en Colombia, Bogotá 1998

Ahumada, Consuelo, *El modelo neoliberal y su impacto en la sociedad colombiana*, Bogotá 1996

Alape, Arturo, *Las muertes de Tirofijo,* Bogotá 1998

Alonso, Manuel Alberto, *Conflicto armado y configuración regional – el caso del Magdalena Medio*, Kolumbien 1997

Alternativa, Nr. 10, Kolumbien 15. Mai-15. Juni 1997

Altmann, Werner, Der kolumbianische Roman: in: Altmann, W. / Fischer, T. / Zimmermann, K. (Hg.): *Kolumbien heute,* Frankfurt 1997

Altmann, Werner / Fischer, Thomas / Zimmermann, Klaus (Hg..), *Kolumbien heute,* Frankfurt 1997

Ambos, Kai, *Die Drogenkontrolle und ihre Probleme in Kolumbien, Peru und Bolivien*, Freiburg i. Br. 1993

Ambos, Kai, *Der Drogenhandel in Kolumbien;* in: Altmann, W. / Fischer, T. / Zimmermann, K. (Hg.), *Kolumbien heute,* Frankfurt 1997

amnesty international: *Politische Gewalt in Kolumbien*, Bonn 1994

Arranca Nr. 13, *Eine noch nicht dagewesene Eskalation des Konflikts.* Interview mit Manuel Pérez (ELN), Berlin 1997

Arranca Nr. 13, Beilage, *Eine Lüge von General Yanine Díaz.* Interview mit dem Paramilitärchef Vladimir, Berlin 1997

Arrieta, Carlos Gustavo; Orejuela, Javier Luis; Sarmiento Palacio, Eduardo; Tokatlian, Juan Gabriel, *Narcotráfico en Colombia*, Bogotá 1990

Bajak, Frank, *Sentencing of two Colombian drug bosses raises U.S. anger*, von Associated Press, 18. 1. 1997

Balance Antinarcóticos en 1994, in: análisis politico, No. 24, Jan./Apr. 1995, Bogotá

CAJ / Comisión Andina de Juristas – Seccional Colombiana (CAJ-SC), *Las otras caras de la guerra a la mafia*, in: *Informativo Legislativo y jurisprudencial*, Bogotá, Febr. 1990a

CAJ / Comisión Andina de Juristas – Seccional Colombiana (CAJ-SC), *Sistema judicial y derechos humanos en Colombia*, Bogotá, 1990b

CAJ / Comisión Andina de Juristas, *Ein Jahr nach Cartagena*, in: Krauthausen, Ciro (Hrsg.), *Koka - Kokain*, München 1991, S. 215-226

Camacho G., Alvaro, *Colombia: Violencia y Narcocultura*, in: García-Sayan, Diego (Hrsg.), *Coca, Cocaína y Narcotráfico. Laberinto en los Andes*, Lima (CAJ) 1989

CIA Directorate of Intelligence, *World Coca Production 1999*, http://www.odci.gov/cia/di/products/coca_opium/coca.html, April 1999

Colectivo 15 de febrero, *Gramsci, Volksmacht und kontinentale Befreiung*, Berlin 1990

Colectivo 15 de febrero, *501 Jahre sind genug*, Berlin 1993

Die Erklärung von Cartagena, S. 206, in: Krauthausen, Ciro (Hrsg.), *Koka – Kokain*, München 1991, S. 200-214

Dilger, Gerhard, *Kolumbien*, München 1996

Dombois, Rainer, *Die Industrialisierung Kolumbiens;* in: Altmann, W. / Fischer, T. / Zimmermann, K. (Hg.): *Kolumbien heute*, Frankfurt 1997

Exodo Nr. 5, *Displaced communities of Chocó: as far as the last corpse, as far as the last exile*, http://colnodo.apc.org/home/gad/gad03-memory.html, Juni 1999.

FARC, *Dialogos, Dialogos, Dialogos,* Tomo I, Kolumbien 1992

Federal Drug Control Spending, in: *Marihuana Policy Project*, http://www.mpp.org/1996ndcs.html, Mai 1999

Ferrer, Yadira, *Kolumbien: Unerlaubte Koka-, Mohn- und Marihuana-Pflanzungen größer als offiziell geschätzt*, IPS 14. 7. 1995

Ferrer, Yadira, *Smaragdhändler der Drogengeldwäsche verdächtigt – Exporteure verlieren ihre Lizenzen*, IPS 11. 9. 1995

Fischer, Thomas, *Indianervölker in Kolumbien;* in: Altmann, W. / Fischer, T. / Zimmermann, K. (Hg.), *Kolumbien heute*, Frankfurt 1997

Fischer, Thomas, *Kolumbiens Außenbezirke;* in: Altmann, W. / Fischer, T. / Zimmermann, K. (Hg.), *Kolumbien heute*, Frankfurt 1997

Giraldo, Javier, *Colombia – The genocidal democracy*, Monroe/Maine 1996

Gómez, Ignacio / Schumacher, Peter, *Der Agent und sein Minister. Mauss und Schmidbauer in geheimer Mission*, Berlin 1997

Goueset, Vincent, *Die Entwicklung der kolumbianischen Städte;* in: Altmann, W. / Fischer, T. / Zimmermann, K. (Hg.), *Kolumbien heute*, Frankfurt 1997

Green, W. John, *Kolumbiens Volksbewegung und Massenmobilisierung;* in: Altmann, W. / Fischer, T. / Zimmermann, K. (Hg.): *Kolumbien heute,* Frankfurt 1997

Heinz, Wolfgang, *Die kolumbianische Verfassung;* in: Altmann, W. / Fischer, T. / Zimmermann, K. (Hg.): *Kolumbien heute,* Frankfurt 1997

Heinz, Wolfgang, *Die Menschenrechtssituation in Kolumbien;* in: Altmann, W. / Fischer, T. / Zimmermann, K. (Hg.): *Kolumbien heute,* Frankfurt 1997

Hernández, Milton, *Rojo y Negro. Aproximación a la historia del ELN,* Kolumbien 1998

Herter, Friederike, *Frauen in Kolumbien: Opfer des Machismo, Protagonistinnen ihrer eigenen Geschichte;* in: Altmann, W. / Fischer, T. / Zimmermann, K. (Hg.), *Kolumbien heute,* Frankfurt 1997

Jaramillo, Jaime Eduardo / Mora, Leonidas / Cubides, Fernando, *Colonialización, coca y guerilla*, Bogotá 1989

Kerhbach, Sabine, *Guerillabewegungen in Kolumbien;* in: Altmann, W. / Fischer, T. / Zimmermann, K. (Hg.): *Kolumbien heute,* Frankfurt 1997

Klare, Michael T. (Hg.), *Low Intensity Warfare,* New York/Toronto, vermutlich 1995

Knabe, Ricarda, *Drogen, Guerilla und Gewalt*, Münster/Hamburg 1991

König, Hans Joachim, *Staat und staatliche Entwicklung in Kolumbien;* in: Altmann, W. / Fischer, T. / Zimmermann, K. (Hg.): *Kolumbien heute,* Frankfurt 1997

Kolumbien-Rundbrief, Deutsche Menschenrechtskoordination Kolumbien (Hg.), Dezember 1997

Kolumbien-Rundbrief, Deutsche Menschenrechtskoordination Kolumbien (Hg.), Nr.44/45, Dezember 1998

Krauthausen, Ciro / Sarmiento, Fernando, *Kolumbiens Kokainunternehmer und ihr Kampf um die Straffreiheit*, in: *Conquista, Kapital und Chaos. Lateinamerika, Analysen und Berichte Nr. 15,* Münster/Hamburg 1991a, S.145-163

Krauthausen, Ciro (Hg.), *Koka – Kokain*, München 1991b

Krauthausen, Ciro, *Moderne Gewalten.* Organisierte Kriminalität in Kolumbien und Italien, Frankfurt/New York 1997

Krauthausen, Ciro, *Ökonomische Illegalität in Kolumbien;* in: Altmann, W. / Fischer, T. / Zimmermann, K. (Hg.): *Kolumbien heute*, Frankfurt 1997

Kusche, Dagmar, *Massenmedien in Kolumbien;* in: Altmann, W. / Fischer, T. / Zimmermann, K. (Hg.), *Kolumbien heute,* Frankfurt 1997

Lawn, John (Interview mit), in: USA Today, 28. 2. 1990 nach Wilson 1995

Lee, Rensselaer W. III, *The White Labyrinth: Cocaine and Political Power*, New Brunswick 1989

Ledebur, Kathryn, *La fumigación de coca obstruye negociaciones de paz en Colombia*, in: Boletín Internacional Acción Andina, Nr. 3, November 1998, S. 2-5

Lessmann, Robert: *Drogenökonomie und internationale Politik*, Frankfurt am Main 1996

Lienkamp, Christoph, *Religion und Kirche in Kolumbien;* in: Altmann, W. / Fischer, T. / Zimmermann, K. (Hg.), *Kolumbien heute,* Frankfurt 1997

López Vigil, María, *Camilo camina por Colombia*, México 1989

Medina Gallego, Carlos, *ELN – una historia contada a dos voces,* Kolumbien 1996

Mendoza Morales, Alberto, *El Canal Atrato-Truandó*, Santa Fe de Bogotá, 1996

Menzel, Sewall H., *Cocaine Quagmire*, Lanham 1997

Mertins, Günter, *Raumstruktur und Bevölkerung in Kolumbien*; in: Altmann, W. / Fischer, T. / Zimmermann, K. (Hg.), *Kolumbien heute,* Frankfurt 1997

Molano, Alfredo, *Trochas y fusiles*, Bogotá 1994

NIDA, *National Household Survey of Drug Abuse, Population Estimates 1985*, nach Wilson 1995

Nieto Bernal, Julio, *Compañía ilimitada.* Reportaje a los grandes grupos económicos, Bogotá 1997

Ocampio, José Antonio, *Historia Económica de Colombia*, Bogotá 1997

OGD (Observatoire géopolitique des drogues), *Der Welt-Drogen-Bericht 1992*, München 1993a

OGD, *The Geopolitical Drug Dispatch N. 23*, September 1993b

OGD, *Cali in the Post-Escobar Era*, The Geopolitical Drug Dispatch, Nr. 28, Februar 1994. http://194.6.128.189/gb/28ACOCOA.html, April 1999

OGD, *World Drug Report 1997*, http://194.6.128.189/gb/1997.html, April 1999

Organización Política A Luchar, *20 Nuevas preguntas sobre el Petróleo*, Bogotá 1989

Osorno, Alexander Prieto, *Die Mörder von Medellin. Todeskult und Drogenhandel*, Frankfurt a. M. 1993

Pearce, Jenny, *Kolumbien – Im Innern des Labyrinths,* Stuttgart 1992

Pérez, Luis Guillermo / Reis, Bettina, *Gegen das Vergessen*, Misereor Dialog 14, Aachen 1998

Periódico Institucional de la Universidad del Valle, Santiago de Cali, julio de 1997

Pizarro, Leongómez, *Las FARC 1949-1966. De la Autodefensa a la combinación de todas las formas de lucha*, Bogotá 1991

Posada, Alberto Reyes, *La erradicación de cultivos: un laberinto*, in: análisis politico, No. 24, Jan./Apr. 1995, Bogotá, S.66-72

Radio Patria Libre, *Una Voz de la Nueva Colombia*, Kolumbien 1993

Rosemberg Pabón, *A guerrilha na embaixada*, Brasilien 1985

Salgado, Henry, *La coca y su impacto socioeconómico y político en el campesinado del Putumayo colombiano*, in: Herrera, Doris (Hrsg.), *La cuenca amazonica de cara al nuevo siglo*, Quito 1997, S. 157-189

Sáenz Rovner, Eduardo (Hrg.), *Modernización Económica vs. Modernización Social.* Balance crítico del gobierno de César Gaviria en Colombia, Bogotá 1994

Sarmiento Palacio, Eduardo, *Apertura y crecimiento económico*, Bogotá 1996

Semana, *La Cosa Nostra S. A.*, 26. 7. 1994, nach: Kolumbien-Monatsbericht, Nr. 6/7, 1994

Stirnimann, Peter, *Was steckt hinter dem Drogenkrieg?*, in: Kampagne „Produzieren für das Leben. Kein Frieden ohne Gerechtigkeit". Menschenrechte in Kolumbien, Idstein 1998, S. 10-11

Tellez Ardila, Astrid Mireya, *Las Milicias Populares – otra expresión de la violencia social en Colombia*, Bogotá 1995

Thoumi, Francisco E., *Economía política y narcotrafíco*, Bogotá 1994

Thoumi, Francisco E., *Political economy and illegal drugs in Colombia.* Vol. II, Boulder/London 1995

Thoumi, Francisco E., *Las políticas contra las drogas en Estados Unidos y la certificación de Colombia*, in: Thoumi, Francisco und Guáqueta, Alexandra, *El rompecabezas de las drogas ilegales en Estados Unidos*, Bogotá 1997a, S. 211-232

Thoumi, Francisco E. / Uribe, Sergio / Rocha, Ricardo / Reyes, Alejandro / Garzón, Edgar A. / López, Andrés/ Tokatlian, Juan G. / Hernández, Manuel, *Drogas ilícitas en Colombia*, Bogotá, 1997b

Tokatlian, Juan G., *Política pública internacional contra las drogas de la administración Gaviria y las relaciones entre Colombia y Estados Unidos*, in: Thoumi, Francisco E. u. a., Drogas ilícitas en Colombia, Bogotá, 1997, S. 461-536

UCELN, *Poder Popular y Nuevo Gobierno*, Kolumbien 1989

Umaña Luna, *Camilo Vive*, Barranquilla 1996

Uribe, María Tila, *Los años escondidos*, Bogotá 1993

Uribe, Sergio Ramírez, *Los cultívos ilícitos en Colombia.* Extensión, técnicas y tecnologías para la producción y rendimientos. Magnitud de la industria, in: Thoumi, Francisco E. u. a., Drogas ilícitas en Colombia, Bogotá, 1997, S. 35-135

Vargas M., Ricardo, *La señal de los silencios*, in: CINEP (Centro de investigación y educación popular) Cien Días Nr. 22, April 1993

Vargas M., Ricardo, *Colombia: Una Guerra de Mil Colores*, in: Boletín Internacional Acción Andina, Nr. 1, Januar 1999, S. 3-5

Varios, *El Paramilitarismo en Colombia* (Documento presentado por las FARC-EP en los dialogos de San Vicente de Caguán), Colombia 1999

Voz (Kolumbien), *La intromisión de los dineros calientes*, 30. 6. 1994

Wade, Peter, *Die Schwarzen, die Schwarzenbewegung und der kolumbianische Staat;* in: Altmann, W. / Fischer, T. / Zimmermann, K. (Hg.), *Kolumbien heute,* Frankfurt 1997

Wilson, Suzanne; Zambrano, Marta, *Cocaína, capitalismo e imperio: encadenamientos globales y políticas del narcotráfico*, S. 5, in: análisis politico, No. 24, Jan./Apr. 1995, Bogotá

Yepes Ocampo, Juan Carlos, *Contexto socioeconómico de Colombia*, Manizales 1996

Zerda Sarmiento, Álvaro, *Die neoliberale Wende in Kolumbien;* in: Altmann, W. / Fischer, T. / Zimmermann, K. (Hg.), *Kolumbien heute,* Frankfurt 1997

Zerda Sarmiento, Álvaro / Rincón Gille, Nicolás, *La pequeña y mediana Industria en la encrucijada*, Bogotá 1998

Ziss, Roland, *Gewalt in Kolumbien: eine Gesellschaft im Notstand;* in: Altmann, W. / Fischer, T. / Zimmermann, K. (Hg.), *Kolumbien heute*, Frankfurt 1997

Regelmäßige Publikationen

Anncol (Alternative Nachrichtenagentur bei: http://home3.swipnet.se/~w-34817)

Arranca (Berlin)

Correo del Magdalena (Resumen informativo del Ejercito de Liberación Nacional), (http://www.eln-voces.com)

El Colombiano (Tageszeitung Medellín)

El Espectador (Tageszeitung Bogotá)
El Tiempo (Tageszeitung Bogotá)
Kolumbien-aktuell
Kolumbien-Monatsbericht
La Semana (Wochenzeitung Bogotá)
Lateinamerika Nachrichten (Berlin)
The Economist
Vanguardia Liberal (Tageszeitung Bucaramanga)